近代京都における小学校建築

1869～1941

川島智生［著］

ミネルヴァ書房

龍池小学校（明治 9 年）
（京都市学校歴史博物館蔵）

嘉楽小学校（明治 10 年）
（京都市学校歴史博物館蔵）

貞教小学校（明治 11 年）
（京都市学校歴史博物館蔵）

梅逕小学校（明治 12 年）
（筆者撮影）

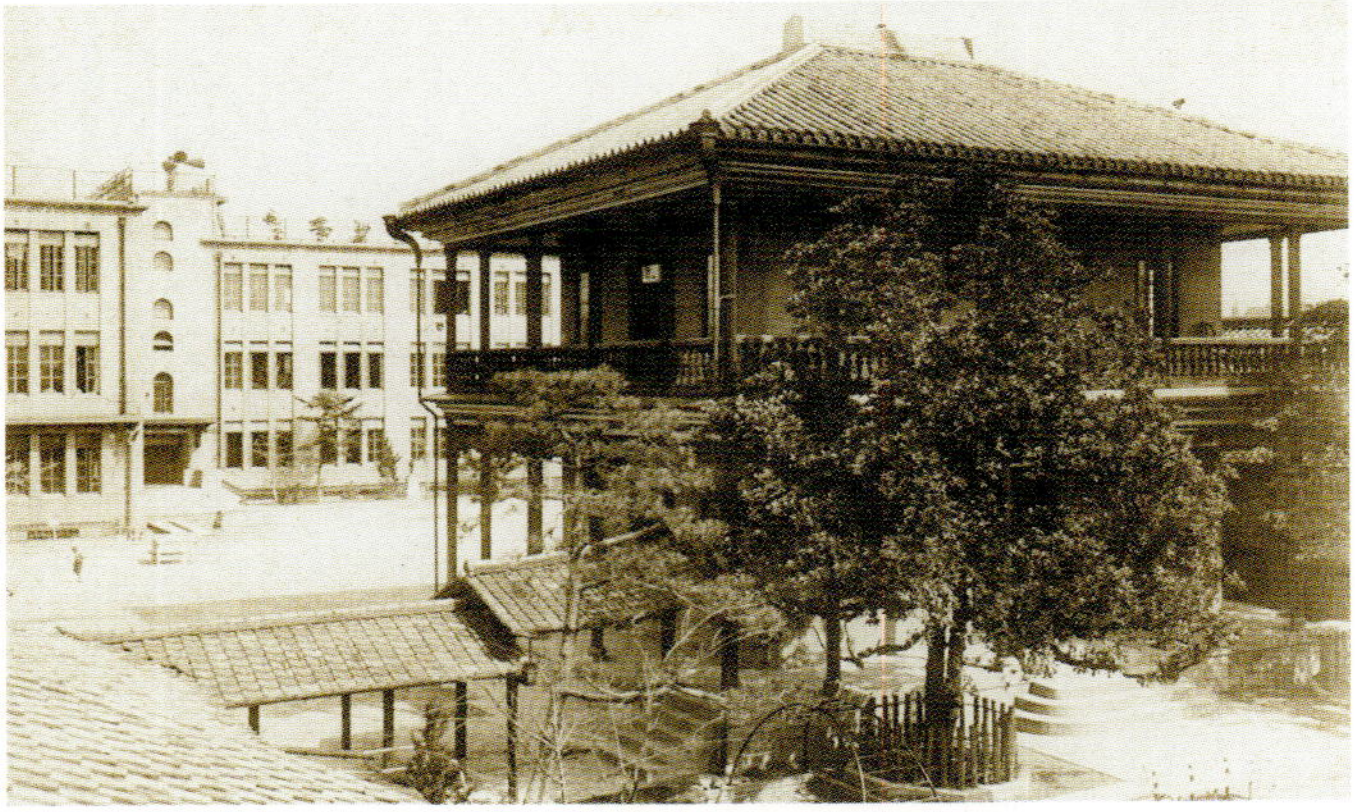

柳池小学校絵葉書
（森安正氏蔵）
右は講堂で明治 11 年，
左は校舎で昭和 3 年。

立誠小学校（昭和 2 年）
（京都市学校歴史博物館蔵）

龍池小学校（昭和４年）（清水建設蔵）

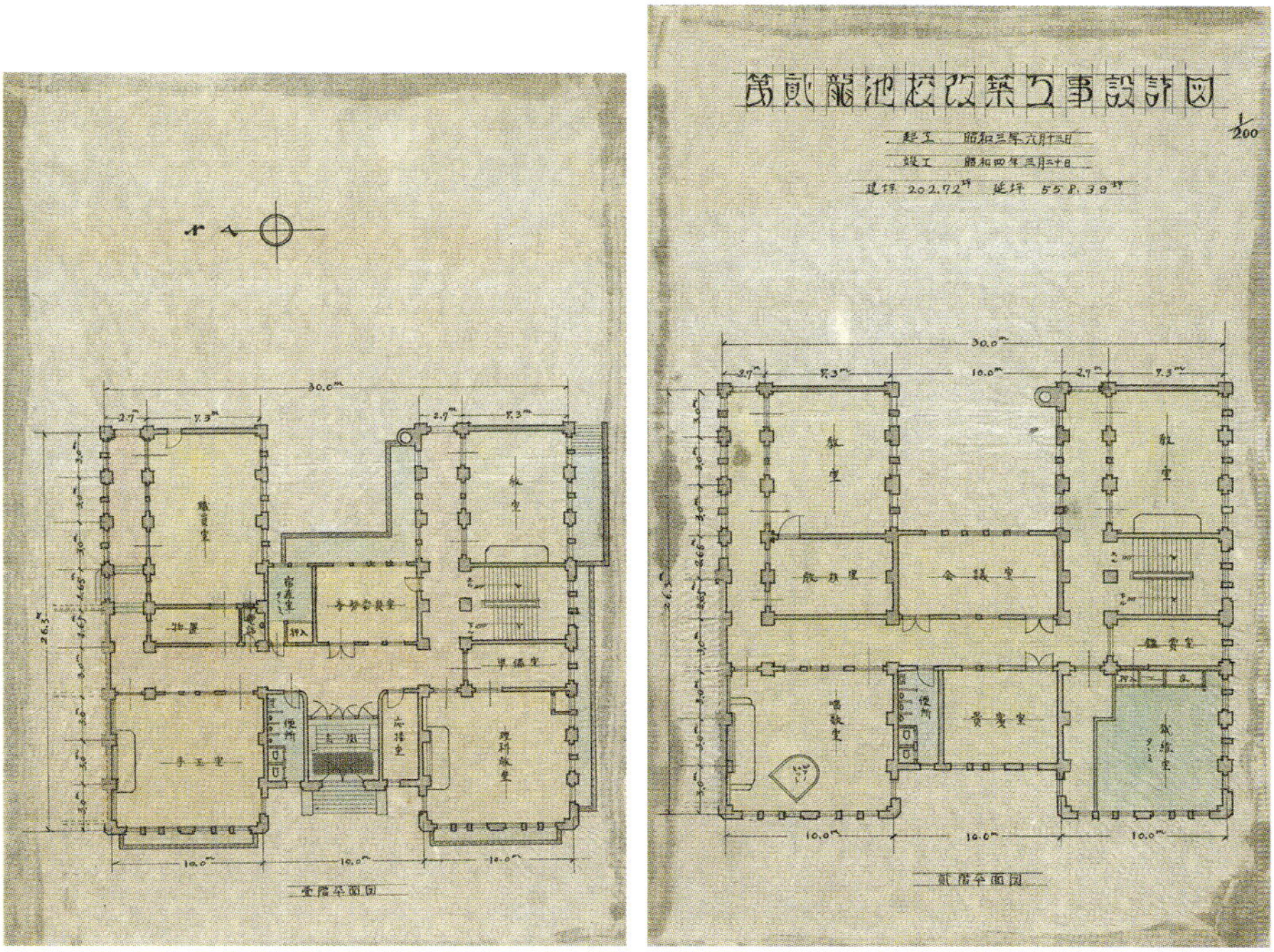

龍池小学校改築工事設計図（左：１階，右：２階）（清水建設蔵）

竹間小学校（昭和４年）
（筆者撮影）

明倫小学校（昭和５年）
（清水建設蔵）

明倫小学校絵葉書
（森安正氏蔵）

成徳小学校（昭和６年）
（清水建設蔵）

教業小学校（昭和７年）
（清水建設蔵）

清水小学校（昭和８年）
（筆者撮影）

西陣小学校（昭和 9 年）
（清水建設蔵）

月輪小学校（昭和 11 年）
（筆者撮影）

弥栄小学校（昭和 12 年）
（清水建設蔵）

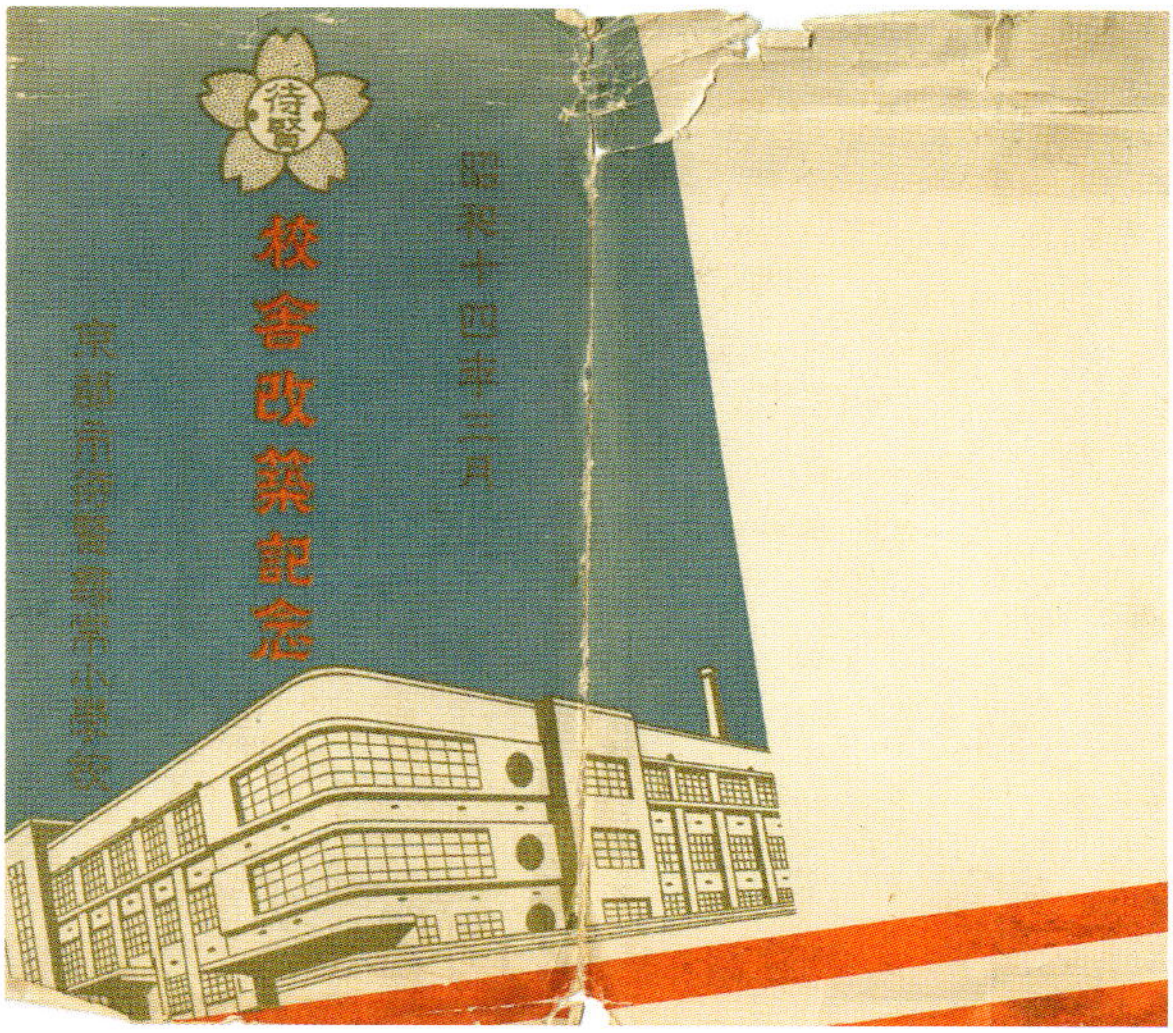

待賢校舎改築記念絵葉書表紙（筆者蔵）

京都市営繕部技術者（昭和 14 年）（筆者蔵）（本文 184 頁参照）
前から３列目右から８人目が川村秀介，同９人目が三橋国太郎，４列目左端は加茂松之介。

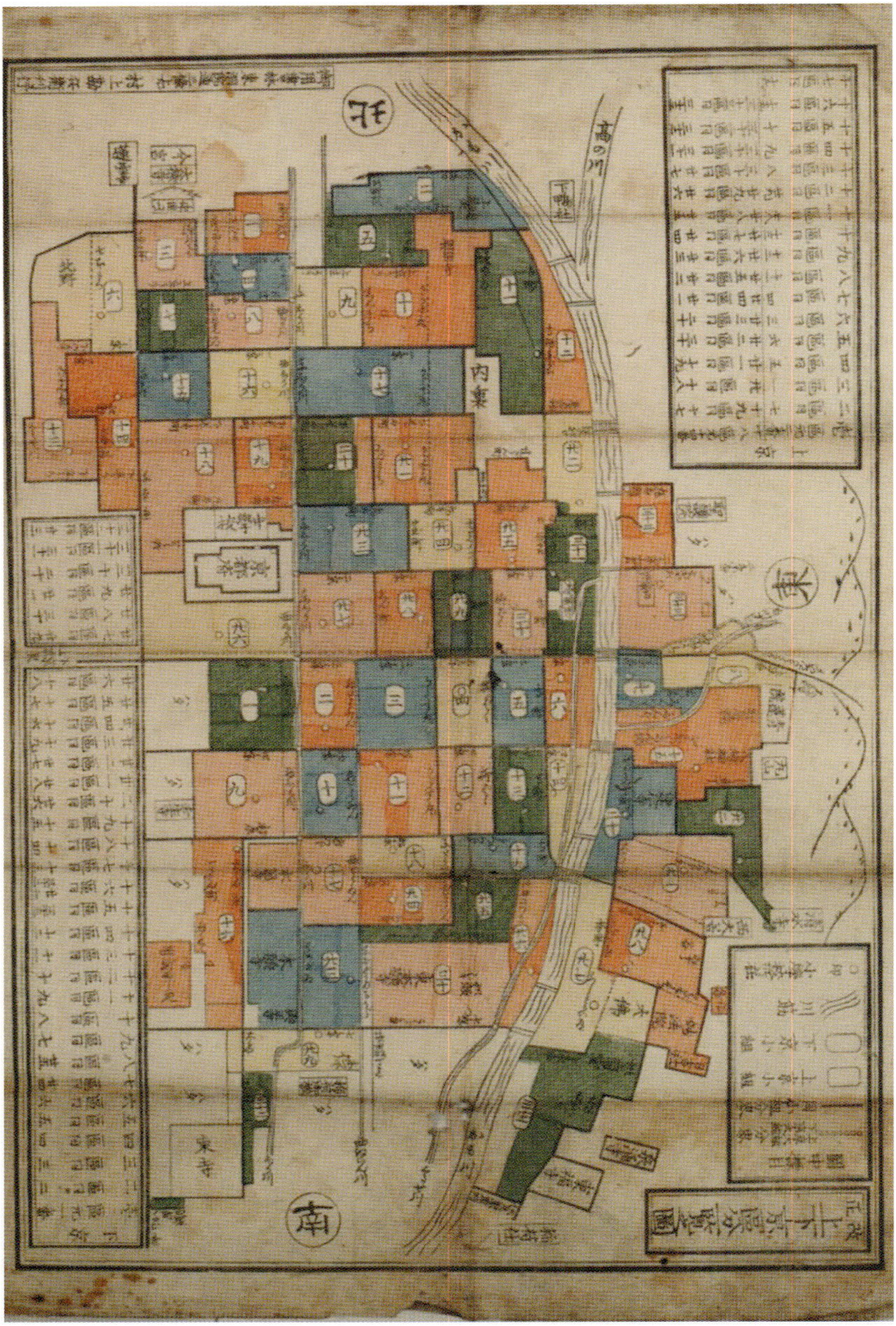

「改正上下京区分一覧之図」（国際日本文化研究センター蔵）

近代京都における小学校建築——一八六九～一九四一　目次

目　次

＊近代日本の小学校は、尋常小学校、尋常高等小学校、高等小学校の三種類からなったが、本書では、高等小学校以外の二種類の小学校を対象とする。なお本書では、両者ともに「小学校」と表記する。

序章　京都の小学校が歩んだ近代

1　研究の目的

本書は、近代京都における小学校建築についての歴史的な考察である。具体的には明治初期から昭和戦前期に至る期間に建てられた小学校校舎について、その成立過程と建築様態を明らかにし、歴史的な意味を探ることを目的とする。

わが国の小学校制度ならびに校舎建築の原点ともいえる京都の小学校建築に着目し、その変容過程を辿ることで、近代日本の小学校建築史の全容を解明することに繋がっていくものと考えられる。京都は小学校を支える地域社会（学区）が現在も強く機能しており、戦前期までの歴史的校舎がわが国で最も数多く現存し、現役使用のほか、ミュージアムや芸術文化に関わる施設などに活用されている。その建築的な分析およびこれまで解明されなかった建築的履歴、設計者像などを世に示すことは、その存在意義をより高めるものといえる。

さて日本の小学校とは、近代になって生み出されたものであって、国家の要請でつくられたという経緯があるものの、現実には子供が通学する範囲の地域が主体となって設立され、昭和戦前期までは地域単位で運営がなされていた。そこでは小学校の経営をはじめ校舎の建設事業は完全に地域に委ねられており、と同時に小学校に関わる費用は受益者負担を口実として地域の負担によるものとされていた。そのようなシステムは村落に限定されるものではなく、むしろ大都市部においてより強固に機能していた。すなわち、一つの都市において独自の財政を有する地域が都市内の小学校の数だけ都市の内部に存在するという、学区制度の施行が根幹にあったことによる。しかも、それは単に通学区域を一つの単位とした教育制度を意味するだけのものではなく、税制も含め行政制度の最も末端の制度として地域社会の形成を行っていた。その中心に位置づけられたのが小学校であり、昭和戦前期までは唯一の国民教育機関であった。

その意味において、小学校は学区という地域社会の要として機能していた。その結果、小学校は建築面において、地域のシンボル的な役割を担っていくことになる。そのような文脈から判断すれば、小学校とは公共の建築という側面に加え、地域社会での民意が最も反映されやすい社会的な構造をもつ建築と捉えることができる。

また、小学校は全国にわたって設置がなされ、造られた建築の数が他のどの公共建築と比較しても群を抜いて多かったという実態からは、わが国の近代の建築動向を観察するのに、究竟の建築とも考えられる。

小学校校舎の歴史を概観すれば、明治初期には擬洋風が生み出され、大正後期から昭和戦前期には膨大な数量で鉄筋コンクリート造が実現されていたという様態があった。このように日本の近代化の過程で欠くことのできない洋風化と鉄筋コンクリート造化、という二つの事象がきわめて早い時期に採用され、それらが最も広範囲に普及したという点を考えれば、小学校建築は日本の建築の近代化を解読する際のきわめて重要な指標と見なすことができる。

本書で主たる対象とする京都を含めた関西の都市部では、京都における明治二年（一八六九）の小学校の一斉の設置や、大阪における明治五年（一八七二）の一五校の擬洋風校舎の出現、神戸における大正九年（一九二〇）の鉄筋コンクリート造校舎など、いずれもわが国の小学校建築の近代化の始点をなしてきた歴史を有する。このようなことから、関西の都市部における小学校建築はわが国の小学校建築の成立に重要な役割を果たしてきたことが分かる。その意味では関西の都市部における小学校建築の研究は、日本の小学校建築の解明には不可欠なものと考えることもできるだろう。

京都の小学校建築については充分に研究がなされているとは言い難い状況にある。次節で詳しくみるが、わが国での小学校建築史についての研究成果は、現時点では建築計画を軸とした研究と、明治初期の擬洋風校舎の研究、さらに昭和戦前期の鉄筋コンクリート造校舎の研究と三つに分けられるが、建築計画史以外の研究では明治初期から昭和期を通したものはなく、全容の解明には至っていない。

そこでまず、どのようなものが建てられたかを、正確に把握する必要がある。その結果を踏まえ、プランニングや意匠面の特徴、校舎の成立経緯の分析、設計者の発掘や設計を行うために設置された都市行政の営繕組織の解明など、多面からの照射を行うことでより正確な全体像の把握を試みる。

本書は小学校建築の成立過程について、以上のような見地から考察を加えたものである。扱う対象は京都市の都市部とした。時間的枠組としては、上限を小学校の発祥である明治二年（一八六九）とし、下限は学区制度が廃止されて国民学校になった昭和一六年（一九四二）に置き、この間の七二年間の時間を考察の対象とする。この下限は昭和戦前期では最後の鉄筋コンクリート造校舎が造られた翌年である。

2　先行研究と研究の手法

わが国の小学校建築史について既往研究を俯瞰すれば、次のように分類ができる。

（1）明治初期の擬洋風校舎に焦点をあてた研究
（2）建築計画学を中心に据えた研究
（3）大正後期から昭和戦前期を対象とした鉄筋コンクリート造に関する研究

まず第一のものからみる。小学校建築史の研究は昭和三〇年代後半に開始される明治建築研究のなかで現れてきたもので、当初擬洋風校舎が主たる対象であった。この時期の研究の成果は近藤豊[1]、渡辺保忠[2]らによるものがあって、そこでは現存した小学校校舎を中心にその履歴が明らかにされているが、擬洋風建築に関する研究の一貫として行われたものであった。
そのような明治初期の擬洋風校舎研究は、村松貞次郎[3]によって建築技術史のレベルにまで掘り下げられ、建築に関わった大工棟梁などの履歴を解明している。その研究を引き継いだ藤森照信[4]の研究では、擬洋風校舎に対して近代日本建築史のなかでの位置づけが行われた。とりわけ擬洋風校舎の成立過程について、明治初期の地方行政当局の果たした役割を明らかにした。また、山梨県の擬洋風校舎を扱ったものに植松光宏[5]による研究があって、明治前期に山梨県に建てられた擬洋風の意匠を有する全小学校の成立経緯と意匠を明らかにしている。

第二のものとして、昭和二〇年代後半から開始される建築計画学の研究のなかで、計画学の一環として小学校建築の研究が行われてきた。それは吉武泰水らによるものと、西山卯三らによるものとがあった。吉武門下で小学校研究を行った青木正夫[6]による研究では、明治・大正・昭和戦前期におけるわが国全体の小学校建築を計画史の視点から論じており、校舎の計画面での変遷を主軸とし、加えて学級教室や特別教室、生徒控室、講堂、雨天体操場、管理部門、運動場、と個々の空間に分け入っての分析が行われていた。一方で、西山門下にいた絹谷祐規[7]による研究では、公共施設の歴史的変遷についての研究の事例として、明治初期から昭和二〇年代までの校舎の変遷を主に京都市の小学校を中心に分析している。

また、学校計画史の一環としての研究に菅野誠[8]によるものがあって、そこでは昭和三〇年代・昭和四〇年代に全国に現存していた小学校を対象とし、具体例に基づきその建築内容の変遷が解明されている。

さらに、プランの地域の特性を踏まえた歴史的研究が大場修[9]らによって行われており、京都市や東京府下、滋賀県、奈良県の明治期の校舎を、設営動向や成立経緯について解明がなされている。

第三のものとして、藤岡洋保[10]による鉄筋コンクリート造小学校校舎の研究があって、そこでは東京市の大正期から昭和戦前期にかけての鉄筋コンクリート造校舎を対象とし、設計の規格化、外観の意匠、設計組織、という三つの側面からその内容が分析されている。

以上のような先行研究による成果があるものの、通時的な研究としては建築計画学に限定されたものであり、意匠面については明治初期の擬洋風研究にとどまっている。また鉄筋コンクリート造校舎についての研究は東京市という一地方に限定されたものであり、他地方での様相はほとんど未発掘の状態にある。そのような意味では多くの地域では、いまだ小学校建築の研究は空白の状態に近いといってよいだろう。

そこで本書では、これまでは時間的にも断片的に取り上げられていたに過ぎなかった小学校建築を、同一の地域を対象に通時的にみる。しかも昭和戦前期までは東京とならび日本の中心地として位置していた京都を主たる対象として考察する。加えて京都と同じ関西圏にあって、それぞれ異なる形成過程を遂げていた大阪や神戸と比較し、京都に固有の特徴を浮上させる。同時に、近代日本の小学校建築に共通する普遍性の提示の可能性を探る。

研究のレベルとしては、ここで対象とする地域に建てられたすべての小学校を時間軸においても一つ残らずピックアップし、その建築様態や成立過程、さらには小学校建築の設計者の発掘などにわたり、その内容を詳細に検証することで、全体像の解明を行うものである。調査に関して筆者は平成七年（一九九五）の時点で存在したすべての校舎の現地調査を行っている。

3　本書の構成と要旨

次に、本書の概要をみておこう。

序章は研究の目的、先行する研究と研究の手法、構成と要旨について述べる。

第一章では明治前期の京都での小学校の誕生と校舎の変遷について考察を加える。明治初期の小学校の誕生期にどのような建築がつくられていたのかをみる。第一節では全国の小学校の先駆けとして誕生した明治二年（一八六九）の京都での小学校校舎の実像を建築的に解明し、京都府が求めた小学校の施設内容が教育施設と地域の会議所からなっていたことを指摘する。第二節では明治五年（一八七二）以降の京都での小学校校舎の成立を、擬洋風校舎の出現と御殿の転用という側面から考察し、北垣知事の小学校視察の記録からもその様相を分析する。また、小学校校舎の設計者像を、三校の校舎を設計していたことが判明した佐々木岩次郎を事例にみる。第三節では全国の様相の中での位置づけを行う。大阪・神戸・東京の大都市部に加え、擬洋風校舎が数多く現存する長野県や山梨県、山形県、福井県などの地方の様相を考察し、京都の小学校と比較する。

第二章では、京都での校舎の様相を明治後期以降の小学校のプランの定型化と意匠面での特徴からみる。学区制度と文部省・京都府による学校建築に関する法制度の整備との関係を検証する。第一節では校舎の成立過程で一斉の改築があったことを明らかにし、そこに文部省の指針を受け、京都府が発令した小学校設備準則が影響を与えていたことを実証する。第二節では校舎の特徴をプランと意匠から分析し、玄関部分を強調する一方で、教室の大きさの標準化やプランの定型化が進んでいたことを実証する。意匠面では和風意匠を強調する手法を解明する。第三節では建設主体について、京都市営繕課の建築技術者によって設計が行われていたことを指摘する。第四節では全国の様相の中での京都の位置づけを行う。大阪・神戸・東京の大都市部に加え、洋風校舎が主であった岡山県などの地方の様相を考察し、京都の小学校と比較する。

第三章では、京都における鉄筋コンクリート造校舎の成立を明らかにするもので、大正一二年（一九二三）から昭和九年（一九三四）までを対象としている。第一節では鉄筋コンクリート造への改築が昭和四年（一九二九）から昭和五年（一九三〇）に集中したことを述べ、その背景に学区制度廃止への危機感があったことを明らかにする。第二節では校舎の建築特徴とし、鉄筋コンクリート造にもかかわらず、作法室などの和風の空間がより重視されたことを述べ、その背景には小学校が学区によって経営されていたことで、地域のコミュニティーセンターとしての側面があったことを明らかにする。第三節では設計を担当する京都市営繕課の組織陣容の変化と、意匠の変化との関連をみる。第四節では鉄筋コンクリート造にもかかわらず、和風意匠が外観や内部に施されていたことを述べ、それらが伝統的意匠に基づくものと、洋風意匠との融合を行っていたものとの二つからなることを明らかにする。第五節では、木造本館という京都の小学校に特有の建築を解明する。第六節では全国の様相の中での位置づけを行う。大阪・神戸・東京の大都市部に加え、全国各地で展開された様相を考察し、京都市の小学校と比較する。

第四章では、鉄筋コンクリート造校舎の標準化の過程を関西大風水害の復興事業との関連からみる。昭和九年の関西大風水害により大被害をこうむった京都市の小学校校舎の復興事業に着目し、そこで建設された鉄筋コンクリート造校舎の建築特徴について明らかにする。第一節では風害復旧計画の内容について述べ、この時点においても京都市の小学校は学区制度の施行下にあったことで、復興事業が学区単位で行われていた実態を明らかにする。第二節では復興の組織体制として京都市営繕課が拡充され、小学校を設計する第二技術課が設置されたことを明らかにする。第三節では造られた校舎について、設計の規格化が行われていたことを明らかにする。一方で意匠面については規格化はなされず、柱型を強調するものや、タイルを貼るものがあったことを論じる。第四節では全国の様相のなかでの京都市の位置づけを行う。大阪・神戸・東京の大都市部に加え、火災復興の函館など他の地方の様相を考察し、京都の小学校と比較する。

第五章は、小学校をつくった建築家像を考究したもので、設計主体と京都市役所の組織陣容を解明し、各小学校の設計者名を特定し、その建築活動や履歴を解明した。第一節では明治期から昭和戦前期にかけての京都市営繕組織の設計システムならびに設計者名の特定を行い、京都市役所の技術者陣容を解明する。第二節では設計を担った主な建築技術者の活動経歴を明らかにし、建築理念を探る。第三節では、校舎設計の責任者であった川村秀介の回想録の分析から、当時の営繕組織の実態を解明する。第四節では全国での様相を示し、京都市営繕組織の位置付けを行う。

附録の京都市小学校一覧は、明治二年（一八六九）から昭和一六年（一九四一）までの七二年間に京都市に存在した全小学校の校舎の写真や図面などを各学校別に示した史料である。この附録からは、各小学校別の変容の跡が辿られる。この史料の過半は筆者が一九八五〜九八年の一四年間にわたる現地調査で見出したものである。調査時に撮影した写真をはじめ、発見したオリジナル図面や古写真などを収録している。

注

（1）近藤豊『明治初期の擬洋風建築の研究』（私家蔵版）昭和三六年、理工学社、平成一一年。
（2）渡辺保忠「静岡県磐田郡における明治初期洋風三小学校について」『日本建築学会研究報告』第六〇号、昭和三八年三月。
（3）村松貞次郎『日本科学技術史大系第17　建築技術』第一法規出版、昭和三九年。
（4）藤森照信『都市建築』岩波書店、平成二年。
（5）植松光宏『山梨の洋風建築』甲陽書房、昭和五二年。
（6）青木正夫ほか『建築計画学8　学校Ⅰ』丸善、昭和五三年。
（7）絹谷祐規「明治初期の小学校建築の役割」『日本建築学会研究報告』第三四号、昭和三〇年一一月。
（8）菅野誠『日本学校建築史』文教ニュース社、昭和四八年。
（9）大場修「明治前期奈良県下の小学校校舎をめぐる動向」『日本建築学会計画系論文報告集』第四七三号、平成七年七月、大場修「京都旧番組小学校の校舎プラン」『日本建築学会計画系論文報告集』第五一二号、平成一〇年一〇月。
（10）藤岡洋保「東京市立小学校鉄筋コンクリート造校舎の設計規格について」『日本建築学会計画系論文報告書』第二九〇号、昭和五五年四月。

第一章　小学校という建築類型の誕生——明治前期

小学校とは、わが国では一般に明治五年（一八七二）の学制発布を受け、成立したと考えられている。だが京都では、それ以前の明治二年（一八六九）の五月二一日から一二月二一日の七カ月間に、一挙に六四校[1]の小学校が設置されていた。このような学制発布以前の時期に、京都のすべての地域で小学校が設置されていたという様態からは、わが国の小学校制度確立を目的とした、一つの実験[2]として、京都の小学校設置があったと捉えることもできる。そのように考えていけば、明治初期の京都の小学校についての考察とは、小学校の研究のなかできわめて重要な位置にあることが理解できる。

そこで本章ではまず、明治二年にできた小学校とは一体どのようなものだったのかを、建築面から解明する。次に明治一〇年（一八七七）前後に新築される校舎を考察し、明治前期の京都での小学校建築の全体像を明らかにする。

ここで取り扱う時間軸としては、明治二年の最初の完成から新小学校令の実施が行われる前年の明治二五年（一八九二）までの約二三年間を対象とする。その根拠としては、第一に小学校建築が地域単位で造られるという性格を考慮すれば、地域単位での教育行政の変化時期が時代区分を決定する、より重要な要素となると考えられる。京都では明治二二年（一八八九）より市制が敷かれるため、いったん従来の小学校を成立させていた小区は廃止され、全市が統一[3]され、明治二五年には学区の整理が行われていた。また、明治二五年に京都市では小学校の運営上きわめて重要な意味をもつ学務委員の執務条件を規定した府令第十二号が発令[4]されており、教育行政は大きく変化した。このようにこの時期は転換期にあった。

なお従来は、小学校令が発令される明治一九年（一八八六）までの期間で時代を区分することが行われていたが、小学校令の発令を受け、作成された建築面でのマニュアルである小学校設備準則が発令されるのが明治二四年（一八九一）であることを考えれば、そのことを受けて校舎の改築などの結果が表れるのは翌明治二五年以降であるとみることが妥当だろう。このようなことを総合して判断した結果、筆者はここで便宜上、明治二五年までを明治前期と設定している。[5][6]

ここでは本章と第二章・第三章・第四章との関連や本書全体のなかでの比較のしやすさを考え、明治後期以降に用いられていた学区名とほぼ一致する小学校名も使用している。また本章で用いる「京都」が示す地理的範囲とは、近世以来続いていた町組のあった地域を示すものである。なおここで取り扱う二三年間は校舎の建設の時期によって、明治二年の時期と明治五年以降の二つの時期に分けることができる。

1　明治二年の小学校の誕生

(1) 京都が目指したもの

明治二年（一八六九）五月二一日に開校した柳池校を嚆矢として、その年中に六四校の小学校が設置される。一般にわが国に小学校が成立するのは、学制が発布される明治五年（一八七二）以降であり、京都の小学校だけが学制発布の以前に、すべての町組において小学校が設置されていた。

では他の府県での状況はどうだったのかをみると、京都に次いで多くの小学校を成立させていたのは新政府を担う長州と薩摩であった。一方、大阪においては、京都と同様に近世の町組という自治制度のなかで小学校を設立させるが、小学校の開設は京都から遅れ、明治五年から明治六年（一八七三）の間であった。このことからも、いかに京都の小学校がわが国の小学校の先駆的な位置づけにあったかが分かる。この様相は明治五年に京都の小学校を見学した福澤諭吉によって次のように捉えられていた。[7]

市中を六十四区に分て学校の区分となせしは、彼の西洋にて所謂スクールヂストリックならんと、この一区に一所の小学校を設け、区内の貧富貴賤を問わず男女生れて七八歳より十三四歳に至る者は、皆来て教を受るを許す。(8)

では、なぜ小学校というものが京都で最初に、しかも一斉に設置されたのだろうか。一般的には小学校とは新時代に相応しい人材を育てるために、フランスの教育制度を真似て設置されたとされる。

その設立には次のような背景があった。慶応四年（一八六八）八月に京都で名門の家塾を営む西谷良圃(9)は京都府に対し小学校建設の口上書の提出を行った。その内容は「広大無偏ノ法制」をもって市中に教学書所を建営し、貧富の別なく父兄の負担もなく幼児が教育を受けることができるという提言であった。このことが、京都府が慶応四年（一八六八）九月に小学校創立の勧奨を行う以前になされていたことは注目に値する。九月二八日に京都府から出された示達の内容は、西谷が建言した小学校設立案と、設立校数や収容児童数など学校の規模について、ほぼ同じものが示されており、京都府の小学校設立に大きな影響を与えたものと考えられる。

写真１-１　槙村正直知事

実際に小学校創設の主体となったのは、京都府という明治新政府によって新しく成立した行政組織であった。とりわけその中心となったのは京都府権大参事であった槙村正直(10)であり、槙村は京都での近代化政策の積極的な推進者であった。すなわち近代化路線の一環のなかで小学校を作り上げたと捉えることができる。そこでは小学校の運営を行う学区制度を町組の伝統に重ねることで、小学校を地域社会の中心にしようとする構想が考えられていたようだ。小学校の候補地が一小学校区と定められた地域の中央になるように、町組の区域の調整(11)が上申されていたことからも、小学校は地域の中心的施設として設定されていたことが分かる。このように小学校建設計画とは、教育的側面とは別に、新時代に相応しい地域社会の再編成という一面も持っていた。

そのことは小学校に設置された会議所の存在からも窺える。すなわち江戸時代の町会所が廃止され、会議所と一対となった小学校を設置することで、最も地域と密着した最小の行政単位である町組を再編し、取り込みを図ったと考えられる。京都府は明治元年一一月二〇日に小学校の効用として、次のように示していた。

それ小学校の構えと云うは学事のみのためにあらず、便利の地に建営して手跡算術読書の稽古場なり、儒書講釈心学道話の教諭所なり、組町集議の会所なり、又ある時は布告の趣意を此処にて委細に説き聞かせ多人数の呼出しもわざわざ当府へ罷出終日の手間隙を費さずとも府より此処へ出張し申渡す事もあるべし、一つの小学校成就せば数多の便利叶うべし(12)

また京都での小学校設置とは、教育的な内容に加え、当時京都が抱えた問題を解決させるという政治的な思惑があったものとみられる。すなわち、明治二年三月には天皇の東上により、首都が京都から東京に移転することが決定的となった。その結果、京都は政治や経済の上で大混乱に陥り、次のような様相を呈していた。

明治元年京都は一時兵馬空偬の区となり、人心動揺庶民其の業に安せず、加ふるに十月遷都車駕東行するに至り、千載の帝都は忽ち化して故都寂寞の観を呈せり(13)

京都における小学校の設置とは、首都としての特権的立場の喪失により、混乱に陥った京都を救うという側面があったとされているが、その背景に、明治新政府は地域の末端にまで政治権力を浸透させる道具として、小学校を捉えていたことが、後で詳しく述べる行政機関を併設させていた事実からも推測できる。

（2）小学校の施設内容

では、ここで誕生した小学校の内容とは具体的にはどういうものだったのだろうか。明治二年（一八六九）五月に京都府から出された「小学校規則」[14]によれば、教育科目を筆道・算術・読書の三科目とし、江戸時代の寺子屋教育の延長線上にあったことが窺える。このような教育内容は明治二三年（一八九〇）の教育勅語の発令時までは継続されることになる。

明治元年（一八六八）一二月に京都府が示した図面（図1-1）によれば、一階で最も大きな面積を占めるものが男女別に分けられた筆道場であり、二階にも算術場があることから、プラン面においても江戸時代までの寺子屋の要素を継承した一面があったことが分かる。また、玄関に式台を設置し一定の格式を示すという手法からは、江戸時代の藩校などとの共通性が指摘できる。二階には講堂が一番大きな面積を占め、しかも床が設置されている。このことからは町組の会議所としての使用が考えられていたことが分かる。

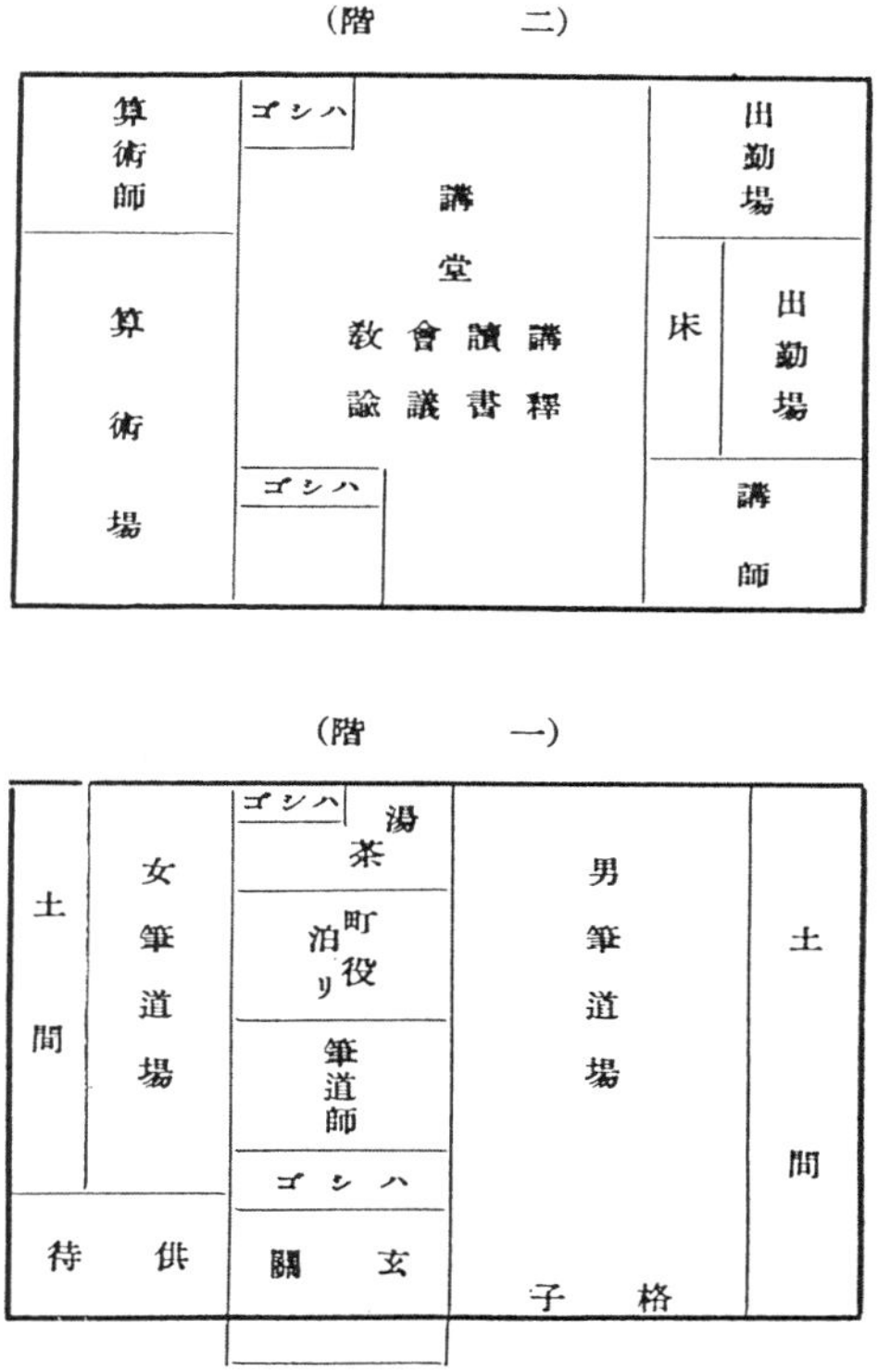

図1-1　京都府が示した通達図面

さらに一階には町役泊が設置されており、このことからもここで出現した小学校とは機能上において単なる教育機関ではなかったことが判明する。

すなわちこの時期の小学校に含まれた機能とは、官吏の出張宣諭、組内の会議所、衛生実施、警保の場所など、組内の一切の事務を取り扱う場所[15]であった。と同時に、京都府という開設間もない行政の出先機関でもあった。ここからは小学校とは新政府の行政の末端組織としても機能しており、新政府の政策の主旨を小学校区という地域の末端において徹底させる役割を果たすことが期待されたと考えることもできる。

なお、戸長役場や警察は、明治一四年（一八八一）頃には小学校から分離している。また政府による会議所使用禁止が発令[16]される明治一五年（一八八二）までは、小学校の講堂は会議所として使用されていた。

では、このようにきわめて短期間に設置された小学校の校舎建設費用は、どのような資金に依拠していたのだろうか。建設費用の一部は、京都府が各小学校に与えた八〇〇両の金額[17]による。この八〇〇両の出自は、明治二年（一八六九）三月天皇の東上以降、衰退の一途にあった京都のあり様を憂いた京都府当局が、新政府に出金させた資金の一部であった。しかし実際には建設費の多くは地域の負担であった。本来は政府が小学校の設置を求めたことから、国庫補助によるべきものであったが、受益者負担が打ち出され、その結果、施設の建設はもとより運営維持も含め一切が地域の手に委ねられることになった。

その運営方法としては、各小学校単位に「小学校会社[18]」というものが設立され、そこでの収益でもって、学校を運営するというものだった。より詳しくみれば、その会社の業務内容は金融業が中心にあって、その貸し出しの利潤でもって、小学校経営に必要な経費を賄おうとさせるものであった。このような会社は明治一九年（一八八六）まで続けられていたことが確認される。

一方で、後の学区制度に繋がるシステムが生まれていた事例が立誠小学校で見出せた。その沿革略史[19]には、「明治元年九月、組内六百三十戸ヨリ、毎半期一戸一歩宛、十三年間出金シ、敷地買収及其他ノ資ニ當テントノ議成ル」とあり、各戸に強制的に金銭の供出を強いるものであった。

また、ここでの校舎建設事業には競争原理が働いており、各町組間で「競フテ其建営ヲ上申[20]」というような様相を呈していた。このことは学区制度の廃止される昭和一六年（一九四一）まで続くことになる。このように黎明期の小学校は、今日の小学校が意味する内容と大きく異なり、教育施設に加え、会議所など地域の公共を目的とした多様な機能が合体された、一種の複合施設であったとみることができる。

（3）建築の特徴

では、実際につくられた建築をみてみよう。明治二年（一八六九）の時期の校舎とは、六四校中、四五校が新築であり、一三校が既設の建物の利用であった。四校は新築と改修の二つの校舎を有し、残りの八校については判明しない。既設の建物の改修には、江戸時代の学校施設であった明倫舎の校舎をそのまま転用した明倫小学校のような事例もあった。

槇村正直はその三年後の壬申（明治五年）六月三日に、次のような訓話を記していた。

学校建築人民教育方行届　御満足被　思食候尚以上勤勉　可致旨　御沙汰二候事[21]

明治二年に一斉に作り上げた学校建築と人民の教育が行き届き、満足であるとしていたのである。

⑴プラン面

京都でのこの時期の小学校を最も特徴づけるものは、会議所の存在である。前述したように会議所とセットで建設を行う方針が出ていたために、京都府は明治元年（一八六八）一二月に校舎建設の令を発し、校舎の雛形となる平面図（図1－1）を配布する。この図面によれば、校舎の建物の中に町役所や講堂など、児童の教育とは直接関連しないものも含まれており、ここからは教育施設に併設し行政施設が設置されていたことが分かる。さらに講堂の存在からは近世時にあった町会所の延長線上に小学校が位置する一面があったことが読み取れる。

では実際に建てられた小学校建築が、京都府作成の平面図の通りに建てられたかどうかを検討してみよう。明治二年時の平面図の内容が判明される学校としては、龍池、日彰、格致、成徳、皆山、淳風、植柳、郁文、銅駝、粟

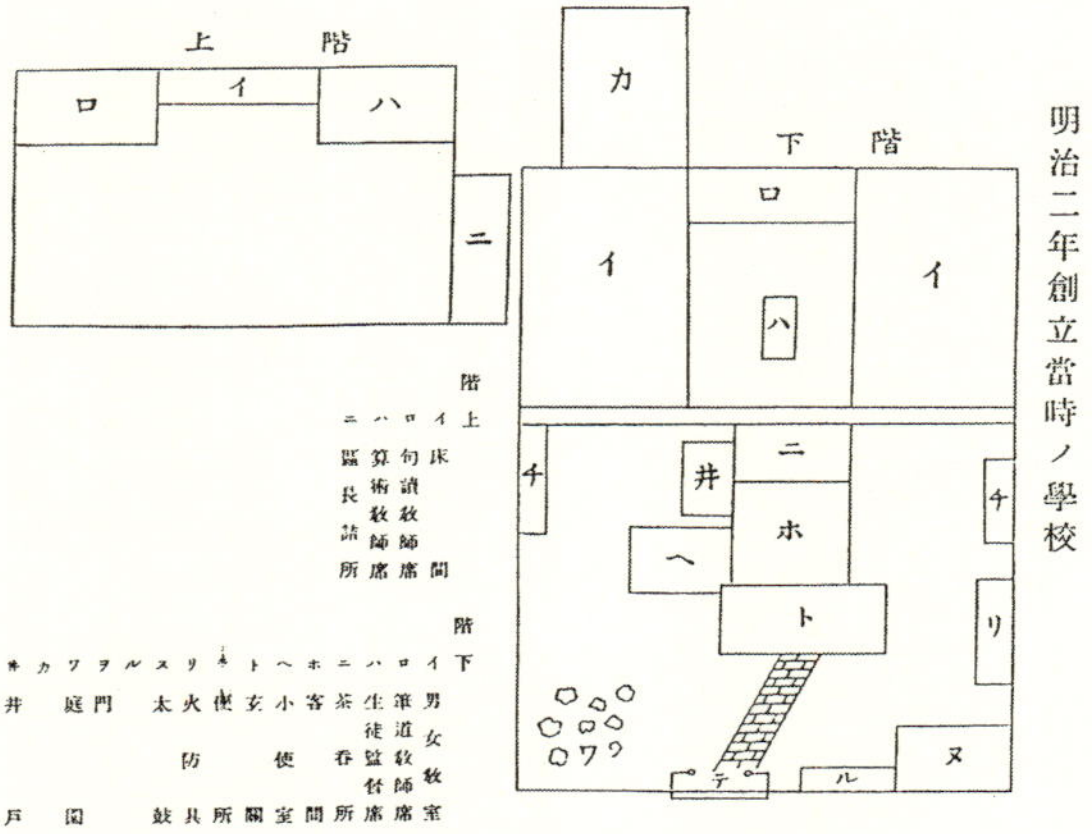

図1－2　銅駝小学校配置図

田、豊園、新道、安寧、玄武の一四校が確認される。

それらを検討した結果は、基本的には京都府による図面に基づく共通した内容になっているが、各学校によって、その内容は微妙に異なるものになっていた。そのことについて詳しく分析した小林広育の研究(22)によれば、プランニングの特徴としては、(1)二階建てとし、一階は教室、二階は町組会所となる講堂を設置、(2)教室や出入り口を男女で区別、(3)男女の教室における広さと採光通風の点での格差、(4)格式を意識した玄関、(5)玄関出入り口の大人と子供の区別、(6)玄関から講堂への動線、(7)床設置という講堂の格式性、などがあるとされる。

ここで注目されることは、講堂を重視したプランニングになっていたことである。このことは京都の小学校の講堂部分が町組会所でもあったことを表している。そのことは講堂へのアプローチである玄関部分を重要視する配置に繋がっていく。図1－2の銅駝小学校や図1－3の日彰小学校の平面図からも玄関部分が重視されていることが読み取れる。

(2) 意匠面

現時点では史料的な制約もあり、この時期の校舎の外観意匠についてその全容は判明しないが、伝統的な意匠に基づく和風による建築であったようだ。このような伝統的な意匠の中にあって、先述した校舎の二階の屋根上部に設置された防火櫓や、独立して設けられた望楼の存在は、外観上、小学校建築を特徴づける大きな要素になっていたことと判断できる。

このことは、二階建てで防火櫓が設置されていた立誠小学校の外観写真からも確認できる。その最も顕著な事例

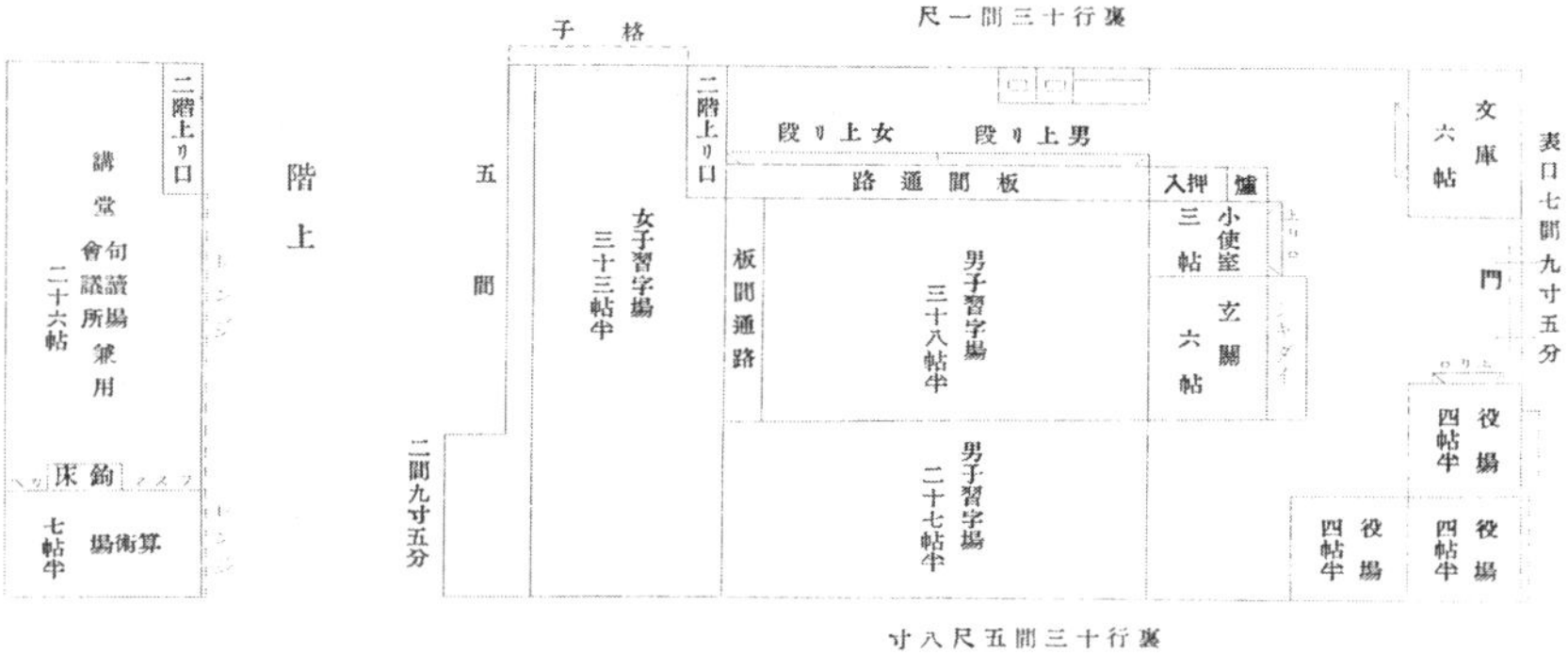

図1－3　日彰小学校配置図

として、明治五年（一八七二）に完成する日彰小学校の望楼（写真1－2）があった。写真からも窺えるように、そこでは五層の塔屋が建造されており、防火櫓や報時鼓として機能することが目的とされた。だが、その形態には、伝統的な仏教寺院の影響があったようで、格式の高い和風の意匠でまとめられたものでないにしても、塔の持つシンボル性に共通する要素があったものと考えることもできる。

　防火櫓の設置の過程をみれば、各組の請願により明治二年（一八六九）五月より設置される。防火櫓とは屋根上に設置された搭状の工作物であり、江戸時代の火見櫓を引き継いだもの(23)であった。江戸時代に関西で火見櫓は、主に町会所の屋上に設置されていた(24)ようだ。小学校とは町会所を取り込んだものであったことから、小学校に火見櫓が設置されることになったのだろう。さらに小学校校舎が二階建てで、周囲の町屋より階高が高いという物理的条件も防火櫓を設置するには適していた。さらに明治四年（一八七一）一〇月からは、防火櫓に報時鼓が設置される。なお「望楼」とは、防火櫓とほぼ同一の意味に用いられていた。

写真1－2　日彰小学校

　ここで出現した塔状の工作物は、明治二年の時点のみならず、明治前期全般にわたり、京都の小学校校舎に多く現れることになる。だが、次章でみる明治後期の小学校では塔状工作物の設置はみられない。

では、このような塔状の工作物は京都以外の都市でもみられたのだろうか。同じ関西の大阪や神戸の小学校でも出現していたことが確認される。なお、明治二年の時点では京都で洋風の影響を受けた小学校建築の出現は確認できない。

2　明治五年以降の校舎の成立

(1) 成立経緯

前節でみた創設期の校舎は、間に合わせに用意された仮設建築という傾向が強いものであったため、わずか二～三年間で手狭になる。そこで六四校（明治二年時点）のすべての学校において、新たに小学校・会議所・行政機関の三つの要素を兼ねた建物にふさわしいものが望まれることになる。その結果、表1-2に示したように増築や改築、移転の上での新築、他の建物の移築、といった多様な形態による活発な建設が行われる。このような施設の充足の動きは明治一五年（一八八二）の学校を教育以外に使用することを禁じる法律が発布されるまで続く。なお、明治一二年（一八七九）三月より「区」「組」と改まり、学区は行政区と分離し、戸長役場、警察と分離が開始され、教育以外の目的に使用が禁じられる。

また一方で、京都に特有の現象が生じていた。明治元年（一八六八）に廃仏毀釈により寺院関連の施設が不要になり、翌明治二年（一八六九）には天皇の東上にともない、宮家や公家の邸宅が不要になるという状況にあった。時間軸上、これらの出来事は小学校の改築が必要とされる時期とほぼ重なり合う。そのため、それらの施設を中心に、小学校の講堂に転用するということで移築が行われることになる。

（2）建築内容

この時期のものは京都府から明治二年（一八六九）に提示された平面図を基本としながらも、より講堂を重視する傾向に変化してきていた。講堂とはこの時期では「会議所」を意味する。

この時期の校舎の様相については、京都府知事に就任した北垣国道による日記「塵海」[25]から読み取ることができる。これは明治一四年（一八八一）に北垣国道が槇村に替わって新知事に就任し、北垣国道が行った上京・下京あわせて六五校（明治一四年時点）の小学校の巡検の記録である。つまり、竣工数年後に各小学校を評価した記録とみることができる。その記述によれば、その建物が校舎として相応しいものかどうかについての査定が、北垣自らの現地調査によって行われていたことが分かる。その一覧表が表1－3である。すなわち、そこでは、空気流通、光線、清潔など衛生工学が重要視されていたことが読み取れる。また、構造面や意匠面についても、項目が設定され、それぞれについて、「宜しい」「可」「宜しからず」などと評価が行われていた。

さらに詳しくみれば、北垣は、元は寺院や公家の御殿であった建物を使用した建築を「壮観美麗」として高い評価を行っていたことが分かる。また、龍池小学校や梅逕小学校などのように、明治一〇年（一八七七）前後に新築された建築についても、高い評価が行われている。その一方で、明治二年に建設されたままの校舎を使用している弥栄小学校などについては、「改良スベシ」という記述がみられる。

写真1－3　北垣国道知事

では、北垣の指摘を受けた小学校ではその後どのように改築を行っていたのかをみると、有隣小学校や修道小学校では明治一六年（一八八三）に改築が行われていたことが判明している。

（3）意　匠

この時期に造られた校舎は、次の三つに分けることが可能である。まず、洋風意匠の影響を受けた校舎である。次は寺院や宮家・公家の御殿を校舎とし転用したものである。三つ目は以上の二つに分類されたもの以外の校舎である。第一のものは擬洋風と呼ばれるもので、明治五年（一八七二）以降に新築された。第二のものは江戸時代に格式の高い和風意匠で造られたものの転用である。第三のものは明治五年以降に建設されたもので、洋風意匠を示していない校舎である。

(1) 擬洋風の校舎

この時期に造られた校舎とは、「小学校新築の機運溢盛にして、二階建西洋造最多く[26]」という記述にみられるように洋風意匠のものが多く現れたとされる。しかし、洋風意匠の影響を受けたものと現時点で判明する校舎は、京都では柳池、龍池、梅逕、貞教、銅駝、の五校の小学校にすぎない。大阪の小学校では五〇校中一五校が洋風の影響を受けた意匠になっていたことと比較すれば、京都の六四校中五校という数値は、きわめて少ない。

ここで現れた意匠を分析する。当時の校舎については次のように捉えられていたことが分かる。

洋風に心酔し、構造の如きも全然之を模倣し、二階建て、回り縁、硝子障子、ペンキ塗等の建築物は小学校として世人の注意を喚起したるものなりき[27]

このように、洋風意匠の小学校校舎の出現は当時の社会に大きな衝撃を与えていた。このことは第三章でみる鉄筋コンクリート造の出現に匹敵するような現象であったと考えられる。

京都の小学校で最も早い時期に洋風の意匠を有することが確認されたものは、明治六年（一八七三）に竣工する柳池小学校[28]（写真1-4）であった。この校舎は平屋建の土蔵造りの建築であるが、屋根は桟瓦、外壁は石積風の塗り壁になっており、出隅部分は隅石風の意匠が施された。また、開口部には鎧戸が付けられ、洋風の意匠を意識したものとなっていた。

その背景には京都での洋風建築の嚆矢であった勧業場[29]（写真1-5）が明治四年（一八七一）二月に洋風で造られ

ていた影響があったとみられる。勧業場に建つ平屋建て建物と隅石飾りや軒廻りなどの共通点が指摘できる。

次いで洋風の要素がみられるものは、明治九年（一八七六）に竣工する龍池小学校の講堂（口絵一頁上）で、正面車寄はアーチ形にも似た切妻の起り屋根となり、二階にはベランダが廻り、いずれの開口部の上部も扁平アーチの形状となる。外壁は漆喰塗りで、二階の屋根の上部には塔屋が設置される。しかし、二階屋根には軒唐破風がみられるなど和風色の濃いものになっていた。

明治一二年（一八七九）に完成した梅逕小学校[30]の講堂（口絵二頁上）は、形態の上で龍池校の講堂と類似しており、影響を受けたものと考えられる。さらに史料調査で発見できた明治一一年（一八七八）銅駝小学校[31]の模型写真（写真1－6）からも、類似した形態が現れていたことが確認される。

明治一〇年（一八七七）前後の京都では、このような類似したプランと意匠の建築が複数にわたって造られていたことから、この形態が小学校の校舎として相応しいものと考えられていたとみられる。ちなみに共通項としては

写真1－4　柳池小学校

写真1－5　勧業場・平屋

写真1－6　銅駝小学校模型

写真1－7　勧業場・正堂

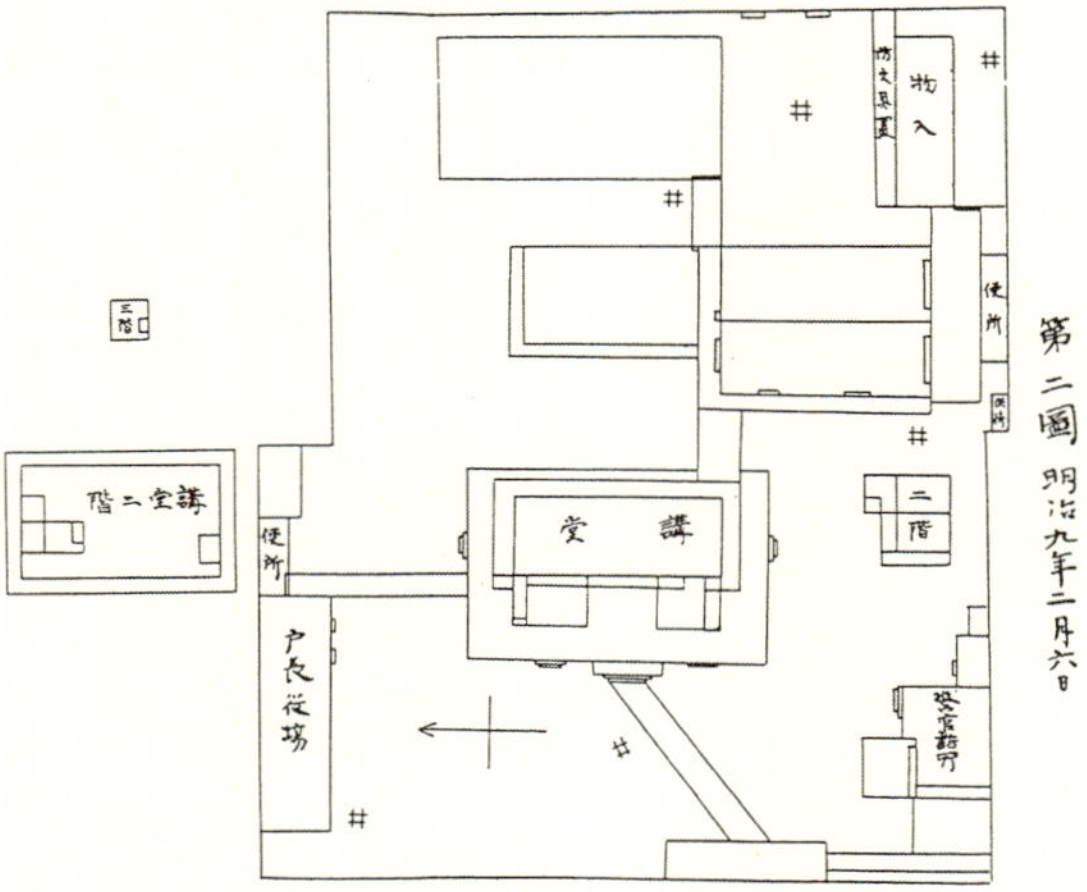

図1－4　龍池小学校平面図

塔屋の設置、二階にベランダの設置、開口上部のアーチ状の形態、などが指摘できる。

　では、ここで出現した校舎の形態はいったいどこから生まれてきたのだろうか。その出自を考える際に、参考とされた建築の一つとして明治四年（一八七一）二月に完成する勧業場の本館である「正堂」(32)（写真1－7）があって、立面の構成や意匠上次のような共通点が挙げられる。すなわち正堂の正面部の二階の屋根は小学校校舎と同様に軒唐破風となっており、和風の要素が断片化されて、洋風の骨格に装飾的な要素として備わるという共通点を有していたのである。

　このようなスタイルのなかにあって、和風色の濃い意匠の小学校校舎も現れていた。明治一一年（一八七八）に竣工する貞教小学校はその一つで、口絵一頁下にみられるように車寄の屋根は懸魚の付いた唐破風であり、開口部の扱いなどは和風意匠に基づくものであったが、ベランダと塔屋が設置されており、広義の意味では擬洋風意匠に包含されるものと考えられる。

　京都で最初に洋風校舎を完成させた柳池小学校の講堂（写真1－8）が、明治一一年に竣工する。この講堂は一階、二階ともにベランダが廻り、いわゆるコロニアルスタイルによるものとなっている。このような和風の要素をほとんど含まない意匠のものは、現時点で京都において確認されるものでは、この一校だけであった。ただし、後に京都に編入される大内第二小学校[33]ではこの形態に影響を受けた洋風意匠の校舎を完成させていた。

以上みてきたことから判明することは、擬洋風のものであっても、京都では和風の要素を多く含む傾向が窺える。このことは大阪や神戸の小学校と比較しても、京都に特有のものであったと指摘することができる。そのことはまた、次にみる御殿などの建物の再利用によるものから意匠面で影響を受けていたと考えることもできる。

(2) 御殿を転用した校舎

京都の小学校では宮家や公家、寺院の御殿を校舎として転用していたものが多く、表1－4に示したように、その全小学校六四校のうち一四校が確認される。このことは大阪や神戸と比較すれば、京都の小学校の大きな特質と考えることができるだろう。

このような近世時までの機能の建築の再利用には、二つのタイプがあった。一つは竹間小学校の講堂（写真1－9）のように小学校の敷地に一条宮の客殿を移築するというもので、このタイプのものが京都では最も多い。もう一つは嘉楽小学校のように小学校ごと空屋となった寺院に移転するというケースで、寺院の施設をそのまま校舎の一部として転用することが行われていた。

ところでこのような御殿を転用した校舎は、当時どのように捉えられていたのだろうか。先にみた北垣国道の日記「塵海」によれば、「壮観美麗」といった表現で記述がなされており、高く評価されていたことが分かる。ただし、そのような

写真1－8　柳池小学校講堂

写真1－9　竹間小学校講堂

校舎の大半が建て替えられた明治三〇年代には、そのような御殿を転用した校舎は機能面で教室などには適しておらず、そのことが改築の大きな要因とされたことを考えれば、校舎に対する理想像は明治一五年の時点と明治三〇年代の時点では大きな違いが生じていたことが分かる。そのことは第二章でみる。[34]

(3) 新築されたものではあるが洋風意匠を示さない校舎

次に該当する校舎は、以上みてきた(1)のタイプと(2)のタイプに該当しないもので、その数は計四三校に及ぶ。最後に論じることになったが、一番数多く出現したタイプの校舎であった。ここで採用された意匠については、全容が解明されたわけではないが、発見できた外観を示す写真や図からは、伝統的な和風の範疇にあったと捉えることができる。

個々の事例をみていこう。嘉楽校（明治一〇年完成）では塔屋が二層分付いた、計四階建の建物が造られており、楼閣に似た外観（口絵一頁下）を示す。粟田小学校（明治一三年完成）では門正面にある建築（図1-5）は照りによる曲線の屋根になっており、それは江戸時代までは格式の高いとされた建築意匠であった。有済小学校（明治九年完成）では入母屋屋根（写真1-10）という格式のある和風意匠が採用されていたことが読み取れる。これらのことからみても、新築される際に近世までの和風建築が有した格式性が重んじられていたことが分かる。

その背景には、江戸時代までは最も格式が高いとされた意匠が、明治になって自由に使用されることが可能となったことが理由の一つとして考えられる。[35] また前項でみた、寺院や宮家・公家の御殿が校舎として転用されたことに影響を受けた可能性も考えられるだろう。

（4） 設計者

明治五年（一八七二）までの校舎についてはどのような建築技術者の手によるものなのかは詳らかでないが（この時期には、日本には建築家という職能は成立しておらず、外国人技術者が開港都市を中心に活動を行っていたにすぎない）、明治五年以降の建築について三校ではあるが、佐々木岩次郎という建築技術者によって設計が行われていたことが判明した。佐々木岩次郎はのちに東本願寺本堂をはじめ、平安神宮や浅野総一郎邸の設計で知られるように和風意匠を得意とした建築家と位置づけられているが、佐々木岩次郎の経歴書[36]によると、明治七年（一八七四）に上京区二十八組小学校の講堂[37]を設計していることが判明している。前述したように明治九年（一八七六）に完成した二階建の擬洋風校舎の龍池小学校（口絵一頁上参照）である。それに続き明治九年には上京区十七組小学校[38]（中立小学校）を、明治一〇年（一八七七）には下京区十八組小学校[39]（修徳小学校）の設計が確認される。佐々木岩次郎が以上三つの小学校の設計を行っていたことが分かる。

佐々木岩次郎はその経歴書によると、嘉永六年（一八五三）京都に大工の長男として生まれ、明治二年（一八六八）より、建築設計製図の修行を始め、田中平兵衛の門下に入り、その後木子棟斉の門下に入り師事し、木子棟済の補佐役として設計ならびに工事監督に従事する。上京区二十八組小学校の講堂が最初の作品として記載されている。この龍池小学校は京都の小学校で最も多いタイプの擬洋風スタイルの最初のものであって、その設計が弱冠二一歳の佐々木岩次郎によって担われていたことは興味深いことといえる。だとすれば、設計者が不詳とされるこの時期の多くの小学校校舎の設計は、堂宮大工の棟梁の周囲にいた若い建築技術者によって行われていた可能性が強いだろう。

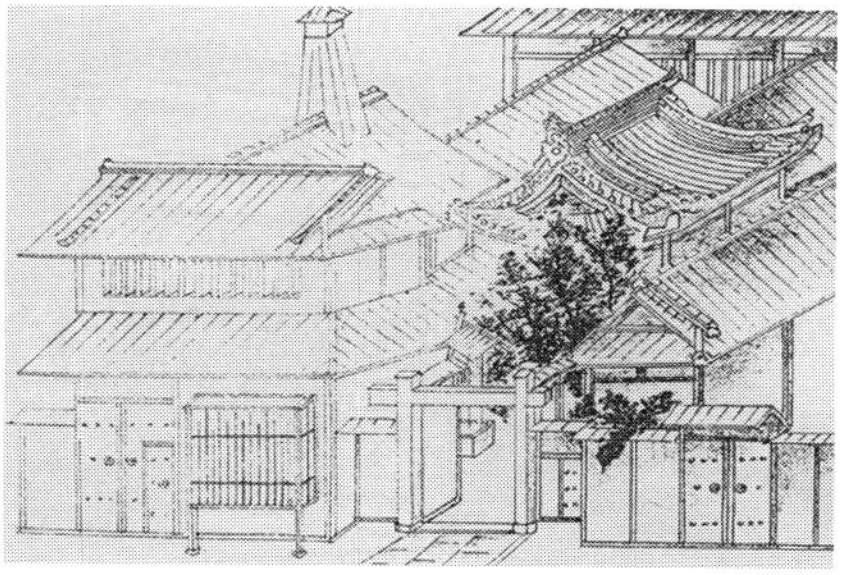

図1－5　栗田小学校

写真1－10　有済小学校

なお佐々木岩次郎は、寺院や神社、

和風の邸宅などの設計と工事監督に加え、明治二〇年代には洋風の紡績工場の設計も行っており、このことから推測しても、擬洋風の小学校校舎を設計していたとしても不自然なことではないだろう。

3　全国での様相

（1）大阪市

大阪では、明治五年（一八七二）七月から明治六年（一八七三）五月にかけて一挙に多くの小学校校舎が竣工する。旧大坂三郷が開土された東西南北の四大組は七九の学区が形成されており、一学区に一校の割合で小学校が開設される。明治九年（一八七六）の時点での小学校設立状況をみると、合計八一校が設立されている。そのうち五〇校が新築であった。このことは全国での新築の校舎の割合が一八％[40]であったことを考えれば、新築の割合が著しく高いことが分かる。

そのような小学校の設置は、一般的には明治五年の学制発布の影響によると考えられるが、大阪では小学校の設置は、旧来の町会所を廃し新たに開設が決まった会議所と一体化してなされていた。大阪府は明治五年四月に各学区に会議所を設置するように通達を行い、同年一一月には「小学校建営心得廉書」のなかで、小学校校舎の中に「講堂兼集議書」の設置を求めている。大阪の小学校には教育施設であることに加えて、学区を形成する地域の集会施設の機能や大阪府の出張所の役割も必要とされていた。

これは大阪の小学校のモデルであった京都の小学校で、区会議所との併置という形で設立がなされていたことを踏襲したものと考えられる。

学区制の最も徹底した大阪市においては、明治五年三月から九月（一八七二）四月迄に各学区に小学校の完成をみるというように、学区が主体で行われていたために、各学区が互いに競いあって校舎を建設する。このことは明治二年（一八六九）、京都での小学校の一斉の設立時にもみられる。

ここでの建築的特徴として次のことが挙げられる。この時期大阪の小学校校舎には擬洋風校舎が現れており、錦絵や写真（写真1－11）などから、竣工時の校舎の外観の様相をみることができる。ここからは、大阪においても他地方にみられる擬洋風校舎と同じようなものが造られていたということが理解される。さらに学校沿革史や記念誌からは塔屋も含めると三階建や四階建の校舎も竣工していたことが分かる。

ここで現れていた校舎は、後ほど述べる「藤村式[41]」であったことが考えられる。その建築的な特徴をみれば、まず形態として望楼や太鼓楼、ベランダの設置があり、意匠として窓などの開口部のアーチ、隅石を模した壁、ベランダの軒飾り板、柱頭装飾などがあり、それらはいわゆる擬洋風建築の特徴をなしているといえる。このような形態の校舎は、京都では明治九年の龍池小学校以降であり、神戸においても擬洋風校舎の出現は明治一二年以降であり、このことからみても、大阪では擬洋風校舎が早い時期に造られており、しかも多くの小学校で誕生していたことが分かる。

写真 1－11　東大組第 19 区小学校（大阪）

大阪での擬洋風の成立には、明治四年（一八七一）一一月から明治五年（一八七二）一二月の間のほぼ一年間大阪府参事であった藤村紫郎という役人が洋風校舎の建設を積極的に推進したことが関係していると考えられる。藤村は大阪府着任直前に京都府の少参事として、槙村京都府知事のもとで京都の小学校の設立に関係していた。大阪では東大組第一五区の小学校の新築の際に、指示を行っていたことが確認される。大阪の小学校が一斉に改築される時期と、藤村の大阪府在職の時期はほぼ一致する。このことからも藤村が大阪を去った、翌明治六年（一八七三）一〇月に大阪府は、擬洋風校舎について外観の洋風一辺倒について戒めを出す。大阪では明治八年（一八七五）に竣工する西大組第一三区小学校以降、擬洋風校舎の建設は現時点では確認されていない。

（2）神戸市

明治前期の小学校建築の様態をみると、明治六年（一八七三）から明治八年（一八七五）、明治一六年（一八八三）から明治一七年（一八九四）と、二つの時期に集中して建築がなされていることが分かる。

まず、最初の時期の建設をみる。明治五年（一八七二）の学制発令直後では仏教寺院をはじめ、民家、寺子屋、町会所、劇場などを仮校舎としてスタートする。神戸で四校、兵庫区で一二校が設置された。翌明治六年から明治八年にかけて、ほとんどの学校で別の敷地に移転し建設が始められる。その移転先は戸長役場や町会所などであることが多かったようだ。

次に建設がまとまって行われるのは、明治一六年から明治一七年の二年間であり、神戸校（写真1-12）、兵庫校、相生校の三校が建設された。これらの建設は神戸の小学校の整理統合の結果によるものであり、その背景にはまず、従来の学区内の各組が単独で小学校を設置し運営する制度が改正されたことがあった。そのことは財政面で小学校費の節約を目的としていた。すなわち、京都や大阪と異なり近世以来の町組の伝統が一部の地域にしか存在しなかった神戸では、町組間の経済的な差異が激しく、学区費の負担など弊害が生じていた。そのことを解決するために、各学区の複数の学校を経営するという制度が誕生することになった。

そのような制度的な運営を行う過程で、次になされたことが小学校の整理統合であった。その結果、学区内の本校は一校になり、それ以外の学校は分校になる。ここで本校と位置づけられた小学校に初等・中等・高等の三科が併置され、小学校の序列再編化が行われた。

その一つである神戸区の中心の小学校と位置づけられた神戸小学校の建設経緯をみてみると、連合町会で建設が決定され、工費の大部分を各町の負担と個人の寄付によったが、全体の工事（約二万六五三六円）とその当時の神戸区の一年間の収入合計とがほぼ同額であったことからも、小学校の建築がいかに重要なものとして捉えられていたかが窺えるだろう。さらに小学校校舎に欧米人が闊歩する開港地として相応しい洋風の外観が求められるという側面があった。このような新築とは「兵庫県公立小学校建築法」の公布とも関連していた。

つまり明治一〇年（一八七七）には兵庫県当局によって「兵庫県公立小学校建築法」が公布されており、そこからは兵庫県当局が積極的に洋風校舎を推進していたことが読み取れる。

（1）学校は洋風石造り或は板張にて平屋に建築するを宜とす。
（2）教状は生徒大凡三五名及至五〇名を入るると率とし、長四間、幅三間（生徒一坪に四名の割合）とし。
（3）床は二尺或は三尺、天井は二間或は一間半を度とすべし。
（4）洋風に建築するは、四間に三ヶ所の割合とし、日本風は一辺全く窓を附し、硝子を用ゆべし。

このような建築法に則り、明治一〇年代の校舎は洋風意匠でもって建設されることになる。同時期に他府県で公布されたものと比較すれば、どのように位置づけられるのだろうか。同様の学校建設の手引書を公布していた県に山梨県があって、そこでは積極的に洋風の校舎を推進し実現させていた。

プランの特徴を見て二つの時期に分けてみる。明治六年（一八七三）から明治一二年（一八七九）の間、この時期に造られるものは史料の制約もあり、すべてのプランの確認はできないが、明治六年から明治七年（一八七四）にかけて神戸区内に建設される小学校については、『神戸区教育沿革史』[42]によって平面図の内容をみることができる。それによると小学校誕生時に仮校舎となっていた仏教寺院などから、わずか一～二年のうちに移転して、戸長役場の敷地内に増築という形で校舎が建設されていた。平面の形状はコの字やL形、階数は二階建のものが多い。教室は四～九というものになっていた。さらに火の見櫓が設置されており、このことからは京都などと同様に、消防という機能も含まれていたと考えられる。このように戸長役場という末端の行政制度と深い関わりのなかで創出されたことが分かる。

写真１－12　神戸小学校（兵庫）

明治一六年（一八八三）から明治二五年（一八九二）に建設されたものは、三校あった。詳しい史料を見出せた兵庫小学校と神戸小学校の平面図を比較検討することで、この時期の傾向を探った結果、この時期のプランの特徴としては、講堂を二階に有した本館と、教室棟が別々に配置される点にあった。

次に意匠の特徴をみる。明治六年から明治一二年の時期では、史料的な制約もあってすべての校舎の確認はできなかったが、神戸区の小学校については神戸区の全小学校校舎の外観絵図が掲載された「神戸区教育沿革史」によってその内容をみることができる。ここから判明したことは、二階建の簡素な和風の意匠で、防火楼が設置されていたことが共通した特徴となっていた。また戸長役場や会所の建物を利用することが多かったようだ。

すなわち神戸区では、明治一桁代においては洋風意匠のものはなかった。そのことは兵庫県当局による積極的な推進が行われなかったこととも関連する。ただし、居留地と隣接する荏原郡葺合村では、明治七年に竣工する雲中小学校が平屋造ながらも洋風であったようだ。

もう一つの中心であった兵庫区の小学校では、詳しい史料は見出せなかった。ただ兵庫の豪商たちによって慶応四年（一八六八）に設立された、明親館という私学校を継承した明親小学校の校舎は、明治八年（一八七五）に元県庁舎に建設されるが、その校舎は「田舎の醤油蔵の感のある質朴な建物」と捉えていたようだ。すなわち明治一桁代では小学校に相応しい建築意匠はいまだ現れておらず、模索中であったことが分かる。

明治一二年になって初めて、神戸区の上田小学校で洋風意匠のものが現れる。そこでは正面部分は「西洋造」で下見板張りの外壁となっていた。ただし、外観の「裏面」と内部は「日本造」となっていた。その背景には前述した「兵庫県公立小学校建築法」の影響があったことと考えられる。

明治一六年から明治二五年の時期に建設されたものは三校ともに洋風意匠の影響がみられる。正面部立面をみると、玄関部にポルティコが設置され、二階はベランダとなり、その上部はペディメントという構成となる。また外壁は下見板張りとなり、屋根は桟瓦の寄棟、縦長の窓、開口上部はアーチ形状、という共通した特徴が窺える。つまり、全体としては洋風が志向されながらも、細部には和風によるモチーフの装飾が表れ出ていたようだ。このような和風意匠と洋風意匠の混在は、明治前期のわが国の建築の特徴の一つであり、擬洋風といわれるものであるが、神戸の小学校の一つにおいてもそのような事例が確認された。

（3）東京市

東京では京都と同様に、学制発布以前に一部だったが小学校の設立をみた。その主体は東京府であり、六校[43]の小学校が開校した。明治三年（一八七〇）のことである。明治五年（一八七二）八月の学制公布以降は他府県とは異なり、公立小学校を新設する方式は採らず、家塾や寺子屋を保護し、私立の小学校化を図った。明治七年（一八七四）の時点の成立状況は五九校[44]だった。ただし京都や大阪と異なり、明治二二年（一八八九）の市制施行時の市域の周辺部も含めたきわめて広範囲に及び、昭和六年（一九三一）に東京市に編入される区域まで含んだものだった。すなわち一校あたりの学区の範囲が広かった。一学区あたりの人口から類推した児童数は、本来ならば大規模校になるものと考えられるが、各小学校の児童数をみてもとりわけ突出して大人数ではなかった。その理由は東京には前述した数多くの私立小学校の存在があって、公立小学校には通わないで私立小学校に学ぶ児童が明治一〇年代までは過半であったことを示したことによる。

明治前期の小学校建築の様態はどうだったのであろうか。明治一〇年（一八七七）に印刷された「東京の小学校生活[45]」を見ると、各小学校校舎の外観が絵で描かれている。合計四三校が描かれているが、師範学校をはじめ華族学校・跡見学校など中等教育以上の学校が七校あって、それらを除けば三六校の小学校が取り上げられる。この内で九校は外観が描かれておらず、どのようなものが造られていたのかは判断できないが、残りの二七校では外観が確認できる。擬洋風校舎は坂本・久松・城東・千代田・宝田・東陽・桜田・常盤・有馬（写真1－13）・桜池・明治・文海・村松・明化・江東・丸山・礫川・青海・赤坂・市ヶ谷・神田・松前の計二二校で確認される。すなわちこの絵に取り上げられた小学校の過半は擬洋風校舎だった。

このことは注目に値する。京都の小学校校舎に初めて擬洋風スタイルが採用されたのは明治六年であり、当初は

写真 1－13　有馬小学校（東京）

擬洋風でなかったことはすでに述べた。一方で東京の小学校の多くは擬洋風校舎であり、その背景には明治六年から七年という開校時期と擬洋風スタイルが一般化しつつある時期が重なったことが指摘できる。

その多くは漆喰塗りの白い壁を有し、出隅部には隅石を見せ、半円アーチの開口上部や鎧戸を持つ典型的な擬洋風スタイルであった。平屋建の寄棟造りが多かったが、二階建ての建物も千代田・明治・桜田・東陽・有馬・明化・南山・丸山・本所の九校で確認される。有馬小学校と本所小学校では二階屋根上に塔屋が設置されていた。二階建校舎には共通してベランダが正面玄関の上に設けられていた。このように本格的な擬洋風建築が出現していたことも東京での特徴の一つである。一方で番町小学校のように正面に唐破風を持つ和風スタイルを強調した校舎が出現していたことも指摘しておきたい。

その後明治二三年（一八九〇）の小学校令改正以降の明治二四年には、従来自治体として独立していた東京市十五区は行政上の区画となり、財産区としてのみ法人格が認められ、実質上の「学校自治体」[46]となる。私立小学校が公立小学校の代用として認められる。公立小学校についてはそれまで各学区が経営していたが区に移管される。そのために各区はそれぞれ十数の小学校を経営することになる。すなわち各区がそのまま各学区となり、小学校財産を区ごとに管理するシステム[47]が採られることになる。その結果、各区とも区費の過半は小学校の運営費用になる。

(4) 他の地方

明治一〇年（一八七七）前後の時期に建設された擬洋風校舎は長野県や山梨県、山形県に数多く現存している。その多くは文化財に指定されている。長野県では松本市に開智小学校がある。明治九年（一八七六）に竣工したこの建物はわが国で現存する擬洋風校舎としては最も巨大な規模を有し、スタイルも華麗なものになり、装飾が数多く取り付く。わが国を代表する擬洋風建築として知られる。

山梨県の場合は本節冒頭で論じたように、大阪府で積極的な洋風化を促進し、擬洋風校舎を創出した大阪府参事・藤村紫郎が明治六年には大阪府から山梨県に移り、権令に就任していた。翌明治七年には県令に昇任しており、明治二〇年まで山梨県にいたために、山梨県下では多くの小学校が擬洋風校舎になる。そのスタイルはインク壺型が多く、大阪の小学校と共通する。睦沢（明治八年竣工）、室伏（明治八年竣工）、春米（明治九年竣工）、尾形（明治一一年竣工）の四校が現存する。設計図にあたる絵図を描いたのは大工棟梁だった小宮山弥太郎であり、施工は地元の大工たちが行っていた。

山形県では明治新政府より鶴岡県に派遣された鶴岡県令・三島通庸(48)が積極的に公共施設に洋風建築を促進しており、小学校では鶴岡に朝暘小学校が明治九年に出現していた。洋風瓦葺三階建て高さ一八メートル、室数四二もある当時東北一立派といわれた大規模な校舎であったが、残念なことに明治一六年に火災で焼失した。

県令をはじめとする幹部による洋風建築指向の度合いにも左右されたが、他府県でも同様なケースを辿った。

その末尾を飾るのが、福井県三国湊の龍翔小学校(49)（写真1－14）である。これは明治一二（一八七九）年五月に完成したが、明治前期の日本において最大規模の小学校校舎である。残念なことにオリジナルの校舎は大正三（一九一四）年に解体されてしまったが、規模・形態ともに明治日本の学校建築として他の追随を許さない空前絶後のものが出現していた。

その形は八角形の形態にして五階建てとなり、現在のビルディングの高さに換算すれば、優に一〇階建てに匹敵する。しかもその構造は木造、仕上げは下見板張で、ステンドグラスが煌めく擬洋風建築であった。中央部には蝙蝠傘とよばれたドーム状の塔が立ち上がる。その意匠はイスラムや中国・ロシアなど異国の匂いもするが、

写真1－14　龍翔小学校（福井）

実はアメリカで、一九世紀中期に流行した八角形住宅がプラン・意匠ともに校舎全体のモデルとなっていたことが判明した。それはオクタゴン・ハウスという名称で、一八六〇年前後の数十年間大流行した八角形住宅であり、その中で最も豪華な建物の一つ、ロングウッドに現存する「ホラー・ナットの八角形住宅」は外観のみならず、建物の構成、部屋割りともに、龍翔小学校にきわめて似た内容を示す。

その設計は、だまし絵で有名なマウリッツ・コルネリス・エッシャーの父である、オランダ人御雇い土木技術者ジョージ・アーノルド・エッセルだといわれている。史料的制約もあって詳細は定かではなく、伝承にすぎないとの見方もある。だが、その可能性もまた否定できない。もし設計に関わっていたとしたら、おそらく間取りと外観のスケッチを行ったものと考えられる。あるいは当時出回っていたアメリカの八角形住宅の本を提示したのかもしれない。

実際の設計ならびに施工については、規矩工師という肩書きの、大阪の柳自知であったことが判明している。柳の下には大工差配が大阪から四人も来て、地元の大工棟梁を何人も使って建設が開始された。洋風建築に特有である塗方・葺方・左官については、それぞれの業者が大阪からやって来ていた。工事は三国町の一六の町内が自発的に人夫を繰り出し、作業したと伝わる。文字通り町をあげての大事業であった。その結果、長らく三国町のシンボルとなっていたのである。

4　明治前期の小学校建築

本章では以上の考察から、次のような結論が導き出せた。

京都では学制発布以前の明治二年に小学校が成立していたが、そこで造られた校舎は京都府によるモデルプランに基づいて建設された。その図面によれば、一階に筆道場、二階に講堂があることから、江戸時代の町会所に寺子屋が合体したような内容になっていた。機能として単に教育施設にとどまらず、戸長役場や会議所など行政機関も有していた。意匠は洋風によるものではなく、それまでの伝統的な和風の延長線上に位置づけられる。

明治五年（一八七二）から明治一〇年（一八七七）にかけて、校舎の建設ブームが起きる。このなかで明治六年（一八七三）に京都で最初の擬洋風校舎が誕生する。また、廃仏毀釈により不用となった寺院の客殿や東京移住にともない不要となった宮家や公家の御殿などを校舎として転用するものも現れる。だが、最も多く造られたものは、伝統的な和風意匠に基づく校舎であった。

明治九年（一八七六）から明治一二年（一八七九）に少なくとも五校の小学校に共通する形態を有する擬洋風校舎が造られていた。そのプランとは一階に教室、二階に講堂があり、二階はベランダが回廊として付くという形式を採る。このプランニングとは京都府が示したモデルの図面の影響がみられるが、意匠面では唐破風が正面に設置されるなど、和風の影響も色濃くあった。このなかで最初に完成した龍池小学校は佐々木岩次郎という、後に和風建築の大家となる若い建築技術者が設計したものであった。佐々木岩次郎による設計のものは三校が確認されている。

明治一四年（一八八一）の時点で、槇村京都府知事の後任として赴任した北垣国道知事によって、各学校の校舎は現地調査を受ける。その記録は北垣の日記「塵海」から読み取ることができる。校舎の評価基準は、室内環境工学的な内容が中心となっており、「宜しからず」という評価が下された校舎は数年後に改築がなされていたという知見が得られた。

注

（1）『京都小学三十年史』明治三五年、に詳しい。

（2）藤森照信『都市建築』岩波書店、平成二年、四六二頁、によれば、「明治二年から明治五年にかけての京都府はすぐれた指導者を得て、やがて中央政府が全国スケールで開始する政策の実験室のごとき活況を呈していた。」とある。

（3）国家による小学校の統廃合が進められ、京都では大問題となる。その一方で、明治二二年に各学区に区会が設置され、以後昭和二〇年まで続くことになる学区会の基盤がつくられた。『京都の歴史8　古都の近代』学芸書林、昭和五〇年。

（4）明治二五年に新小学校令実施にともない、新たに学務委員が設置される。その背景には、明治一八年の教育令の改正により、学務委員が廃止されていたということがあった。『京都市学区大観』京都市学区調査会、昭和一二年、参照。

（5）菅野誠・佐藤譲『日本の学校建築』文教ニュース社、昭和五八年、による区分。

（6）菅野誠・佐藤譲『日本の学校建築　資料編』文教ニュース社、昭和五八年。

（7）倉沢剛『小学校の歴史Ⅲ』ジャパン・ライブラリ・ビューロー社、昭和四五年。

（8）福澤諭吉『京都学校記』京都書籍会社、明治五年。

（9）辻ミチ子『町組と小学校』角川書店、昭和五二年。

（10）槙村正直のことは、前掲注（2）、藤森照信『都市建築』岩波書店、平成二年、に詳しい。槙村の次の位に位置していたのが第三節でみる藤村紫郎であった。

（11）上京区三十番組小学校（春日小学校）建設関係の文書による。柴田よし子所蔵文書『史料京都の歴史7　上京区』平凡社、昭和五五年。

（12）秋山国三「小学校の開創」『近代京都のあゆみ』かもがわ出版、昭和六一年、三七頁。

（13）『京都府誌上』大正五年、二五四頁、による。

（14）『京都府百年の資料五教育編』京都府立総合資料館、昭和四七年、による。

（15）前掲注（9）による。

（16）前掲注（9）による。

（17）前掲注（9）による。

（18）前掲注（9）による。

（19）『顧古』立誠小学校、大正七年。

（20）前掲注（13）による。

（21）前掲注（19）と同じ。

（22）小林宏育「京都市における小学校校舎の成立と発展に関する史的研究」京都府立大学修士論文、平成二年、による。

（23）彰国社の『建築大辞典』による。

(24) 近藤豊「消え失せた明治建築（三）」『史料と美術』第五十六輯ノ一号、昭和六一年一月。
(25) 京都府立総合史料館所蔵。
(26) 前掲注（13）、二五四頁、による。
(27) 前掲注（13）、二五四頁、による。
(28) 柳池小学校所蔵文書「柳池校の起源」による。そのことは大場修「京都旧番組小学校の校舎プラン」『日本建築学会計画系論文集』№五一二、昭和六三年一〇月、のなかでも指摘されている。
(29) 『明治文化と明石博高翁』明石博高顕彰会、昭和一七年、に詳しい。
(30) 現在、京都市左京区八瀬花尻町にて大原楽園として使用されている。梅逕小学校が改築後は大原村役場の建物として移築され、さらに移築され現在に至っている。筆者は平成一〇年四月に小屋裏を調査し、和小屋になっていることを確認した。その後平成一一年三月焼失。
(31) 旧洞駝学区史料庫所蔵の旧洞駝小学校史料のなかで筆者が発見した。
(32) 前掲注（27）に詳しい。
(33) 学校沿革誌のなかに掲げられた写真によれば、コロニアル風の校舎であったことが確認される。
(34) 『尚徳小学校百年誌』によれば、明治三六年に「通風採光共に不十分なるを似て改築の議起こり」とある。
(35) 初田亨「近代和風建築入門」『近代和風建築』鹿島出版社、昭和六三年、による。
(36) 佐々木岩次郎の経歴については、「佐々木岩次郎氏の経歴」『日本建築士』第二十巻第四号、昭和一二年四月、「故正員佐々木岩次郎君」『建築雑誌』昭和一二年一〇月、による。藤原恵洋「日本の近代建築における和風意匠の歴史的研究」東京大学博士学位論文、昭和六二年、に詳しい。
(37) 龍池小学校沿革によると、明治八年に講堂の新築に着手し、翌明治九年二月六日に移転する。すなわち明治七年の設計と時間的な一致がみられる。なお上京区二十八組とは、明治五年から明治一二年の間は龍池学区であった。
(38) 中立小学校沿革によると、明治八年に講堂など三三坪が新築される。続く明治一〇年には五五坪の建家が建設される。設計が明治九年になされていることから、明治一〇年の五五坪の建家が佐々木岩次郎の設計によるものと考えられる。なお、上京区十七組とは明治五年から明治一二年の間は中立学区であった。

(39) 修徳小学校沿革によると、明治八年に新築される。その際に講堂は大覚寺の宮の御殿が改築される。明治九年以降に東北の教室が建てられている。設計が明治一〇年になされていることから、明治九年以降に東北の教室が佐々木岩次郎の設計によるものと考えられる。なお下京区十八組とは、明治五年から明治一二年の間は修徳学区であった。
(40) 『浪華小学校記念誌』浪華同窓会、昭和四八年。
(41) 植松光宏『山梨の洋風建築』甲陽書房、昭和五二年。
(42) 大正四年に神戸小学校開校三〇年記念として刊行された。昭和五七年に日本教育史文献集成の14として第一書房より再刊された。
(43) 「東京府教育沿革」『日本教育史資料七』文部省、臨川書店、昭和四五年、ならびに『東京百年史第二巻』東京都、昭和五四年、に詳しい。
(44) 倉澤剛『小学校の歴史』日本放送出版協会、平成元年。
(45) 『明治大正図誌 第一巻・東京一』筑摩書房、昭和五三年。
(46) 『東京都教育史 通史編二』東京都立教育研究所、平成七年。
(47) 『東京百年史第三巻』東京都、昭和五四年。
(48) 丸山光太郎『土木県令三島通庸』栃木県出版文化協会、昭和五四年。
(49) 川島智生「擬洋風建築の極・三国湊の龍翔小学校について――明治一二(一八七九)年・八角形校舎の建築史的意義」『文教施設』第三七号、文教施設協会、平成二二年。

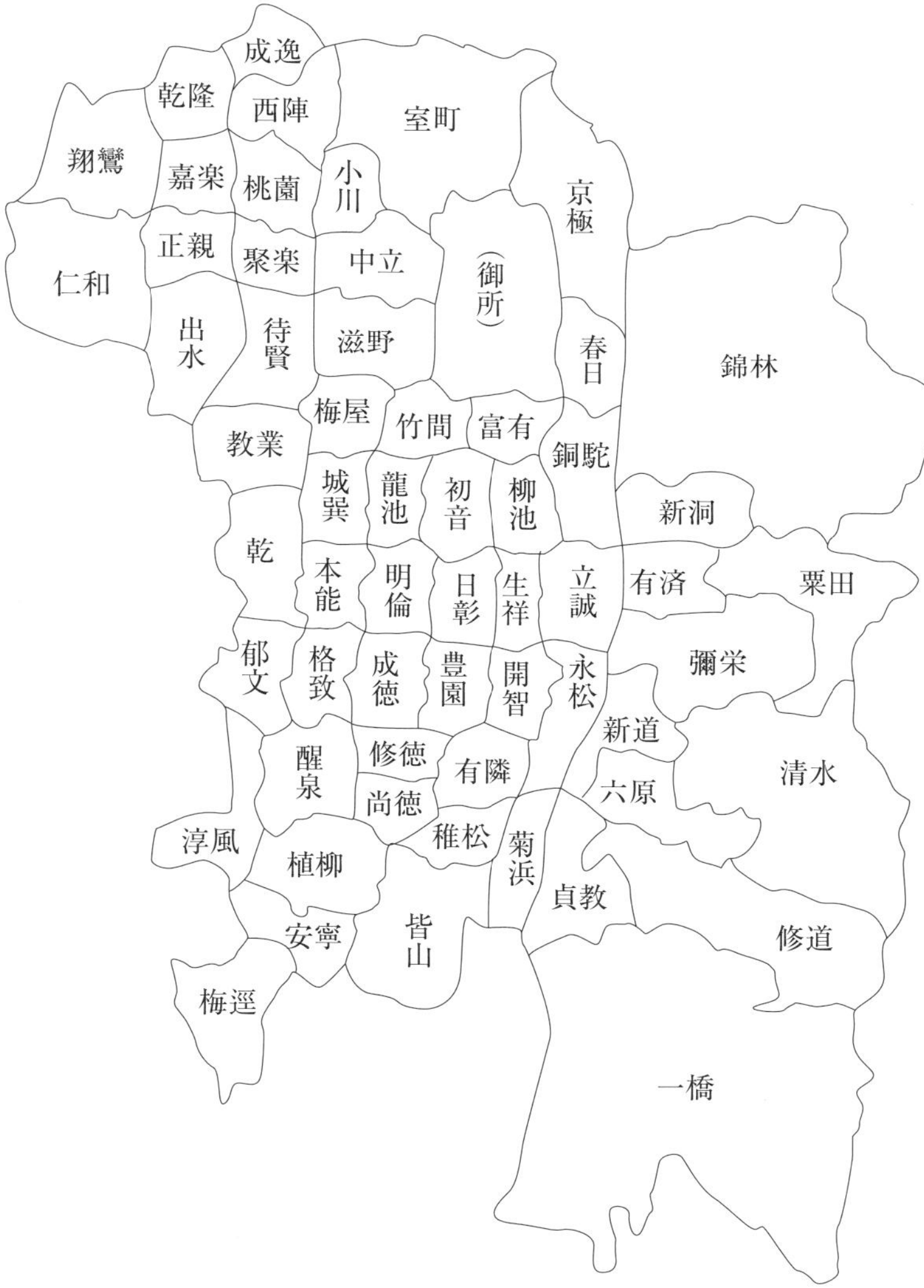

図1-6　明治25年の学区地図
（出典）『京都市元学区別地図』『元学区統計要覧』京都市，昭和42年，を元に筆者が加筆作成。

表1－1　明治2年の小学校竣工一覧

開校月日	組番号	小学校名	新築	改修	階数	建坪	工費	備考	後の校名
5，21	上京27	柳池	○						
6，8	下京10	豊園			2	63			
6，11	下京11	開智		○	1	50		元神道黒住教会所	
6，20	下京4	階松	○	○	2			元京都教諭所和風	日彰校
7，1	下京14	修徳	○						
7，6	下京15	高松			1	100			有隣校
7，6	下京22，32	淳風	○		2	37			
7，6	下京18	菊浜	○					大工棟梁野口屋庄三郎	
7，8	上京11	大宮	○						桃園校
7，11	上京33	新東							
7，22	下京33	八阪		○	2			旧町会所	弥栄校
7，26	下京5	西雲	○			40			生祥校
7，26	下京16	新揚	○						尚徳校
8，2	上京10	聚正				45			正親校
8，17	上京26	初音	○						
8，21	上京32	錦織							
8，26	下京23	梅路	○			120			梅逕校
9，1	上京3	翔鸞	○		1	89			
9，1	上京9	安嘉		○				旧所司代組屋敷学問所	仁和校
9，11	下京9	楽天	○		2	98			成徳校
9，11	下京28	六原	○	○		71			
9，11	下京27	安井		○		47			清水校
9，15	上京1	乾隆	○		2	50			
9，16	下京3	明倫		○		48		元明倫舎の心学道場	
9，16	下京23	植柳	○	○	1			元町家	
9，16	下京13	醒泉	○						
9，21	上京21	竹間	○						
9，21	上京31	銅駝	○			30			
9，21	下京25	粟田		○				元青蓮院宮家臣邸	
10，1	上京12	小川	○				1308		
10，1	上京4	今出	○	○				元時習舎の学舎	嘉楽校
10，1	上京7	竹園							室町校
10，6	上京14	出水	○			42			
10，6	上京17	待賢		○	2	62		元民家	
10，6	上京24	城撰	○		2	45			
10，6	下京7	九徳	○		1	127			郁文校
10，6	下京8	太子	○		2	102			格致校
10，6	下京12	永松	○			25			

10，16	上京22	富有	○						
10，16	上京19	興文							滋野校
10，16	上京15	聚楽	○		2	57	925		
10，16	上京13	常習							
10，16	上京2	成逸	○			76	1354		
10，21	上京18	大路							滋野校
10，21	下京24	太元	○		2				有済校
10，21	下京31	一橋	○		1	60			
10，26	上京23	教業	○		2	76		和風	
10，26	下京17	間津	○		2	68		講堂2階建教室平屋	稚松校
10，26	下京20	皆山	○			40			
11，1	上京25	龍池							
11，1	下京6	三川	○						立誠校
11，6	上京8	殷富	○						仁和校
11，11	下京30	馬町	○			112			修道校
11，11	下京29	正面	○		1	40			貞教校
11，21	下京26	新道	○		2				
11，21	下京21	安寧	○		1	75			
11，21	上京20	梅屋		○		35		元民家	
11，26	上京16	中立	○		1	83	249		
11，26	下京2	本能		○				元民家	
12，1	下京1	乾	○		2	90			
12，2	上京5	文織	○		2	62	800		西陣校
12，6	上京6	木下							室町校
12，11	上京30	春日	○		2	52		和風	
12，21	上京28，29	梨樹	○			50			京極校

（出典）『京都小学校三十年誌』，『京都小学校五十年誌』，倉沢剛『小学校の歴史』，『史料京都の歴史』，各小学校所蔵の沿革史などによる。なお，表の順序とは竣工年の古いものから順に挙げている。

表1－2 明治5年から明治24年の間の小学校建設一覧

番号	校名	移転新築		増築改築	
		和暦（明治）	建築内容	和暦（明治）	建築内容
上　京					
1	成逸			7，8，13，22	
2	竹園（室町）				
3	乾隆			22	
4	西陣		9	9，21，24，25	
5	木下（室町）				
6	翔鸞				
7	嘉楽	10	旧般舟院を使用，平屋350坪，4階建31坪	7	
8	桃園			8，9，15，21	
9	小川	10	平屋190坪	12，18	
10	玄武（室町）				
11 12	梨樹（京極）	5		9，11，16	
13	愍富（仁和）			5	
14	安嘉（仁和）				
15	正親			11，18	
16	聚楽			8，11，16	
17	中立			8	講堂，裁縫室83坪
18	出水			8，19	8は2階建44坪，19は平屋建2棟93坪
19	待賢			17，25	
20	大路（滋野）	9	矢倉屋敷に移転		
21	興文（滋野）	9	新築		
22	春日	10	高辻邸に移転	16	
23	梅屋	6	華族庭田邸の家屋，平屋161坪	10	
24	竹間			8，14	8は2階建44坪，19は平屋2棟93坪
25	富有	15	2階建2棟107坪，平屋4棟148坪		
26	教業			9	
27	城撰	5		8，9，11，16，18	
28	龍池	9	153坪，2階建擬洋風講堂と教室平屋3棟	14，18，23	14は1教室，18は平屋1棟裁縫教室
29	初音	25	398坪，工費1万800円		
30	柳池	6	土蔵造りの洋風	10，	2階建洋風講堂57坪
31	銅駝	11	2階建講堂35坪，教室3棟138坪	4	
32	錦織（錦林）	5	140坪	9，11，16	
33	新東（新洞）	10		6，11，18	6は和洋折衷58坪

下　京					
1	乾			5，7，9，12，18	
2	本能			7，10，16，21，24	
3	明倫			8，10，13，15	
4	日彰	5	山階宮別邸移築	9，18，23，24	
5	生祥			9，22	9は平屋87坪，22は2階建35坪
6	立誠			11，18	
7	有済			9，13	
8	粟田			13	
9	郁文			9，21	21は平屋127坪
10	格致			11，12，17	
11	成徳	8		6，15	
12	豊園			7，9，13，21，23	
13	開智			8，13	8は講堂70坪，13は体操場42坪
14	永松			8，18	8は会議所30坪，教室8坪，18は講堂22坪教室88坪
15	弥栄			10，19	10は2階建教室，19は2階建講堂，平屋教室
16	淳風			6，18	18は平屋教室
17	醒泉	6	園部藩邸	6，16	6は平屋教室，16は教室
18	修徳	8	講堂は大覚寺宮の御殿を改修	9，16	
19	有隣	16		8	
20	新道			4	2階建教室
21	六原			5，18	
22	安井	9	安井御殿	18	平屋建て
23	植柳	7	本願寺の関雎殿		
24	尚徳	7	常盤御所の殿舎	4，7，20	
25	稚松	9	講堂を移設	18	
26	菊浜			6，10，13，16	体操場
27	貞教	11		16	体操場
28	修道			5，7，9，15，17，24	15は2階建講堂，体操室，生徒控室
29	安寧	7 16	平屋建394坪		
30	皆山	6	大仏日行院45坪，明暗寺門移設	10，16	平屋95坪，戸長役場15坪
31	一橋			8，11，15，24	8は2階建講堂，和風教室2棟
32	梅逕	8	大通寺の建物に移築	12	講堂

（出典）『京都小学校三十年誌』，『京都小学校五十年誌』，『史料京都の歴史』，各小学校所蔵の沿革史などによる。町組の番号は明治2年以来，明治5年，明治12年，明治25年とめまぐるしく変化している。ここでは明治5年時のものを用いている。

表1－3　北垣国道による小学校巡検の一覧

番組番号	小学校名	構造	空気	光線	備考	番組番号	小学校名	構造	空気	光線	備考
上京区						下京区					
1	成逸	×	×			1	乾		○		
2	竹園（室町）		○		建築疎造	2	本能		○		築造結構
3	乾隆	○	○			3	明倫	◎	○		
4	文織（西陣）		○	○		4	日彰	◎			最も壮観美麗，元山階宮邸
5	木下（室町）		×	×		5	生祥		○		2階造は天井低く空気閉塞
6	翔鸞	×	×	×		6	立誠	○	○		
7	嘉楽	◎	◎		元般若院御尊牌殿，壮観美麗	7	有済	○	○		
8	桃園	◎	○	○	上京中屈指の校なり	8	粟田	○	○		教場は新築なり
9	小川	×	×	×	元久世家邸	9	郁文	○	○	◎	
10	玄武（室町）		×	×		10	格致		×		
11	梨樹（京極）		○	○	建築新築，新築以外は廉悪	11	成徳		×		
12	梨樹（京極）					12	豊園	◎	○	○	建築上等
13	慇富（仁和）	×	○			13	開智	○	○		
14	安嘉（仁和）	◎	◎		元姉小路大外邸	14	永松	○	○		
15	正親		○			15	弥栄	×	×		
16	聚楽	△	○			16	淳風				新築の見込み
17	中立	×	×	×		17	醒泉				建築廉悪付，新築決定
18	出水	△	△			18	修徳	○	○		元大覚寺客殿，上京中屈指
19	待賢	×	×	×		19	有隣	×			建築廉悪，建築着手決定
20	大路（滋野）		×	×	元商家矢倉民之助	20	新道	×	×		建築最悪
21	興文（滋野）	×	×			21	六原		○	△	元六波羅寺

22	春日				最初の巡検，詳述なし	22	安井	◎	◎		元安井宮殿
23	梅屋		○		元庭田邸，上京中上等部	23	植柳		△	△	
24	竹間				最初の巡検，詳述なし	24	尚徳	○	△	△	元常盤御所
25	富有				最初の巡検，詳述なし	25	稚松	×	×	×	
26	教業	○	△		構造中等	26	菊浜		△	△	
27	城撰		×			27	貞教		○	○	建築新営美麗なり
28	龍池	○				28	馬街（修道）	○	○	○	新築
29	初音	×	×		建築狭溢	29	安寧				仮校なり新築を要す
30	柳池		○		建築上等	30	皆山	△	△	△	
31	銅駝	○	○	○	上京中，一二の良校なり	31	一橋	◎	○	◎	建築新営，構造堅牢
32	錦織（錦林）		△	△		32	梅逕	◎	○	○	
33	新東（新洞）		○	○	建築中等						

（出典）京都府知事，北垣国道の日記，「塵海」の明治15年10月12日から明治15年10月30日までのものを使用した。

（凡例）北垣の記した文章に即し，「非常に宜しい」などは◎，「宜しい」は○，「可」は△，「宜しからず」は×，とした。また，「空気」とは教室内の換気を，「光線」とは教室内の日照。

表 1－4　御殿などの転用校舎

校名	和暦	内　容	出　典
皆山	明治 4	大仏日厳院の建物及び普化宗明暗寺の門を買得，移築。	坊 4　400，401 頁
日彰	明治 5	旧山階宮別邸移築。	坊 3　104 頁
梅屋	明治 6	官有地に移転して（梅屋町）庭田家の書院以下の建物を移築し活用。	坊 2　88 頁
淳風	明治 6	本願寺所有地 500 坪を借入れ建物を買得，移転（大宮二丁目）。	坊 3　463 頁
尚徳	明治 7	旧綾部藩の邸宅，常盤御所（光照院，安楽小路町）の殿舎，家族橋本家の建物を教室に移築。	沿革史
植柳	明治 7	大和守山陵奉行の書院を講堂に，本願寺の関睢殿（伏見桃山城郭中の旧建物）を教室に。	沿革史
修徳	明治 8	大覚寺の御殿を建て直し講堂に。	修得　閉講記念誌
梅逕	明治 8	大通寺の建物買得，移築。	坊 4　616 頁
清水	明治 9	元蓮華光院宮の敷地建物の下付を請いこれに移転，校舎は旧殿舎のままで玄関，寝殿，書院など壮麗を極める。	坊 4　129 頁
滋野（大路）	明治 9	矢倉屋敷に移転（西大路町），建物を活用。	坊 2　39 頁
春日	明治 10	高辻邸に移転（錦砂町），建物を活用。	坊 2　62 頁
嘉楽	明治 10	般舟院敷地の上地されたもの，建造物の下付を請い，移転（般舟院前町）。 明治 10 年に移転時の般舟院の旧本殿，護摩堂，女中殿，四脚門，土蔵（999 坪，600 円）。	坊 1　178，179 頁 沿革史
貞教	明治 11	南禅寺金地院から檜皮葺六脚門を移築（伏見桃山城遺構）、	貞教史　1 頁
竹間	明治 14	一条忠香公の御殿を講堂に移築。	竹間校百年記念

（出典）久保泰子「京都旧番組小学校校舎の建築動向に関する史的研究」京都府立大学平成 7 年度卒業論文。

（凡例）・坊 1：『京都叢書　第十八　坊目誌二』臨川書店，昭和 43 年。
・坊 2：『京都叢書　第十九　坊目誌三』臨川書店，昭和 43 年。
・坊 3：『京都叢書　第二十　坊目誌四』臨川書店，昭和 45 年。
・坊 4：『京都叢書　第二十一　坊目誌五』臨川書店，昭和 45 年。
・『修得　『閉講記念誌』平成 6 年。
・『竹間校百年記念』昭和 44 年。

第二章　小学校校舎の定型化——明治後期

第二章では、明治二五年（一八九二）から明治四四年（一九一一）までの間に竣工した京都市の小学校校舎を対象として考察する。第一章でみてきた明治前期の小学校建築は、明治二〇年代前半に大きく形を変える。具体的には、明治一九年（一八八六）の小学校令発令に始まり、明治二三年（一八九〇）の小学校令改正、翌明治二四年（一八九一）の小学校校則大綱と続き、明治二〇年代前半には教育制度が大きく変化する。その結果、小学校校舎の建築面に大きな変容が生じていた。

京都府では小学校教則の改定の実施は、明治二五年一二月から行われる。さらに京都市では、小学校運営を担う学務委員制度[1]が明治二五年一二月から復活することになる。行政制度の上でここで取り扱う小学校とは、明治二五年（一八九二）までは上京区・下京区という行政区のもとに位置づけられていたが、明治二五年以降は一律に京都市の小学校と改称される。

以上のことから、明治二五年以降の京都市での小学校教育制度は、それまでのものと大きく変化した。よってここでは明治二五年を明治後期の出発点とした。なお、明治一九年から明治二五年の間は、次の時期に移行する過渡期として捉えることができる。本章では明治四五年（一九一二）までの時期を対象としているが、大正後期から昭和戦前期の鉄筋コンクリート造校舎の出現までは、京都市小学校建築はこの時期の延長線上にあったとみることもできる。

本章では、行政当局による法制度の整備が、どのように校舎の建築面に影響を与えたのかを解明する。また、どのような建築内容のものが造られたのかを、意匠面や成立経緯から考察する。特に、外観での和風意匠の出現とその背景を探る。さらには設計を担当した、京都市という行政に所属する建築技術者の実態をも明らかにする。

なおここでは便宜上、明治後期を明治二五年から明治四五年の間の時期とする。また、ここでの和風意匠とは、唐破風や千鳥破風、入母屋などの屋根形状、装飾としては懸魚や狐格子、玄関部には式台や車寄などの意匠を有するものを対象としている。

1　校舎の成立過程

小学校校舎の建築面の変化が最も劇的に現れるのは、校舎の新築移転や全面改築などの大規模な建設事業が行われる時であると考えられる。ここではそのような建設事業の成立過程をみる。

（1）校舎一斉の改築

表2－1と表2－2から判明するように建設事業が集中する時期は、明治二五年（一八九二）から明治四五年（一九一二）の二一年間に三度のピークがみられる。第一回目は明治二五年から明治二六年（一八九三）の間で四校、第二回目は明治三四年（一九〇一）から明治三九年（一九〇六）の間で一八校、第三回目は明治四〇年（一九〇七）から明治四五年の間で二四校であった。増築も含めると、明治後期に京都市内に設置されていた六二校のすべての小学校で建設が行われていた。その内訳をみると、敷地を移転して校舎全体を新築するものは一六校、ほぼ全面改築に近いものは三四校、増築は一二校、というものであった。

ではなぜ、そのようにある特定の時期に建設事業が集中してみられるのだろうか。明治二〇年代前半はそれまでの時期と異なり、国家による小学校の位置づけが明確になり、国民教育機関として建築面においても整備が開始される。明治二四年（一八九一）一月の小学校設備準則を皮切りに、明治二四年の改正小学校設備準則、明治三二年（一八九九）七月一〇日の小学校設備規則改正、明治三三年（一九〇〇）八月二一日の小学校令施工規則、明治三七年（一九〇四）の「小学校施設規則中改正」と文部省は矢継ぎ早に様々な建築の基準を打ち立て、積極的に校舎の近代化を推進していく。そのことを受け、京都府は文部省による準則や規則が改正される度に小学校設備規則を発令する。そのことは表2－3に記した。京都市での小学校校舎建設事業はこれらの発令の時期の直後に行われていた。

（2）小学校設備規則

これらの建設の背景には大きく三つの理由が考えられる。一点目は前述した京都府の法令によるもの、二点目は明治前期の校舎が建設されて二〇年近くの年月が経過し、建て替えの時期に該当していたこと、三点目は就学率の上昇により児童数が増加するため教室数が不足していたこと、が考えられる。ここでは主に法令との関連をみる。

(1)明治二五年（一八九二）

明治二五年（一八九二）三月一八日、京都府令一〇号で小学校設備規則[2]が公布される。それによれば、生徒一人あたりのスペースとして三坪が必要であり、校舎はなるべく平屋造りとすること、などが規定されることになる。そのため初音、仁和、西陣、醒泉の計四小学校で、移転した上での新築もしくは全面改築に繋がっていく。

(2)明治三二年（一八九九）

明治三四年（一九〇一）から明治四〇年（一九〇七）に竣工する校舎の多くは、京都府の発令した「府令第百七号小学校設備規則」[3]よって改築されることが多かったようだ。この改築の動きは義務教育の就学年の延長が決定された明治四〇年（一九〇七）三月の小学校令改正[4]により一層加速され、明治四五年までにはすべての学校で建設事業が行われることになる。府令一〇七号（明治三二年一〇月六日）の重要な点は教室の大きさが決定されたことにあり、具体的に幅三～四間、長さ四～五間が示されていた。すなわち、その後現在までに繋がる教室の大きさが、ここで提示されていた。

京都府はこのような条件に適合するように、明治三二年（一八九九）には校舎を今後の五年間のうちに改築するように京都市に指示を行っていた。[5]そのことと関連するものとして、文部省は明治三二年七月一〇日に、「小学校設備準則改正」を発令しており、京都府はその指導に沿って、このような規則の改正を行ったものと考えてよい。

そのことは、内貴甚三郎京都市長による学校設備改善についての訓令発令により、[6]一層徹底されることになる。内貴市長は京都府による府令一〇七号発令の直前の明治三二年八月に、各小学校校長に学校設備改善についての訓令を出していた。このような行政側からの積極的な取り組みが校舎の改築に大きく作用したものと考えられる。

そのような行政側による法令面からの学校建築の整備はさらに続き、翌明治三三年（一九〇〇）九月に京都府は「小学校設備規則」を公布し、校舎や体操場などの基準を示す。このような制度面での変化を受けて、明治三七年（一九〇四）四月までには七校の移転新築と三校の全面改築が終了する。

明治三七年四月には、[7]京都府は「小学校校地校舎設備標準」を決め、校舎の建築内容が華美にならないように指針を示していた。その背景にはこの年開始された日露戦争の影響があり、自粛が求められたことによる。さらに考えられることは、明治三二年以降の建設事業の結果、教室など児童のための施設改善を口実としつつも、実際には児童の教育とは直接の関連を持たない玄関部や学務委員室・会議室・講堂などから構成される本館の部分が、近世での御殿のような豪華な建築になっていたという実態があった。

この時期には学区制度により小学校は運営されていたために、建設事業は各学区で独自に行っていた。そのため各学区間に競争原理が生じ、「各組とも競って広壮の校舎を新築し」[8]というような様相であった。このことが一斉の改築に繋がったと考えられる。

さらに、校舎建設の財源は各学区側で支出するシステムになっていたことで、ほとんどの学校では起債を余儀なくされる。その結果、学区内部での戸別税税率の上昇を引き起こし、支払えない学区住民も生じ、社会問題化する。[9]しかし一方で、授業料がいらない学区も現れ、財政的に豊かな学区とそうでない学区との間の格差が、校舎の建設をめぐり、より顕在化していた。そのような状況下で、明治三七年八月二〇日学区制統一案が京都市学務委員長から建議(10)される。そのことを受け、翌明治三八年（一九〇五）一月一七日に市会ではいったん学区制度廃止を決議(11)する。だが、同年一二月二八日の京都市臨時参事会で学区制度廃止は撤回(12)され、結局は貧窮学区への財政的補助の強化を決定しただけで学区制度廃止は実行されなかった。

日露戦争のためいったん中断された校舎建設事業は明治三八年から再び開始され、明治三八年から明治四〇年にかけて、四校で移転新築、九校で全面改築、と計一三校で新校舎が建設された。

(3) 明治四一年（一九〇八）

改築事業が整備されていない他の学校でも、義務教育の延長により、ほとんどの学校で、校舎整備がなされることになる。この事業は大正一〇年まで、鉄筋コンクリート造に改築が始まるまで継続して続くことになる。明治四一年（一九〇八）から明治四五年（一九一二）までの間に完成するものは、移転新築が三校、全面改築が一八校、の計二一校の新校舎が誕生する。

以上、明治二五年から明治四五年までの間の建設事業の様態を分析してきたが、合計五〇校の小学校が明治二五年以前のものとは全く別の校舎に生まれ変わっていたことが判明した。この時期は京都市内には六二校の小学校が存在しており、その割合から考えてみても実に八一％にも及んでおり、いかに校舎建設事業が盛んであったかが窺い知れるだろう。

2　校舎の建築的特徴

（1）プラン

(1) 配置計画の特徴

明治後期の京都市の小学校の配置計画の特徴としては、「本館(13)」と呼称される学務委員室・職員室・講堂などの管理部門を有する建物を、正門に対面して配置する手法が多くの学校で採用されたことである。その数は表2－1と表2－2からも明らかなように、六二校中、長屋門に類似したファサードを有する四校を除いては、五八校でそのような配置計画が採用されていたことが判明している。教室棟は本館の背面にあることが多く、屋外運動場が隣接している。また、雨天体操場が必ず設置されていた。

では、このような配置計画とは、いったいいつ頃から開始されたのだろうか。その起源は明治初期の小学校成立の黎明期にまで遡ることができるだろう。一例を挙げれば、明治七年（一八七四）に竣工する尚徳小学校がある。さらに二階建ての講堂としては、明治九年（一八七六）竣工の龍池小学校がある。前章でみてきたように京都市では明治二年時の小学校の誕生時には、小学校校舎は町会所とセットになって成立していた。そのことは数年後の改築時に具体的な建築の形態として結実する。その結果、尚徳小学校や龍池小学校のような校舎の出現に繋がったと考えることもできる。

本章で対象とする時期で最も早く出現したものに、明治二五年（一八九二）竣工の格致小学校があり、そこではほぼ全面的に改築が行われていた。また、敷地を移転し新築を行った学校に、明治二六年（一八九三）竣工の初音小学校（図2－1）がある。これらの小学校のプランをみると、児童が使用する通用門とは別に表門が設置されており、その奥に玄関部のある本館が配される。本館の建物は学務委員室や職員室などから構成されていた。明治二五年以降の小学校には、明治一〇年代の小学校の敷地内に設置されていた戸長役場や会議所などの施設は見出せず、教育とは直接に関連しない施設は含まれることはなかった。このようなことから察すれば、外観上での格式性は必要なくなっていたと考えるのが一般的であると思われるが、それらの施設が外部に移転した後、学務委員室をはじめとする管理部門を有する建物が、それらの建物の持っていた外観上の格式性を引き継いだと考えることもできる。

ではなぜ、このように本館が重要視されたのだろうか。本館の内部をみれば、一階に学務委員室と応接室、校長室と職員室、二階が講堂という室配置になっていることが多かったようだ。すなわち、ここから分かることは、この部分は日常的に子供たちが使用する機能は含まれておらず、小学校運営上に必要な事務的な機能が収まる場所であったことである。

その背景として次のように考えることもできるだろう。学区制度復活後は学区制度に基づき学校が運営されたことで、小学校が公同組合[14]をはじめとして再び地域自治の中心的な場所としての役割を強めており、講堂や作法室が会合の場として用いられることも多かったことが指摘できる。

また、校舎全般の配置計画については、H型の形態になる傾向が強いが、敷地の形状や既存の校舎施設などに大きく影響を受けるため、必ずしも、そのことが当てはまるわけではない。

写真２－１　初音小学校

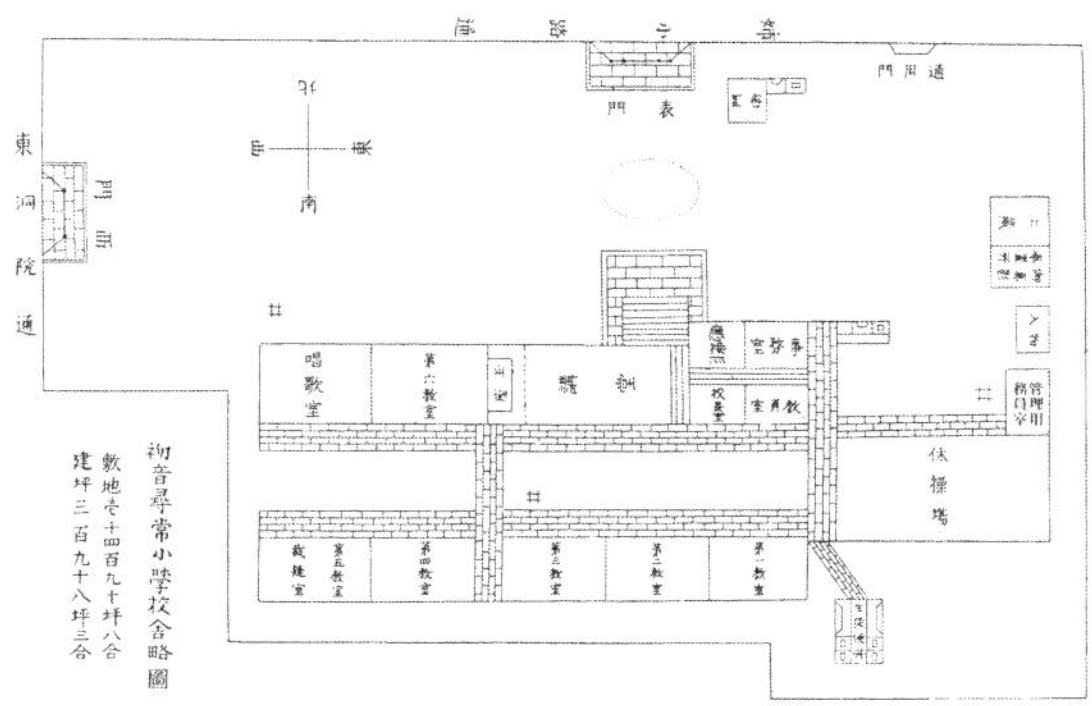

図２－１　初音小学校平面図

(2) 校舎の設計内容

このような玄関部分を強調する手法が確立される一方で、児童の使用する校舎についてはプランの定型化や教室の大きさなど建築面での標準化が開始されていた。

詳しくみれば、南側を運動場とし北側に教室棟を配置し、廊下は北側に設置するという、文部省の推進した計画手法に基づくものであった。そこではトラス構造[15]という洋風の小屋組が用いられ、長大な長さの桁行を持つ校舎が建設されており、各部位についてみれば、教室の大きさをはじめ、窓の面積や廊下の幅、階段の踏面と蹴上の寸法など、京都府の示した一定の設計基準に基づいたものになっていた。このような背景には文部省の示した設備規則に基づく京都府による通達があった。

とりわけ、教室の大きさが桁行三~四間×四~五間と決定された意味は大きかった。そのことは鉄筋コンクリート造に改築時にもほぼそのまま踏襲されることになる。すなわち、この時期の教室の面積の決定は現在の校舎にまでも繋がっている。教室の大きさの決定は文部省の通達を受けた京都府当局による指導によるものとみることができる。このことは次節でみるように、設計が京都市土木課営繕掛の建築技術者によって担われていくようになったこととも関連する。

写真 2-2　日彰小学校

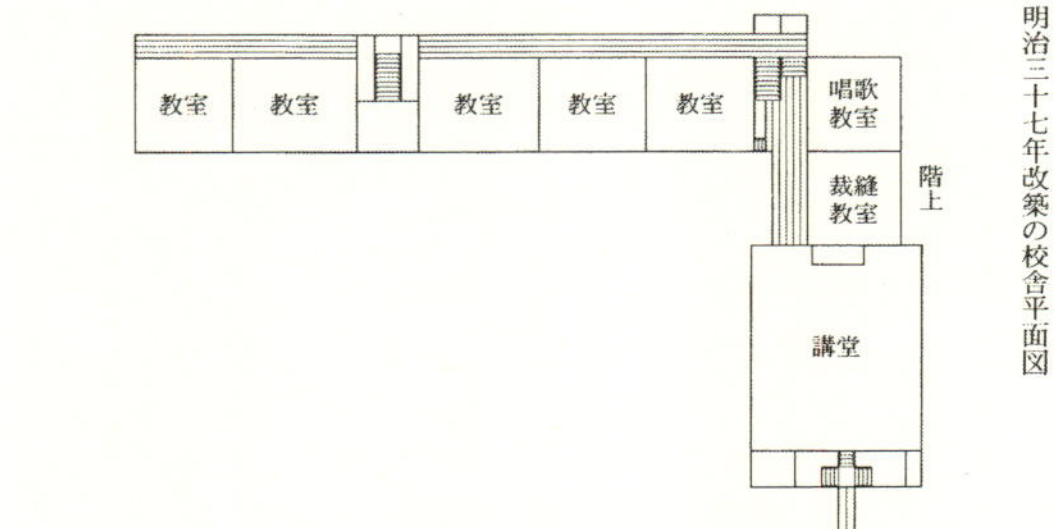

図 2-2　日彰小学校平面図（上：2 階，下：1 階）

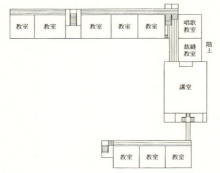

（2）意　匠

明治後期の校舎には共通して、和風意匠を強く示すものが表れていたことに特徴がある。そこでは建物の屋根の形状は入母屋造になることが多く、玄関車寄には入母屋をはじめ、妻破風・唐破風・千鳥破風などの屋根形状が採用されていた。装飾としては妻面に懸魚や狐格子、屋根棟部分には鴟尾、柱頭には舟肘木などが配され、明らかに和風意匠の特徴を示している。建物全体の外観は、真壁で上部は漆喰塗りや下見板張という構成になっていた。

また、和風意匠が表れる部分は玄関部廻りなどの特定の箇所に集中する傾向にある。この背景の一つに京都市の小学校が置かれた物理的な条件がある。京都市の小学校の敷地の多くは、すでに市街地化し人家の密集した場所に位置したことで、外部からは道路に面した正門部分だけしか見えず、そのため、正門部分の近くに設置される玄関部分にのみ意匠が集中したと考えることもできるだろう。

とりわけ財政的に富裕な学区では、外観意匠により豪華さが求められ、写真に挙げたような明倫小学校（写真2

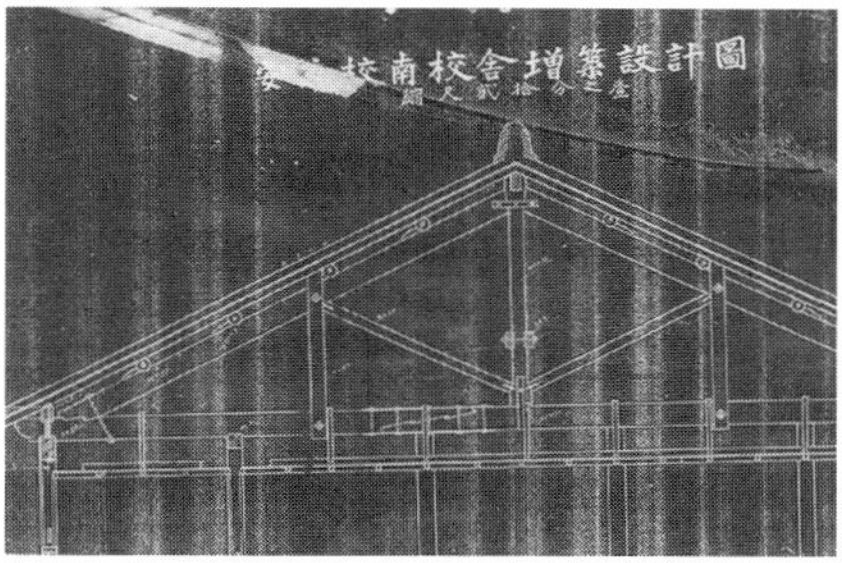

図2－3　安井小学校小屋組断面図

写真2－3　明倫小学校

写真2－4　生祥小学校

－3）や立誠小学校（写真2－5）などでの唐破風、修徳小学校などでの千鳥破風に繋がったと考えられる。また、そのような傾向は明治四一年（一九〇六）以降に建てられる建物により顕著に窺える。

こういった豪華な和風意匠の出現の背景には、プランや構造が京都府による小学校設備準則の基準に基づき規格化されたことで、学区間の競争原理に基づいた学校の独自の主張が意匠面に表れた結果とも捉えることができる。

ではこのような建築機能は当時、どのように捉えられていたのだろうか。明治三三年（一九〇〇）の『建築雑誌』には「京都の建築界」と称された一文が掲載されており、それによると京都市の小学校の建築は、

何時しか一種の形成となし、常に過大な玄関を備え、無用な講堂等あるのみ（中略）今も猶学校と云えば此範

写真2－5　立誠小学校

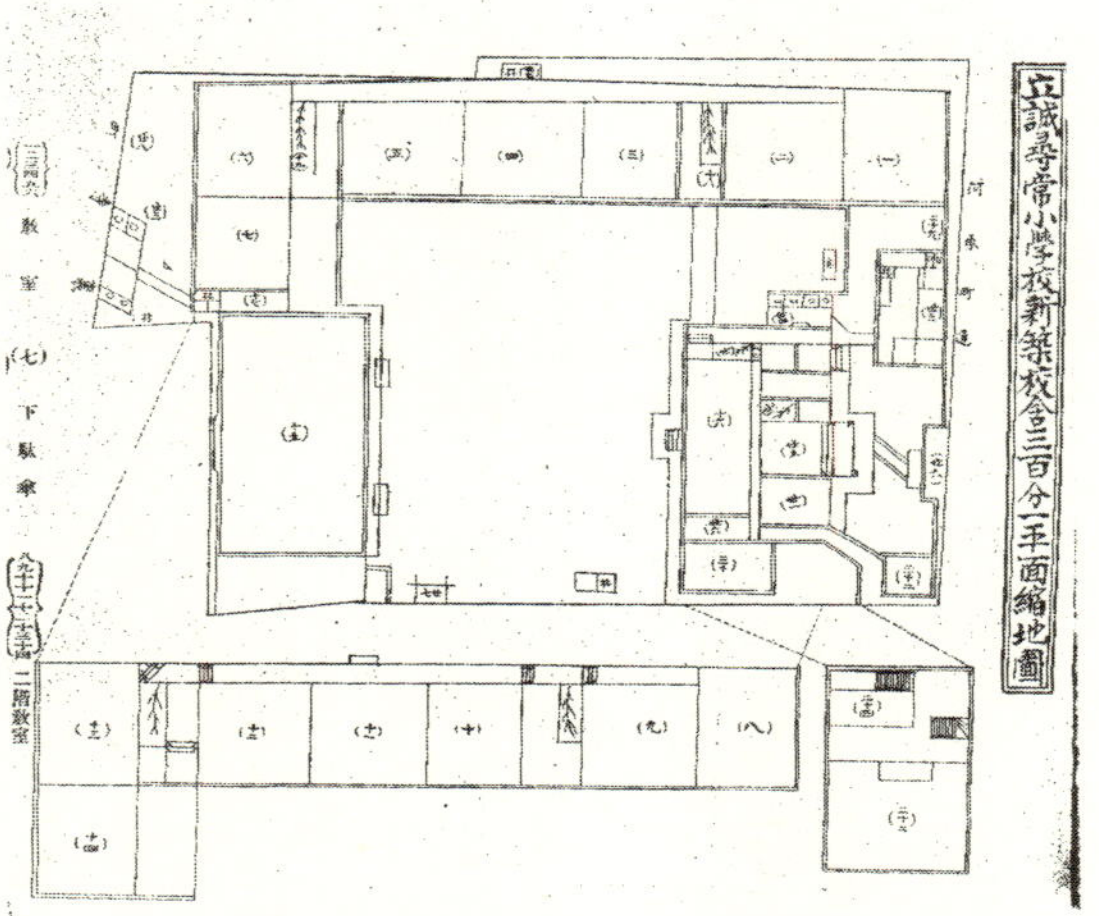

図2－4　立誠小学校平面図

囲を出て造作さるもの主って無[16]

とある。ここからは正面の玄関部分を強調する平面計画に基づき、和風の意匠が施された一つの定型がつくられていたことが窺える。さらに、明治後期の和風意匠については次のような記述もなされていた。

かつて京都市民は小学校の形と云えば、入母屋の起り破風で、外長押付の和風で無ければ、その感じが起こらないと迄いわれていた[17]

すなわち、この時期の和風意匠とは小学校を表す外観上での特質としての一面も有していたといえる。

明治後期の時期では全国の小学校はどのような意匠のものが多かったのだろうか。当時の小学校の施設状況を示すものに、『全国優良小学校施設状況[18]』があって、明治四二年（一九〇九）に文部省によって優良な小学校として表彰されたものが紹介されている。それによると表彰された四七校の小学校のうち、写真が掲載されたものは二〇校であって、そのうち三校だけが洋風の特徴を示すものになっており、それ以外の一七校では和風の範疇に位置づけられる意匠となっている。史料的な限界はあるが、ここからは京都市小学校校舎の意匠における和風的な傾向とは全国的にみられるものと同一であったことが分かる。ただし都市部での小学校の事例数はきわめて少数のため、京都市での玄関部分を重要視した内容と同様なものが多かったかどうかについては明らかではない。

実際に京都市では、昭和戦前期においても木造の小学校は建設されており、今熊野小学校の本館にみられるように、昭和一〇年代に至ってもきわめて和風色の濃い木造校舎が造られていた。

以上みてきたような和風の意匠出現は、京都市の小学校に限定されたものではなく、同時期の他市の小学校でも多くの出現をみた。そのことは第四節でみる大阪市においてもほぼ同様なものが現れていた。ただし京都市の場合は前述したように明治前期の校舎出現の際にも、龍池小学校講堂にみられるようにきわめて和風色の濃い擬洋風が表れていた。さらに、公家や寺院の御殿を校舎に転用し、そのまま使用するケースも多く、そこでは格式が高いとされた書院に基づく和風の意匠が施されていた。このような伝統的な和風意匠を有する校舎の建て替え事業として、明治後期の校舎が位置していたことも指摘しておく必要があるだろう。

3　建設主体

(1) 設計者

明治二〇年代までの校舎の設計に、行政の営繕組織が関わっていたかどうかは史料的な制約もあって判明しないが、発見できた「職員録」[19]などの史料によると、遅くとも明治三二年（一八九九）には京都市営繕組織が小学校の設計を担当していたことが確認される。

京都市営繕組織の沿革をみれば、明治三一年（一八九八）九月三〇日に市制特例が廃止され、市が完全な自治体として京都府より独立し、同年一〇月一三日に市役所第二部のなかに営繕掛の設置が確認される。明治三二年の時点の組織内容をみると、営繕掛は一名の技師と二名の技手から構成されており、土木掛が六名の技手からなることと比較すれば建築担当の営繕掛は小規模なものであったことが読み取れる。明治三六年には技師二名技手二名の体制となる。明治三八年（一九〇五）四月一日には第二部工務課建築掛と名称を変更する。明治四一年には三名の技手の体制となる。

工務課建築掛の業務内容をみると、学区の小学校の設計と現場監理が主な仕事であった。ここでは史料[20]が発見できた明治四一年（一九〇八）をみると、この一年間に一六件の建設事業が確認されるが、そのうち一三件は小学校の増改築などであり、いかに小学校の設計が占める割合が多かったかが分かる。

では具体的に建築技術者陣容をみる。明治三〇年代の営繕掛の責任者は植村常吉[21]であった。植村は明治三二年には京都市技手であることが確認され、明治三五年（一九〇二）には技師になっていた。また、明治三一年には東大を出た松室重光[22]が京都府との兼務技師として就任していた。小学校の設計を担当していた技術者で氏名が判明した者を挙げれば、松田正興[23]、一井九平[24]、安田時秀[25]の名前が確認される。このなかで経歴が判明した一井九平をみると、工手学校を明治二三年（一八九〇）に卒業した建築技術者で東京府庁舎設計を経て、明治三七年（一九〇四）の京都府庁舎の設計に関係し、この時期は京都府営繕掛の技手であった。

ここからは、小学校の設計は基本的に京都市営繕掛が担当するものであったが、醒泉小学校[26]のように京都府技師の一井九平が設計を行う事例もあり、必ずしも京都市営繕掛だけが担当するものではなかったようだ。また、前章でみた明治初期の京都での擬洋風校舎の設計を担った佐々木岩次郎が、明治三〇年（一八九七）に生祥小学校[27]の設計を行っていたことが確認される。ここからは官庁の営繕組織に所属する技術者に加え、大工棟梁の系譜に位置づけられる建築技術者による設計も継続して行われていたことが分かる。なお、この時期の京都市内には学卒者による民間建築事務所は存在しておらず、民間建築家が設計を行った事実は確認できない。

このような設計体制の背景には、京都市より財政面で独立した学区によって小学校の経営が行われており、学区側に設計者を選択する裁量権があったことが関連していた。

では、ここで見出せた建築技術者は、小学校設計の際にどのような役割を果したのだろうか。各小学校の沿革史などからみれば、配置計画など学区側が計画した内容を図面化するという実施設計の役割に限定されていたようだ。そのことは前述の「京都の建築界」によると、

奇なるは府市の営繕掛なるものは例の俗吏（学務委員）の作りたるプランや設計に対し、其学問と経験を活用し進歩改良を謀るをせず、唯々として只命維れ従い原案通り施工之れある。即ち京都の学校は悉く所謂委員達や当事の俗吏のみの手に成るものと見て差支無之候[28]

という様相であったようだ。つまり、この時期の校舎とは建築教育を受けた建築技術者が考え出したというよりも、

写真2－6　錦林小学校

学務委員を中心とする地域の名望家たちが主導権を握り、教育関係者によって基本設計がなされていたことが窺える。

（2）施工者

施工者については、史料が見出せた「三上吉兵衛」家と津田甚組をみてみよう。

三上吉兵衛[29]は、天保一〇年（一八三九）より京都で大工業を営み、代々「吉兵衛」を踏襲し、四代目と五代目の時期に小学校建築を手がけていた。三上家所蔵の四代吉兵衛自筆の「明治十四年以来神社仏閣諸官舎諸学校諸会社諸官宅建築工事請負成功箇所履歴書」によれば、次の六校の小学校を手がけていたことが分かる。時間軸で並べれば、京都市第三高等小学校一式（明治二九年）、新道尋常小学校教室（明治三一年）、乾尋常小学校教室体操場玄関其他一式（明治三六年）、城巽尋常小学校（明治三六年）、城巽尋常小学校北方教室体操場等（明治三九年）、乾尋常小学校事務室（明治三九年）、豊国尋常小学校教室体操場等一式（明治四十年）、城巽尋常小学校南方教室（明治四十年）、醒泉尋常小学校全部（明治四一年）、乾尋常小学校西教室（明治四二年）となる。このうち第三高等小学校以外は各学区の学務委員が発注者となっており、各学区から直接に仕事を受けたことが読み取れる。設計もまた各学区からの委託事業であって、この時期は前述したように必ずしも京都市営繕組織が小学校建設のすべてを担ったわけではなかった。なお四代吉兵衛は岡野傳三郎、鵜飼源三郎ら九名の宮大工らとともに、擬洋風建築として知られる龍谷大学本館（明治一二年）を手がけていた。

一方、津田甚組とは、明治四〇年に初代津田六太郎が建設業を始め、大正六年に合名会社津田甚組となり、現在も津田甚建設として存続する建設会社である。工事経歴書をみると、明治四四年に竣工の錦林小学校（写真2－

6）を手がけている。同年七月二五日という日付の入った上棟時の写真がある。大正前期の頃までは社寺建築に関わることが多かったようだ。大正一三年には第三錦林小学校、昭和一〇年には第二錦林小学校の校舎を手がけた。大正後期以降は鉄筋コンクリート造の建物を数多く請負、京都市立絵画専門学校（現智積院宗務所）や京都市庁舎西館、東山区役所庁舎、京都帝国大学の数々の建物を担い、大正昭和戦前期の京都を代表する請負業者の一人である。

4　全国での様相

（1）大阪市

前章でみてきたように、後に大阪市を構成する北、南、天満の旧大坂三郷では、受益者負担の原則のもと、各学区の財源によって小学校が建設されていたため、富裕学区を中心に三層四層の擬洋風校舎が競い合って誕生していた。このように明治初頭の大阪の各学区では「区の学校」として校舎を豪華なものにしていくことが多かった。その背景には、小学校校舎を地域のシンボル的な存在として捉える傾向があったことが窺える。明治後期の小学校校舎においても同じような傾向がみられる。

大阪でも、明治二〇年代後半以降、和風をことさら強調する意匠の小学校が出現し、明治二九（一八九六）年完成の愛日小学校（写真2-7）をはじめ、集英小学校、汎愛小学校などでは京都の小学校と共通する形態を示すものが出現していた。

和風意匠による校舎の出現背景には様々な理由が考えられる。和風意匠を代表する「御殿造」の意匠を定義付けると、入母屋や千鳥破風、唐破風の屋根をもち、式台がある玄関といった意匠や形態を示す。このことは近世の御殿や武家屋敷の意匠や形態との類似性が指摘できる。明治中期の時点では御殿や武家屋敷のような建築デザインは、近世を通して支配階級が独占してきた結果、ステイタスシンボル性を獲得していたと考えられる。つまり「御殿造」とは、近世では庶民の建築には使用が禁じられていた意匠であったことで、少なくとも「豪華さ」や「格式高

写真2－7　愛日小学校（大阪）

さ」を表す建築として認識されていたといえる。それが明治になって意匠の上での制約はなくなり、建築に「豪華さ」や「格式高さ」を求める人々の間で「御殿造」が積極的に用いられていくことになる。すなわち、御殿や武家屋敷の意匠が一つの理想像となって定着していたとみることができる。

では、なぜ「豪華さ」や「格式高さ」が、小学校校舎において必要とされたのだろうか。それは小学校という施設が単に教育施設にとどまらず、地域が主体で設立され運営される、学区の所有物という性格を持っていたためであった。学区制に拠って小学校は地域の名望家を中心にして運営されていた。名望家は学区の区会議員であるとともに商工業者であり、新興階級の一員と位置づけられる。先に触れた御殿や武家屋敷などの建築を理想像としていたのは、「庶民や新興階級の人々」であったとされている。小学校とは初等教育施設という意味においては大衆的な性格を持っている。そのため、明治維新以降に意匠的な制約がなくなり、自由に建築が建てられるようになった時、「それまでは手にすることができなかった社会的な地位の象徴（ステイタスシンボル）となっていた要素」つまり、御殿や武家屋敷などを特徴づけている「御殿造」の和風意匠が、小学校の校舎に積極的に取り入れられていったと考えられる。また、学区間にあった競争原理も指摘できる。学区は財政的にも独立した存在であったことで、競い合ってより豪華な校舎を造ることになった。

なお、小学校開設時での擬洋風校舎スタイルは、文明開花路線を進める大阪府による、半ば強制的な指示によって意匠の決定が行われていた側面もあったが、明治二六年（一八九三）以降の建設においては学区側で校舎の意匠も含めた建築内容の決定をしている。そのために自由に建築スタイルの選択ができた。そのような環境のなかで和風の意匠が採択される。そのように考えていくならば、確証は得られないが、先に見てきた御殿や武家屋敷、藩校など近世において支配階級の権利区とされていたスタイルが、和風意匠の校舎のデザイン・ソースの一つになっていたと考えることができる。

一方で、明治二〇年代の社会全体に熟成されつつあった伝統を継承しようとする動向が存在したことを指摘しておく必要があろう。明治一〇年代から、和風の意匠は復活し始める。極端な欧化主義の時代は終わっていた。明治二〇年代後半からは一般的に和風意匠による建築が数多く登場するようになる。大阪市における小学校の和風意匠の校舎の誕生は、そのような一般的な動向とどのような関係にあったのかは、現時点では史料的な制約もあって、必ずしも明瞭ではない。大阪の明治中期の校舎の建築的な特徴を整理すると次のようになる。

まず明治二〇年代後半に集中する改築の原因としては、第一に学区制度の復活、第二に文部省による校舎の建築基準の提示、第三に統廃合による学校規模の拡大、第四に擬洋風校舎の建て替えの時期にあったこと、第五に就学率の上昇による校舎の大規模化が考えられる。

そこで出現した校舎の平面の類型はコの字型、H型、ロの字型、L型が基本であり、それらの平面は府県の示したモデル案による影響が明らかになった。

この時期に現れた校舎は意匠や形態の上で二つに分類される。一つは長屋門に類似した形態を取るもので一番多く見られる。もう一つは和風の意匠を積極的に取り入れたもので、「御殿学校」と呼ばれるものと、その一部の意匠を取り出して玄関部に付加的につけているものとがある。

ここで和風意匠が校舎に使われた理由は、校舎建設事業が学区側が主体で行われることになったために、自由に校舎の意匠や形態が決定できるようになっていたことが起因している。そのような環境下で近世において「豪華」で「格式高い」建築とされていた御殿や武家屋敷、藩校などの建築スタイルが、好んで使われたと考えられる。

また和風意匠が顕著にみられる愛日小学校では、設計を大阪府技手が担当し、文部省建築技師・久留正道が設計監修を行っていた。

（2）神戸市

明治後期から大正前期にかけて神戸市では、ほぼ毎年のように小学校の新設が行われていた。時間軸の順に通観すれば、明治二六年（一八九三）時には五校であったが、明治二九年（一八九六）の編入により湊村、林田村、池田村の計三校がそれぞれ含まれることになり八校となる。実際に新設が行われるのは明治三三年（一九〇〇）からで、この年には一挙に六校が新設される。翌明治三四年（一九〇一）には七校が新設される。ここでは明治三三年から明治三四年の時期を第一の新設のピークと考える。続く明治三六年（一九〇三）から大正元年（一九一二）までの一〇年間に一〇校が新設されていた。この間では明治四一年（一九〇八）に四校が新設されており、この年を第二のピークとする。さらに大正四年（一九一五）から大正七年（一九一八）には八校の新設が行われ、この時期を第三のピークとする。明治二六年（一八九三）の学区制度復活から学区制度廃止時の大正八年（一九一九）までに計三一校の新設が行われており、既存の八校を併せ合計三九校となる。またここからは建設事業にピークの時期がほぼ三度あったことが判明する。なお既存校舎についての増築は確認されたが、全面的な改築や移転をした上での新築は神戸市では行われていない。

最初のピークの原因にはいくつかの要素が考えられるが、建設の直接の契機としては明治三三年の小学校設備準則の改正が影響を与えたものと考えられる。このなかで文部省は、一学校の学級数は一二以下としなければならないとしていた。学級数の多い大規模校が中心であった神戸市の小学校ではその規制をクリアするために以後次々と小学校が新設されることになる。そのことがこの時期の小学校校舎の建設ブームに繋がったと考えられる。その背景には、神戸市の急激な発展の結果としての人口急増があった。ちなみに市制施行時の明治二二年（一八八九）の人口は一三万四七〇四人であったのが、明治三三年には二四万五六七五人とほぼ倍増していた。そのため児童数も激増することになる。さらに加えて就学率の飛躍的な上昇があり、明治三二年（一八九九）までの就学率は五〇％前後に過ぎなかったものが、明治三四年には九〇％を超えるといった様相を呈していた。

第二のピークの背景には第一のピーク時と同様に人口の急増があり、明治四一年には人口は三七万七二〇八人となり明治二二年当時と比べ約三倍となっていた。だが、直接の建設契機としては明治四〇年（一九〇七）三月の小学校令改正によって決定された義務教育の就業年数の延長が関連していた。その施行は明治四一年四月より行われる。

第三のピークの背景には前述したものと同様に人口の急増があり、大正三年（一九一四）には四五万七一一六人、学区制度が廃止される大正八年（一九一九）には六三万四〇六三人と、この時期の人口増には驚異的なものがあった。直接の契機としては大正三年の神戸市当局による小学校建設費補助制度の確立が関連していた。

以上のように建設の背景を考察してきた結果、神戸市には人口の著しい急増があって、そのことが主な原因と考えられるが、個々の新設のピークをつくりだしたものは教育制度の変化で、第一と第二のものは文部省による小学校令改正により、第三のものは神戸市による建設費補助既定の変化であったことが判明した。

学区制度と建設費補助既定についてみる。この時期の小学校とはどのように建設事業が行われていたのだろうか。この時期の小学校は市制施行以前の地域社会を単位とする学区によって運営維持されていた。そのため学区財政は神戸市の財政とは別のものであって財政上は二重構造となっていた。また当時の神戸市の教育費はそのほとんどの部分が学区の費用で賄われており、学区の歳入の多くは家屋税に頼っていたために、各学区によってその歳入額には大きな差異が生じていた。

神戸市での学区制度の特徴として、一学区の占める面積は行政区と一致しており、一学区で複数の小学校を経営していた。そのことは一学区の占める面積は行政区と一致しており、一学区で複数の小学校を経営していた。そのことは一学区で一校を経営する京都市や大阪市と異なる。

学区制度が施行されていたことで、校舎の建設事業については学区に全面的に委ねられ、その結果学区の経済力が校舎の建設内容に反映されることになる。明治三八年（一九〇五）の『学事年報』によれば、少なくとも同一の都市内で本来は平等であるべきはずの義務教育の懸隔が、新たに編入された学区と従来からの学区との間で顕在化していた。

以上のような状況に対して、神戸市当局は明治三六年（一九〇三）には学区経費補助方法を制定する。このことは神戸市当局による小学校校舎に対する建設費補助の最初の取り組みと捉えられる。神戸市による次の取り組みは、明治四〇年一〇月の神戸市教育施設調査であった。ここで注目されることは、校舎建設にあたり標準化という見方が現れたということだ。しかし学区費の主な財源である家屋税に関しての解決策がまとまらず、明治四一年（一九〇八）時での学区制度廃止は見送られることになる。

では、他の大都市での状況とはどういうものだったのだろうか。学区制度は神戸市のように急膨張をした都市ばかりか、京都市などでも校舎建設をめぐる学区間格差を解消するべく学区制度廃止の動きが明治三〇年代に高まっていた。神戸市と同じ新興都市であった横浜市では、明治三四年（一九〇一）に学区制度廃止の布石の一つとして高等小学校の市費経済への移行が決議されており、明治四一年三月に学区制度は六大都市で最も早く廃止されることになる。このような他都市の学区制度廃止への動向も念頭にあったようだ。

実際に義務教育の就業年数延長が行われた明治四一年以降は、神戸区を除く各学区の財政状況はますます危機的な状況を強めていく。そのような学区制度の弊害を緩和するために、大正三年（一九一四）に市立小学校建設及び設備費補助規定が制定される。その特徴は補助の規定内容を明文化したことにあり、一例を挙げれば大正六年（一九一七）には学区制度の一番の問題点であった家屋税の問題が決着する。翌大正七年（一九一八）四月一二日の市会で学区制度の廃止は決定される。その結果市内の全小学校が神戸市による一律の経営となる。神戸市でこの時期に学区制度廃止が実施された背景にはいろいろな理由が考えられるが、大正四年以来わが国では第一次世界大戦の影響で好景気にあり、特に貿易港であった神戸市では未曾有の好況にあった。ちなみに大正六年の神戸市の税収は前年の大正五年（一九一六）のものに対しほぼ倍増しており、空前の巨額を翌大正七年に繰り越すといった状況にあった。神戸市の財政規模はこの時期には東京市、大阪市に次いで第三位にあった。このような財政面での余裕がそれまでは学区費で賄われていた教育費の市への取り込みを財政的に可能にしたと考えてよいだろう。

神戸市はこの時期入口急増にあり、小学校は明治二六年から大正八年にかけては三一校の新設が行われた。建設が集中する時期は三度あり、一回目が明治三三年から明治三四年、二回目が明治四一年、三回目が大正四年から大正七年であった。その要因としては一回目と二回目のものは小学校校令の改正、三回目のものは神戸市による建設費補助規定の改正があった。

この時期に造られた校舎は、教室の大きさや北側に廊下の設置など一定の定型化を辿っていた。その背景には文部省による建築基準があって、それに準じるものになっていた。

ここでの外観は和風意匠によるものが多かった。その内容は玄関部の配置によって二つに分類できる。一つは車寄せを設けるもので、御殿風の玄関部の意匠を有する。もう一つは玄関部が長屋門に類似した形態を有するもので、簡素な意匠であった。明治三二年以降に竣工のものの設計は、神戸市土木課営繕掛に所属する建築技術者によるものであった。ここでの技術者とは工手学校などの中等教育を受けた者から構成されていた。

（3）東京市

明治末から大正前期の東京市では、一見鉄筋コンクリート造にも見紛うスタイルの小学校校舎が次々と誕生していた。その多くは三階建となり、塔屋があるものについては四階建という、当時としてはひときわ高層を誇った。屋根をみるとスレート葺きの傾斜屋根にドーマー窓が付き、洋風建築の系譜に位置する。ファサード全体に装飾は著しく減少し、様式は簡素化され、印象は平板的なものになる。下見板張という明治期の小学校建築の定番であった素材から、初めて脱却したスタイルといえる。

木製の壁でない外壁ゆえに、外観からはその構造の正体は掴めないが、これこそが木造ながらもコンクリートを壁面に用いた、鉄網コンクリートという新しい構造であった。外壁は鉄網を芯としたコンクリートで塗り込められているために、木造とは気がつかなかったわけだ。

ではなぜ、鉄網コンクリート造[30]というものが現れたのか。当時の市街地では木造建築がほとんどだったから、なによりも火災対策が小学校をはじめとする公共建築の最重要課題であった。小学校は木の壁ということで絶えず火災の危険にあり、本来は耐火建築とする必要があったが、煉瓦造や鉄筋コンクリート造は費用がかかり過ぎ、容易に普及しなかったという現実があった。そこで現れたのが従来の木造と同額の工費で建設できる鉄網コンクリート建築であった。左官の手によってコンクリートを鉄網に鏝(こて)で塗りつける方法は、ある意味でそれまでの漆喰塗りの延長線上にあったともいえるだろう。そしてコンクリート造が普及し始めるまでの数年間、一世を風靡する。

この構法を考え出したのは建築家・三橋四郎だった。明治二六年（一八九三）に東京帝大建築科を卒業した三橋は、陸軍技師・逓信技師を経て、明治三九年（一九〇六）に東京市技師となる。そこでは東京市の建造物を設計し、明治四一年（一九〇八）に初代営繕課長に就任する。同年退職し、東京市内に建築事務所を開設する。三橋は『和洋改良大建築学』という著書を著し、日本の建築の今後のあり方について論じる。その実践として、鉄網コンクリートの開発を行い、明治四四年（一九一一）にはその特許を得る。この手法で造られたことが判明している小学校は、銀座の泰明小学校（写真2－8）をはじめ東京市内に十数校があった。

写真2－8　泰明小学校（東京）

明治末から大正前期にかけて、東京市内の小学校が建設ブームにあった理由は、単に人口急増だけではなかった。明治三〇年（一八九七）という時期の統計によれば、大阪や京都では考えられないことだが、東京市内の小学校の実に四五％以上が貧弱な施設の私立小学校という、東京市特有の事情[31]があった。その経緯は前章に記した。その様子は明治三一年（一八九八）に東京府に宛てられた文部大臣訓令から窺える。「他の地方の模範たる能わざるのみならず、却って他の地方に後るるもの（中略）東京市をして力を小学校の増設に注ぎ、年を期して其の施設を完備せしめんことを勉むべし」とある。

その前年の明治三〇年には増設すべき小学校は九〇校[32]と決定され、各区あたり二校から一七校まで区によってその校数には振幅があった。その実施に関して、建設費の工面を財政難より区が負担できないことが問題化し、学政統一が議論される。財政的に富裕な区と貧窮な区によってその意見は分かれた。そのようなことに鑑み、東京市の方では明治三二年（一八九九）以降に建設費の三分の一を補助することになるが、各区の財政難のためなかなか新校舎の増設ははかどらず、明治三三年（一九〇〇）の「東京市小学校教育施設ニ関スル建議」がなされる。このような議論を経て、学政統一の状況に近づいていく。その結果、明治四二年（一九〇九）以降に建設費の三分の二を補助することになる。この間六二校が増設された。大正元年（一九一二）には補給率は一〇〇％となっている。

建築的な動向を観察すれば、明治三〇年代以降、東京市の小学校は新設・改築が行われ、その動きは明治四〇年（一九〇七）の小学校令の改正を受け、明治四一年（一九〇八）以降、義務教育年の延長により、さらに加速される。その結果、誕生したものが、ここに取り上げた鉄網コンクリート校舎であった。これら鉄網コンクリートによって造られた小学校校舎は、都市建築を構成する。そのことでファサードは重要な意味を持ち始める。この外壁の仕上げは塗り壁であって、左官で容易に外壁表面を操作できるため、平面的にそのデザインの自由度は高い。よって、当時流行し始めたセセッションというデザインが真っ先に取り入れられることになる。セセッションとはグラフィカルな処理がその意匠の特質であるために、この鉄網コンクリートというものと合致したのだろう。新しい構造に新しいスタイルが採用された。広義の意味でのモダニズムは、ここに出発点が見出せる。

鉄網コンクリートというスタイルは、木造下見板張りの洋館あるいは和風の御殿校舎という明治後期の小学校校舎のイメージに、大きな転回を生じさせ、大正九年（一九二〇）以降に開始される鉄筋コンクリート造のスタイルへと繋がっていく。

（4）他の地方

御殿風スタイル出現の一方で、明治三〇年以降には洋風スタイルの小学校が復活する。下見板張木造という構造ながらも、より本格的な洋風建築が立ち現れる。それは唐破風を付けた派手な御殿風校舎の影に隠れて、一見目立たなかったが、実は連綿と洋風の系譜は続いていたのだ。全国レベルでの洋風スタイルと和風スタイルの分布状況には、相当に地域的なばらつきがあった。同時期の京都や大阪では和風意匠がひときわ目立ったが、ここに外観写真を掲げた明治四〇年竣工の遷喬（せんきょう）小学校（写真2－9）のある岡山県では、圧倒的に洋風意匠が主流を成す。

写真２－９　遷喬小学校（岡山）

新たに出現した校舎とは明治一〇年代までの漆喰塗りの擬洋風ではなく、擬洋風の第二ラウンドともいえる下見板張の擬洋風を外観のスタイル面では引き継いだものと位置づけられる。だが、教室の採光や換気などから割り出された寸法体系による新しい空間が実現し、明治一〇年代までのものと比べると機能面について格段と進展をみせた。実際にその特徴は、下見板張りにペンキ仕上げの外壁に、構成は二階建て左右対称で、中央部の一階には教員室や雨天体操場が、二階には講堂という平面を採り、教室は両翼部に広がるというものだった。屋根は寄棟のマンサードで、ドーマー窓が屋根につく。いってみれば文部省による設計図に基づいてつくられた旧制中学校校舎がより簡略化されたものといえようか。いずれにせよ、山口半六がつくり出したスタイルの系譜にある。

そこには、文部省による校舎建築の改善がモデルプランの提示という形で実施されていたことが大きく関連する。文部省はフランスのエコール・サントラール出身の建築家・山口半六を最高責任者に据えて、校舎の近代化を図る。山口半六は帝国大学をはじめ旧制高校を次々と設計し、木造校舎の東京音楽学校奏楽堂（明治二三年・重文）を完成させた。また、山口半六や文部技師・久留正道の指導のもとに、全国に旧制中学や師範学校が建設される。さらに文部省は明治二八年に『学校建築図説及設計大要』を刊行し、小学校校舎に対しても複数の手本を示した。明治三〇年代から大正期にかけて全国に造られた実際の小学校校舎は、この本の図面が見本になっているケースが多い。それほどに影響力を持った平面と立面を考案したのは、前述の二人の文部技師であった。

さて、遷喬小学校の設計者、岡山県建築技師であった江川三郎八[33]は大工上がりの技術者で、岡山県に来る前は出身地である福島県の営繕掛で県営建造物の設計を担当した。江川が活動した明治二〇年代の福島県は依然として、明治一〇年代に知事として在任した三島通庸の強烈な欧化主義の影響下にあり、江川の設計手法が一人そこから自由であったとは考えにくい。また、地理的に福島県は、一見板張系擬洋風建築の発祥の地の一つである山形県と隣接した。すなわち江川の建築には、三島が積極的に推進した下見板張り系擬洋風の影響があったものと考えてよい。さらに強い影響を与えたものが、文部省主催の学校建築講習会であった。久留正道による講義が行われ、最新の室内環境工学や耐震構造に基づく校舎の設計方法が伝授された。山口半六が作り上げたスタイルを江川は獲得した。

江川はその結果、岡山県内でただ一人の設計ができる建築技術者として、岡山県下の公共建築をはじめ、市町村の小学校建築についても一手に設計を行っていた。旧制中学校から幼稚園までにわたって、洋風の傾向の色濃いものが岡山県下に現れた理由はここにある。また、江川のような技術者の移動によって、建築のスタイルが伝播する様子が観察される。

また、大阪のような御殿スタイルが主流であった都市においても、少数であるが洋風校舎は誕生していた。下見板張り木造洋館の堀川高等小学校（昭和初期に千早赤阪小学校に移築され、現在は明治村に保存）や煉瓦造の船場小学校があった。ここからはおそらくは全国レベルでの展開も、御殿スタイルの一方で行われていたと推察できよう。

5　明治後期の小学校建築

本章では以上の考察によって次のような知見が得られた。

明治後期には京都市内には六二校の小学校があって、そのすべての学校においてこの期間に建設が確認された。その内訳は、全面改築は三四校、移転新築は一六校、残りの一二校で増築であった。その背景に文部省による小学校設備準則改正を受け、発令された京都府の小学校設備規則（明治三二年）と義務教育就業年度の延長（明治四〇年）があった。

建築計画上では、京都府の小学校設備準則によって、校舎は教室の大きさを中心に定型化が進んだ。一方で、一階に職員室、学務委員室、応接室、二階に和室の講堂という構成の管理棟「本館」が正面に設けられる平面計画が定着した。

意匠については、明治後期に建設された校舎には共通して、玄関廻りの正面部分に和風を強調した意匠が表れている。このことは京都市の小学校のみに限った現象ではないが、京都市ではこの時期には洋風意匠を有する小学校校舎はいっさい建設されておらず、このような和風意匠が小学校校舎には相応しいものと考えられていたことが分かる。

設計は京都市営繕係に所属する建築技術者を中心に行われていたが、学区制度が施行されていたために、建設事業は各学区の裁量に委ねられていた。そのことは京都府営繕組織に所属する建築技術者や、佐々木岩次郎のように大工棟梁の系譜に位置する建築技術者が設計を行うことに繋がっていった。施工については、宮大工棟梁として知られた三上吉兵衛や鉄筋コンクリート造を数多く担った津田甚が手がけていたことが判明した。

注

(1) 京都では明治一三年より開始され、小学校の管理と監督にあたる。
(2) 『京都府百年の歴史5　教育編』京都府立総合資料館、昭和四七年。
(3) 前掲注（2）参照。
(4) 前掲注（2）参照。
(5) 京都府令一〇七号による。前掲注（2）参照。
(6) 『京都日出新聞』昭和三二年八月一日。
(7) 京都府令二一号、訓令三七号。
(8) 『京都府誌上』京都府、大正九年。
(9) 『京都日出新聞』明治三八年一月二一日。
(10) 『京都市教育会報』第七号、明治三七年八月二〇日。

(11)『京都日出新聞』明治三八年二月八日、二月一八日。
(12)『京都日出新聞』明治三八年一二月二九日。
(13)各小学校の沿革誌や学校記念誌などにこのような表現がなされていた。
(14)秋山国三『京都公同組合史』に詳しい。自治機関復活を要望する声が市民の間で高まり、明治三〇年一〇月一一日より設置が行われた。
(15)明治二四年の濃尾地震による被害を鑑み、震災調査会が設立され、東京帝国大学の中村達太郎教授は「小学校改良木造仕様」の原案を作成し、以後小屋組は耐震性能に富むトラス構造となる。詳しくは松村貞治郎『日本科学技術史大系17 建築技術』第一法規出版、一九六四年。
(16)北山風雄「京都の建築界」『建築雑誌』第一五八号、明治三三年。
(17)和田甲一「京都における建築の回顧的展望」『建築と社会』第一二輯第一号、昭和四年一月。
(18)宝文館『優良小学校施設状況』教育実際社編纂、明治四二年六月。
(19)『京都府職員録』京都府知事官房、明治三二年、三五年、三六年、四一年、『京都市職員録』明治三二年。
(20)京都市総務部文書課所蔵文書による。
(21)出身学校など経歴は不詳。明治三五年には京都市第二部営繕掛技師を務める。明治三〇年代末には死去している。
(22)明治三一年には京都府と兼務で京都市技師を務める。明治三五年には京都府内務部第一課社寺掛の技師を務め、府庁舎建設のための臨時建築掛の技師を兼務で務めていた。京都市出身で東京大学建築科を明治三〇年に卒業した建築技術者で、石田潤一郎・鈴木博之・中川理による研究がある。
(23)柳池小学校沿革史に表れるが、出身学校など経歴は不詳。明治三五年には京都市営繕掛技手を務める。
(24)詳しい経歴に関しては不詳であるが、醒泉小学校沿革史に表れる。明治四三年竣工の醒泉小学校では京都府の技手であったにもかかわらず設計を担当していたことが判明した。
(25)各小学校沿革史に表れるが、出身学校など経歴は不詳。また明治後期の京都では最も多くの小学校を設計していた。なお安田は、内貴京都市長による紹介で各小学校の設計を担当することになったという。
(26)「建築日記甲号」醒泉小学校建築委員、明治四二年二月。

(27) 第一章の注記（36）参照。佐々木岩次郎の経歴については、「佐々木岩次郎氏の略歴」『日本建築士』第二十巻第四号、昭和一二年四月、「故正員佐々木岩次郎君」『建築雑誌』昭和一二年一〇月、による。藤原恵洋「日本の近代建築における和風意匠の歴史的研究」東京大学博士学位論文、昭和六二年、に詳しい。

(28) 前掲注（16）、北山風雄「京都の建築界」『建築雑誌』第一五八号、明治三三年。

(29) 建部恭宣『京・近江・丹後大工の仕事――近世から近代へ』思文閣出版、平成一八年、の第一章「京の大工「三上吉兵衛」の事績と近代化への対応」に詳しい。

(30) 堀勇良『日本の建築［明治大正昭和］10 日本のモダニズム』三省堂、昭和五六年、に詳しい。

(31)『東京都教育史 通史編二』東京都立教育研究所、一九九五年。

(32) 前掲注（31）の『東京都教育史 通史編二』東京都立教育研究所、一九九五年、と同じ。

(33) 川島智生『近代岡山県下の学校建築についての研究』福武学術文化振興財団、平成一五年。他に、奈良文化財研究所編『高梁市立吹屋小学校校舎調査報告書』高梁市教育委員会、平成一七年。

表2-1　明治後期京都市小学校の竣工一覧（1）上京区

番号	学校名	建設形態			建築内容		本館(講堂)	意匠の特徴			建坪(坪数)	工費(円)	設計者	施工者	備考
		移転新築年	全面改築年	増築年	講堂	教室	竣工年	玄関車寄の屋根形状	装飾	門廻り					
1	成逸	M39			○	○	T7	入母屋		洋風	1111	13, 601			
2	室町	M29				○		千鳥破風・照り	狐格子・懸魚	洋風	844				竹園，木下，弦部が統合
3	乾隆	M42			○	○		入母屋	鴟	洋風		50, 341			
4	西陣		M25	M44	○	○				洋風		32, 183			M29，統合し，新築
5	翔鸞	M41				○		入母屋		洋風					
6	嘉楽			M41		○									
7	桃園		M43			○		入母屋		冠木門	581				
8	小川		M34			○	T3	入母屋・照り	狐格子・懸魚	洋風		51, 000			
9	京極		M41		○	○	T7	入母屋	舟肘木	薬医門					
10	仁和		M26	M33，M42			M26	入母屋		和風					殷富，安嘉が統合
11	正親			M40	○					冠木門	432	4, 915			
12	聚楽		M45～T2				M16								
13	中立			M44				入母屋		冠木門					
14	出水	M37													
15	待賢	M39						入母屋・照り	狐格子・懸魚		297	20, 792	荒木正人	片山嘉吉	
16	滋野			M37				入母屋							
17	春日		M41					入母屋		冠木門	430	31, 200			
18	梅屋			M37				入母屋		冠木門		16, 175		北村政四郎	
19	竹間		M40	M31			M14	入母屋	狐格子・懸魚	冠木門					
20	富有		M41					入母屋		洋風					
21	教業	M43			○		M45	切妻	懸魚		392				
22	城巽			M41	○		M27				480				
23	龍池		M40				M9	アーチ状，軒唐破風	げ魚，塔屋，アーチ	洋風	375	24, 116		鈴鹿弥惣吉	
24	初音	M26		M42			M26	切妻	げ魚						
25	柳池			M35			M11	洋風，寄棟	ベランダ	冠木門		30, 000	松田正興	武村松之助	
26	銅駝	M36		T7		○		入母屋・照り		冠木門		30, 140			
27	錦林	M31		M41	○		M33	唐破風	ベランダ，入母屋	洋風		20, 691			
28	第二錦林	M36		T1						洋風					
29	新洞		M40									47, 207			

（出典）各小学校所蔵の沿革史や竣工記念誌を主にし，『京都小学五十年誌』京都市役所，大正7年，で補足した。

表2-2 明治後期京都市小学校の竣工一覧（2）下京区

番号	学校名	建設形態			建築内容		本館（講堂）	意匠の特徴			建坪（坪数）	工費（円）	設計者	施工者	備考
		移転新築年	全面改築年	増築年	講堂	教室	竣工年	玄関車寄の屋根形状	その他の特徴	門廻り					
1	乾	M36		M42	○	○		切妻 起くり		洋風	461				
2	本能		M39		○	○	M39	入母屋 照り	げ魚，狐格子						
3	明倫		M41		○	○		唐破風	げ魚		370				
4	日影		M37					唐破風		冠木	370	53，723	安田時秀	清水満之	
5	生祥		M42					長屋門			511				
6	立誠		M39		○	○	M41	唐破風	げ魚	冠木		51，000			
7	有済		M43				M9				402	24，866			
8	粟田	M36		M44			M44					20，000			
9	郁文		M42	M29						洋風	523	55，526	安田時秀	伊藤久兵衛	
10	格致			M37．M44			M37			冠木					
11	成徳		M42	M30						洋風	467	59，375			
12	豊園		M42			○		切妻，千鳥破風				53，198			
13	開智			M30．M40		○				薬医		17，310			
14	永松			M33．M43				切妻							
15	弥栄		M38	M43			M38	入母屋 照り			557	56，150	菅沼隆一	本城清右衛門	
16	淳風			M26．M34			M34								
17	醒泉		M26．M43					長屋門				34，239	一井九平		
18	修徳		M38				M38	唐破風，入母	ひわだ	冠木	305	25，000			現場監理は浜井兵太郎
19	有隣		M35	M42			M40								
20	新道		M32	M42						洋風					
21	六原		M41					長屋門			426				
22	安井		M42					入母屋 照り							
23	植柳			M36．M44											
24	尚徳		M41					入母屋 照り	狐格子，	冠木	376	34，600			
25	稚松		M42					切妻		冠木					
26	菊浜	M39			○			千鳥破風		冠木	177		安田時秀		
27	貞教		M42												
28	修道	M38													
29	安寧		M41					長屋門			347	21，941			
30	皆山		M39								381	19，659			講堂は元，公家の御殿
31	一橋			M43				入母屋							
32	梅逕		M41					唐破風							
33	九条	M35						入母屋		冠木					

（出典）各小学校所蔵の沿革史や竣工記念誌を主にし，『京都小学五十年誌』京都市役所，大正７年，で補足した。

表 2－3　京都府小学校設備規則の一覧

法令名		小学校設備規則	小学校設備規則	小学校設備規則	小学校設備改正規則	小学校校地校舎設備標準
府令番号		府令第十号	府令第百七号	府令第八十四号	府令第二十一号	府令第三十七号
発令の時期		明治 25 年 3 月 18 日	明治 32 年	明治33年9月20日	明治37年4月29日	明治37年4月29日
内容	校地面積	40 人につき 120 坪以上、一人あたり 2 坪以上				
	特別教室	講堂・図書・器械・標本・裁縫・工作	唱歌・裁縫	唱歌・裁縫		
	構　造	なるべく平屋造		なるべく平屋造		
	教室の配置	東西に長く南北に短き長方形	東西に長く南北に短き長方形	東西に長く南北に短き長方形		東西に長く南北に短き長方形
	教室の大きさ		幅 3 間以上 4 間以下 長さ 4 間以上 5 間以下 児童一人あたり 3 尺平方以上	幅 3 間以上 4 間以下 長さ 4 間以上 5 間以下 一人あたり 3 尺平方以上		幅 3 間以上 4 間以下 長さ 4 間以上 5 間以下
	教室内壁の色	薄灰色・薄空色・薄卵色	薄灰色・薄空色・薄黄色	灰色・淡黄色・空色		灰色・空色・黄色
	教室の有効高さ	9 尺以上	9 尺以上	9 尺以上		
	教室の窓の面積	教室床面積の 1／5 以上	教室床面積の 1／6 以上	教室床面積の 1／6 以上		
	体操場		方形 生徒 100 名未満は 100 坪以上 100 名以上は 1 名に付き 1 坪増す	方形 生徒 100 名未満は 100 坪以上 100 名以上は 1 名に付き 1 坪増す		
	廊　下		片廊下で幅 6 尺以上	片廊下で幅 6 尺以上		片廊下で幅 6 尺以上
	外　観	虚飾を去りて質朴堅牢	虚飾を去りて質朴堅牢	虚飾を去りて質朴堅牢	質朴堅牢	質実堅牢
	建設のシステム		校地平面図・校舎平面図・工事仕様書・建築費額の提出	校地平面図・校舎平面図・工事仕様書・建築費額の提出	校地平面図・建物平面図・建物断面図・建物小屋伏図・工事仕様書・建築費収支予算書	
	その他		奉安所の設置			
	対応する文部省の法令	小学校設備準則（M24.1）、改正小学校設備準則則（M24.11）	小学校設備規則改正（M32.7.10）	小学校令施行規則．第2章設備準則（M33.8.21）	小学校施行規則中改正（M 37）	

（備考）建築内容の項目の順序は，法令に記載が早い順に従った。

第三章　鉄筋コンクリート造校舎の成立――大正・昭和一桁代

京都市での小学校における鉄筋コンクリート造の校舎は大正一二年（一九二三）に最初に出現して以来、昭和九年（一九三四）までの間に、二七校[1]の竣工が確認される。講堂だけを鉄筋コンクリート造にした小学校は一五校あり、それらを含めると四二校にのぼる。そこで出現した校舎の意匠は洋風が基調であるが、鉄筋コンクリート造でありながら和風の意匠の影響を受けた造形も出現しており、このことは京都市の小学校建築に特有の現象と捉えることができる。

京都の小学校では昭和一六年（一九四一）までは、主に教育財政の上での自治制度であった学区制度[2]が存続しており、小学校建設事業は学区が建築主体であったことで多様なデザインが生まれ、地域のシンボルとしての性格を有していた。京都市で最初に鉄筋コンクリート造校舎が確認される大正一二年から、昭和戦前期では最後の竣工である昭和一五年（一九四〇）までの一八年を通覧すると、建築的な特徴からその期間は二つの時期に分類できる。前者一つは昭和九年の関西大風水害[3]以前に建てられたもので、もう一つは昭和九年以降に建てられたものである。前者は学区制度の影響を直接反映していると考えることができる。本章では、昭和九年までに完成したものについて論じることにし、昭和九年以降は第四章において論じる。

本章ではこれまで明らかにされていなかった営繕組織の建築技術者の実態をも視野に入れながら、校舎の意匠的な特徴を中心に鉄筋コンクリート造の成立過程を解明していく。

1 鉄筋コンクリート造の成立

（1）鉄筋コンクリート造校舎の出現

昭和期に入ると、京都の市街地では三層の高さで立ち上がる白い小学校校舎の出現をみる。市中を覆った甍の波のなかで、鉄筋コンクリート造特有の白い壁は目立ち、否が応にもその存在に気付くことになる。正確には白い壁ではなく、黄土色の壁面であり、屋根は屋上庭園を兼ねた陸屋根であった。戦前までは現在とは異なり明治二年（一八六九）の番組小学校そのままの枠組みで各小学校が位置し機能し続けていたことから、市中心部にも数百メートルおきの距離で小学校が存在していた。

出現した建築様態は校舎の一部が鉄筋コンクリート造になるケースが多かったが、本館・校舎・講堂ともに同時に建設された学校は、本能・立誠・中立・修徳・成徳・淳風・明倫・清水・桃薗の九校が挙げられる。京都の鉄筋コンクリート造小学校の出現という現象に触れた次のような一文がある。

「今や小学校は鉄筋コンクリート造の、三四階建で、屋上に遊歩場を備えたる、モダーンな外観を持つものでなければ、承知しないという事に変化して、各学区は競って其の改築に熱狂」[4]とある。

この記述は昭和三年（一九二八）後半期に記されたもので、昭和三年暮れまでに京都市内では一一校の鉄筋コンクリート造校舎が出現していた。この数は急速にビル化が進展していた大阪や神戸、あるいは関東大震災復興として一挙に建設された東京や横浜と比較すればけっして多いものではないが、近代的なビルディングがいまだ揃わずに町屋が蝟集した京都の市街地では衝撃的な現象だったといえる。大正一二年（一九二三）に完成した最初の鉄筋コンクリート造の本能校は町家の高さとそんなに変わらない二階建にとどまっていたが、四年後の昭和二年（一九二七）に竣工した立誠校では三階建、昭和三年三月に完成の郁文小学校では四階建が現れていた（図3-1）。

立誠校は都市計画によって拡幅された河原町通から、新築移転した。全館が一斉に鉄筋コンクリート造になった

写真３－１　桃薗小学校遠景

図３－１　郁文小学校

京都では最初の小学校である。高瀬川に沿い、その橋上を正面玄関とし、壁面にはベランダをはじめ装飾が施され、木屋町通との一体性が想定されていたのだろう。開放的な橋上空間を有し、外観は格式高さも演出されていた。竣工記念誌には「今回の改築は我学区に取っては空前の大事業」[5]であったと記される。四階建校舎を出現させた郁文校は大宮通に面して、ドイツ表現派の影響を受けた造形を示し、鉄筋コンクリート造校舎の迫力をより実感させた。

この一文が書かれた後、昭和四年（一九二九）から昭和六年（一九三一）にかけては明倫小学校など次々と画期的な鉄筋コンクリート造校舎が竣工し、新しい都市空間にふさわしいファサードを示した。この時期の最後は清水小学校と桃薗小学校であり、ここでは桃薗小学校の遠景を掲げる（写真３－１）。

（２）学区制度の廃止

ここで対象とする校舎の建設された時期は昭和四年と昭和五年（一九三〇）に竣工が集中していたことが読み取れる（表３－１参照）。このように特定の時期に建設事業が集中した現象はなぜ起きたのだろうか。

まず、このような鉄筋コンクリート造に改築された小学校をみてみると、いずれもが「富裕学区」[6]と呼ばれる財政基盤の豊かな学区に位置することが判明する。先に触れたように京都市では学区制度が施行されていたため、校舎の建設事業は各学区の財源で個別に行われていた。そのため鉄筋コンクリート造のような高額な工事費が必要な事業は富裕な学区でなければ遂行が困難な状況にあった。

ではなぜ、このように特定の期間に建設が集中するのだろうか。京都市では小学校の建設を学区が行う学区制度が施行されており、この時期は学区制度が廃止される危機の時期にあったことが関連している。そのことを詳しくみると、昭和三年（一九二八）七月に学区制度廃止と深く連動する三部制経済廃止[7]の決定があった。三部制経済制度とは地方税制上の特例で、府と市に関わる税制度を指す。当時はこの制度の廃止が学区制度廃止に繋がるものと考えられていた。大阪市の昭和二年の学区制度廃止が大正一四年（一九二五）の三部制経済廃止を受けて行われたという実例があったことから、三部制経済廃止が決定された京都市でもそのような展開を辿り、近い将来に学区制廃止に至ると予測されたようだ。実際に三部制経済制度は昭和六年四月より廃止される。

京都市での学区制度廃止は、大阪市で廃止が決定された大正一五年（一九二六）一〇月以降再燃していた。この時期に市会に学区制度調査委員会[8]が設置されたことからも、学区制度廃止が大きな問題になっていたことが分かる。大阪市での学区制廃止と校舎建設事業との関連はすでに明らかにされているが[9]、京都市においても財政的に有利な立場にある中央部の学区と、それに対し不利な立場にある周辺部の学区との経済的格差が問題化し、「平等教育」[10]という観点から廃止が論じられる。そこでは学区制廃止に反対が中央部、賛成が周辺部となっていた。学区制度改正について市学務課の改正法案を説明した『京都市学区要覧』[11]によれば、昭和三年一月の各学区当事者に対するアンケートの結果は「統一賛成者一四に対して反対者五、尚早論者七の率を示し、統一論者は極めて多数であった」[12]とあり、学区制度廃止の機運は昭和二年には相当に高まっていたとみることができる。

実際に学区制度廃止が実現すれば、各学区単位で独自に行われていた校舎建設事業は市当局に移管されるため、工事費をはじめ校舎の建築内容は標準[13]に基づき、一律になることが予測された。そのことを危惧して財政上有利な立場にあった富裕な学区では、学区制廃止前に校舎建設事業への着手を行っていったとみることができる。また、学区制廃止になると、財政的には学区の所有であった校舎や敷地は市に引き継がれるが、同時に学区の起債による借金も市に引き継がれることが予測されたために、各学区では競って起債を行い、建設事業に着手したと考えられる。その際に寄付金が集まりやすい富裕な学区ほど起債が行いやすい[14]状況にあったようだ。その結果、昭和六年

（一九三一）までに大半の富裕学区では改築に取りかかることになる。そのために駆け込み的にみえる改築ラッシュの現象が生じたものと捉えることができる。

その一方で、昭和天皇大礼の記念に改築する明倫小学校のようなケースなど、学区制廃止以外の理由を表向きに掲げた改築事業も存在したが、実際には多くの学区では学区制廃止という制度上の変革から、鉄筋コンクリート造化が行われたと考えられる。(15)

ちょうどこの時期、昭和四年から昭和六年（一九三一）にかけては世界大恐慌の影響を受けて、不景気のどん底にあった。にもかかわらず建設がなされていったことからは、いかに学区制度廃止の可能性が強かったかが窺える。しかしながら昭和六年には学区制度は廃止されなかった。そのため、昭和六年以降も引き続いて学区制廃止が問

図３-２　桃薗小学校計画案の本館正面図（改築趣意書）

図３-３　桃薗小学校計画案の北校舎正面図（改築趣意書）

題になっており、いつ学区制度が廃止になるか予断を許さない状況が続くことになる。その様子は昭和七年（一九三二）五月に改築の決議を行う銅駝小学校の「建築着手以前ニ於イテ本市学区統一実現シ学区ノ経済ニ依ル学校建築ノ必要ヲ認メザル際ニ至レバ（後略）[16]」という改築準備会の規約からも窺い知ることができる。

このように学区制度によって財政的に有利な立場にあった富裕な学区の多くは昭和六年までに鉄筋コンクリート造に改築を終了していたのは、学区制度について廃止も含めて何らかの変更が近い将来に予測できたからであると判断できる。

桃薗校での「改築趣意書[17]」（昭和六年二月）によると、「学区統一の声は随所に叫ばれ」、「近く実施せられる町村編入問題と思い合す時、結局統一の実現は時間の問題であろうと思われる」とある。そして統一の暁には「本学区文が特殊の便宜を以て学校の大改築」をすることができないことは明らかである。したがって、「此の際思い切って大改築に着手する事が本校将来の為め採るべき唯一の方途」と記された。背景にはこのような危機意識があった。この趣意書の中には、校舎建築の完成予想図が描かれていた（図3－2、3－3）。

（3）建設の方法

では、どのように建設事業が進められていたのかをみてみる。学区の最高決定機関に学区会[18]があり、地域の名望家などを中心にした一二名の区会議員から構成されていた。学区会の主な業務とは小学校の運営と校舎の建設事業であり、そのために、学区内の名望家二名と学校長から構成される学務委員[19]が設けられ、その任務を担当することになっていた。まず、学区会で改築の決議が行われた後に、学務委員を中心として建築委員会[20]が設置され、そこで計画案が練られることになる。

建設経緯を具体的に示す史料[21]が発見できた六原小学校での事例をみると、まず建築委員会によって五種類の計画案が用意され、部屋数や坪数、建築費など様々な検討が行われ、その結果、計画内容が決定されるという経緯を辿ったことが分かる。なお、ここでの五種類の計画案のうち、二つのものについては建築委員会が京都市営繕課に依頼を行っていたことが確認される。他に、本能小学校[22]においても建設経緯を示す史料が見出せており、ここでも建築委員会が中心になり、七種の計画案から一つのものが絞り込まれていた（図3－4、写真3－2）。

　このように計画案の決定は学区のなかで行われており、計画案の決定後に市営繕課に正式に設計が依頼されることになる。また、ここでは計画案の決定という早い段階で京都市営繕課が関与する事例も確認された。

　また、設計が営繕課の手に委ねられたあとも、学区側は小学校建設に対し、建設委員会が中心になって、営繕課の設計案に対して多くの注文を行っていたようだ。そのことは「各学区は（中略）市の営繕課を手古摺らして居る[23]」ということからも窺える。ここからも建設に対していかに学区側に主導権があったかが窺える。

　建設費は先に記したように学区側で用意するというシステムになっていたために、財政上裕福な学区でないと鉄筋コンクリート造への改築は困難であった。建設資金は寄付金[24]や積立金[25]を頭金にし、多くは起債という市からの借金によって賄われていた。また富裕な学区ほど高額な建設費を費やすという傾向があった。一般的に校舎に関しての鉄筋コンクリート造の躯体の坪単価はほぼ同一[26]であったことで、外観の意匠や講堂、作法室などの内部の造作が差別化の対象となっていたと捉えることもできるだろう。

図3－4　本能小学校新築計画案（正面立面図）

写真3－2　本能小学校

　このような意匠面での差異に対する競争原理は、大正七年（一九一八）に刊行された『京都市小学校五十年誌[27]』に掲載されていた校舎の写真からも分かるように、大正期の木造校舎の建設時において既に存在していたと考えられ、そのような手法が鉄筋コンクリート造への改築時に踏襲されたとみることもできる。その様子は「各学区は競って其の改築に熱狂し[28]」ということからも窺える。このように各学区が主体で建設事業を行っていた点に特徴がある。

2　建設内容の特徴

この時期の京都市の小学校建築の特徴としては、意匠の多様性が窺える。しかしながら、柱の間隔や断面、教室の大きさなど構造に関わる基本ユニットについては標準化がなされていた。また、プランニングの特徴としては、講堂とは別に、作法室を含めた和室などが地域の施設として校舎のなかに組み込まれている点にある。

(1) 校舎の規格化

昭和一〇年（一九三五）までに竣工した校舎の図面を通覧すると、プランニングは敷地の形状によって大きく左右されるために、一般的な傾向を位置づけることは困難であるが、昭和二年（一九二七）以降に建設された校舎の柱の間隔や矩計（かなばかり）、教室の大きさはほとんど同じ数値になっていることが読み取れる。つまり、教室の大きさを中心にして構造面で標準化がなされていたことが窺える。

まず、図3－5で示したように校舎の桁行方向の柱の間隔は三・〇mと四・五m[29]のものの二種類があり、梁間方向の柱の間隔は教室の奥行七・三mと廊下幅員二・七mからなっている。そのため教室の大きさは間口九・〇m×奥行七・三mに統一されている。つまり、桁行方向は三・〇m×三スパンであろうと四・五m×二スパンであろうと、いずれもが九・〇mになるように設定されていた。このような数値は一教室の大きさが五間（九・〇m）×四間（七・二m）が基準になっていたことに影響を受けていると考えられる。また断面の数値もほぼ共通する数値を採用していた。階高は各階ともに三・七mであった。

このように教室の大きさと柱の間隔に関しては、一定の規格化がなされていた。

(2) プランニングの特徴

プランニングの上での特徴としては、講堂や雨天体操場を校舎とは別棟にして設置するという手法がみられる。それは二つのタイプがある。一つは講堂と雨天体操場の機能だけを別棟化したもので、大正一二年（一九二三）の一橋小学校を嚆矢とし、多くは講堂と雨天体操場が兼用で建設されている。このタイプのものは講堂兼雨天体操場のみが鉄筋コンクリート造で校舎は木造のものが多い。

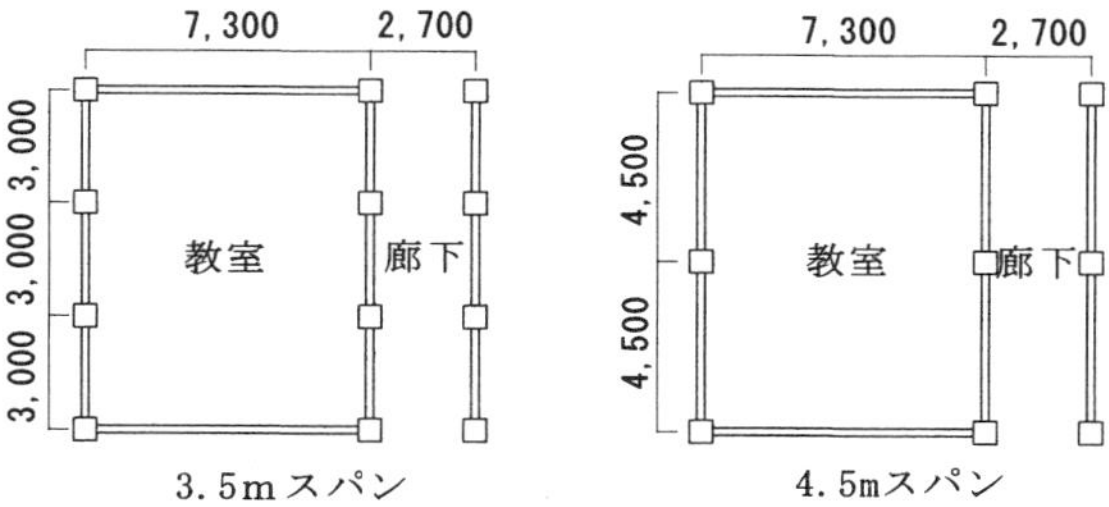

図3-5　教室の柱割（単位 mm）

もう一つは職員室などの管理スペースに作法室が組み合わせられ、そこに講堂や雨天体操場が併置されたもので、京都市の小学校に特有のプランニングである。この建物は「本館」と呼称された。明治後期から大正期にかけて京都でつくられた木造による小学校のプラン[30]が鉄筋コンクリート造になっても継承されているとみることができる。このことは次節で詳述する。

ここでは東京市などにみられる講堂兼雨天体操場のように敷地の端部での設置ではなく、敷地の中心的な位置[31]を占めることが多い。この背景には京都市では小学校が教育施設という本来の機能と並び、学区という地域のコミュニティセンターとしての側面を強く有しており、講堂や雨天体操場がその機能を担っていたということが背景にあった。そのことは講堂や雨天体操場が外部から直接アプローチできるような平面計画になっていることからも窺えよう。このことと関連するが、また、斜路（スロープ）が三校だが設けられていた。最初は郁文校（写真3-3）、次は明倫校、桃薗校と続いた。

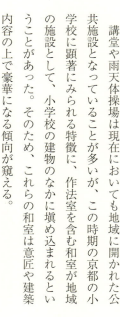

写真3－3　郁文小学校の斜路（スロープ）

（3）京都市特有の室の設置

講堂や雨天体操場は現在においても地域に開かれた公共施設となっていることが多いが、この時期の京都の小学校に顕著にみられる特徴に、作法室を含む和室が地域の施設として、小学校の建物のなかに塡め込まれるということがあった。そのため、これらの和室は意匠や建築内容の上で豪華になる傾向が窺える。

一例を挙げれば、明倫小学校では作法室とは別に畳七八帖敷の「集会室」とよばれる和室がある（写真3－4）。そこでは折り上げ格天井に床の間と書院が付くなど、書院造[32]となっており、この部屋の広さや意匠の格式などを考えれば、単に児童の礼儀作法の教育を目的とするためだけとは考えられにくく、学区の会合などに使用する目的[33]があったとみることができる。

このような作法室とは別に設置された広い和室は立誠小学校においても設置されており、和室としては作法室一室しか持ちえなかった小学校においても清水小学校や成徳小学校のように二間続きの和室になるなど、他の大都市[34]と比較すれば、和室の空間が重視されていたことが分かる。

この背景には先に論じたように学区制度が強固に機能していたことが関連している。そのことで校舎の建築内容に関して学区レベルの裁量によって自由に決定が行いえた。その結果、ここでみたような豪華な和室が、富裕な学区の経営する明倫小学校や立誠小学校などに出現することに繋がっていったと捉えることができるだろう。

さらには当時の小学校がいかに学区と深く関わっていたかを示すものに、学務委員室[35]があった（写真3－5）。すでに述べたように学務委員とは、小学校に対し財政面も含めた管理上のチェックを行う任務があった。そのため学務委員がその職務を行うために学校の内部に設置されたものが学務委員室であった。それは基本的には小学校の機能とは直接の関連を持たない。また、学務委員室の多くは受付窓を介して玄関ホールに面して配置される。内部は洋風の意匠に基づき、学校のなかで最も豪華なしつらいで造られることが多かった。その背景には学区制があり、各学区が小学校を直接管理していたことがある。

このように京都市の小学校では学区制度が強固に機能していたために、単に義務教育施設ではなく、地域と深い関わりのある公共性を有した計画内容になっていたことが判明した。

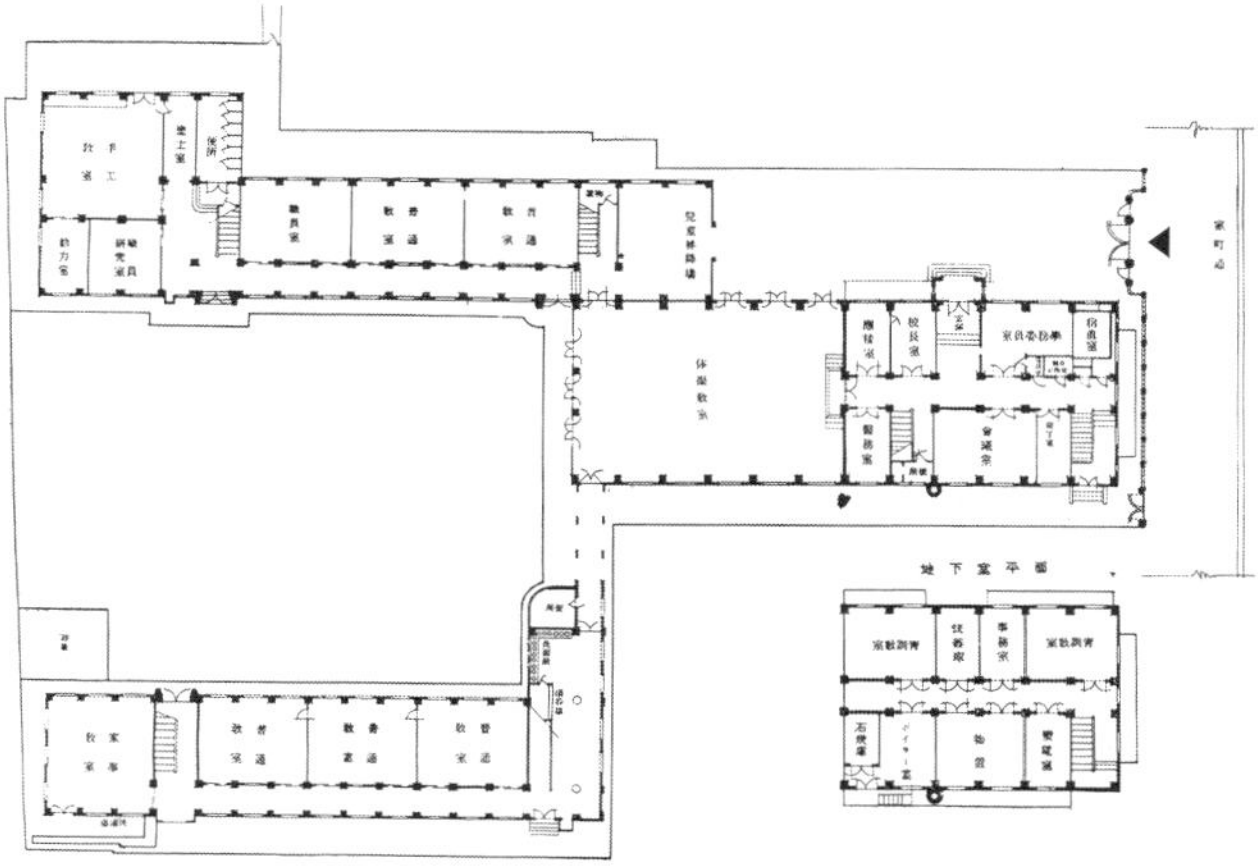

図3－6　明倫小学校配置図兼1階平面図

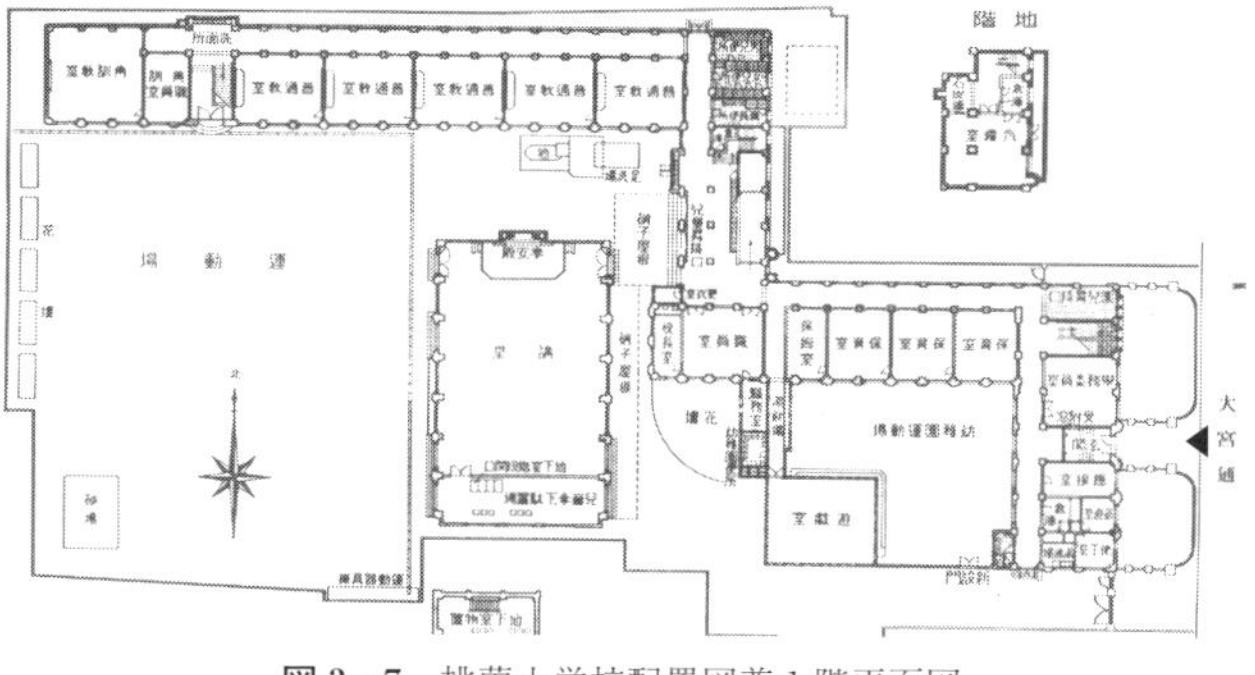

図3－7　桃薗小学校配置図兼1階平面図

写真3－4　明倫小学校の集会室

3　設計主体と意匠の変遷

京都市の小学校の設計は市の営繕組織によって行われていたことが確認される。その組織は建築技術者陣営（表3－2参照）の変遷より、三つの時期に分けることができる。ただし本章では鉄筋コンクリート造の成立を対象にしているため、大正一一年（一九二二）以前の木造校舎の時期における営繕組織の沿革[36]については取り扱わない。また意匠上の特徴から三つのタイプに分類が可能で、そのそれぞれのタイプは営繕組織の三つの変遷の時期にほぼ対応していると判断できる。

写真3－5　成徳小学校の学務委員室

（1）鉄筋コンクリート造校舎の黎明期――大正一二年（一九二三）～大正一四年（一九二五）

鉄筋コンクリート造校舎の設計を担当するのは京都市建築課[37]であり、この組織は市庁舎新築計画を睨み、大正九年（一九二〇）に工務課建築係から改組され独立して設置されていた。その時点での組織陣営は課長・安立糺[38]、係長・寺岡謙造[39]、次席・川村秀介を技師[40]とし、総員一〇名余りという構成であった。また、京都市建築課による最初の鉄筋コンクリート造の建築は大正一一年（一九二二）であり[41]、本能校は最初の時期の鉄筋コンクリート造の建築であった。なお、京都市では小学校の設計は明治三〇年代から市役所の工務課建築掛[42]によって行われていたことが確認される。

この時期とは鉄筋コンクリート造という新しい構造が小学校の校舎に適用され始めた時期にあたり、竣工した校舎は本能、稚松の二小学校で、講堂のみを完成させた一橋校を合わせ、合計三校であった。意匠としてはポルティコを有しシンメトリーを採るなど古典主義の影響が窺えるが、柱頭の幾何学的な取扱いなどに新しい建築デザインであったセセッションの影響もみられる。当時の新聞によると京都市で最初の鉄筋コンクリート造小学校校舎であった本能小学校は「洋館小学校[43]」と称せられており、このことからはそれまでの木造校舎がいかに和風の意匠[44]の色濃いものであったかが窺える。

（2）多様な建築意匠の時期——昭和二年（一九二七）～昭和八年（一九三三）

この時期がスタートする昭和二年（一九二七）までには建築課の技術者陣営は大きく変化していた。大正一四年（一九二五）には安立に替わって井尻良雄[45]が課長になるが短期間で退職し、大正一五年（一九二六）八月より三橋国太郎[46]が課長に就任する。昭和二年の時点では寺岡、川村、中野進一[47]の三人の技師からなる体制が確立していた。中野は建築課に最初に入った大学卒業の技術者であった。続いて中央卸売市場臨時建設事務所[48]に在籍していた枝村靖[49]が、昭和二年より営繕課の嘱託になり、昭和四年（一九二九）より技師に昇格する。

写真３-６　一橋小学校

先に触れたように、昭和二年から昭和六年（一九三一）にかけては鉄筋コンクリート造校舎の建設が集中する。そのような鉄筋コンクリート造化の背景には、このような高等教育を受けた建築技術者の増員によって組織の拡充が行われていたことが関連していたと考えられる。昭和二年には「七条、郁文、立誠に流行したように計画されだした[50]」という状況であったようだ。昭和四年には寺岡、中野が退職するために、三橋の下、川村、枝村両技師による設計体制が確立される。なお、昭和四年には建築課から営繕課に名称が変更する。

この時期には中央部の多くの学区では一斉に鉄筋コンクリート造への改築が行われている。この時期に該当するものは昭和二年の立誠小学校を嚆矢とし、昭和八年（一九三三）の清水小学校までを含む。

意匠的傾向としてはこの時期の校舎ではアーチが用いられることが多く、表３-

1からも読み取れるように、昭和九年（一九三四）度までの竣工数二七校中一八校にアーチの使用が確認される。富有小学校は昭和一〇年三月に竣工しており、昭和九年度の完成になる。なおこのようなアーチの採用[51]は、当時全国的にみられた現象である。

アーチの意匠を詳しくみれば、玄関部の半円アーチ的な取扱い（立誠、中立、御池、成徳、淳風の各小学校）、一階部分の半円アーチの連続（龍池、修徳、成徳、明倫、銅駝の各小学校）、最上階の開口部のアーチの連窓（淳風、清水の各小学校）、階段室塔屋のアーチ窓（春日、郁文、立誠、成徳、清水の各小学校）、斜路部分のアーチ窓（明倫、桃薗の各小学校）などがあり、このようにアーチの意匠は玄関部廻りやその上部の開口など特定の部位に集中する傾向がある。また、校舎が複数棟にわたる場合は本館などの特定の建築にアーチの意匠が集中して現れている。

アーチに続く意匠的特徴としては、鉄筋コンクリート造による持送りの装飾があり、玄関部庇では幾何学的な形態[52]（中立、立誠、淳風の各小学校）、教室内部の梁のハンチでは伝統的な和風意匠に基づいた肘木状のもの（龍池小

写真3－7　中立小学校の玄関部庇の持送り

写真3－8　明倫小学校の玄関部

学校では作法室、成徳小学校では音楽室）、バルコニーを支える片持梁（春日、竹間の各小学校）などがみられる。

さらに装飾的な要素としては、柱頭の装飾[53]（新洞、修徳、中立、龍池の各小学校）、最上階の軒飾り（柳池小学校ではロンバルディアベルト、明倫小学校では和風的持送り）、外壁の木製の持送り[54]（明倫、清水の各小学校）、外壁の木製の横縞の装飾（清水小学校）、丸窓（竹間、明倫の各小学校）、パラペット部分の洋風瓦（明倫、清水の各小学校）、バルコニーの高欄（明倫小学校では和風）、玄関部の立上り（清水小学校）などがあり、洋風の意匠のなかに和風の意匠も現れていた。このようにこの時期は多様な建築意匠が展開された時期であったと捉えることができる。

（3）装飾的な要素が減少する時期――昭和七年（一九三二）～昭和九年（一九三四）

昭和五年（一九三〇）以降は高等教育を受けた建築技術者[55]が複数にわたって営繕課に新卒で採用され、昭和六年（一九三一）から昭和八年（一九三三）にかけて技術者陣営に大きな変化がみられる。

先にみてきた第一の時期（鉄筋コンクリート造校舎の黎明期）と第二の時期（多様な建築意匠の時期）の間には校舎の建設事業が中断された期間があり、明確に境界線の設定が可能であったが、この第三の時期（装飾的な要素が減少す

写真3－9　淳風小学校の最上階の開口部廻り

写真3－10　成徳小学校の廊下梁

る時期）の建築には第二の時期の建築の意匠的な特徴が連続する傾向にあり、厳密な区分は困難である。しかし昭和七年（一九三二）以降は建物の外観から装飾が減少していく点が顕著にみられ、第二の時期の範疇だけでは捉えきれない意匠的な特徴があらわれていた。そのため便宜上、昭和七年から昭和九年（一九三四）までの間を第三の時期と設定しみていく。なお、昭和九年九月の関西大風水害以降は校舎の建設システムが大きく変更するために、(56)昭和九年九月までに着工した校舎までを取り扱う対象とする。

第二の時期での意匠上の最大の特徴であったアーチを用いた意匠は、昭和八年竣工の清水小学校、桃薗小学校、銅駝小学校以降は現れない。このようにこの時期には装飾的な要素が外観から排除される傾向にある。(57)また単に装飾的な要素による意匠から、西陣小学校の音楽室のキャンティレバーで張り出した外壁にみられるように、形態や機能に基づく意匠が現れていた。つまり、この時期は歴史様式に影響を受けた意匠から、無装飾を前提とした(58)外観に移行していく過渡期にあったと捉えることができるだろう。

写真 3－11　清水小学校

写真 3－12　桃薗小学校

写真 3－13　銅駝小学校

この時期の校舎では使用される建築材料に大きな変化がみられ、これまでは使用されることが少なかったタイルが外壁面に使われるようになる。さきに触れた歴史様式の建築の時期の校舎ではテラコッタが使用されていたものの、立面でのタイルの使用という事例は少なく、基本的には龍山石(たつやま)[59]やモルタルによる擬石仕上げ[60]が多かった。この時期の校舎では教業、清水、桃薗、西陣、富有と、昭和七年から昭和九年に完成したすべての小学校でタイルが採用されている。その使用範囲は玄関部廻りを中心とした正面部に限定される傾向があった。ここからは装飾的な要素が減少していったことに反比例して、タイルの使用が急増していったと捉えることもできる。

以上三つの時期をみてきたが、校舎の特徴を示す建築的な記号は最初はポルティコ、次にアーチや和風的な意匠、さらに無装飾に近い意匠やタイルの使用と、次々と変遷を辿っていったことが判明した。

4　和風的意匠

前述したように京都市の小学校では鉄筋コンクリート造でありながら、和風的な意匠が観察される。このことは既に筆者が研究した大阪市や神戸市での鉄筋コンクリート造小学校建築[61]では一切現れておらず、東京市や横浜市においても見出せていない。このようなことを考えれば、和風的な意匠とは京都市の小学校建築に特有のものであったとみることができる。

京都市の小学校建築の和風的意匠の傾向は、次の二つに分類することができる。一つは木鼻や肘木、擬宝珠など社寺建築の細部意匠をデザインソースとする伝統的な意匠を鉄筋コンクリートによってそのまま置換したもの[62]であり、木造で用いられていた和風意匠を記号として取り入れている。事例としては龍池小学校の梁の持送りが挙げられる（写真3－14）。

もう一つは伝統の枠組みから外れたもので従来の和風意匠の範疇におさまらないものである。和風意匠とセセッションやミッション、バンガローなどの洋風意匠を融合させたと考えられる意匠[63]である。これは鉄筋コンクリート

写真3－14　龍池小学校の梁の持送り

写真3－15　明倫小学校の装飾細部

写真3－16　清水小学校の塔屋

造化という校舎の近代化のなかで、和風意匠と洋風意匠を融合させた、新しい意匠の創出の試みと捉えることもできる。[64]事例としては、前節でみた明倫小学校や清水小学校の外観の装飾が挙げられる（写真3－15、3－16）。

このことと関連して竣工時に刊行された校舎完成記念の冊子などには様式として「東洋趣味」[65]という記述がみられる。この時期には和風とも洋風ともつかないどこか奇妙で名状しがたい意匠のことを「東洋趣味」と呼称していたようだ。京都では大正・昭和戦前期、京都市庁舎のデザインの指導者の京都帝国大学教授・武田五一は積極的に東洋の建築スタイルを模索し、推進していた。このように昭和初期の京都では、和風ならびに和風を意識した東洋趣味の息吹が確実に存在した。ここに、京都の小学校独自の特徴をみることができる。

5　木造本館の意味

(1) 和風意匠の本館と学区制度

昭和戦前期までの京都市の小学校は鉄筋コンクリート造化の一方で、木造校舎が依然として建設され続けていた。その様態は表3-3に示したが、明治以降に市域に編入した周辺部だけではなく、中心部の旧番組小学校においてもみられた。しかも昭和初期までは木造の小学校建築はすべて和風スタイルであった。洋風スタイルのものが多かった東京市や大阪市の木造の小学校建築と比較すれば、京都市の小学校の建築スタイルの、より特異性が浮き出ていた。とりわけ校舎とは独立して設けられた「本館」と呼称される建物は、玄関構えを強調した和風意匠が色濃いものとなっていた。本館については第二節で少し触れたが、ここでは、木造[66]による本館について論じる。

本館とは他都市ではあまりみられないものだが、戦前までは京都市のすべての小学校に備わった建築類型であった。本館は校長室や職員室、会議室など管理部門からなるが、館の中心は学務委員室にあり、二階には畳敷きの大広間である作法室が必ず設けられた。

和風スタイル採択の理由は定かではないが、その一つに校舎の建設事業は各学区が主体となって行われていたことが関係すると考えられる。学区主導であったことで、工費をはじめ学校校舎の施設内容などについて学区が決定権を有していた。建築の構造面では木造か鉄筋コンクリート造かの選択、スタイル面では和風か洋風かの選択も学区に委ねられており、地域の民意がより反映されやすい環境下にあったことが指摘できる。おそらくは学区の責任者たる学務委員にとっても、格式高い和風スタイルこそが小学校にはふさわしいものと捉えられていたと想像される。その背景には、他都市では廃止された学区制度が昭和以降も依然強固に機能していたことがあった。ちなみに京都市と同様に学区制度が強固に機能していた大阪市では、関一市長によって昭和二年（一九二七）に学区制度は廃止されており、五大都市では京都市だけで保持されていた。京都市で学区制度が廃止されるのは、昭和一六年

（一九四一）のことである。

半世紀以上も続いた学区制度は、現在の「元学区」[67]という京都市特有の地域のありように繋がっていく。それは地域の様々な自治活動が今も旧番組小学校を中心にして行われていることに窺える。

本館について、二〇一四年一月一日の時点で戦前期までの木造独立建築として現存するのは、今熊野・西陣の二校だけである。戦後多くの小学校では、鉄筋コンクリート造で本館が建設された。木造本館の建替えであったが、その過半は残っている。ここでは地域と小学校の関係を象徴する本館の建築的な意味を探っていく。

（2）現存する木造本館

(1)今熊野小学校

今熊野小学校で驚かされることは、格式高い玄関構えを持つ本館が二〇一三年まで現役使用されていたことである。昭和六年（一九三一）に竣工していた。現役使用の和風意匠の校舎としては、二〇一三年に国の重要文化財に指定された高野口小学校[68]（和歌山県橋本市・昭和一二年竣工）があるが、全国的にみても昭和戦前期のものは少ない。

本館の建築は、外壁は真壁造、屋根は入母屋となり懸魚が付く。正面に玄関車寄が設けられる。その屋根は入母屋造銅板葺きで懸魚が付き、出隅部は反り上がった造形をみせ、格式の高さが表されていた。その天井は格天井で、三方が欄間となる。外壁は一階は木の縦張、二階は下見板張で、ともに木部をそのままみせる仕上げである。基礎は煉瓦造で上部が御影石積み、窓上部は漆喰塗りとなる。和風の外観とは異なり、内部は洋風の階段であり、親柱には菱形に刻まれた彫刻が連なる。

平面をみると、間口は六〇尺（一〇間、一八・一八m）、奥行四八尺（八間、一四・五四四m）となる。一階は事務室・職員室・使丁室・宿直室などからなる。建設当初の学務委員室が現在の事務室になったようだ。二階は三五畳の作法室と続きの間となった五五畳の裁縫室からなり、ともに違い棚に床の間がつく和室となる。両室を合わせれば九〇畳の大広間となる。同時期に竣工した明倫小学校では七八畳、立誠小学校でも六〇畳と、作法室の広さと豪甚さが競われていた。東京市の復興小学校では作法室に排除されたことを考えれば、京都市の小学校はプランニングにおいてまさに対極にあったことが判明する。

(2) 西陣小学校

西陣小学校の本館は昭和九年（一九三四）に建設された。校舎の手前、表門のすぐ脇にあって、道路から直接アプローチできるようになっている。

この本館の存在からは、二つの疑義が生じる。一つは校舎と講堂兼雨天体操場が鉄筋コンクリート造に建て替えられたにもかかわらず、なぜ本館だけが木造になったかであり、もう一つはほとんどの学校で本館が和風スタイルであるのに対して、なぜここでは洋風スタイルになったかである。

写真3－17　今熊野小学校の本館

構造の問題でもある前者からみれば、本館を鉄筋コンクリート造として、鉄筋コンクリート造の校舎と一体化することも出来たはずである。先行した明倫小学校（昭和六年）や桃薗小学校（昭和八年）では道路に面した手前の部分に鉄筋コンクリート造の本館を配し、奥の鉄筋コンクリート造校舎と一体化していた。だがここでは従来のプランが踏襲されて、一体化することなく、独立した別棟として建設された。この時期、木造は鉄筋コンクリート造のおよそ七〇％前後の工費で建てることが出来たことから、工事費の低減を狙ってのことなのか、あるいは本館は木造でなければならないとする考えによるものなのか。史料的制約もあって詳細は定かではないが、昭和八年（一九三三）七月に作成された図面からも本館だけが木造になっていたことが窺い知れる。つまりは計画当初から本館だけは木造で建てられることになっていたようだ。したがって本館を鉄筋コンクリート造化して校舎のなかに取り込むことは考えられていなかった。

写真3－18　西陣小学校の本館

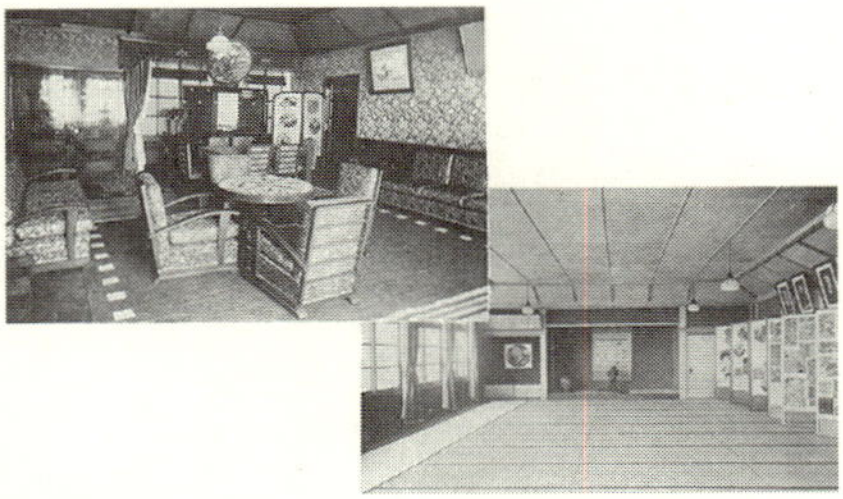

写真3－19　西陣小学校の本館内部（作法室と貴賓室）

西陣小学校は現校舎に改築中の昭和九年（一九三四）九月二一日に起こった室戸台風で、児童・職員約五〇〇人が木造校舎（明治四一年完成）の下敷きとなり、四一人の児童が亡くなり、二〇〇人以上の負傷者が生じた。この時は校舎改築のまっただ中で、校舎は雨天体操場兼講堂とともに鉄筋コンクリート造への新築工事中であった。

スタイルの問題である後者をみる。遠景写真（附録の西陣小学校参照）に写る甍のなかの白い白亜の建物が西陣小学校校舎である。その右端に方形ともみえる屋根をみせ、白い壁をみせるのが本館である。洋風建築である校舎には和風のスタイルはふさわしくないと思われたのだろう。校舎に合わせるために白い色モルタル塗り壁が採用され、屋根は人造スレート板葺きとなる。意匠をみると、開口部廻りはタイル貼りとなる。正面壁面には東洋趣味にも通ずる八角形の窓が二つ設けられ、クロス模様の面格子が嵌まる。玄関床にはモザイクタイルが市松に貼られ、建具の意匠は卍崩しとなる。洋風意匠を基調とするものの東洋風意匠が鏤められていたことが特徴といえる。

平面計画を検討する。竣工時の図面からは間口が一七m、奥行きが一八mと分かる。一階は学務委員室・職員室・校長室・応接室・医務室・使丁室・宿直室などからなり、二階は床の間の付いた四五・五畳の作法室・会議室・応接室からなった。階段が二カ所あり、中廊下式の室配置を示す。現在は学務委員室が事務室と名称が変わった他は変化はない。作法室や応接室は竣工時の面影を残す。

設計図からは鉄筋コンクリート造の校舎は仁張一郎[69]が、屋内体操場は塚田達[70]が、それぞれ設計を担当していたことが確認される。

現存する本館以前を遡ってみれば、明治四一年（一九〇八）から明治四四年（一九一一）までの三カ年の工期をかけて五期に分けて全面改築されていた。校舎は現校舎とほぼ同一の場所に東西方向に建てられていた。異なるのは講堂兼屋内体操場の位置で、現在とは逆の東北端にあった。興味深いのは本館の機能であり、一階に職員室、二階に応接室のある棟と、一階に学務委員室、二階に作法室兼裁縫室のある棟の二棟に分かれていたことだ。表門に向かって正面には職員室・応接室の棟があり、アーチ形にも通ずるむくり破風の玄関構えを有し、寄棟屋根には鴟尾が載る。鴟尾とは奈良時代を示す建築象徴であり、西陣小学校も含めて京都市の全小学校は明治三一年（一八九八）に鴟尾が付いた平安神宮大極殿で創立三〇周年記念を行っていたことから、そのようなものへの憧憬が芽生え、生まれたものだろう。表門の右横には入母屋造の学務委員室・作法室兼裁縫室の棟があった。この全面改築は義務教育修業年数の延長を受けて実施されたものだった。

それ以前の様子は明治三七年（一九〇四）頃の様子を描いた図[71]から読み取れる。正面の職員室・応接室の棟の場所には一階が職員室、二階が講堂の建物が見受けられる。雨天体操場は右横の学務委員室・作法室兼裁縫室の棟の場所にあり、その向かいに作法室が設けられていた。これらの校舎は明治二五年（一八九二）に建設されたものであり、二階建講堂・平屋建教室・唱歌室・雨天体操場・便所の五棟からなった。

明治二五年の建物と明治四四年（一九一一）の建物を比較すれば、職員室・応接室の棟は二階建講堂を引き継いだものと考えられる。明治二五年では見出せなかった学務委員室が明治四四年には登場しており、時間を経てより学務委員の存在意義が高まっていたことを示す。

（3）戦前期までの木造本館

(1)新築移転もしくは全面改築

次に大正一二年（一九二三）以降に建設された本館をみていく。この時期に着目したのは、京都市でも本能小学校が鉄筋コンクリート造で完成しており、また関東大震災が同年に東京で起こり、木造校舎は壊滅的な被害を受けたことが判明していた。つまり木造校舎は耐震・耐火という観点では類焼の恐れのある市街地には不向きだと結論づけられた時期であった。にもかかわらず、市街地のなかにある旧番組小学校において、依然として木造の校舎ならびに本館が建て続けられていたことは理解に苦しむ現象といわねばなるまい。その建設実態を竣工記念写真帖などの資料が見出せた仁和・春日・聚楽・安寧・貞教・正親の六小学校を中心にみていく。

大正一三年（一九二四）に新築移転を行った仁和小学校をみると、大正一一年（一九二二）にまとまった広さの隣接地を入手し、新校地に本館や屋内体操場兼講堂、校舎が新築される。それまでの校地にあった校舎も移築されることになる。建設は大正一二年（一九二三）前半に開始されているが、これは関東大震災以前の計画だった。本館は入母屋造スタイルで、玄関構えも瓦葺きの入母屋造となる。校舎はいずれも入母屋造だった。設計は京都市建築課の荒川重家らによる。その後室戸台風で校舎は被害を受け、鉄筋コンクリート造に一棟が改築される。同時に屋内体操場兼講堂も鉄筋コンクリート造となる。昭和三〇年（一九五五）以降校舎は次々と鉄筋コンクリート造に建て替わり、昭和四七年（一九七二）には本館が鉄筋コンクリート造となる。

大正一三年に本館を新築した春日小学校をみる。明治四一年（一九〇八）に大改築を行った次の時期の改築工事の一環として校舎とともに建設された。本館の大きさは間口八間、奥行き六間で、建坪は四八坪であった。屋根は入母屋造となる。その玄関構えは切妻屋根で、銅板葺きに瓦が載る。部屋割は一階が学務委員室や職員室、校長室で、二階が作法室になるものだった。昭和四六年（一九七一）に鉄筋コンクリート造に建て替えられるが、二階の作法室は消えて視聴覚室になっている。

昭和二年（一九二七）に大規模な増改築を行った聚楽小学校をみると、本館のほかに講堂兼体操場、校舎などを新築していた。計画にあたっては学務委員ならびに学区会議員らが提案を行い、「建築ニ関スル計画ヲ立ツル為、関係者一同市内ノ数校ヲ視察[72]」し、計画を立てたとある。ある程度計画案が出来てから、京都市営繕課に設計の依頼を行ったものと推測される。本館のプランでは玄関の横に学務委員室と応接室、奥は校長室と職員室となる。二階は集会室と裁縫教室となり、裁縫教室は作法室と同じ機能を持つものであったと考えられる。つまり学区関係の会議や催しの会場に使われていた。本館の間口は七間、奥行は八間で、建坪は五六坪だった。本館は入母屋造となり、玄関構えも瓦葺きの入母屋屋根となる。校舎もまた入母屋造となる。

昭和三年（一九二八）に落成を行った安寧小学校をみると、明治四一年に校舎改築した後は、大正七年（一九一八）から昭和二年にかけて隣接する土地を購入し校地を拡張し、改築に備え、昭和二年から翌三年に全面改築を行った。本館・屋内体操場・教室一八室である。本館の建築は入母屋造で玄関構えは今熊野小学校と共通する銅板葺きの入母屋造スタイルとなる。校舎も入母屋造となる。一方で講堂兼屋内体操場は洋風スタイルの木造建築で、側壁だけが鉄筋コンクリート造の防火壁となっていた。すなわち和風スタイルが基調のなかに、屋内体操場兼講堂だけが洋風スタイルでつくられていた。本館の一階は学務委員室や職員室、校長室、応接室からなり、二階は作法室と裁縫室が続きの間になる。なお安寧小学校は室戸台風を契機に鉄筋コンクリート造への改築計画が進展するが、戦争のために中止され、戦後再び鉄筋コンクリート造化が図られ、昭和三五年（一九六〇）に隣接地に全面移転した。

昭和三年（一九二八）に大規模な増改築を行った貞教小学校をみると、隣接地を取得することで建設に至ったようだ。一部修繕はあったものの、本館も含めて新築が行われており、「竣工記念帖」からは銅板葺きの玄関構えがみて取れる。この時に鉄骨の雨天体操場も建設されていた。

昭和五年（一九三〇）に大規模な増改築を行った正親小学校をみると、本館・屋内体操場・教室などを建設した。明治四〇年（一九〇七）に大規模な改築を行っており、昭和五年の改築はこの時の校舎の建替えであった。本館は照りの付いた切妻破風の玄関構えをみせ、間口は一一間、奥行は七・五間となり、建坪は八二坪だった。プランは事務室と応接室が隣り合い、中から行き来できるようになっていたことが平面図から読み取れる。二階は作法室になっていたものと思われる。

以上六校の本館の分析からは、プランとスタイルがほぼ定型化していたことが分かる。また時間軸でいえば本館らだ。京都市内の小学校で本格的に鉄筋コンクリート造化が始まるのは昭和五年以降のことである。

う。と同時に、京都市という行政側からの働きかけがなかったことも関連する。一切が学区側に委ねられていたか

たのか。理由は分からないが、関東大震災での被災の実態を体感するにはこの時期はまだ距離がありすぎたのだろ

の玄関構えが瓦葺きから、銅板葺きに変わってきたことが読み取れる。ではなぜ鉄筋コンクリート造にならなかっ

(2) 新設小学校の一群

次に本館だけの建替えではなく、校舎全体が一斉に建設された新設校の本館を検証する。新設校は既存の建物による物理的な制約がないために、より理想的な配置がなされることが多かったものと考えられる。また新設ゆえに、学区側からの要望も少なかったと想像される。つまり建築技術者らが考えたより理想的なものが現れていた可能性もあるだろう。新設校は大正七年（一九一八）ならびに昭和六年（一九三一）に編入された新市域の学区に多くみられた。京都市の場合の新設校とは、学区制をとっていたために、既に存在する学校名に第二以下の番号が附されることになる。ここでは竣工時の写真などの資料が見出せた朱雀学区の三つの新設小学校の本館をみていく。

朱雀学区とは大正七年に京都市に編入され、以降市街地化が進展して人口が激増し、昭和一二年（一九三七）の時点で八つの小学校を抱え、人口八万人を超える巨大な学区となっていた。第一校は明治三七年（一九〇四）に開校、第二校は明治四五年（一九一二）、第三校は大正一〇年（一九二一）、第四校は昭和四年（一九二九）、第五校は昭和五年（一九三〇）、第六校は昭和七年（一九三二）、第七校は昭和八年（一九三三）、第八校は昭和一二年に、開校していた。現在は八つの元学区からなる。

まず本館のスタイルから観察する。昭和五年に竣工した朱雀第四小学校本館は入母屋造屋根で、懸魚が付いた入母屋造の玄関構えを示す。既述した今熊野小学校本館（昭和六年）の玄関構えと共通する。昭和七年完成の朱雀第六小学校本館は和風の玄関構えではなく、シンプルでフラットルーフに近い形の車寄をみせる。外壁は一階二階ともに下見板張の仕上げとなっていた。昭和九年（一九三四）完成の朱雀第七小学校本館では、玄関構えは洋風に

なっている。ここでの本館は、妻壁の破風下の換気孔廻りが明らかにニダンデザインの影響を受けた意匠となっていた。窓の桟には白ペンキが塗られ、朱雀第六小学校と共通し一階二階ともに下見板張の仕上げとなっていた。このように昭和六年を境にして、玄関構えのスタイルは和風から洋風へ変わっていたことが確認される。

なぜこのような変化が生まれたのかは定かではないが、本館の変容は校舎のスタイル全体が同じ木造ながらも和風スタイルから洋風スタイルへの転換を反映したものと考えることができる。朱雀第四小学校では二棟の校舎はともに入母屋造となり、懸魚が付く。朱雀第六小学校や朱雀第七小学校では屋根は寄棟、窓は白ペンキ塗りとなる。朱雀第七小学校では本館だけでなくいずれの校舎の妻壁にも破風飾りが取り付き、明らかに洋風スタイルになっていた。このように校舎のスタイルが変容している。また朱雀第六小学校や朱雀第七小学校ではともに鉄筋コンクリート造の屋内体操場兼講堂が建設されており、白い外壁を持つ建物だった。そのような洋風スタイルの建物と調和させるために、本館や校舎が洋風スタイルを採択した可能性も考えられる。

本館のプランをみる。朱雀第四小学校は一階が職員室や校長室からなり、二階に作法室があったようだ。朱雀第六小学校と朱雀第七小学校は共通して、二階に作法室と裁縫室が続き間となり設置されていた。加えて二教室が配置されていた。ここからは本館の性格が少し変わってきたことに気づく。本館の大きさは朱雀第四小学校では間口九間×奥行六間、朱雀第六小学校では間口一二間×奥行不明、朱雀第七小学校では間口一二間×奥行九間、となる。

（4）本館の建築的位置付け

以上の検証からは次のことがいえる。まず平面的な特徴をみると、自治体としての学区の運営を担った学務委員室を中心に据えたプランニングになっており、職員室や校長室よりも学区制度の運営を担う学務委員室や学区会を開く会議室が重視されたことが読み取れる。そのことは学務委員室に隣接し、貴賓室や会議室が設けられていたことからも窺えよう。また二階には必ず作法室や裁縫教室という、畳敷きで床構えの付いた格式高い和室が配されており、児童のお作法や裁縫教育を口実に、実際には学区会などで使用される空間であったことが読み取れる。それ

写真 3－20 郁文小学校の本館外観
（大正 3 年）

らの室が収められた建物は「本館」と呼称され、校舎棟とは別の独立した建物になっていた。すなわち大正から昭和戦前期にかけての本館の平面的な定型とは、一階が学務委員室や貴賓室や会議室、そして職員室や校長室などがあり、二階に作法室や裁縫教室があるという室構成となる。

立誠小学校本館（明治四一年）にみられるように、本館の大きさは明治後期から大正期にかけては間口八間×奥行六間が多く、昭和に入ると間口一〇間×奥行八間と、間口・奥行ともに二間ほど拡張される傾向にあった。なかには間口一二間×奥行九間と、より大規模な本館を出現させる朱雀第七小学校のような事例もあった。

本館をもう一つ特徴付けるものが、正面に玄関構えをみせる外観スタイルである。修徳小学校（明治三八年）をはじめ、明倫小学校（明治四一年）、郁文小学校（大正三年）など大正初期頃までに建設されたものは唐破風など豪華な意匠を示すものが多く、郁文小学校より後のものは入母屋造となる。そして前述したように昭和六年（一九三一）を境にして洋風スタイルのものに変わる。

このような和風スタイルについては第二章で詳しく論じたが、大正後期になると、このような過剰な意匠の御殿スタイルは飽きられ始める。その背景には洋風化が本格化し、京都市でも鉄筋コンクリート造の小学校が次々と出現し始めたことが関連する。昭和三年（一九二八）までに一一校の出現をみていた。

大正七年（一九一八）に京都市から刊行された『京都小学五十年誌』によれば、京都の小学校の建築的特質を（一）建築物が立派であること、（二）建築物が堅牢であること、（三）各種特別教室の存すること、（四）各種の室に餘地のあること、（五）玄關のいかめしきこと、と記す。ここでいう「玄關」とは本館の玄関を示し、格式高さが認識されていたことが分かる。同書によれば、このような「校舎の立派な事」が現在「多少問題」になっており、

「玄關の立派なことが引出され、又慶接室の立派なことが引き出さるる」という。

ただ『京都小学五十年誌』が書かれた大正七年の時点では、ここで指摘されたような豪華な玄関構えの本館は建設されることはなかった。そのような意味で当事者の心配は杞憂に終わった。だが依然として強い愛着があったようだ。その一例を挙げれば、立誠小学校が移転して鉄筋コンクリート造で新築（昭和二年完成）する際に、「本館移転設計図」[73]（大正一四年）が作成されており、そこからは明治四一年（一九〇八）に建設された唐破風の玄関構えの付いた本館を移転させる計画が立てられていたことが判明する。実際には移転計画は断念されたようだが、この計画からも本館スタイルに対しての学区側からの強い愛惜が想見される。

本館の建設形態をみると、木造から鉄筋コンクリート造への移行過程においては次のようなパターンが生じていた。

⑴明倫小学校や桃薗小学校のような全面改築のケースでは、本館は鉄筋コンクリート造校舎のなかに組み込まれるが、組み込まれない西陣小学校のような事例も確認される。

⑵鉄筋コンクリート造への部分改築では本館は木造のまま取り残されるケースが多く、本館だけが鉄筋コンクリート造で先行するケースは確認されない。

⑶校舎が木造でつくられる時は、当然本館は木造でつくられる。

⑷校舎の鉄筋コンクリート造化が戦後になった場合は、本館はその時までは木造のままである。鉄筋コンクリート造化にあたっては多くの小学校では本館は校舎と一体化するのではなく、別棟化されることが多かった。

（5）本館の歴史

本節で対象とした本館の成立はいったいいつ頃に遡れるのか。明治二年（一八六九）時の小学校の誕生時には京都では小学校校舎は町会所とセットになって成立していた。明治二年時の校舎はたちまち手狭になり、明治五年（一八七二）には新築もしくは御殿を移築するということが行われた。「當時の校舎の大部分は寺院や大名屋敷跡や公卿家敷跡を利用した」（『京都小学五十年誌』）とあるように、ステイタスシンボルだった御殿スタイルの影響力は強く、新築される校舎にも大きく影響を与える。その後はいったん学区制度は消滅するが、明治二五年（一八九二）に学区制度が再開した時点で、当然学務委員室や会議室が必要となる。つまり第一章で示したように、本館はそれまでに設置されていた京都府の出先機関が消えて、代わりに学務委員室が設置されたものともいえる。

二階建の定型化したプラン以前の本館とは、平屋建と柳池小学校講堂（明治九年）にみられるような二階建のものの二種類があった。前者からみると、明治二五年以降は同年竣工の格致小学校を嚆矢に初音小学校（明治二六年）などで新たに本館が建設された。全面的な改築を行った格致小学校を事例にみれば、明治二五年に玄関・学務委員室・職員室からなる平屋建の本館が早くも実現していた。教室の約一・五倍の広さの雨天体操場も完成していた。平屋建の本館が二階建になるのは明治三八年（一九〇五）のことで、一階の各室を改造し、二階を設けて会議室・応接室がつくられる。明治二六年（一八九三）に校地を移転し新築を行った初音小学校の本館は平屋建で事務室（学務委員室）と応接室、校長室と職員室、そして講堂が配された。注目されるのは懸魚の付いた切妻破風の玄関構えが実現していたことだ。前述の御殿スタイルの影響であった。

後者をみると、二階建の本館成立は明治一〇年（一八七七）前後に生まれた講堂を二階に設けるタイプのものの延長線上にあったと考えられる。このような二階建講堂タイプのものは明治三〇年（一八九七）頃までは擬洋風スタイルの影響があって、純粋に和風スタイルのものは少なかったが、明治三八年の修徳小学校竣工以降は御殿をモデルとした格式高い和風スタイルが流行する。つまり明治二〇年代後半に本館に出現した玄関構えがおよそ一〇年後に、二階建の建物を飾る玄関構えとなって現れ出たものとも捉えられる。その背景に、二階にあった講堂が学校規模の拡大に伴って収容人員を収めきれなくなり、別棟化していったことも要因の一つだろう。講堂はこの時期、建設ブームにあった屋内体操場と兼ねられるケースも頻出してみられた。また明治期までは講堂は畳敷の部屋であることも多く、そこでは作法室と兼ねられるケースも珍しいことではなかった。ここからは講堂が別棟に移った後に、空いた二階に作法室が誕生していったとも考えられる。

明治後期にこのような二階建本館が完成し、そのプランやスタイルが昭和初期になっても踏襲されていったものといえる。

6　全国での様相

（1）大阪市

(1)大正期の大阪市における小学校建築の成立と特徴

最初は京都市と同様に学区制度のもとで、鉄筋コンクリート造校舎が建設されていく。学区制度のなかで建設された八〇校の鉄筋コンクリート造小学校のうち、五七校に関しては設計者が特定されている。京都市では、京都市役所営繕課が設計を担ったが、大阪市では一切民間建築家[74]にゆだねられていた。このように大正期の大阪において、民間建築家の登用を行い得たのは、学区制度が存在していたことによる。鉄筋コンクリート造小学校の設計に関係した民間建築家は、元官公庁に所属した建築家と、当初から在野の民間建築事務所の二つに分類できる。

ここでつくられた校舎のファサード上の意匠の類型として、オフィスビルディングに似た外観を有する類型と、ファサードを重要視する類型の二つに分類できる。ここで対象とする時期において、鉄筋コンクリート造校舎は民間建築家の設計理念の変容を受け、次のように変化する。最初期は倉庫や工場建築のような類型、次にオフィスビルディングの類型に、さらには鉄筋コンクリート構造に相応しい意匠や形態が表現された類型というように、三つの変遷に分けられる。

(2)大正期の大阪市における小学校建築の成立と学区制度の関連

大阪市では、大正末から昭和一桁代前半に鉄筋コンクリート造への改築が激増する。その背景として学区制度の廃止があった。

大阪市側では学区制度廃止のための政治的な戦術[75]として、交付金を広範囲に高額な単位で分配し、一方、学区側ではその資金で高額な鉄筋コンクリート造への改築を実現する。そこでの借入は、多くの学区では学区制度廃止が前提条件として考えられたために巨額な単位で行われた。そのために豪華な小学校建築も多く出現することになる。この時期に実現したすべての鉄筋コンクリート造校舎の建設費に、大阪市からの借入金が関連していた。学区制度廃止時の昭和二年（一九二七）三月三一日までに、改築の着工にかからねばならないとする期間の限定によって、大阪市においては鉄筋コンクリート造への改築がきわめて短期間で行われることになったといえる。またそこで生み出された小学校建築は学区の経済力によって二つに分類される。一つは全面改築によって豪華な建築的な内容をもつ校舎が中央部に多くみられ、もう一つは一部改築や増築が中心で規模も小さいものが多く中間部に多くみられる。

(3) 昭和戦前期の大阪市建築課による小学校建築の成立と特徴

昭和二年の学区制度の廃止を受け、大阪市が直接に小学校の建築に関与するようになったことで、計画的な校舎の建設が進み標準化が行われていく。その過程のなかで、大阪市営繕組織が拡充・改組されて小学校建築を専門に設計する校舎係が設置される。ここで対象とする昭和二年から昭和一〇年（一九三五）までの間の鉄筋コンクリート造校舎は、二〇校が建設された。鉄筋コンクリート造校舎は旧市域に、木造は大正一四年（一九二五）に編入された新市域に建てられる傾向にあった。

設計の規格化は木造校舎では矩形図が中心で、耐震設計に基づくものであった。鉄筋コンクリート造については教室の大きさや柱の間隔、矩形図について行われた。その平面計画については、鉄筋コンクリート造と木造に共通して、一階を講堂兼雨天体操場、その上階を中廊下式の教室配置という、大阪市独特のタイプのものがつくり出された。

意匠面については鉄筋コンクリート造では柱型を突出させるものが多かったが、昭和七年（一九三二）以降は、無装飾を前提とする意匠に変化した。その背景には日本インターナショナル建築会[76]の中心的なメンバーであった伊藤正文が設計主任となり、小学校設計の責任者である設計主任となったことが関連する。また、木造では下見板張によるものが多い。

（2）神戸市

神戸市では大正期から昭和戦前期までに合計六六校の鉄筋コンクリート造小学校[77]を竣工させる。それを設計する組織として大正一一年（一九二二）に営繕課が設置される。そのメンバーとして清水栄二に代表される高等教育を受けた建築技術者が活躍する。

神戸市における鉄筋コンクリート造校舎の出現は大正九年（一九二〇）に始まり、他の都市に比べてきわめて早い時期に建設がなされた点に特徴がある。その背景には大阪市のように学区制廃止（大正八年）や一人の市会議員による積極的な推進もあった。

そのような鉄筋コンクリート造校舎の設計においては標準化が積極的に行われていた。それは教室の大きさや柱の間隔、階高など多岐にわたっている。また、平面計画上では講堂の扱いに大きな特徴があった。それは校舎の三階に設置し、その下の二階は中廊下式の教室配置とし、一階を職員室とする、きわめて特徴的なものであり、意匠面にも影響を及ぼした。

意匠面については大正九年から昭和一四年（一九三九）までのわずか二〇年間に様々なものが現れた。最初は木造校舎と同様に古典的なものの影響下にあり、建設が本格化する中でセセッションや表現派などの影響を受けた新しい様式が次々と現れ、昭和八年（一九三三）以降は水平線を強調した意匠や、無装飾を前提とした意匠を持つものが登場してくる。それらは営繕課のメンバーの変遷や標準化の進展を受けて展開されたとみられる。

（3）東京市

東京都の特別行政区が所有する戦前期の鉄筋コンクリート造校舎の出発点は、関東大震災の復興小学校にある。

それは震災時の市域に存在したすべての小学校を鉄筋コンクリート造で建て替えるという壮大な計画に基づく。その建設は大正一三年（一九二四）から五カ年計画で進められ、昭和七年（一九三二）までの九年間になんと一一七校もの鉄筋コンクリート造校舎が建てられた。平均して一年間に一三校の割合である。その後も東京市による建設は続いた。

それらのうち、現存するものは二〇一五年一月の時点で二八校である。数寄屋橋の泰明校以下、アーチが多用された常磐校、塔がある小島校、ペディメントを立ち上げた早稲田校、ガラス張りの花園校などが挙げられるが、新宿にある花園校のようにすでに小学校として機能しないものも多い。二〇〇一年撤去された新宿区の原町校（旧牛込高等小）では解体直前に校舎を使って現代美術の展示パフォーマンスが行われた。これなどは古い校舎の価値を若い現代美術の芸術家たちが見出した一例といってよいだろう。老朽化や統廃合を口実に解体が決まって初めてその値打ちが認知されるという皮肉な現実のなかで、復興小学校は毎年数校ずつ消えている。その背景には校舎を関東大震災により一斉に建てられた一つの消耗品と捉える見方があるからだろう。

さてこのような復興小学校校舎をどのように考えればいいのだろうか。豪華な室を抱え込んだ学区制廃止時までの大阪や京都の小学校とは対極に、作法室を排除するなど必要な空間を限定した復興小学校は、コンパクトながらも鉄筋コンクリート造という一つのスタンダードを提示した。その指導者が佐野利器であって、そこでは教室の大きさをはじめ階高や校舎配置（コかロの字型）までもが規格化された。だから、校舎の内容についての地域間格差は均され、均質な空間が実現された。また、圧倒的な数量の復興小学校は視覚的に鉄筋コンクリート造校舎がどういうものかということを広く国民に知らしめ、日本の都市に鉄筋コンクリート造校舎を普及させることに繋がっていったとみることもできる。理念としては耐震・耐火・半永久という建築の三大神話が備わり、現実として水洗便所や屋上庭園など従来の木造建築では持ちえなかった夢が叶った模範建築として登場する。

半世紀以上にもわたって東京の町角にあり続けてきたことは、地域の共有された都市の記憶を形成した。校舎のスタイルをみると、大正期は表現派の影響があり、パラボラアーチの形状の屋根や開口部を有するものが現れる。

柱型を外壁面に表出することでファサードが整えられたものも目立つ。開口部にアーチの形状を採用したものも多い。角部を玄関にして柔らかい孤を描く校舎も東京市の校舎に顕著にみられる。昭和四年ぐらいより構成派やバウハウスなどの影響を受けたものが増え始め、庇や窓台によって水平線が強調される。アール状になった階段室をガラス張りとした四谷第三校のようにモダニズムの影響が色濃い校舎も出現していた。そのことは建築史家・藤岡洋保の研究に詳しい。それらの設計を担ったのは東京市役所の若き建築家たちであった。

これらの小学校は近年文化財として認知され始めた。泰明校と常磐校が東京都景観条例に基づく歴史的建造物四七棟のなかに含まれ、高輪台校と広尾校も選定されている。

大正期の東京市における小学校建築の鉄筋コンクリート造の成立過程を観察すれば、関東大震災が大きな断層になっていることに気がつく。それまでは大阪や京都と同様に学区制度に基づいて建設事業が行われていたから、各学区が選んだ民間建築家によってつくられていたことを付記しておく。

（4）全国各地

兵庫県武庫郡（現在の芦屋市や西宮市・神戸市の一部）では昭和一五年（一九四〇）の時点で三八校の小学校があり、そのうち三二校で鉄筋コンクリート造化が行われる。その背景にはこの地域では早い時期からの住宅地化を受けて町村の財政が富裕であったことが関連する。また合併などの行政区域の変更を原因とする政治的な取引もあった。

ここでは郡部であったことで、大都市のように設計を行う営繕組織を自治体内部に設置できなかった。そのため、民間建築家の登用がなされ、完成した三二校の鉄筋コンクリート造校舎のうち三一校の設計者名が判明し、計一〇人の民間建築家が設計に関与していたことが分かった。

出現した小学校の平面計画に関しては共通したものがあって、講堂を校舎の最上階に設置し下階に中廊下式の教室配置をとる形式が現れており、これは神戸市の小学校の影響と考えられる。意匠面については各小学校の行政区分が二〇の町村にわたり、大都市でのケースと異なって標準化がなされなかったために、個々の建築家の特質が明

写真3－21　魚目小学校（長崎）（昭和６年）

確に反映されていた。

ここで見出せた民間建築家の半数は武庫郡内の町村において建築事務所を主催し、それぞれの町村での顧問建築家的な立場にあった。すなわち地域に密着して建築活動を行う民間建築家の姿が浮かびあがってくる。とりわけ清水栄二や古塚正治のように地域を中心に活動していた建築家は、小学校の設計を建築事務所経営の基盤に据えていた可能性も考えられる。

小学校校舎の鉄筋コンクリート造化とはけっして大都市だけに成立した現象ではなく、地方都市から郡部町村まで全国に幅広く浸透した。本格化するのは戦後高度成長期ではあるが、出発点は大正期に遡ることができる。ただし戦前期までに鉄筋コンクリート造校舎が建設された事実が確認されない県も一五あった。ここからは鉄筋コンクリート造化とは国家が要請したものではなかったと判断できる。その成立事例の考察からは地域的な偏在がみられる。それは都市の規模や都市化の過程と一定の関係はみられるものの、それだけでは説明できない。すなわち小学校を経営する自治体や地域に固有な事情に大きく起因したものだった。その全体像を俯瞰する。

南から観察すると、沖縄県は一二校が確認される。中村式ブロックという低廉なコストを売り物にした建築家、中村鎮が、昭和七年（一九三二）に糸満にコンクリートブロック造の校舎を建てる。台風の通り道である沖縄に重量のある鉄筋コンクリート造校舎は耐風という観点で重宝された。那覇市に泊校が、郡部に金武校が建設される。九州では福岡市に現存する大名校以下八校、門司市に三校、八幡市に六校、熊本市に四校、八代市に二校、長崎市に一七校、佐世保市に大久保校、島原市に二校、そして写真3－21に掲げた五島の魚目（うおのめ）小学校がある。この校舎は五島列島の上五島の榎津にあって、設計者であって施工者でもあった鉄川與助の出身地にある。鉄川とは長崎県を中心に活躍した教会建築家として著名だが、学校をはじめ役場などの設計も行っており地域の建築家という側面もあった。この校舎建設に当たって村の人たちが総出で工事を担ったと伝えられる。魚目校は漁師町の一つの地域センターでもあった。近代日本における離島ではただ一つの鉄筋コンクリートだったこの校舎は二〇〇四年に解体された。中国地方をみると下関市に一校、広島市に二校、呉市に増田清設計の五番町校以下三校が、尾道市に二校、岡山市に二校、四国の徳島市に一校があった。

京都府峯山町は北但地震によって被災し、一井九平の設計によって峯山校（昭和四年、現存）がつくられる。近畿には明石市に一校、大和郡山市に一校、滋賀県豊郷町に一校、三重県鳥羽市と伊勢市にそれぞれ一校があった。中部地方には岐阜市に一校、愛知県下では豊橋市の四校をはじめ岡崎市・半田市・刈谷市・西尾市がそれぞれ一校ずつ有し、郡部にも一校あった。静岡市は三校があった。金沢市は三校の他に講堂兼雨天体操場だけを鉄筋としたものが一〇校あった。富山県下は富山・高岡の両市にともに二校、黒部市や砺波市にも一校ずつあった。新潟県は高田市に大町校が、郡部に四校があり、長野県は飯田市の追手前校（昭和四年、現存）が東京市の復興校舎に影響を受けたスタイルでつくられた。山梨県に佐藤功一設計の平等（ひらしな）村小学校があった。関東では草加市に一校、野田市に一校、木更津市に一校、が確認される。

東北では山形市を拠点に建築活動を行っていた秦・伊藤建築事務所設計のものが多く、山形第一校（昭和二年、現存）が代表作である。県下には山形市の三校を筆頭に、寒河江市に二校、鶴岡市と大江町に一校と、計七校があった。石巻市では三校があった。北海道では函館市に多く建設された。函館市は六大都市と長崎市に次ぐ鉄筋コンクリート造校舎の先進都市であり、昭和二年（一九二七）に二校が、昭和九年（一九三四）以降は七校が建設された。その理由は函館を襲った大火であって、最初のものが大正一〇年（一九二一）の火災、次のものが昭和九年の火災による被害を鑑み、その結果現れた復興校舎であった。設計は函館市建築課によるもので、現在四校が残る。旭川市には三校あった。

このように長崎県の二一校を筆頭に福岡県一七校、北海道一〇校、山形県七校、広島県七校などが目立つ。県庁所在地や産業都市に加えて地震や火災などの大災害が生じた地にも建設がなされた。全国に散在する鉄筋コンクリート造校舎に地域的な特性が現れたかといえば、顕著な差異はみられない。むしろ誰が設計者であったかによるところが大きかった。そして鉄筋コンクリート造という新しい構造に興味のある建築技術者がその場所にいたかどうかが鉄筋コンクリート造化の際の重要な要素になった。その設計者はけっして有名な建築家ではなく、むしろ地方レベルで活動を行っていた無名の建築技術者だ。しかし我々が日々目撃する小学校のような建築はこのような無名の建築家によって担われてきたという歴史がある。それらの建築家の掘り起こしによって初めて、小学校という「地域の建築」のありかたが読み解けるのだろう。

(5) 鉄筋コンクリート造校舎の歴史

近代の建築のありように最も大きな変容を強いたのが、鉄筋コンクリート造の出現だった。その成立にあたって、小学校校舎というビルディングタイプがいち早く鉄筋コンクリート造を取り入れることになる。そして鉄筋コンクリート造の小学校はまるで流行のように、大正九年以降の日本中のあちこちで建てられていく。その時の謳い文句は耐火、永久そして耐震とあり、なによりも火事で燃えない構造ということが強くピーアールされた。というのは大正期までの小学校は火災で焼失することが多く、全焼すれば翌日から子供たちは授業を受けることができなかったからだ。第二の永久建築の意味とは、従来の木造校舎は二、三〇年ごとに建て替えられていたが、鉄筋コンクリート造にすると、今後は半永久的に持つということで建て替える必要がないと、この時期には信じられていた。だからこそ、坪あたり木造校舎の二倍以上もする高額な工費であっても鉄筋コンクリート造化が図られたわけだ。つまり、長期的視野にたてば、むしろコストが下がるということが主張された。現在の最重要課題である耐震はこの時期は添え物であって、強く認識されたのは大正一二年（一九二三）の関東大震災以降のことであった。

最初のものは大正九年に四校がほぼ同時にできる。神戸市の三校と横浜市の一校だった。なぜ、この二つの港町が早かったのかといえば、神戸はこの時期、第一次世界大戦による未曾有の好景気にあり、市の財政がきわめて豊かであり、加えて前年の大正八年に学区が統一され、神戸市が直接に小学校を経営するようになったことが関連する。横浜市の場合もまた、直接の契機は火災での焼失であったが、学区制度がわが国の大都市で最初に廃止されたという背因があった。だが、小学校というビルディングタイプに注目すれば、大正六年に中国上海の日本人租界にできた日本人子弟が通う上海日本民団小学校が鉄筋コンクリート造としては最古といえる（写真3－22）。

最初の鉄筋コンクリート造小学校が日本ではなくて、海のむこうの中国上海の日本租界であったことは、日本の近代建築を考えるうえでなにやら象徴的ですらある。工事が開始されたのは大正四年（一九一五）で、設計の時期は遅くとも明治四四年（一九一一）には終えられていた。写真から判別できるように、外観はヨーロッパ歴史様式に基づく三層構成をとる四階建で、組積造風の付け柱が強調されるものの、鉄筋コンクリート造特有の大きな開口部をみせる。設計者は近代日本での建築界最大の異端児、米国帰りの下田菊太郎であった。下田はその著『思想と建築』に、「日本民団小学校の意匠設計に従事し」と記した。辰野金吾に憎まれフランク・ロイド・ライトにアイデアを盗まれ、大成しそこねた建築家であったが、上海に作品を残していた。この小学校が重文・香港上海銀行長崎支店の建物に似るのは、ともに下田の同時期の作品であったことによる。両者ともに現存する。

写真3－22　上海日本民団小学校（大正4年）

大正・昭和戦前期には、わが国では大都市を中心にして多くの鉄筋コンクリート造小学校が建てられてきた。正確な数量は明らかではないが、全国で約七五〇〜八〇〇という数の小学校がつくられたものと、筆者は予測している。若干の誤差があろうが、その内訳は地方別でみれば、近畿が四〇〇校前後で最も多く、次いで関東が二六〇校前後、九州と中部がともに三十数校まで、中国が十数校、北海道・東北がともに一〇校前後、四国が数校となり、都市別でみれば東京市で二〇〇校、大阪市で一八五校、京都市で一〇七校、神戸市で七七校、横浜市で四〇校、が建てられた。地方都市では長崎市を筆頭に広島市、名古屋市、函館市、山形市などが目立つ。また大都市近郊の市町村にも多く建てられ、西宮市や尼崎市ではそれぞれ一〇校にも及ぶ。けっして都市部だけではなかった。滋賀県豊郷村のような郡部の町村にも地域に固有の事情でもって建設された。すなわち、ビルディングタイプとしては最も幅広く普及した鉄筋コンクリート建築といえる。そのような意味では二〇世紀を象徴する風景を織りなす重要な要素であった。

7　大正・昭和一桁代の鉄筋コンクリート造校舎

本章では以上の考察により、次のような知見を得た。

京都市では大正一二年（一九二三）から昭和九年（一九三四）の関西大風水害までに二七校の鉄筋コンクリート造の小学校を完成させる。京都市の小学校は学区制度によって運営されており、建設事業は学区が主体で行われていたが、学区制度廃止への危機感があったことで、建設の時期は昭和六年（一九三一）までに集中する。設計は市の営繕組織が一貫して担っていた。ここでの小学校のプラン上の特徴は作法室を含む和室の設置にある。また柱の間隔や教室の大きさ、矩形について一定の規格化が行われていた。

また、京都市の小学校建築は大正一二年から昭和九年までの一二年間に、和風も含む多様な意匠が現れる点に特徴がある。最初の大正一二〜一四年（一九二五）の間ではポルティコ、次いで昭和二年（一九二七）〜八年（一九三三）の間ではアーチや和風的な装飾、昭和七年（一九三二）〜九年の間では無装飾に近い外観やタイルの使用と、意匠上の特徴によって三つの時期に分類できる。京都市の小学校の最大の特徴として和風的意匠があった。それは伝統的な和風意匠を継承したものと、新しい時代に対応すべくセセッションやミッション、バンガローなどの特定の洋風意匠と和風意匠が融合したデザインのものとの二つに分類される。後者は東洋趣味と呼ばれることもあった。

一方で依然として木造校舎の建設も続いており、京都市の小学校のプランニング上の特徴である本館が独立した木造建造物として造られていた。

注

（1）各学校の沿革史を基礎的資料とし、竣工記念冊子などを参考にし、竣工数の算定を行っている。表3-1の竣工一覧に詳しく記した。また次のような資料も閲覧を行った。『京都市学区大観』京都市学区調査会、昭和一二年、では昭和一二年当時の各学区における小学校校舎の建設事業が詳しく記載されている。また『京都市学事要覧』昭和一〇年版、京都市教育課、からは屋上の運動場という項目があり、屋上の運動場は鉄筋コンクリート造でなければ一般的にはあり得ないことから、屋上の運動場を有する小学校は鉄筋コンクリート造の校舎を有していたと考えることができる。

（2）明治初期の小学校誕生期に生まれた教育制度で、家屋税または戸別税を各学区が徴収し、それを主な財源に各学区単位で義務教育である小学校の運営を行うというもので、教員の給与をはじめ校舎の建設資金もここから支出されていた。しかし都市域が拡大するに従い、各学区間の経済的な差異が問題となり、明治後期以降は廃止の方向にむかう。なお教員の給与などは大正七年以降は市費支弁となるため、校舎の建設事業に限って各学区の自由な裁量が可能であった。学区制度は京都市が最も遅くまで残ることになった。

（3）昭和九年九月二〇日に関西地方を襲った台風で、木造の学校建築に被害が集中した。被害の著しかった大阪市や京都市の小学校ではこれを契機に校舎の鉄筋コンクリート造化が進展する。その際に校舎の徹底した規格化が行われるため、台風以前と以後では分けて考える必要がある。

（4）和田甲一「京都に於ける建築の回顧的展望」『建築と社会』第一三輯第一号、昭和四年一月、による。和田は明治四四年に東京高等工業学校建築科を卒業し、宮内庁京都事務所を経て当時、京都府建築監督官にあった。後に京都市営繕課に在籍。

（5）『立誠まなびや』（立誠小学校竣工記念写真帖）立誠尋常小学校、昭和三年。

（6）大正・昭和戦前期の京都では「富裕学区」という言葉は新聞などをはじめ一般的にも使用されていた。富裕学区とは中央部に位置するため、商業地を含むことが多い。そのために税収が期待できた。加えて自営業者が多く、寄付金の占める割合が高かった。このことは大阪市でも同様の傾向にあり、「富裕学区」という表明が用いられていた。

（7）京都市『京都の歴史9　世界の京都』学芸書林、一九七六年、三〇頁、に詳しい。

（8）『京都市学区要覧』公民新聞社、昭和四年、による。

(9) 川島智生「大正期大阪市における鉄筋コンクリート造小学校の成立と学区制度との関連について」『日本建築学会計画系論文報告集』第四八六号、一九九六年。

(10) 義務教育の機会均等という考えがこの時期には行政当局を中心に認識される。とりわけ同一の都市のなかでの学校設備や家屋税の不平等は「貧窮学区」を中心に問題化していた。前掲注(8)『京都市学区要覧』に詳しい。

(11) 昭和四年一二月に公民新聞社から刊行された。内容は京都市学務課による学区制度の改正案を紹介している。

(12) 前掲注(11)、九頁。

(13) 設備の不統一を改良し標準の設定が求められた。

(14) 寄付金の金額を市当局に提示することで、起債がより行いやすくなったようだ。つまり寄付金は見せ金的な側面も有していたと考えられる。

(15) このことを建前に掲げ改築を行う学校も複数にわたってみられたが、実際は学区制度廃止に対する危機意識が強くあったと考えられる。

(16) 『洞駝尋常小学校沿革史』昭和九年四月、京都市洞駝尋常小学校、四二頁。

(17) 京都市学校歴史博物館所蔵。

(18) 学区を運営する区会で、「京都市学区会条例」によってその内容は規定されていた。なお区会議員の定数は人口一万人未満の学区は一二名とあり、人口が増えるに従い区会議員の定員は増える仕組みになっていた。

(19) 小学校の運営を学校当局者だけに任さず、学区内の名望家二名が学務委員として学校の運営を直接監視するというシステムになっていた。そのことは「学区学務委員条例」に規定されていた。

(20) 小学校建設事業の中心をなす組織で、学区内の有力者から構成されることが多かった。

(21) 『建築に関する書類』昭和二年六月、六原校所蔵。

(22) 『京都市本能尋常小学校新築ニ関スル始末書』本能校所蔵、に詳しい。

(23) 前掲(4)と同じ。

(24) いろいろな形態があったようだが、一般的に学区を構成する各町内に一定の金額の寄付金を割り当てるという形態が多かったようだ。

(25)　各学区で将来の建設事業に向けて積立てることもされていたようだ。
(26)　鉄筋コンクリートの躯体については標準設計に基づいていたために、地盤の状況によって影響を受ける基礎の工法の差のみが工費に反映されたと考えられる。
(27)　大正七年に京都市から刊行されたもので、大正七年までに竣工した京都市内の全小学校校舎の写真を掲載しており、その写真からは多くの校舎において和風の意匠を示す入母屋や唐破風の意匠が本館の玄関部に現れていたことが分かる。さらに前掲の注（4）の「京都に於ける建築の回顧的展望」によれば、「京都市民は小学校の形と云えば入母屋の起り破風で外長押付の和風でなければ、その感じが起こらないと迄云われて居た」とある。
(28)　前掲注（4）「京都に於ける建築の回顧的展望」参照。
(29)　教室の間口は九ｍと決められていたため、その間の柱の数が一本だと、四・五ｍ間隔、柱の数が二本だと三ｍ間隔となり、このことは外観のデザインに大きく影響を与える。スパンの数の決定には合理的な根拠が見出せないために、デザイン上から決定された可能性も考えられる。
(30)　各学校の沿革史などの資料からは、門と本館がセットになって道路側の正面に配置される計画が多いことが分かる。つまり京都の小学校が誕生当時有していた行政機関としての機能が必要としたプランニングが明治の後期の木造校舎でも踏襲され、鉄筋コンクリート造校舎への改築においても影響を与えたとみることができる。
(31)　たとえば明倫校では講堂と職員室、集会室、雨天体操場からなる建物を「本館」を呼称していた。
(32)　明倫校の竣工時に刊行された『建築概要と設備の大要』昭和六年一〇月一日によれば、集会室に対しては、「純和風書院造」とある。また作法教室に対しては「内部造作純和風造として日本家屋趣味を出すことを力めた」とあり、このような記述は桃園校の『改築落成記念写真帖』昭和一〇年一月一六日、の中でもなされており、書院造をとることが多かったようだ。
(33)　富裕学区の一つで呉服商の集まる室町に位置する。明倫小学校では児童を対象とした作法室が、南校舎の四階に設置されていることから、本館二階の和室は児童の使用以外の目的があったと考えられる。明倫学区の自治連合会会長・秋山和三郎によると、ここで呉服の展示会が開催されたこともあるという。つまり当初からそのような目的が考えられていたのだろう。

(34) 東京市では、復興小学校の計画の際に設置した作法室が佐野利器の反対で実現されなかった。また、大阪市では学区によって建設がなされた九宝校や集英校では作法室が設置されていたが、学区から市当局に建設の主体が移行した昭和二年以降に設計され建設された校舎では設置がほとんど見受けられない。

(35) ほとんどの学校で学務委員室の設置が確認される。一般的には教室の基本ユニットの二分の一、または三分の二の面積からなることが多い。また、応接室や会議室が隣接して設置されているケースも多く、学務委員室が学校のなかでいかに重要な意味を持っていたかが分かる。

(36) 京都市の営繕組織の沿革については、明治三一年の市役所開庁時(一〇月一五日)に設置された第二部が始点と考えられる。明治三八年四月一日以降は第二部のなかに工務課が設置され、小学校の設計が行われていた。大正九年七月七日には建築課が独立する。昭和四年四月には営繕課に名称を変更する。『建設行政のあゆみ――京都市建設局小史』京都市建設局、昭和五八年、に詳しい。

(37) 京都市営繕課所蔵の設計図の表題欄の記載より、建築課が設計していたことが分かる。また、各学校所蔵の沿革史や建築記録を記した書類からも建築課が設計していたことが確認される。

(38) 京都市の初代建築課長で、明治一七年に福井県武生市に生まれる。名古屋高等工業学校建築科を明治四三年に卒業後、島根県土木課、南海鉄道を経て大正元年一二月より京都市工務課建築係に勤務、大正七年技師建築係長、大正九年より建築課長、大正一三年初めより市庁舎設計、大正一四年八月疑獄事件に連座し退職する。その後京都市内で安立建築事務所を主催し、昭和三三年死去。京都市内に建設された鉄筋コンクリート造による和風意匠の「南座」の実質的な設計者であった。『名古屋高等工業学校創立二五周年記念誌』昭和六年、による。

(39) 名古屋高等工業学校出身(明治四四年卒)であり、大正八年から昭和四年まで京都市で技師として在籍していた。大正期の京都市の営繕組織は名古屋高工の卒業生によって幹部は占められていた。名古屋高工の卒業生としては和田隆義(大正一一年卒)、今西嘉雅(大正一三年卒)が京都市営繕課に在籍していた。

(40) 大正九年三月九日から昭和一八年までの間、京都市営繕課の建築技術者であった川村秀介の「回顧録」による。川村は大正期からすでに技師であり、昭和戦前期の期間を通して、課長・三橋国太郎のもとで筆頭技師として設計の中心にいた。川村秀介の経歴は、御子息の川村和郎によれば、三重県伊勢市出身で名古屋高工を卒業(大正六年)後、佐世保の海軍工廠に勤務（大正六年五月～大正八年八月）後、大阪の造幣局（大正八年九月～大正九年三月）を経て京都市役所に入る。

(41) 前掲注（40）川村秀介・回顧録による。それによると「工業研究所の設計にかかる。京都市役所ではじめての鉄筋づくりで僕の計算も自己流でやっつける」とある。

(42) 各学校所蔵の沿革史や資料から、京都市の営繕組織が設計していたことが判明した。

(43) 『京都日出新聞』大正一一年四月一八日付、によると「府下唯一の洋館小学校」とあり、ニューヨークとシカゴにおける校舎を参考にし、設計者は安立糺と寺岡謙造とある。本能校が所蔵する設計図および「京都市本能尋常小学校新築ニ関スル始末書」によれば、設計は大正一〇年に日本セメント工業株式会社（中村鎮が技師長であった）により「鉄筋ブロック建築」として行われていたが、京都市建築課に意見を求めたところ、ブロック造は「研究中」のもので使用の箇所が限定されるという結論を得たために、柱と梁とスラブは鉄筋コンクリート造で壁にのみブロックが使用されることになったとみられる。

(44) 前掲注（27）参照。

(45) 東大建築科を大正三年に卒業した技術者で京都府庁から転出してきた。京都市在職は大正一四年一〇月から大正一五年三月までの短期間であった。

(46) 大正一五年八月より昭和一七年六月まで京都市営繕課に在籍した技術者で、昭和戦前期を通して課長を務める。鴻池組所蔵による「三橋国太郎経歴書」によると、明治二三年九月七日に金沢市に生まれ、大正五年に東大建築科を卒業後、鴻池組に入社。大正一〇年内閣都市計画地方委員会技師、兵庫県都市計画委員会を経て、大正一五年八月より京都市営繕課長に就任、昭和一三年職制の変化を受けて営繕部長、昭和一六年に理事、昭和一七年六月に退職し、同年七月より鴻池組常務取締役に就任、昭和二〇年八月六日広島市にて原爆により死去。

(47) 大正一三年京大建築科卒業後、京都市役所に入る。京都市営繕課では最初の大学卒業者であった。主に市庁舎の設計を担当するが、小学校の設計も行っていたようだ。昭和四年に退職。神戸市内で建築事務所を主催する。昭和二〇年三月二一日死去。

(48) 中央卸売市場の建設は京都市がわが国で最も早い。鉄骨や鉄筋コンクリートという構造であったことで高等教育を受けた技術者から組織されていた。藤島哲三郎（京大大正一二年卒、後の神戸市の営繕課長）を中心に集まっており、枝村靖もその一人であった。

(49) 枝村靖の経歴は御子息の枝村俊郎の「略歴」によると、明治三四年一月三〇日生まれ、大正一四年京大建築科卒業後、京都市中央卸売市場臨時建設事務所に技手として入る。昭和二年より京都市役所営繕課嘱託となり、小学校の設計を行う。昭和四年より営繕課技師になり、昭和一三年営繕部第一技術課長、昭和一六年五月退職する。その後住宅営団、特別調達庁、戸田組を経て、枝村建築事務所を主催、平成五年五月二二日死去。

(50) 前掲注(40)川村秀介・回顧録、による。

(51) 一九世紀末から二〇世紀初頭にかけて欧米の商業建築を中心にアーチの使用が流行していた。その時期はちょうどわが国の鉄筋コンクリート造建築が普及し始める大正後期から昭和の初期にあたり、アーチを用いる意匠はわが国の鉄筋コンクリート造の一つのスタイルとなっていたようだ。もっともアーチの意匠は鉄筋コンクリート造以前の組積造の意匠が継承されている要素もある。

(52) 広義の意味でのアールデコの影響がみられる。

(53) 新洞小学校や修徳小学校でのロマネスク風、中立小学校では広義の意味でのアールデコ風、龍池小学校ではマヤアステカ風となっている。

(54) 明倫小学校、清水小学校ともに類似したもので、木造にこげ茶の着色仕上げとなっている。構造的には力を受け持たない装飾に過ぎない。

(55) 『京都市職員録』の昭和三年から昭和九年のものを閲覧すると、昭和五年以降、大学や高等工業学校を卒業した技術者が急増している。具体的にみれば、昭和五年に仁張一郎(神戸高等工業昭和五年卒)、昭和六年に野島安太郎(京大昭和五年卒)、和田卯吉(日大昭和六年卒)、昭和七年に小池太郎(神戸高工昭和七年卒)、山口正(神戸高工昭和七年卒)、増谷圓之助(神戸高工昭和七年卒)、昭和八年に布袋眞平(東京工大昭和八年卒)、山本哲二(早稲田大昭和八年卒)、八戸高峰(早稲田大昭和三年卒)というような状況であった。前掲注(40)の川村秀介・回顧録によれば、「昭和八年、荒川ら老人組が引退する」とあり、この時期は新旧の入れ替わりの時期にあったと考えられる。

(56) 室戸台風により、京都市内の多くの木造校舎が倒壊したために、鉄筋コンクリート造でほとんどの小学校が復興されることになる。そのため資金面で京都市当局の意見が大きく反映されることになり、それまでの学区が独自で行っていた建設事業とは性格が変化する。

(57) 全面的にガラス張りにせずに壁が設けられている。あるいは張り出した音楽室の下端は逆階段状の持送り風の形態になっている。このような意匠からは京都市の小学校に特有の、歴史様式に基づく立面の構成や、和風的な意匠への近似の表出と考えることができる。

(58) 昭和六年以降の東京市の復興小学校では無装飾の外観が志向されていく。藤岡洋保「東京市立小学校鉄筋コンクリート造校舎の外部意匠」『日本建築学会論文報告集』第三〇〇号、日本建築学会、昭和五六年、に詳しい。

(59) 兵庫県高砂市龍山で産出する凝灰岩で、加工がしやすいため、関西の多くの近代建築の外壁に用いられた。

(60) 天然石を粒状に砕き、モルタルに混ぜて、天然石のテクスチュアを模した仕上法である。

(61) 川島智生『近代日本における小学校建築』京都工芸繊維大学博士論文、昭和六三年。

(62) 東本願寺函館別院（大正四年）にみることができるように、わが国での和風建築における鉄筋コンクリート造の導入の一つであった。和風建築における鉄筋コンクリート造の導入過程について、藤谷陽悦は「和風様式の展開」『近代和風建築』鹿島出版会、昭和六三年、の中で二つに分類し、木造和風の模写による手法を「消極的なとらえ方」と指摘している。

(63) 伝統的な和風意匠の範疇では捉えきれないデザインが現れており、洋風の意匠の一部を用いた新たな和風意匠への試みと捉えられている。このことと関連して、当時京都の建築界に強い影響力を持っていた京都大建築科教授・武田五一は『住宅建築要義』文献書院、大正一五年八月、五三頁、のなかで、今後の日本の建築に相応しいスタイルとして、セセッションやミッション、バンガローなどの東洋に源流を持つ形式に「日本的精錬をかければ案外日本人の性情に適当す可きものができる」と主張していた。このことは京都の小学校の意匠と直接の関連と持たないが、石田潤一郎は「古今東西の造形を融合させた武田五一」『新しい住宅を求めて』ＫＢＩ出版、平成四年、のなかで、「武田が用いている手法は和洋のあいだで類似する造形言語を置換するというやり方である」と論じている。また、武田の教え子である京都大の二期生の中野進一が京都市の営繕課に技師として所属し、小学校の設計にも関わっていたことは指摘しておく必要があるであろう。

(64) 現時点では、京都市営繕課の建築技術者による、このことに関しての発現は見出せないが、前掲注（40）の回顧録によれば、川村は明倫校の竣工に対して「贅沢な明倫校」と記していた。つまり、明倫校で現れた和風と洋風の融合した意匠は、設計責任者からみると、「贅沢な」意匠と捉えられていたようだ。また、明倫校の設計担当者は現時点では確認できないが、明倫校の竣工時の設計図書の設計技師氏名欄には「K」というサインが確認され、当時、技師でKに該当するものは川村秀介に限定される。このことから、設計には川村が関わっていたと考えられる。

(65) 竹間小学校の『新校舎建築概要』には「東洋趣味ヲ加エタル近世式」とある。

(66) 川島智生「京都市の大正昭和戦前期の小学校建築二　木造本館の意味」『文教施設』第五三号、文教施設協会、平成二六年。

(67) 昭和二二年までの学区を示すもので、現在の通学区とは合致しないが京都市では自治連合会や社会福祉協議会などの地域行政・自治の単位として用いられている。

(68) 川島智生ほか「高野口小学校校舎の建築的特徴――実測調査報告」『日本建築学会大会梗概集』平成一四年。

(69) 神戸高等工業学校建築科を昭和五年に卒業。

(70) 京都高等工芸学校図案科を大正一三年に卒業。

(71) 『西陣小学校学譜――一二五年の歩み』西陣社会福祉協議会、平成七年。

(72) 『聚楽之進展』聚楽小学校、昭和三年。

(73) 京都市営繕部所蔵。

(74) 川島智生「大正期大阪市の鉄筋コンクリート造小学校の成立と民間建築家との関連について」『日本建築学会計画系論文報告集』第四八九号、平成八年。

(75) 川島智生「大正期大阪市における鉄筋コンクリート造小学校の成立と学区制度との関連について」『日本建築学会計画系論文報告集』第四八六号、平成八年。

(76) 川島智生「昭和戦前期の大阪市における小学校建築の研究――臨時校園建設所の組織とその建築について」『建築史学』第三一号、平成一〇年。

(77) 川島智生「大正・昭和戦前期の神戸市における鉄筋コンクリート造小学校建築の成立とその特徴について」『日本建築学会計画系論文報告集』第五一四号、平成一〇年。

表3-1　大正12年度から昭和9年度までの間の京都市小学校一覧

小学校名	区名	竣工年月	建築面積(m²)	延床面積(m²)	建設形態		階数	平面		意匠				工費の内訳(千円)			現存	設計者	施工者	出典	備考
					校舎	講堂		形態	作法	A	C	H	T	金額	寄付	起債		( )は市の現場監理員			
本能	中京	T12. 4	1914	4273	○	○	2	コ	○		○		○	257			○	原田修造	直営	鉄筋混凝土校舎と設備	日本セメント工業のブロック造
一橋	東山	T12				○	2										×			撤去時の写真	破風に鴻之鳥の装飾あり
稚松	下京	T14. 7	868		○		3	L	○	○	○			186		100	○			新築記念	2期工事はS4竣工
粟田	東山	S1. 12			○		2										×				
七条	下京	S2. 10	640	1980	○	○	3	L	○	○		○		306			×	藤原	木下組・松村組	落成記念	3期工事まであり(S5竣工)
春日	上京	S2. 10			○		3	−		○							○				
立誠	中京	S2. 12		3970	○	○	3	コ		○				385			○				
郁文	下京	S3. 3	2240	5468	○		4	L	○	○				259	52	80	×	川村秀介, 高尾荒太	建築興業株式会社	郁文120年誌	2期工事はS11竣工
柳池	中京	S3. 10	685	2537	○		3	L	○	○				178		40	×	川村秀介	松村組	柳池百年史	近世式に東洋趣味を加味とある
北白川	左京	S3. 10		1485	○	○	2		○	○							×				
貞教	東山	S3. 11				○	1										×		西山組		
龍池	中京	S4. 3		3979	○	○	2	L	○	○				230			○		清水組		
修徳	下京	S4. 6	1452	3791	○	○	3	L	○	○				300			×	枝村靖	大林組		
梅屋	中京	S4. 8	1504	3505	○	○	3	L	○					245			×		清水組	竣工記念	
新洞	左京	S4. 10			○		2	−	○					91			○				
滋野	上京	S4. 11	416			○	1										×				
竹間	中京	S4. 12		2525	○	○	3	L	○	○	○			195			×		清水組		2期工事はS13竣工
正親	上京	S4. 12	462			○	1										×				
中立	上京	S5. 2	947	2845	○	○	3	L	○	○	○			270	191	150	×	(原田修造)	松村組	竣工記念	
明倫	中京	S5. 8	1838	5092	○	○	3		○	○				357			○		清水組		
六原	東山	S5. 9	984	2536	○	○	3	コ	○	○				160	63	96	×	溝口廸	小城市太郎	校舎増改築工事報告	
養徳	左京	S5. 9		2369	○	○	3	コ	○	○		○		200			×				2期工事はS6竣工
階山	下京	S5. 10				○	1														
陶化第二	南	S5. 10				○	1										×				現東和校
淳風	下京	S5. 11	1636	4095	○	○	3	L	○	○				281			○	(加茂松之介)	大林組		
成徳	下京	S6. 2	1923	4338	○	○	3	コ	○	○				300			○		清水組	続学校建築図集	
永松	下京	S6. 8			○		3	−									×				
第二衣笠	北	S6. 10				○	1										×				現大将軍校
第四錦林	左京	S6				○	1										×				
九条第二	南	S6				○	1										×				現九条弘道校
教業	中京	S7. 8	376	1383	○		3	L				○	○	53			○		清水組	近代建築画譜	2期工事はS9年竣工
朱雀第六	中京	S7. 10				○	1										×				
桃園	上京	S7. 12	2079	5345	○	○	3	L	○		○	○	○				×			改築落成記念帖	2期工事S9竣工
成逸	上京	S7				○	1										×				
銅駝	中京	S8. 8	827	2548	○		3	L	○	○				173			○	川村秀介	中路組	改築竣工記念	現銅駝美術工芸高等学校
清水	東山	S8. 10	1259	3752	○	○	3	コ	○	○	○		○	300	30	150	○	山本政次郎, 八戸高峰	西本組	改築落成記念帖	現清水校
桃山	伏見	S9. 5				○	1										×				
翔鸞	上京	S9. 5				○	1										×				
朱雀第七	中京	S9. 6				○	1										×				
嵯峨	右京	S9. 7				○	1														
西陣	上京	S9. 10	1893	4017	○	○	3	L	○		○		○	320			○	枝村靖	清水組	改築竣工記念	
富有	中京	S10. 3			○		3				○		○	350			×				着工はS9. 3
合計42校（講堂だけのものは15校）																					

（備考）意匠特徴のAはアーチが用いられているもの，Cは柱型が外壁に現れているもの，Hは水平の連続庇と窓台，Tはタイルの使用，が確認されたものを示す。ここで用いられたデータの出典は各学校所蔵の沿革史を基本にし，竣工記念冊子や写真帖を可能な限り閲覧した。また京都市住宅局営繕課所蔵の設計図書も閲覧し，表題の設計年月のチェックも行った。また，次のような資料も参考にした。『京都市学区大観』京都市学区調査会，昭和12年，や『京都市各学区名誉職大鑑』公同衛生教育新報社，昭和5年，中辻正明『大正・昭和前期における京都市の公立小学校建築に関する史的考察』京都大学修士論文，平成3年。現存する校舎は平成9年3月1日現在のものを示す。また，修学院校は昭和3年に鉄筋コンクリート造を実現させているが，当時は京都市域に入っておらずここでは除外した。現存については平成27年1月1日現在のものである。

表3－2　京都市営繕課の技術者一覧

職位	氏　名	最終学歴	在職期間
課長	安立　糺	名高工 M43	T 1．12 － T14．8
	井尻良雄	東大　T 3	T14．10 － T15．3
	三橋国太郎	東大　T 5	T15．8 － S17．6
技師	寺岡謙造	名高工 M45	T 8．10 － S 4．10
	川村秀介	名高工　T 6	T 9．3 － S18
	中野進一	京大　T13	T13．－ S 4
	枝村　靖	京大　T14	S 2．6 － S16．5
技手	大谷栄助	名高工 T 7	T 7．4 － T12．3
	山田　傎	名高工 T 9	T 9．4 － T10．3
	山本政次郎	（不詳）	T10．5 － S16．3
	寺戸常三郎	島根工 M45	T11．8 － S18
	藤田助一	名高工 T10	T11．10 － S 2．7
	今西嘉雅	名高工 T13	T13．4 － S 4．4
	谷　信太	津工芸 T13	T13 － S 4
	和田隆義	名高工 T11	T14．2 － T14．4
	塚田　達	京高芸 T13	T14．2 － S17
	加茂松之助	早工手 T11	S 3．2 － S16．12
	俣野徳一	京都工　S 4	S 4 － S16．4
	島村陸郎	京高芸　S 4	S 4 －
	仁張一郎	神高工　S 5	S 5．4 － S18
	野島安太郎	京大　S 5	S 6．8 －
	和田卯吉	日大　S 6	S 6．2 －
	小池太郎	神高工　S 7	S 7．5 － S36
	山口　正	神高工　S 7	S 7．6 －
	増谷圜之助	神高工　S 7	S 7．11 －
	布袋眞平	東京工大 S 8	S 8．4 － S39
	山本哲二	早稲田大 S 8	S 8．5 －
	八戸高峰	早稲田大 S 3	S 8 －

（備考）ここで対象とした技術者は昭和9年の時点で京都市に在職していたものに限定している。よって職位は昭和9年までのものを示している。課長および技師については全員の氏名を記したが，技手については最終学歴の確認ができた技術者を主に記した。なお，技手は昭和3年の時点で18人，昭和5年の時点で20人，昭和9年の時点で20人，が確認される。また京都市では技手の下に技術雇という職種が存在していた。また，京都市役所では営繕の技術者の経歴書など最終学歴や在職期間も含めて，プライバシー保護条例により，一切閲覧できなかった。ここでの資料は各学校の卒業者名簿と，京都市職員名簿（昭和3年以降）などから作成した。

表 3-3　建築構造別京都市小学校竣工一覧

竣工年	建築範囲	鉄筋コンクリート造		木造	
		学校名	数	学校名	数
大正元（1912）	全体			錦林第二	1
	一部			九条	1
大正 2（1913）	全体				
	一部			春日・富有・修道・一橋	4
大正 3（1914）	全体			■出雲路・■成徳	2
	一部			小川・待賢・■尚徳・生祥・郁文	5
大正 4（1915）	全体				
	一部			中立・出水・有済・六原・菊浜	5
大正 5（1916）	全体				
	一部			九条・錦林・錦林第二	3
大正 6（1917）	全体				
	一部			仁和・衣笠・清水・一橋	4
大正 7（1918）	全体				
	一部			京極・新洞・養正・下鴨・城巽・新道・六原・貞教・開智・尚徳	10
大正 8（1919）	全体				
	一部			崇仁・出水・衣笠・養正・梅屋	5
大正 9（1920）	全体			■格致	1
	一部			九条・乾隆・仁和・下鴨・清水	5
大正 10（1921）	全体				
	一部			大内第一（大内）・乾隆・出水・衣笠・下鴨・柳池・銅駝・有済・菊浜・翔鸞・京極・仁和	12
大正 11（1922）	全体				
	一部			■皆山・陶化・■嘉楽・聚楽・滋野・春日・養正・城巽・朱雀第二・朱雀第三・一橋第二（月輪）・錦林第二	12
大正 12（1923）	全体	本能	1	■仁和	1
	一部	一橋	1	九条・崇仁・成逸・乾隆・春日・待鳳・錦林第三・初音・朱雀第三・郁文・■開智・■有隣・翔鸞・出雲路・衣笠・菊浜	16
大正 13（1924）	全体			■乾隆・■梅逕・嘉楽	3
	一部			大内第三（南大内）・正親・■春日・下鴨・粟田・一橋第二（月輪）・醍泉・九条・養正	9
大正 14（1925）	全体			朱雀第一・■楽只	2
	一部	稚松	1	大内第二（光徳）・出水・滋野	3

大正 15（1926）（昭和元）	全体				
	一部	粟田	1	皆山・陶化・■聚楽・待鳳第二・■衣笠・■下鴨・粟田・■貞教・■植柳・嘉楽・尚徳	11
昭和 2（1927）	全体	七条・立誠	2	朱雀第二	1
	一部	春日	1	安寧・■大内第二（光徳）・崇仁・成逸・待鳳第二・下鴨・有済・一橋第二（月輪）・■滋野・■錦林第三・養正	11
昭和 3（1928）	全体	北白川	1		
	一部	郁文・柳池・貞教	3	■安寧・九条・乾隆・待鳳第二・■新洞・朱雀第三・■粟田・■郁文・翔鸞・出雲路・衣笠・錦林第三	12
昭和 4（1929）	全体	龍池・修徳・梅屋・竹間	4		
	一部	新洞・滋野・正親・稚松	4	大内第二（光徳）・大内第三（南大内）・室町第二・■正親・待賢・滋野・待鳳・■待鳳第二・乾・崇仁	10
昭和 5（1930）	全体	中立・明倫・六原・養徳・淳風	5		
	一部	陶化第二	1	大内第二（光徳）・室町第二・■楽只・朱雀第四・朱雀第五・下鴨第二	6
昭和 6（1931）	全体	成徳	1	錦林第四・■一橋第三（今熊野）	2
	一部	永松・第二衣笠・第四錦林・九条第二	4	大宮・朱雀第四・朱雀第五・陶化第二・崇仁・下鴨第二・■御室・高尾	8
昭和 7（1932）	全体	桃薗	1		
	一部	教業・朱雀第六・成逸	3	待鳳・楽只・朱雀第五・陶化第二・錦林第三・■深草第三・竹田・太秦・川岡	9
昭和 8（1933）	全体	清水	1		
	一部	銅駝	1	七条第二・陶化第二・下鴨第二・深草第三	4
昭和 9（1934）	全体	西陣	1		
	一部	桃山・翔鸞・朱雀第七・嵯峨・富有	5	川岡	1
昭和 10（1935）	全体				
	一部	陶化第三（山王）・淳和第二（山ノ内）	2	山王（陶化第三）・淳和第二（山ノ内）・■嵯峨	3

昭和 11（1936）	全体	醍泉・一橋第二（月輪）・富有・上鳥羽・九条	5		1
	一部	楽只・桂・第三錦林・九条第三（九条塔南）・勧修・山階・有済・下鳥羽・陶化・植柳・御室・松尾・崇仁・第三室町・室町・醍醐・松ヶ崎・粟田・衣笠・太秦第二（安井）・朱雀第一・朱雀第二・朱雀第三・梅逕・出雲路・待賢・向島・新道・淳和第一（西院）・初音・大宮・梅津・菊浜・朱雀第八・大内第三（南大内）・城撰・第二錦林・伏見第一（板橋）	38	桂・九条第三（九条塔南）・勧修・上鳥羽・下鳥羽・陶化・植柳・松尾・崇仁・第三室町・醍醐・太秦第二（安井）・出雲路・向島・待鳳・吉祥院・鏡山・竹田・川岡・■梅津	20
昭和 12（1937）	全体	待賢・大内第一（大内）・郁文・伏見第一（板橋）・養正・錦林・伏見第二（南浜）・仁和・下鴨	9		
	一部	今熊野・大内第二（光徳）・深草第一（深草）・深草第二（稲荷）・滋野・納所・北白川・七条第三・深草第四（砂川）・竹田・西陣・龍池・開智・乾・正親・弥栄・横大路・修道・有隣・永松・聚楽・六原・乾隆・嘉楽	24	■深草第四（砂川）・桃山	2
昭和 13（1938）	全体	出水・京極	2		
	一部	竹間・日影・銅駝・生祥・小川・梅屋	6		
昭和 14（1939）	全体				
	一部	稚松・皆山	2		
昭和 15（1940）	全体			第五待鳳	1
	一部				
昭和 16（1941）	全体			太秦第三	1
	一部				
全体が鉄筋コンクリート造の総数			33 校	木造の本館の総数	34 校

（備考）・校名は昭和 16 年の時点のものを示した。
・大正 7 年並びに昭和 6 年の 2 回にわたる京都市編入地域内の小学校は，京都市に編入以降を考察の対象とする。
・■は本館を示し，ここで言う本館とは独立した建築で学務委員室や職員室など管理部門の建物を示す。

（出典）・川島智生『近代日本における小学校建築の研究』平成 10 年。
・『京都市學区大觀』昭和 12 年。
・武内正之『京都市各學区名譽大鑑』公同衛星教育新報社，昭和 5 年。

表3－4　学区規模一覧

学区	学校名		人口（人）	世帯数（戸）	面積（坪）
上京	成　逸	上京2番組	6,690	1,437	74,143
	室　町	上京6・7番組	32,161	890	
	乾　隆	上京1番組	7,380	1,388	68,395
	西　陣	上京5番組	6,566	1,166	70,724
	翔　鸞	上京3番組	15,63	3,489	167,192
	嘉　樂	上京4番組	5,805	1,033	62,950
	桃　園	上京11番組	6,897	1,192	73,386
	小　川	上京12番組	6,606	1,393	63,434
	京　極	上京28・29番組	8,757	1,558	164,923
	仁　和	上京8・9番組	20,336	4,563	201,435
	正　親	上京10番組	8,810	1,952	70,240
	聚　楽	上京15番組	5,824	1,191	47,855
	中　立	上京16番組	5,971	1,199	83,218
	出　水	上京14番組	16,799	3,746	145,442
	待　賢	上京17番組	8,148	1,674	66,217
	滋　野	上京18・19番組	9,019	1,769	9,019
	春　日	上京30番組	4,971	974	79,679
	出雲路		3,341	757	120,365
	待　鳳	上京33学区	46,667	10,489	822,679
	樂　只	上京34学区	4,020	864	73,992
	衣　笠	上京35学区	12,890	2,696	1,460,863
	上賀茂	上京	7,631	1,539	2,808,713
	大　宮		2,064	426	3,592,490
	鷹ケ峯		1,447	304	2,258,163
中京	梅　屋	上京13番組	7,368	1,273	66,913
	竹　間	上京21番組	5,594	1,064	58,957
	富　有	上京22番組	4,888	994	52,06
	教　業	上京23番組	5,515	1,029	41,805
	城　巽	上京24番組	8,019	1,282	68,365
	龍　池	下京5番組	5,609	787	59,865
	初　音	下京4番組	5,599	924	58,231
	柳　池	下京6番組	5,828	994	65,522
	銅　駝	上京31番組	5,762	1,109	96,009
	乾	下京1番組	8,114	1,389	65,158
	本　能	下京2番組	7,330	1,105	54,692
	明　倫	下京3番組	6,936	832	66,127
	日　影	下京4番組	6,408	847	35,181
	生　祥	下京5番組	4,661	723	35,181
	立　誠	下京6番組	7,615	1,378	74,263
	朱　雀	下京34学区	86,058	18,292	1,181,142
	郁　文	下京7番組	8,581	1,526	70,513
	格　致	下京8番組	7,509	1,177	65,582
	成　徳	下京9番組	7,652	1,017	66,459
	豊　園	下京10番組	6,903	1,214	67,276
	開　智	下京11番組	6,225	1,065	56,295
下京	永　松	下京12番組	4,521	867	58,140
	淳　風	下京22番組	8,335	1,749	58,110
	醒　泉	下京13番組	10,592	2,132	93,896
	修　徳	下京14番組	5,222	837	43,651

	有　隣	下京５番組	8,122	1,451	59,713
	植　柳	下京９番組	8,689	1,816	96,013
	尚　徳	下京16番組	5,060	906	42,652
	稚　松	下京17番組	5,936	1,331	61,771
	菊　濱	下京18番組	5,725	1,061	45,496
	安　寧	下京31番組	5,954	1,266	67,821
	皆　山	下京29番組	9,125	1,901	184,253
	梅　逕	下京33番組	5,584	1,149	108,628
	九　條	下京33学区	20,593	4,532	342,944
	大　内	下京35学区	28,052	6,064	427,826
	七　條	下京31学区	19,055	4,278	602,066
	陶　化	下京37学区	25,567	5,728	467,665
	崇　仁	下京38学区	10,207	2,129	76,472
	上鳥羽		5,522	1,142	1,245,695
	吉祥院		6,557	1,313	1,329,790
	錦　林	上京34番組	52,087	11,353	3,016,833
	新　洞	上京33番組	7,438	1,796	87,423
	北白川	上京29学区	8,231	1,991	1,588,160
左京	養　正	上京30学区	25,001	4,836	496,100
	下　鴨		18,918	4,176	579,590
	修學院		10,480	2,288	3,046,477
	松ヶ崎		1,677	326	788,315
	有　濟	下京24番組	6,707	1,555	61,075
	栗　田	下京25番組	9,814	2,258	143,960
東山	彌　榮	33番組	9,363	1,831	227,692
	新　道	下京26番組	8,016	1,849	102,971
	六　原	下京28番組	9,057	2,299	127,836
	清　水	下京27番組	7,141	1,700	167,343
	貞　教	下京29番組	7,424	1,651	107,388
	修　道	下京30番組	7,992	1,909	341,855
	一　橋	下京31番組	27,481	6,063	973,203
	山階・鏡山		19,899	4,09	5,668,517
	勸　修		4,397	921	2,907,055
伏見	伏　見	伏見学区	34,343	7,148	873,410
	深　草		30,356	7,118	2,776,042
	竹　田		5,818	1,298	732,352
	桃　山		5,690	1,171	1,217,563
	下鳥羽		1,626	340	709,060
	横大路		1,631	344	1,208,185
	納　所		1,436	319	298,568
	向　島		4,621	993	2,034,010
	醍　醐		3,693	745	5,510,038
右京	太　秦		15,640	3,593	1,413,582
	淳　和		16,714	3,616	816,448
	西京極		5,304	1,098	685,768
	桂		4,356	885	998,250
	川　岡		3,711	813	1,236,318
	松　尾		3,412	696	5,304,943
	梅　津		3,335	713	569,002
	嵯峨・水尾・宕陰		9,820	2,148	900,522
	御　室		14,309	3,148	3,135,412
	高　雄		1,355	282	971,955

（出典）『京都市学区大観』京都市学区調査会，昭和12年。

第四章　鉄筋コンクリート造校舎の標準化と復興校舎——昭和一〇年代

本章は、京都市の昭和一〇年代前半（一九三五〜三九）の時期の鉄筋コンクリート造校舎を対象に論じたものである。

京都市の鉄筋コンクリート造校舎建設の歴史を振り返れば、昭和九年（一九三四）までに四二校が建てられていた。その後、昭和九年九月二一日に起こった室戸台風で被災した校舎の復興があって、昭和一〇年（一九三五）以降の数年間に、一挙に多くの小学校で鉄筋コンクリート造校舎の建設が行われた。このような建設の様相からは、鉄筋コンクリート造校舎の建設が計画的になされていたことが読み取れる。すなわち、この時期の小学校建設事業は学区が建設の主体ながら、財政面からいえば、京都市による復興事業という側面も有していた。ここではそのことに着目し、そこでなされた建設事業の全容を明らかにし、完成した校舎の建築的特徴を考察する。

研究の方法として、昭和九年の室戸台風時に京都市に存在した、一三八校の小学校に関する沿革史や竣工記念写真帖など、各学校の所蔵する史料類の閲覧を行った。ただし、各校の沿革史の記述は学校によって内容に差がみられたため、より正確さを期するために、復興時の京都市長、浅山富之助の業績を記した『浅山市長と其の事蹟』(1)に明記された「風害校舎の復旧並之に伴う復興建築進捗状況調」というデータや、建築学会編集による『建築年鑑』昭和一三年（一九三八）版、昭和一四年（一九三九）版、昭和一五年（一九四〇）版(2)に明記された竣工データ、「京都市小学校施設台帳」(3)のデータとの照合を行った。なお、平成一〇年（一九九八）一月三一日の時点で、現存した三五校の小学校については現地調査を行っている。さらに竣工時の設計図書の閲覧(4)や設計関係者(5)への聞き取り調査も行った。

1　コンクリート造への改築

ここで対象とされる昭和一〇年代前半（一九三五〜三九）の時期には、京都市では八七校の鉄筋コンクリート造校舎がつくられていた（表4-1参照）。そのうち、新設された八校の小学校[6]を除けば、七九校で鉄筋コンクリート造への改築が確認される。最初に改築されたものに、昭和一一年（一九三六）四月に完成の楽只小学校があり、昭和戦前期における最後の竣工は昭和一四年（一九三九）八月の皆山小学校であった。なお、昭和一四年九月以降、昭和二四年（一九四九）七月までの間に竣工する校舎[7]はすべて木造になっていた。このように、鉄筋コンクリート造校舎の建設期間は、ほぼ三年半の間に限定される。八七校の内訳をみると、校舎を建設したものは五九校、雨天体操場を建設したものは四四校、校舎と講堂兼雨天体操場の両方を建設したものは一六校であった。

（1）室戸台風と風害復旧計画

(1)昭和九年（一九三四）の時点での小学校建築

未曾有の大風害であった室戸台風は、京都市内の小学校や寺院など大規模な木造建築に多大な損害[8]を与え、ただちに復旧が必要な学校は四三校に及び、児童の死者も一〇九人と、きわめて悲惨な結果を生じた。地域的には昭和六年（一九三一）に京都市域に編入された、周辺部の学区に被害は集中[9]した。

その様相は京都府地方技師の和田甲一によれば次のようなものだった。

「京都市内小学校総数一三〇校の中、倒壊の厄に遭ったものは第4表※の一二校であって、教職員三人、学童一〇八人の生霊を失って居る。第4表によって知らる、如く、一二校の内市街地建築物法適用のものは、大正一三年に建てられた大内第三校と一橋第二校の二つのみで、他は悉く法適用前に竣工したものであった。昭和年代に建築せられたものもあるが、之は新市街地であって、市部編入前町村に於て建てられたもので、その中には旧市の古校舎を移築したものが可なり多い事も、誠に注目に値するものである。構造の点に付ては、他に其の詳細に亘り発表せらる、向があらうから之を省略するが可なり不備な点があった事は否めない。その第4表により知らる、如く、年代の古い建築が多く、又前述の通り建築年代は新しくとも、古物を利用するが如き予算上の無理が相当にあった事も想像されるのである」[10]（なお※の第4表とは本書のなかでは表4－2に該当する）。

醒泉小学校の倒壊写真（写真4－1）をみると、正面にあった木造平屋建講堂が倒壊している様子が写っている。隣り合った二階建校舎は幸い倒壊を免れていたが、ここからはこの台風がいかに激しいものであったのか伝わってくる。

京都市では明治期以来、地域単位に独自の財源をもって小学校を経営するという学区制度が施行されており、校舎建設は学区の財源によって行われていた。そのため学区の経済状態が校舎の構造や意匠に直接反映され、第三章で論じたように、鉄筋コンクリート造への改築は財政上富裕な学区に限定される傾向にあった。

写真4－1　醒泉小学校倒壊

京都市では室戸台風の起こった昭和九年（一九三四）の時点に至っても、木造校舎の占める割合は他の大都市に比べ、非常に高かったことが判明している。この時点で市内には一三八校の小学校があり、そのうち一一〇校は木造であった。この当時京都市とほぼ同じ人口であった神戸市では七二校の小学校[11]で鉄筋コンクリート造になっていた。

室戸台風による被害状況[12]は、木造校舎一一〇校中四三校で使用不可能な校舎が生じ、そのうち一二校では校舎が完全に倒壊、さらに八校で校舎は倒壊に瀕していた。なお、被災した校舎はすべて木造校舎であって、鉄筋コンクリート造校舎に関してはほとんど被害は生じていない。このように京都市では木造校舎が多くを占めていたことが被害が大きくなった原因の一つであったと言えるだろう。

(2)小学校の風害復旧計画の内容

昭和一〇年代前半に改築が確認される七九校の鉄筋コンクリート造校舎は、当時建設されたすべての小学校ではなく、三一校[13]では木造校舎を建設せざるを得なかった。その理由は財政的な原因にある。小学校復旧は京都市当局によって計画されたものの、財政的には学区が主体で行うことになる。京都市全体の風害復旧予算[14]の総額は一、二七三万円で、ほぼ全額が国からの貸出金によって賄われており、そのうち小学校の建設費用として各学区に配分された金額は五九一万円[15]であった。この金額は学区への貸出金という性格を持っていたが、復旧予算の半分を占める。このことからも小学校の復旧がいかに重大なことであったかが分かる。

京都市当局は室戸台風の三日後の昭和九年(一九三四)九月二四日には、すべての小学校を鉄筋コンクリート造にするという計画[16]を立案する。その後、市当局は大蔵、内務、文部の各省と折衝を行い、国庫補助による財政的な支援に漕ぎ着けたものの、結局は政府の低利資金の貸出にとどまる。ここでいう政府の低利資金とは、実質は学区側の借金であった。そのため、当初の計画は大幅な変更を強いられる。最終的に決定された風害復旧計画は、京都市によって作成された「京都市学区経済小学校災害復旧対策」[17]という冊子から、その概要が分かる。その骨子は次の七つから構成される。

(1)復旧工事は学区による財源によって行う。
(2)校舎は鉄筋コンクリート造を原則とする。但し学区の経済状況によって、木造となる場合は雨天体操場もしくは非常の際に避難所として使用できる一部の建物は鉄筋コンクリート造とすること。
(3)標準単価としては、・鉄筋コンクリート造教室坪一八一円
・鉄筋コンクリート造体操場坪二四五円
・木造二階建坪二一〇円[18]
(4)昭和九、一〇年度に施工する。

(5)旧工事にあたっての借入金は大蔵省預金部より行い、償還は五年間が据え置きで一五年間で償還する。
(6)大蔵省からの借入金に対して国庫より元利償還額に対して、八分の一の補助がある。
(7)学区家屋税を増税しても起債の元利償還に不足の場合は市費をもって補助にあたる。ただしこの場合の補助額は木造による復旧工事費を基準とする。

というものであった。

建設は政府から貸し出された資金によるものが多かったが、政府による貸出金を使わない建設もあった。それは災害復旧には該当しない部分を対象とした校舎の建設であり、より詳しくみれば、実際に被害を受けた小学校では、政府の低利資金は被災した建築面積の分しか割り当てがなかったため、復旧範囲以外の部分に建設を行う際には、その建設費は学区レベルでの学区債と寄付金に頼らざるを得なかった。その結果、一つの小学校においても建設費の出所から、低利資金による部分とそうでない部分との二つが生じていた。それらの建設がほぼ同時期に行われていたため、京都市当局は次のように名称を使い分けていた[19]。政府の低利資金によるものを「復旧」校舎、それ以外の資金によるものを「復興」校舎と呼んでいた。さらに工事期間との関連については、低利資金を使うものを一期工事、それ以外のものを二期工事と区別していたようだ。

復旧建築費を申請した学区は六八学区であり、復旧建築費の決定[20]については、(1)全壊建物、(2)半壊建物、(3)大破建物、という優先順位が決められていた。その際、復旧費の各学区への割当金額は被害建築坪数によって決められ、配分金額に差があった。この資金は申請を行った六八の学区すべてにわたって割り当てられた。ちなみに当時京都市には一〇一の学区があった。

そのうちの政府の低利資金を用いて鉄筋コンクリート造建築を完成させた学区は六二学区であって、一つの学区で複数の学校を完成させたもの[21]と併せると合計六九校が確認される。この時期には先述したように七九校で竣工が確認されることから、残りの一〇校[22]は風害と直接には関連しない建設事業によることになる。すなわち、次に詳しく見る、政府の低利資金によらない建設事業であった。

（2）寄付金による建設事業

京都市では小学校の建設事業は学区側が執り行っており、その建設のシステムは、学区内の名望家を中心にして建築委員会[23]を結成し、そこで工費や設計内容が決定されるというものであった。建設費は学区債と学区内での寄付金によって賄われることが多かった。ただし学区債は起債という性格上、上限があったが、寄付金に関しては学区内で自由にその金額が設定できるために、建築費の決定に重要な要素となっていた。

図 4－1　待賢小学校の完成予想透視図

写真 4－2　待賢小学校

写真 4－3　生祥小学校（昭和 13 年）

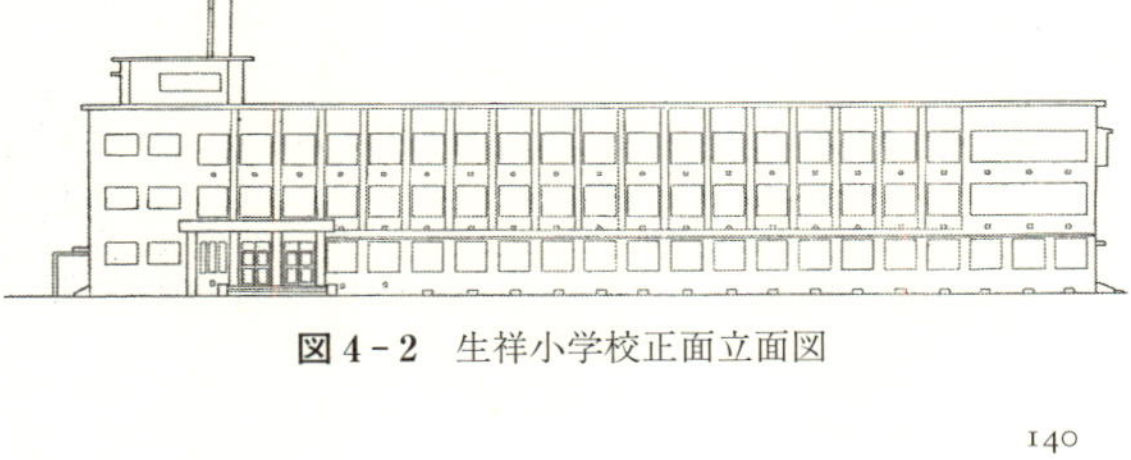

図 4－2　生祥小学校正面立面図

詳しい史料が発見できた乾、待賢、生祥の三小学校を事例としてみる。乾小学校では、風害による被害がなかったことで政府による低利資金の配分はなかったが、建設事業を行っていた。『乾百年史』[24]によれば、学区内の各戸に対して、一等戸四〇円、二等戸三〇円、三等戸一五円という、家屋税の等級を基準とした寄付金の集金が行われており、その合計額は六万円であって、工費約一一万円の半分を占めていた。当時の乾学区の世帯数は一三八九戸[25]であったことから、一戸あたり平均すると約四三円の負担額となるが、学区内の事業による大口の寄付もあって、実際にはもう少し少ない負担額であったようだ。残りの工費の五万円は学区債によって賄われていた。

同様な集金のシステムは、政府の低金利資金を受けていた待賢小学校や生祥小学校においてもみられ、両校ではともに寄付金を募るために「改築趣意書[26]」が作成されていた。それによると、待賢校での三二万円の工費は、九万円の政府の低利資金、一六万円の学区債、七万円の寄付金からなる。寄付金としては追加の設備費三万円とあわせ、計一〇万円が求められていた。当時、待賢学区の世帯数は一六七四戸[27]であったことを考えれば、一戸あたり平均して約六〇円の寄付金の負担がなされたことが分かる。生祥校では工費四〇万円のうち、一八万円を学区内の寄付金で賄おうとするものであり、当時、生祥学区の世帯数は七二三戸[28]であり、一戸あたりに平均すると約二四九円の寄付金の負担となるが、生祥学区には事業所の数が多く、特に大口の寄付金が多かったことから、実際には一戸あたりの負担額はもっと少ないものであったと思われる。このような地域社会に密着した学区制度というシステムがあったからこそ、寄付金の集金が可能となり、政府の低利資金だけでは十分でなかった工事費を支え、八七校という膨大な数の鉄筋コンクリート造校舎の建設に繋がっていったものと考えられる。

（３）学区制度廃止との関連

昭和一二年（一九三七）以降、昭和一四年（一九三九）にかけての間には、表４－１に示したように、中央部の財政上富裕な学区を中心にし、復旧に使う目的の政府の低利資金に、学区債や寄付金という学区内で用意した金を加え、建設を行うケースが中心であったが、風害による被害がほとんどなかった小学校においても鉄筋コンクリート造への改築がみられた。そこでは被害がなかったために、政府の低利資金の融資を受けられなかったが、学区債や寄付金によって改築事業が行われていた。この背景には京都市の小学校経営の根本的なシステム、すなわち学区制度自体の存続が問われていたことがある。その様子は昭和一二年に刊行の『京都市学区大観』によると、「早晩何等かの形に於て改廃、又は統一せらるべき必然の運命」とあり、昭和一一年（一九三六）四月には市議会において、学区制度を検討する調査委員会(29)が設置されていた。室戸台風が起こる四カ月前に遡る昭和九年五月に、京都市連合学務委員会常任幹事会では「東京市横浜市学区統一並教育施設状況視察報告書」を刊行しており、学区統一の利害について次のように示した。

学区の統一は既往に於ける学校の環境により夫々利害得失あり　今其の主なる諸点を列挙すれば凡そ左の如し

統一の利害

一、教育の機会均等を図り得ること

二、校舎の構造設備並に内容を統制し得ること

三、学校を通学区域の案配に依り就学児童の入学を緩和し得ること

四、教員待遇上の等差を少なからしむること

五、学区事務所費を軽減し得ること

統一の不利

一、富有なる学区に在りては

イ、教育費に対する負担上の利益をと削減されること

ロ、校舎の維持及設備に関する経費の補充を要すること

ハ、愛校的感念を低くめ延いては教育施設に影響すること

二、一般的には

イ、校舎の増改築、修繕又は設備上に関し面倒多きこと

ロ、需要費の購入に不便なること

ハ、所用経費に対し相当の補充を要すること

三、中央集権の弊あること

之を要するに学区統一の結果は総体的に校舎の構造設備を統制し　延て教育の機会均等を得せしむるも　之が実際上に至りては各学区域の貧富と有力なる後援会の有無如何に依り其の内容實質に夫々優劣の差異を生ずるは蓋し免れ得ざるところなり

学区制度には二つの側面があり、一つは地域の経済力が校舎の建築に直接反映されるため、経済的には不公平が生じ、そのことは室戸台風の被害で如実に現れていた。[30]もう一つは財政的に自由度が確保されるということで、各学区の実績に合わせた校舎の建設事業が可能となる。この時期には最初の側面を改善しようとする動きが強くなっており、学区制度は否定すべきものとして捉えられていた。

実際に学区制度が廃止された大阪市や神戸市では、学区の借金は学区の財産とともにそのまま市側に引き継がれており、[31]京都市でも学区制度が廃止になれば、返済金の返還義務がなくなると予測された。[32]そのことを見越し、学区側では京都市に対し多額の起債を行い、建設がなされたとみることもできる。また、京都市による一律の経営になれば、平等主義に基づくために新しく建設される場合には学区制度下のものよりも、かえって校舎施設が貧弱になるということも予測可能であった。そのことを鑑み富裕な学区では学区間格差の維持を望む傾向にあった。そのため、学区制度廃止が論議されたこの時期が、学区が主体で改築できる最後のチャンス[33]と考えられ、建設が促進されるという側面があったとみられる。

2　京都市営繕組織

京都市の小学校の設計は、大正一二年（一九二三）から昭和九年（一九三四）までについては、前章で論じたように一貫して京都市営繕課が行っており、本章で対象とする時期についても営繕課の設計による。京都市の小学校は学区の財源で運営されており、営繕課では小学校の建設を「委託工事」[34]と位置づけていた。しかし、その設計と監督の費用については「従来市ノ経済ヲ以ッテ支弁スル慣例」[35]があった。また、学区では民間建築家に設計依頼を行うことはなかった。同様に学区制度を施行していた大阪市では学区側が民間建築家を選び、設計依頼を行うという形式[36]を取っており、その点が京都市での建設方法とは異なっていた。

（1）復興の組織体制

昭和一〇年（一九三五）以降は室戸台風の復興事業に際し、「一時に多数の校舎を新築[37]」するため、営繕課の技術者が大幅に増員された。実際に設計事業を担当していた技手についてみると、昭和九年の時点で技手は二〇名であったが、昭和一〇年には二七名[38]となる。具体的には台風のあった翌一〇月に佐々木米太郎[39]など四名の技術者が営繕課に一挙に入り、翌一〇年にはさらに増員があった。

しかし、技師の定数は三名と変化せず、設計の体制は昭和九年（一九三四）までの技術者陣営の延長線上にあった。詳しくみれば、三橋国太郎課長のもと、川村秀介、枝村靖の両技師[40]を幹部として構成されていた。小学校を担当する技師は一部の例外を除き、昭和九年以前は川村秀介であったことは前章で記したが、昭和一〇年以降も引き続き、川村秀介の担当となっていた。

昭和一三年（一九三八）四月一日には第二技術課が設置[41]される。この課の業務内容については、主に小学校の設計を担当する部署であったと考えられる。第二技術課の課長は川村秀介、次席技師には藤谷茂二郎[42]が就任し、二人の技師の体制になる。この時期では小学校の設計は営繕課の業務のなかで大きなウエイトを占めており、そのため、第二技術課が設置されたと考えられる。また、今後も恒常的に小学校の建設が続くことが予測されていたという側面も指摘できる。

（2）設計担当者

実際に設計を担当していたのは技手という職位の技術者で、建設時の設計図の表題欄から、技手名の特定が行えた小学校は四九校である。そのことは表4－3に記した。この表題欄には、課長、製図担当者、浄写担当者という三つの欄があるものの、設計者の欄は設けられていない。当時、営繕課に在籍した技術者からの聞き取り調査[43]による知見を併せて考えれば、ここでは製図担当者が一般的に設計の担当者であることが多かったようだ。表4－3に示したように、一人の技術者が複数の学校を担当することが多く、高等工業学校卒業以上の技術者が設計にあたることが多かった。構造設計については帝大卒業の技術者[44]が担当していた。また、課長・三橋国太郎や川村秀介、枝村靖らの技師が外観の意匠設計に関してはチェックを行うことがあった[45]ようだ。さらに、一つの校舎についてのプランニングと意匠は基本的に同一の技術者によって設計されるという方法[46]を採っていたようだ。表4－3に示したように、設計図からは二五名の技術者が設計を担っていたことが判明する。

図4－3　佐々木米太郎の卒業設計「小学校」外観図
（昭和8年3月京都大学）

3　建築の特徴

（1）規格化の内容

わずか三年間という短期間に八七校という膨大な数の校舎を建設したという事象からは、建築の規格化やプランの定型化など、設計に関する標準化への試みがなされていたとみることができる。ただし、そのことを示すものは現時点で見出せておらず[47]、そのようなものが存在したかどうかについても明らかでない。

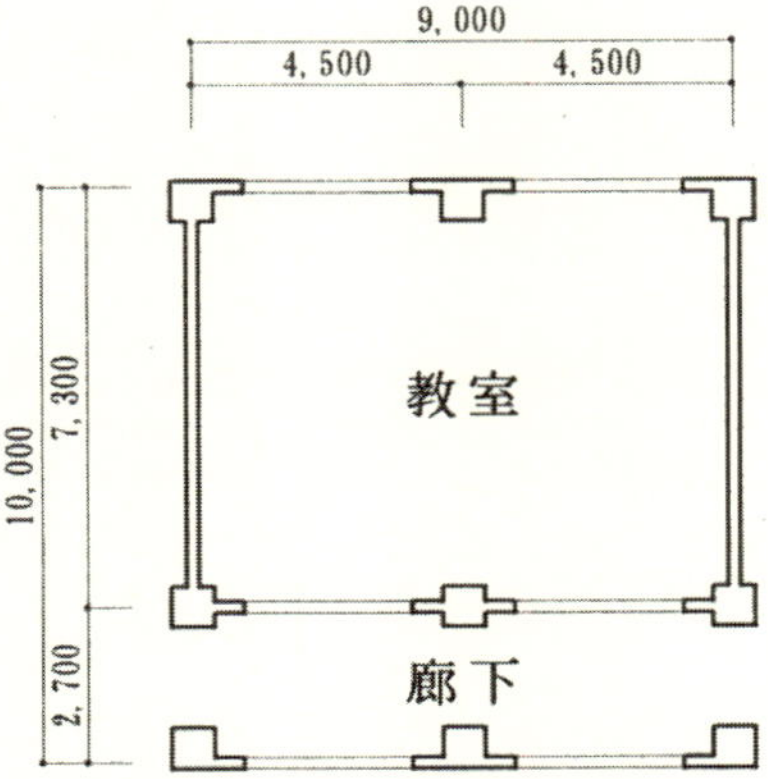

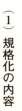

図4－4　規格化された教室の平面図
（単位はmm）

まず、設計の規格化をみれば、この時期は柱の間隔は一部の例外[48]を除き、桁行方向は共通して四・五mという数値になる（図4－4）。このことで教室の大きさは一定になる。梁間方向は共通し七・三mとなっており、廊下はいずれもが二・七mであった。これらの数値は昭和一〇年（一九三五）までの設計内容をほぼ踏襲していたものと位置づけられる。

構造面に関わる矩計（かなばかり）については、階高は三・六mに統一されており、地盤から一階の床面までは〇・七五m、屋上階の床面からパラペット天端までは一・一mとなっており、全体の高さとしては、合計一二・六五mとなっていた。昭和九年（一九三四）までの階高は三・七mのものが多かったことを考えれば、全体に階高の減少[49]がみられる。このように教室の大きさや柱の間隔、階高などで規格化が行われていたことが確認される。しかし意匠面については次節で詳しくみるが、規格化に該当しないものもかなりの割合でみられる。

次にプランの内容についてみると、この時期に行われた建物は復旧事業によるものが中心であったため、普通教室や講堂兼雨天体操場の建設に限定されることが多かった。そのため、昭和九年以前の校舎と比べると、作法室などの特別教室が設置されるケースは少なく、この時期に特別教室の設置が行われた学校は、特別教室を設置するこ

写真４－４　西陣小学校の雨天体操場（昭和９年）

写真４－５　植柳小学校の雨天体操場（昭和11年）

とで、復旧事業による制約された建築内容からの脱却を図っていた。厳密に区分はできないが、このような特別教室に関する工費は寄付金や学区債など、政府の低利資金にはよらない資金によるものであったと思われる。詳しい史料の発見できた生祥小学校[50]をみると、二間続きの作法室の他に、裁縫室、理科室など八室もの特別室が設置されるというものであった（図４－５）。しかし、このような事例はこの時期の小学校校舎の全体的な傾向を示したものではなく、一部の富裕な学区の小学校に現れたものであった。

（２）意匠の特徴

(1)ファサードの特徴

建設された五八校の校舎外観については意匠的特徴から大きく三つのタイプに分類できる。さらにCのタイプは三つに細分化できる。

Ａ　平滑な壁を有するファサード
Ｂ　水平に連続する庇や窓台を有するファサード
Ｃ　柱型が平滑な壁面から突出するファサード
Ｃ１　柱の中心線上に外壁が付くもので、柱型が突出するもの
Ｃ２　柱の内側に外壁が付くもので、柱型が突出するもの
Ｃ３　柱は外壁の内側に位置するが、化粧的な扱いで柱型が付加され突出するもの

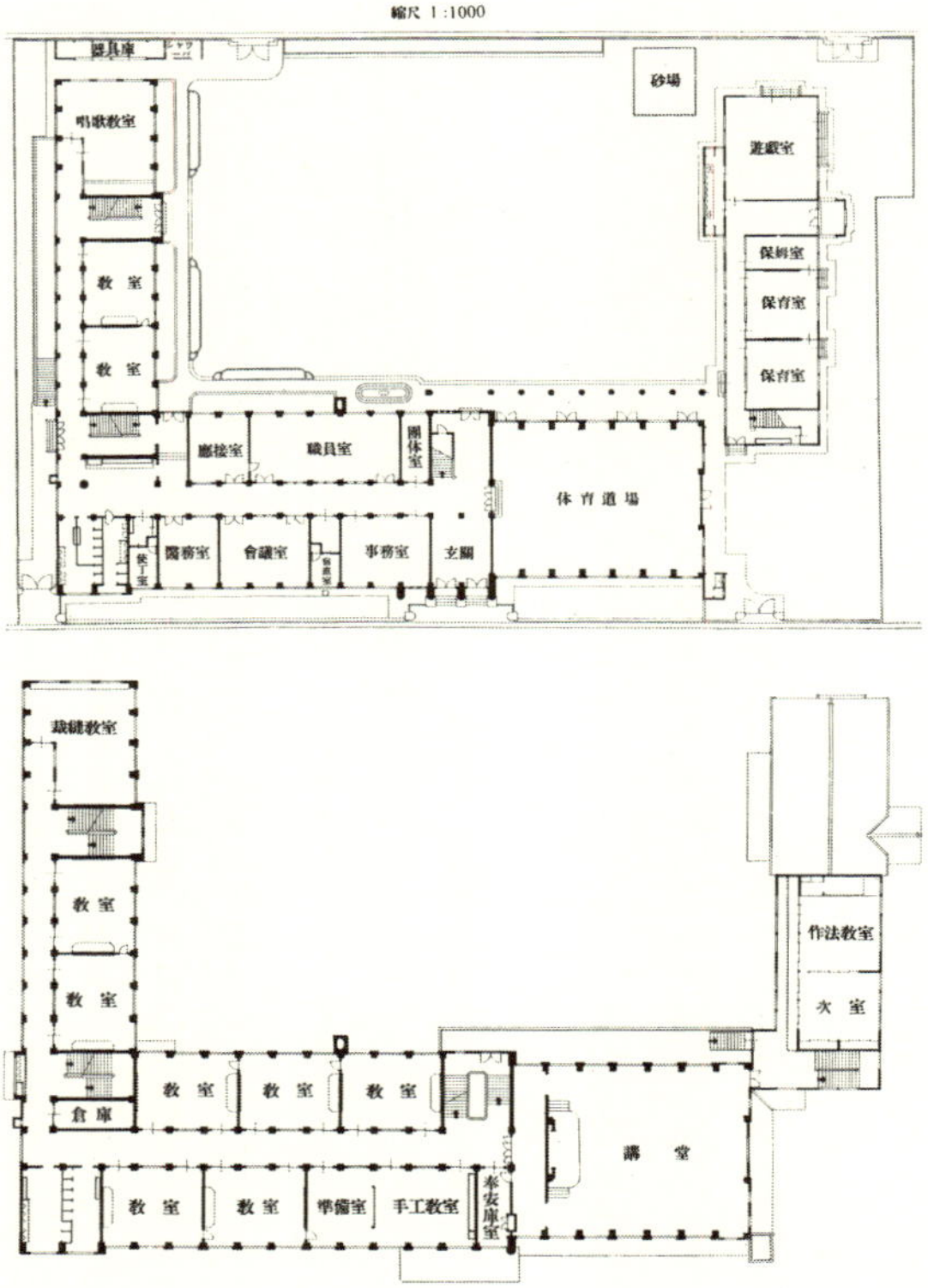

図４－５ 生祥小学校平面図（上：一階，下：二階）

これらの特徴を図４－６に模式化して示した。Ａは二四校、Ｂは一五校、Ｃは一八校が該当する。Ｃについては、Ｃ１は九校、Ｃ２は三校、Ｃ３は六校であった。この三つの間の差異は外壁の取扱いにあり、Ａのファサードに連続する庇や窓台が付いたものがＢのタイプ、柱型が外壁から突出したものがＣのタイプとみることができる。ただし、二つ以上のタイプを併せ持つものも現れていた。

なぜこのように様々なタイプが現れたのだろうか。前述のように柱の間隔や矩形の上で規格化がなされていたため、造られる校舎は類似した外観になる傾向がみられた。しかしながら、建設費に関しては先述したように、学区側による寄付金の占める割合は高いものであった。このことから学区のなかでは、小学校に対し、「自分たちの学校」という意識が高かったことが窺える。そのことは次にみるように、建設時の設計内容へ反映されることになる。

生祥小学校の建設経緯(51)をみると、生祥学区の建築委員会は建設にあたって、すでに鉄筋コンクリート造校舎を完成させていた明倫小学校や有済小学校を見学した上で、「生祥校の設計と清水校の設計はどのように違うのか」や「有済校と同じ設計では生祥校は建設を行わない」「外壁はすべてタイル貼りにすること」などの意見を提出してい

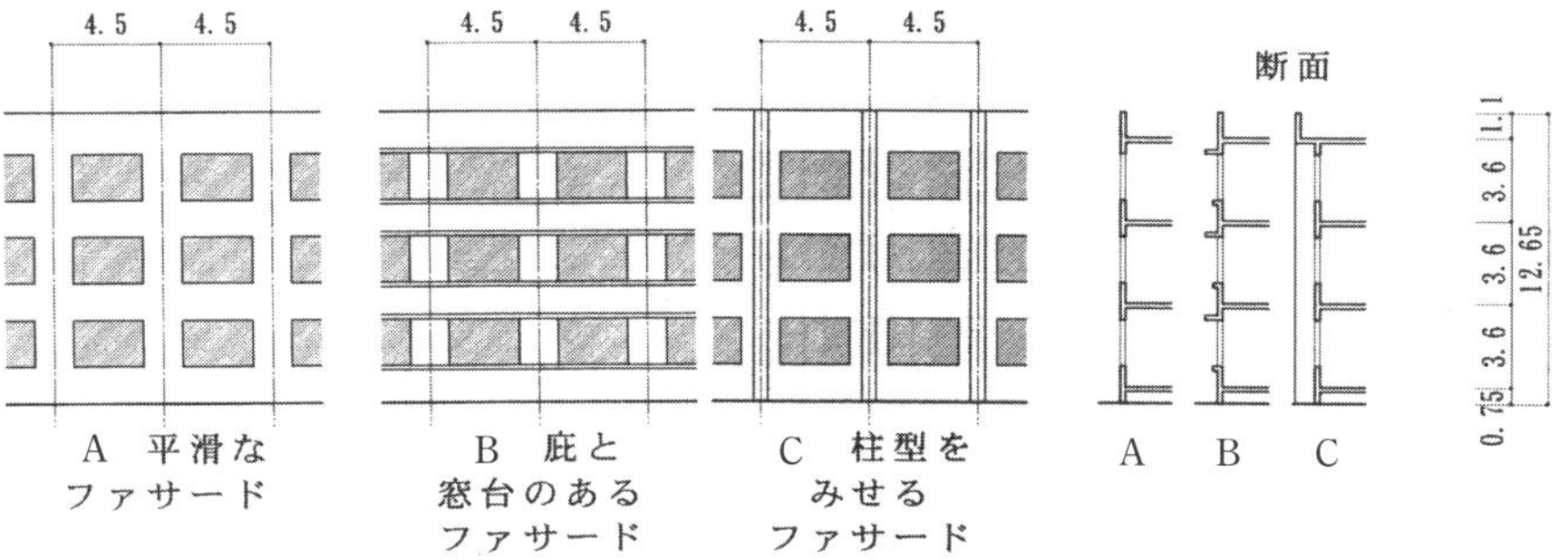

図4-6　ファサードの分類（単位はm）

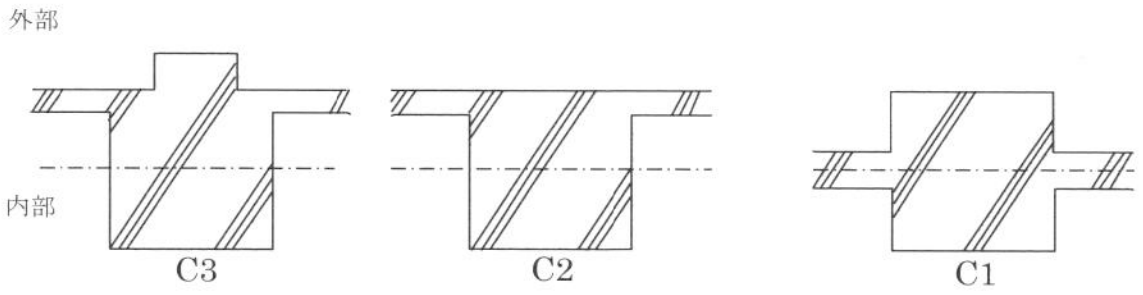

図4-7　柱型が平滑な壁面から突出するファサードにおける3つのパターンの平面図

写真4-7　正親小学校
（図4-6のBタイプ）

写真4-6　今熊野小学校
（図4-6のAタイプ）

写真4-8　皆山小学校
（図4-6のCタイプ）

た。このように学区側では営繕課に外観意匠を含め、設計内容について細かい注文を行っていたことが確認される。それは高額の寄付金を集金できた財政的に富裕な学区にとりわけ顕著にみられ、そこでは上記のように外観意匠に関しても差異が求められていた。その外観上での差異を表現する手段として、柱型の突出や後述するタイル仕上げという手法が用いられたと考えることができる。では装飾的なものについての扱いはどうだったのかというと、一部の例外[52]を除けば、装飾的な要素を排除する傾向が窺える。

次に柱型が外壁から突出し、意匠上の特徴になっていたCタイプのものを構造面から検討すると、外観の上で桁行方向の柱間に桁をみせないものが多い。すなわち、構造上安定がよいとは言い難い。にもかかわらず、柱型だけが意匠上外壁に突出するという形態からは、この時期においても依然とし、柱型を突出する意匠が校舎に相応しいものと認識されていたことが分かる。そのことはC3タイプにおいて、より顕在化する。ここでは柱がAやBのタイプと同様に外壁の内側にあるため、柱の外側には構造上は柱型の必要はない。しかし、外壁には構造面で荷重を受けない化粧の柱型[53]がつけられており、このことからもいかに柱型の存在が外観上重要な要素であったかが分かる。

さらに後で論じるタイルによる外壁の装飾と関連するが、Aの柱型の突出しないタイプに該当するものでありながら、タイルを柱型と最上階桁部分やパラペット部分に限定して貼ることで、外観上、C1やC2のタイプと類似した効果をみせる大内第三校などの事例もあり、柱型を強調することは外観意匠の上での一つの手法となっていたとみることができる。このような柱型を強調するものは、財政上富裕な学区に多くみられる傾向にある[54]。

また全タイプに共通して、玄関部廻りと階段室外部の意匠は各学校ともに異なったものになっており、設計者はこの部分に限って、自由に設計を行うことが可能であったと考えられる[55]。

以上みてきた外壁面における柱型や窓台、庇という要素とは別の視点で捉えるデザインも、この時期出現していた。待賢小学校（写真4－3）や月輪小学校（口絵六頁中参照）、粟田小学校（写真4－9）など出隅部をガラス張りのアール状の形としたもので、モダンデザインの影響が色濃い。

写真4－9　栗田小学校（昭和11年）

写真4－10　生祥小学校の玄関廻り

写真4－11　新道小学校の玄関廻り

写真4－12　小川小学校の玄関廻り

(2) 仕上材としてのタイル

表4－1からは、外壁の仕上材料にタイルが使用されているケースが多かったことが分かる。五九校のうち二五校でタイルの使用が確認される。タイルの使用された箇所は各学校によって異なるが、面状に貼られるケース、一階の外壁、正面の一階から三階まで立面（階段室外壁）と、線上に貼られたケース（窓回りの四周、柱型と最上階の桁行部分、庇の上部の壁に水平な帯状）の二つに分けられる。

各学校間にタイルの使用箇所や面積などで差異を生じさせていた要素は二つあると考えられる。一つは時間的なもので、最初は線的な使用[56]で時間が経過するにつれて面的な使用[57]に変容し、時間的に後のもの程、使用箇所が増加する傾向にある。そのことは昭和一三年（一九三八）に竣工する生祥校[58]においてピークに達し、そこでは立面全体にわたりタイルが貼られる。驚くことに外観上直接はみえない軒裏にまでこの術が及んでいる。もう一つは学区の財政的なもので、財政的に富裕な学区ほど、タイルの使用が多かったことが指摘できる。そこではタイルをどれだけ多くの割合で外壁に貼れるかが、学区間で競われる側面もあったようだ。[59]

このようなタイルの使用は他市の小学校ではどうだったのかとみると、大阪市では二三一校の鉄筋コンクリート造校舎の内、タイルを使用したものは二校[60]で、神戸市ではタイルを使用した校舎は一校も存在しなかった。このことからもタイルの使用とは、この時期の京都市小学校の意匠的特徴の一つになっていたとみられる。

4　全国での様相

(1) 大阪市

同時期の他都市の様相をみると、京都市と同様に室戸台風で被災した大阪市では、一〇三校の小学校で鉄筋コンクリート造の復興校舎が建築された。

ここでの校舎の設計では構造や矩形のみならず、意匠など全体の計画にわたって標準化が行われていた。また構造図や矩形図については、標準の図面によって設計が行われていた。

その一方で標準化が困難な内容については、いくつかのタイプを用意することで対応を図っていた。校舎における甲乙の二つの類型化もその一つで、そこでは校舎の建つ敷地の地耐力の違いによってその選択は自動的に決まるシステムになっていた。甲乙の差異は構造の上での架構形式の違いによりファサードのデザインに反映されていた。

校舎の設計は大阪市教育部に設置された臨時校園建設所[61]が担い、建築面での責任者は設計係長の伊藤正文であった。臨時校園建設所とは、室戸台風により被害を受けた小学校を復興することを目的として設立された組織で、昭和一〇年（一九三五）から昭和一二年（一九三七）まで存在した。設計内容は、伊藤正文が研究した衛生工学に基づいてつくられていた。その研究による成果に遮光庇があり、直射日光を遮断しながら日光を反射させて教室の奥まで取り入れることで、教室内の照度分布を一定にする採光装置であった。遮光庇はファサードのデザインの最も大きな特徴となっていた。

臨時校園建設所によって造られた校舎はモダンデザインの影響を受けた傾向を持つが、そこには伊藤正文の設計理念が反映されており、伊藤正文が中心メンバーであった日本インターナショナル建築会の理念が実践されたとみることができる。

（2）東京市

この時期までに東京市では復興小学校の建設は終えられており、鉄筋コンクリート造の校舎としての建設では改築小学校が該当する。関東大震災で倒壊や焼失の被害を免れた山手の学校が多く、昭和九年（一九三四）以降に建設された現存校をみると、四谷第五校（昭和九年）、高輪台校（昭和一〇年）、四谷第四校（昭和一一年）、江戸川校（昭和一一年）、言問校（昭和一一年）、永田町校（昭和一二年）、小日向台町校（昭和一三年）などが挙げられる。計五三校が建設されていた。[62] 建築特徴としてはモダンデザインの影響を色濃く受けたスタイルで、装飾的な要素や半円アーチは姿を消し、矩形の大きな窓やベランダ、庇などの建物の機能面を重視することでファサードが構成されていた。設計は教育および社会事業関係の建築物の営繕を担った東京市土木局建築課第二営繕掛の手による。

（3）阪神間・大阪府下

前述したように大阪市や京都市では昭和九年（一九三四）九月二一日に起こった室戸台風により、木造校舎は大きな被害を出した。翌年の昭和一〇年（一九三五）より復興校舎の建設が開始される。だが、郡部に関してはほとんどの学校では木造による再建であった。被災校のなかで鉄筋コンクリート造を積極的に採用したのは大阪市を除くと、現在の守口市域[63]と堺市域にある小学校が挙げられる。守口市域では守口第一・守口第二・三郷の三校があり、堺市域では市高等・三宝・錦・湊・英彰・殿馬場・浜寺石津の七校となる。そのほかでは吹田市域の二校（吹田第一・千里第二）、豊中市域の一校（克明第二）があった。復興校舎は一三校となる。

鉄筋コンクリート造校舎に関しては、昭和一一年（一九三六）以降は室戸台風の被害を鑑み、直接被災することのなかった小学校でも鉄筋コンクリート造化が進展する。その事例を挙げると、池田市域の三校（池田・泰野・北豊島）、豊中市域の二校（克明・克明第三）、東大阪市域の一校（石切）、堺市域の二校（浜寺・浜寺昭和）の、計八校で確認される。前述の一三校を加えると、合計二一校となる。

阪神間では西宮市で五校が鉄筋コンクリート造校舎になる。

（4）函館市

室戸台風と同年の昭和九年（一九三四）三月二一日に起こった大火災によって市街地の過半を焼失した函館市には復興事業として鉄筋コンクリート造校舎が五校出現していた[64]。青柳・的場・高盛・大森・東川の各小学校である。このうち青柳・的場・高盛の三校は現存する。

函館市は戦前期までは一地方都市にとどまらず、東北・北海道両地方で最大の人口を有する北の大都市として君臨し、昭和初期までは全国で人口第九位に位置付けられており、港湾都市として経済的に活況にあり、財政的にも起債を可能とした。港としての好条件の一方で、津軽海峡に突出した砂州上に広がった市街地ゆえに、暴風に晒される。よって明治期より大火が絶えず、耐火のために鉄筋コンクリート造が大正後期という早い時期に成立する。その後も火災が起り、とりわけ昭和九年の火災は関東大震災以降最大のものであり、函館市に壊滅的な被害を生じさせていた。その火災では九校の小学校を焼失し、その復興として五校の鉄筋コンクリート造小学校が新築された。函館市では大火以前に新川小学校・函館女子高等小学校の二校、大火以降に弥生小学校が復興事業とは別の計画事業によって鉄筋コンクリート造で建設されており、戦前期までに計八校の竣工をみた。

建築特徴は復興小学校ゆえに、きわめて短期間の建設が求められ、いずれもほぼ共通する設計内容でつくられた。まずプランからみると、真ん中に運動場を持つロの字型プランが採用されていた。このようなブロックプランは鉄筋コンクリート造としては函館市の小学校特有のものだった。東京市・横浜市の復興小学校をはじめ、大阪市・

神戸市・京都市などの小学校でも出現していない。

次に建築スタイルをみると、外観は柱型が表出しない平滑な壁面を特徴とし、基本的に装飾を排したスタイルが基調となるが、いずれの小学校でも丸窓が意匠的に用いられている。

校舎の設置場所の選択については函館市特有の事情がみられた。小学校校舎自体が防火壁となるとともに、函館市特有の強風を遮ることが求められ、大通りの浜側の終端や大通り同士がクロスする場所に、校舎が設けられることになる。

設計は函館市役所の土木課建築係が担った。その責任者は小南武一だった。函館市建築係の技術者は東京の曽根中條建築事務所から中心メンバーが派遣されてきていた。

（5）滋賀県

滋賀県下では犬上郡豊郷町に戦前期に唯一の鉄筋コンクリート造校舎が豊郷小学校で、昭和一二年（一九三七）に完成していた。ヴォーリズによるキリスト教系のミッション・スクールの設計は理解できるが、公立の学校を設計していたことは興味深い。大正四年（一九一五）に八幡小学校講堂を嚆矢に、物部小学校（大正一二年・京都）・中大江東小学校（大正一五年・大阪市）、水口小学校図書館（昭和三年・滋賀県）、土山小学校講堂（昭和三年・滋賀県）、大溝小学校（昭和八年・滋賀県）、中里小学校（昭和九年・滋賀県）、森下小学校（昭和一五年・静岡市）と、滋賀県下を中心に九校の公立小学校の建築を設計していた。鉄筋コンクリート造の豊郷小学校以外の小学校はいずれもが木造で建てられていた。またかつて教鞭をとった八幡商業学校の鉄筋コンクリート造への建替えを担い、モダンデザインに影響を受けた本館校舎・講堂・体育館を昭和一一年（一九三六）に完成させていた。

さて豊郷小学校保存運動は、建築家ヴォーリズという存在を広く日本中に認知させた。その運動は戦前期の校舎建築の価値の再発見にとどまらず、小学校こそが地域住民の母校であるという概念を改めて思い知らしめた。この小学校は昭和一二年（一九三七）に完成し、二〇〇二年に新校舎が完成するまで使用された。この建設費用は四〇万円で、その費用の全額を古川鉄治郎というこの村出身で、大阪で成功した近江商人が寄付した。この金額は当時の村予算の一〇倍以上にあたる。戦前期の農村部では希有な鉄筋コンクリート造で建設されていたことは驚きだが、鉄筋校舎が普及する一九七〇年頃までは、「日本一」立派な小学校として豊郷村一の誇りだった。

どこにこの小学校の特質を求めることができるのだろうか。豊郷小学校は旧中仙道に沿って位置するが、街道からの景観にその特質は現れている。本館校舎棟の両翼部と道との間に、講堂と図書館が前庭を取り囲むように左右対称に配置される。つまりオープンにしつつもなかば閉じられた半中庭的空間がつくられていた。その理由は小学校の講堂と図書館が村の公会堂と図書館の兼用の施設になっていたことによる。また青年学校が別棟で校地内に設置されるなど、村人が恒常的に使う施設が小学校敷地内に建設されており、ある意味では地域のコミュニティセンターの役割を担っていた。そのように地域との関係が可視化されているのだ。小学校校地の中に図書館を設置する事例は、昭和三年（一九二八）のヴォーリズ設計の水口図書館があって、水口小学校内に現存する。さらに指摘されることは、豊郷小学校校舎玄関部の前面のロータリーに通ずる進入路の両側に広がる田圃の存在である。小学校に附属する演習農場としてつくられたもので、農村という文脈が洋風の前庭空間に取り込まれ、景観的にある種の調和に成功している。このように公立小学校でありながらも、大学のキャンパスのようなたたずまいをみせる点に、外観上の特徴がある。おそらくわが国戦前期までの非市街地にある小学校が持ち得た最も理想的な形態だったと考えられる。

配置計画はヴォーリズによるものに、造園家・戸野琢磨が参画していた。戸野は豊島園などを手掛けた米国帰りのランドスケープアーキテクトであって、このコラボレーションがより魅力的な景観演出に繋がったものと考えられる。校舎の南側には広大なグランドがあって、体育館やプールが配置される。校舎は当時一般的だった正面玄関部をシンボリックに塔状に取扱い、北側を片廊下とした教室配置の校舎が両横に並び、両翼部は突出して特別教室が配されるE字型平面をとる。建築スタイルとしてはモダンデザインの影響を受けたものだが、細部にはアールデコ風意匠がみられる。内部は一転して小学校らしい優しさに充ちた空間となる。それは階段親柱や手摺上に置かれた兎と亀の金属彫刻に象徴される。また教室の大きさや廊下幅などの数値は公立小学校のものよりも余裕があって、ゆったりとした空間の出現に繋がった。ヴォーリズの学校建築を代表する一つと捉えることが可能だろう。

5　昭和一〇年代の鉄筋コンクリート造校舎

本章では、以上の考察により次のような知見が得られた。

京都市の小学校では室戸台風（昭和九年）の復興ということで、昭和一一年（一九三六）から昭和一四年（一九三九）の間に七九校の鉄筋コンクリート造建築がつくられた。新設された学校八校を含めると、八七校となる。その内訳は五八校で校舎を完成させ、四五校で講堂兼雨天体操場を完成させていた。室戸台風復興事業の小学校に関する内容の中心は校舎の鉄筋コンクリート造化にあった。

ここでの校舎復興事業の財源は政府の低利資金によるものが多かったが、校舎の建設事業は学区が主体であったため、工費の多くを学区債や学区内での寄付金に求めるケースもあった。

また、学区制度廃止の問題が鉄筋コンクリート造への改築を促進させた一面もある。この時期には学区側の財政事情から、学区制度廃止の可能性が高まっていた。廃止されれば、従来のように学区が主体の校舎建築は不可能になると予測された。そのことを見越し、財政面で富裕な学区を中心に改築が行われたと考えられる。

この間の小学校の設計は一貫し、京都市営繕組織が担っていた。復興のために営繕組織は拡充され、高等教育を受けた技術者が増加し、小学校を専門に担当する第二技術課が設置される。

この時期の特徴としては、設計の規格化が進展し昭和九年（一九三四）までの校舎と比べると、階高を中心に規格化が行われていたことが窺える。

意匠面についてはこの時期には一般的に意匠上装飾を排除する傾向にあったが、京都市小学校では外観上で二つの特徴がみられる。一つは柱型を強調するもの、もう一つは外装材として、タイルが使用されるものであった。

注

（1）浅山市長の業績を記したもので、浅山が市長在任時の京都市秘書課長で、のちに京都市第一助役になる夏秋義太郎が編纂および発行を行っていた。昭和一三年三月一〇日に刊行されている。夏秋は明治二二年に三重県生まれの京都大法学部出身者で、当時最も浅山の近くにいた人物であった。この著書のなかに、「風害校舎の復旧並之に伴う復興建築進捗状況調」という一覧表がある。このリストには昭和一一年八月末までの校舎建設状況について、各校別に建築面積、工事費、構造などが記されており、その内容については、筆者が調査した各小学校沿革史の記述内容とほぼ合致するため、このデータの内容はほぼ正しいと判断できる。すなわち、このリストのデータについてはきわめて一次史料に近いものと考えられる。

（2）建築学会編集によるもので、昭和一二年一月以降に竣工のものについて、竣工年月日、工事費、構造、施工者などの情報が記載されている。なお、ここでは昭和一三年版、昭和一四年版、昭和一五年版を用い、各小学校沿革史の記述内容と照らし合わせを行い、その内容の裏づけおよび補足を行った。ただし、ここに記載されたデータについては、復旧工事と復興工事とに分けて記載されていないため、建築面積、延床面積、工費などは併せた数値となっている。

（3）京都市教育委員会施設課所蔵によるもので現存校舎についてのデータが詳しい。

（4）筆者は京都市営繕課に所蔵の、竣工時の図面の閲覧を行った。

（5）筆者は昭和戦前期に京都市営繕課に在職した建築技術者の竹川重治、小川喜一郎、平田善造、井津定雄に対して、平成六年から平成一〇年にかけて、聞き取り調査を複数回にわたり行っている。そこでは証言内容の正確さを期するために、証言内容の照合を行い、複数の証言の得られた内容についてのみ、採用している。具体的には四人に対し、標準設計の有無や外観意匠の決定の方法など設計方法について、実際にはどのような状況であったのかを御教示願った。ただし、証言が得られた四人の技術者は昭和戦前期には技手であった竹川を除いては、他の三人は技術雇いであり、設計の全体を把握する見識はなかったとみられるので、資料的な限界は否めない。なお証言が得られた技術者の経歴を以下に簡単に記す。

＊竹川は、名古屋高等工業学校を昭和一〇年に卒業後、先輩の安立糺の紹介で昭和一一年八月に京都市営繕課に入り、鉄筋コンクリート造としては錦林校の現場を担当し、木造としては鷹峰小学校と音羽小学校の設計と現場を担当し、昭和一五年の退職までほぼ四年間在職していた。その後大阪市役所に入る。

＊小川は、京都第一工業学校を昭和七年に卒業し、昭和一〇年九月に京都市営繕課に入り、伏見第一小学校、伏見第二小学校の現場を担当する。昭和二二年に退職後、東畑建築事務所に入所する。
＊平田は、明治四三年生まれ、昭和一一年四月京都市営繕課に入り生祥小学校や京極小学校の雨天体操場の現場を担当する。昭和四〇年に退職後、長岡京市役所に入る。
＊井津は、昭和八年京都第一工業学校を卒業し、昭和一五年五月に京都市役所営繕課に入り、朱雀第二、朱雀第四、格致の各小学校のいずれも木造校舎の現場を担当する。

(6) 新設の小学校は昭和一〇年四月に完成する陶化第三と淳和第二、昭和一一年七月に完成の九条第三、同年九月に完成の太秦第二と第三室町、昭和一二年四月に完成の深草第四と朱雀第八と七条第三の八校があり、いずれも校舎は木造であったが、屋内体操場は鉄筋コンクリート造であった。前掲注（4）参照。

(7) 理由としては日中戦争の影響で、鋼材などの使用制限が開始されたことに加え、大蔵省の起債制限があった。それらの経緯は中央部の学区でありながら、鉄筋コンクリート造建築を昭和一〇年代に建設できなかった格致小学校の沿革史に詳しい。

(8) 和田甲一「京都市内の風害建築物に就て」『建築と社会』第一七輯第一一号、昭和九年一一月や、『京都市風害誌』京都市役所、昭和一〇年、に詳しい。

(9) 昭和六年までに京都市域になっていた学区の多くは、昭和九年までに鉄筋コンクリート造校舎を建設していたことで被害は軽微なものであった。前掲注（1）による。

(10) 前掲注（8）の和田甲一「京都市内の風害建築物に就て」による。

(11) 川島智生「大正昭和戦前期の神戸市における鉄筋コンクリート造小学校の成立とその特徴について」『日本建築学会計画系論文集』第五一四号、日本建築学会、平成一〇年、参照。

(12) 前掲注（1）『浅山市長と其の事蹟』による。

(13) 京都市での復旧・復興事業では予算の関係で、同一の小学校のなかで、鉄筋コンクリート造と木造が併用され建てられるケースが多く、二四校で確認される。また、すべての建設が木造によって行われるケースも成逸小学校など七校で確認される。

(14)前掲注(1)『浅山市長と其の事蹟』による。

(15)『京都日出新聞』昭和一〇年一月一二日付、による。この数値は前述の『浅山市長と其の事蹟』のなかでの記述とほぼ一致する。

(16)『京都日出新聞』昭和九年九月二四日付、による。

(17)なお、この文書がいつ作成されたのかについては、奥付など、作成年月日を示す記述がないので詳細は不明であるが、記述のなかに昭和九年一二月九日、学第三七七三号の京都府学務部長通牒に準じ施工する、とあり、その内容は学校復旧に対する市の補助や政府の低利資金割当などを報じた『京都日出新聞』の昭和九年一二月二八日の記事の内容とほぼ一致することから、昭和九年一二月頃につくられていたものと判断できる。旧開智小学校所蔵。

(18)一階の建坪あたりの工費と二階の建坪あたりの工事をあわせた数値とみられる。

(19)前掲注(1)『浅山市長と其の事蹟』による。『京都日出新聞』昭和九年一二月一四日付、にもこのように呼称が用いられた。

(20)昭和九年一二月九日、学第三七七三号京都府学務部通牒、による。

(21)朱雀学区は三校、錦林学区は三校、大内学区は二校、一橋学区は二校、伏見学区は二校、の合計一二校が鉄筋コンクリート造でつくられた。

(22)前掲注(1)『浅山市長と其の事蹟』によると、復旧・復興事業とは直接関連しない増改築事業として、龍池、乾、日彰、北白川、大内第二、一橋第三の各校で建設が行われていた。また、西陣、竹間、銅駝、稚松の各校についての記載は『浅山市長と其の事蹟』では確認できなかったが、増改築による建設事業であったものと考えられる。

(23)詳しい史料が見出せた生祥小学校では、「昭和九年一〇月・学校建築ニ関スル書類・生祥学区」によると、建築委員会は総務部、会計部、建設工事部、設備工事部、内部設備部、庶務部の六部より構成され、計四二名の建築委員がいた。また乾校では、『乾百年史』によれば、一一六名の建築委員がいた。このように京都市の小学校では建築委員会が建設の際に結成されていたことも特徴と考えられる。

(24)創立百周年記念に刊行されたもので、昭和四五年に乾小学校の教員らをメンバーとする編集委員会によってつくられた。

(25)『昭和十年国勢調査・京都市記録』京都市臨時国勢調査部、京都市役所、昭和一一年三月、による。

(26)「待賢校改築趣意書」は日待賢校に、「生祥校改築趣意書」は旧生祥小学校にそれぞれ所蔵。
(27) 前掲注(25)による。
(28) 前掲注(25)による。
(29)『京都日出新聞』昭和一〇年一月一三日付、による。
(30) 財政的に富裕な学区では鉄筋コンクリート造の校舎が多かったため被害は少なく、貧窮する学区では木造の老朽校舎が多かったことで被害は著しいものがあった。『京都日出新聞』昭和九年九月二一日付、の社説には「倒壊校の様式は耐風力の脆弱な木造建築」であったとし、財力に乏しい学区に多く、一方で財政的に富裕な学区では「ホテル学校といわれるほど完備した耐震耐風建築が善美堅牢を誇っている」と記し、学区制度の弊害を論じていた。
(31) 川島智生「大正期大阪市における鉄筋コンクリート造小学校の成立と学区制度との関連について」『日本建築学会計画系論文集』第四八六号、日本建築学会、一九九六年で詳しく記した。
(32) 乾校を事例にみれば、木造校舎のみであったが、室戸台風による被害がほとんどなかったため、政府による低利資金の割り当てはなかった。にもかかわらず、近い将来に学区制度廃止案が成立すれば、学区経費は市が負担するであろうから、学区債という京都市からの借入金は全額返す必要がなくなるであろうと予測がなされ、京都市から金を借りることで鉄筋コンクリート造に改築を行った。詳しく前掲注(23)『乾百年史』による。
(33)「改築趣意書」の発見できた生祥校を事例にみると、学区制度が一旦廃止されたならば、「本学区のみが特殊の便宜を以って大改築」を行うことは以後、不可能となるので、「この時期を失するは誠に悔を百代に残すことになりはしないか」という危惧によって、鉄筋コンクリート造への改築が促進されたという側面を指摘できる。
(34)「現場監督員心得」京都市営繕課、昭和二年三月、による。
(35) 前掲注(8)『京都市風害誌』京都市役所、昭和一〇年三月、による。
(36) 川島智生「大正期大阪市の鉄筋コンクリート造小学校の成立と民間建築家との関連について」『日本建築学会計画系論文集』第四八九号、日本建築学会、一九九六年で詳しく記した。
(37)『京都日出新聞』昭和九年九月二三日付、による。
(38)「平安倶楽部員名簿　府京都市職員録」平安倶楽部、昭和一〇年、による。

(39) 昭和八年に京都帝大建築科を卒業する。卒業計画は小学校の設計であった。

(40) 川島智生「大正昭和戦前期の京都市における鉄筋コンクリート造小学校建築の成立とその特徴について——大正一二年から昭和九年までの間」『日本建築学会計画系論文集』第五〇八号、日本建築学会、平成一〇年で詳しく経歴を説明した。

(41) 第二技術課は教育部と電気局の、所管の建築の設計を行う部署であったが、この時期は電気局所管の建物は少なく、多くが小学校であったようだ。

(42) 昭和二年に京都帝大建築科を卒業し、昭和一二年四月に京都市に入る。

(43) 前掲注(5)参照。

(44) 野島安太郎(昭和五年京大)、佐々木米次郎(昭和八年京大)、芳山保蔵(昭和一〇年東大)、藤谷茂二郎(昭和二年京大)などの京大や東大を卒業した技術者が行うことが多かったようだ。筆者が行った聞き取り調査では、このことに関して複数の証言が得られている。

(45) 前掲注(5)の平田善造に対する、筆者の聞き取りによれば、営繕課の小学校に対する設計態度には、富裕な学区のものと、そうでない学区のものとの間に差異があり、その背景には、工事のコストの差があった。富裕な学区の小学校の改築に際し、営繕課長みずからが図面をチェックするということもあったようだ。

(46) 前掲注(5)参照。

(47) 京都市は昭和二〇年までの行政文書については、京都市総務局文書課にマイクロフィルムで保管しており、その内容は行政簿目録によって知ることができる。だが、昭和九年以降、昭和二〇年までの小学校校舎の設計に関する書類は一切含まれておらず、標準化や規格化が行われていたかどうかについては確証はとれない。また、当時営繕課に在職した建築技術者の証言によれば、木造についての標準図はあったが、鉄筋コンクリート造にはなく、学区側の要望によって決定される側面が多かったようだ。

(48) 生祥、小川、郁文、の三小学校。

(49) 同様な事象は、大阪市の復興小学校においてもみられた。川島智生「昭和戦前期の大阪市における小学校建築の研究」『近代日本における小学校建築の研究』京都工芸繊維大学博士論文、平成一〇年参照。

(50) 「生祥尋常小学校・工事概要」昭和一五年一一月、による。

(51)「学校建築ニ関スル書類」生洋学区、昭和九年一〇月、による。
(52) 該当しない事例として、弥栄、修道、下鴨、北白川の各校があり、そこでは風致地区など地域の特性を配慮した意匠（スパニッシュ瓦の庇、鉄筋コンクリートによる持送り）が表現されていた。
(53) 構造上の柱の外側に付くものであるが、その外側に明らかに化粧上の付柱が付くもので、典型例として出水小学校があり、そこでは三角形状の付柱が付き、タイル貼りとなる。
(54) 生祥、日彰、小川、出水、醒泉、階山、などの各小学校は富裕な学区に位置する傾向があり、同時に中央部に位置する学区の小学校であった。
(55) 複数の学校における竣工時の玄関部廻りの立面図や写真から判断できる。
(56) 昭和一一年八月に竣工した室町小学校や醒泉小学校から始まる。
(57) 昭和一二年の錦林校以降に始まり、仁和、有隣、乾隆、六原、の各小学校が挙げられる。
(58) 前掲注(51)「学校建築ニ関スル書類」によると「外壁は全面タイル貼り」と営繕課に要望を出していた。
(59) 前掲注(5)の聞き取り調査による。
(60) 船場小学校（大阪市で最初の鉄筋コンクリート造校舎）、道仁小学校でともに白色のタイルをファサードに使用していた。竣工時の写真より判明する。
(61) 川島智生「昭和戦前期の大阪市における小学校建築の研究——臨時校園建設所の組織とその建築について」『建築史学』第三一号、平成一〇年。
(62) 復興小学校研究会編『図面で見る復興小学校——現存する戦前につくられた東京市の鉄筋コンクリート造小学校』復興小学校研究会、平成二六年。
(63) 川島智生「『関西大風水害』復校小学校の建築　木造から鉄筋コンクリート造へ——大阪府守口市の事例」『季刊文教施設』第四七号、平成二四年。
(64) 川島智生「函館市小中学校校舎の建築学——一九三〇年代の鉄筋コンクリート造復興校舎」『季刊文教施設』第三〇号、平成二〇年。

表 4－1　京都市の復興小学校竣工一覧

	学校名	行政区	竣工年	建設事業				復旧工事（1期工事）							復興工事（2期工事）							建築内容			
				復旧	復興	新設	増改築	建築面積（㎡）	延床面積（㎡）	建設形態 校舎	建設形態 講堂	階数	工事費（百円）	割当金（百円）	竣工年	建築面積（㎡）	延床面積（㎡）	建設形態 校舎	建設形態 講堂	階数	工事費（百円）	外壁の類型	タイルの使用箇所	施工者	現存
昭和10年2校	山王（陶化第三）	南	10. 4			○			*4138	W	○		*766												×
	山ノ内（淳和第二）	右京	10. 4			○			*2633	W	○		*1052												×
昭和11年42校	楽只	上京	11. 4	○	○			333	333		○	1	220	220		135	270	W		2	124				×
	桂	右京	11. 5	○	○			333	333	W	○	1		493	11. 5	561	1122	W		2	517				×
	第三錦林	左京	11. 5	○				429	429		○	1	286	※ 1858											×
	九条塔南（九条第三）	南	11. 7			○			*1402	W	○		*804												×
	勧修	山科	11. 6	○				333	333	W	○	1	*946	946											×
	山階	山科	11. 6	○	○			372	1115	○		3	676	676		673	1346	W		2	536	A	なし		○
	上鳥羽	南	11. 6	○				363	363	○ W	○	1	*614	614											×
	有済	左京	11. 7	○	○			367	1099	○		3	666	666	12. 6	581	1742	○		3		A	なし	松村組	○
	下鳥羽	伏見	11. 7	○				264	264	W	○	1	*536	536											×
	陶化	南	11. 7	○				248	495	○ W		2	*826	826								A			×
	植柳	下京	11. 7	○				616	1056	W	○	1	*504	504									柱型		○
	御室	右京	11. 7	○	○			429	429		○	1	286	286		244	488	W		2	217				×
	松尾	右京	11. 7	○	○			330	330	W	○	1	*436	436	12. 7	219	439	W		2					×
	崇仁	下京	11. 7	○				215	429	○ W		2	*332	332											×
	第三室町	上京	11. 7			○			*1640	W	○	1	*922												×
	室町	上京	11. 8	○	○			1144	3432	○		3	2080	2080	11.11							A	柱型桁行		×
	醍醐	山科	11. 8	○				333	333	W	○	1	*448	448											×
	松ケ崎	左京	11. 8	○	○			132	264	○		2	160	160		114	228	W		2	79	C	なし		×
	粟田	東山	11. 8	○	○			490	1469	○		3	910	910	12. 3	294	883	○		3	1250	A	なし	大倉土木	○
	醒泉	下京	11. 8	○	○			700	1271	○	○	3	818	818	13. 8	593	1778	○		3	464	C	柱型		○
	衣笠	上京	11. 8	○	○			550	1650	○		3	1000	1000	12. 7			○				C	なし	清水組	×
	安井（太秦第二）	右京	11. 8			○			*2187	W	○	1	1530												×
	朱雀第一	中京	11. 8	○				817	2452	○		3	1486	※ 3458								C		清水組	×
	朱雀第二	中京	11. 8	○				639	1917	○		3	1162	※ 3458								A	なし	清水組	×
	朱雀第三	中京	11. 8	○				446	1337	○		3	810	※ 3458								C	なし	清水組	×
	梅逕	下京	11. 8	○				372	1115	○		3	676	676								A	なし		○
	出雲路	上京	11. 8	○	○			264	264	W	○	1	*344	344		121	241	W		2	102				×
	待鳳	上京	11. 8	○	○			429	429		○	1	286	286		1600	3191	W		2	1290				×
	九条	南	11. 9	○	○			550	1650	○	○	3	1000	1000	12.12	362	1086	W		3	1007	A	階段室外壁	清水組	×
	向島	伏見	11. 9	○	○			132	264	○ W		2	*424	424		149	297	○ W		2	*343	B	なし		×
	月輪	東山	11. 9	○	○			430	2480	○		3	1404	※ 1776								B	なし		○
	新道	東山	11.10	○	○			639	1917	○		3	1162	1162	12.10	755	2266	○	○	3	1596	A	1階外壁玄関	松村組	○
	富有	中京	11.10	○	○			561	1686	○	○	3	1040	1040	13. 3	1460	4380	○		3	811	C	柱型正面壁		×
	西院（淳和第一）	右京	11.11	○	○			247	495	○		2		684		627	1254	W		2	499	A	なし		×
	初音	中京	11.11	○	○			416	416		○	1		277				W		2					×
	大宮	北	11.12	○	○			223	445	○		2		226	13. 3				○			C	なし		×
	梅津	右京	11.12	○	○			333	333		○	1	*760	594		457	914	W		2	387				×
	菊浜	下京	11.12	○				354	354		○	1	259	259											×
	朱雀第八	中京	11.12			○			*2046		○	1	*924												×
	南大内（大内第三）	南	11.12	○				427	1280	○		3	676	※ 1682								A	柱型桁部分		×
	城撰	中京	11	○				419	419		○	1	279	279											×
	第二錦林	左京	11	○				429	429		○	1	286	※ 1858											×

昭和12年33校	待賢	上京	12. 1	○	○			733	1475	○	○	3	916	916	13. 2	1260	3779	○		3	2257	B	正面壁		○
	今熊野	東山	12. 1				○	507	1522	○		3	963									A	なし		○
	光徳（大内第二）	下京	12. 1	○	○			281	842	○		3	592									C	柱型桁部分		×
	大内（大内第一）	下京	12. 2	○	○			537	1610	○	○	3	1060	※1682	12. 10	453	1360	○	○	3	849	A	なし	鈴木浅治郎	×
	深草（深草第一）	伏見	12. 2	○				728	2185	○		3	1324	※2384								B	なし		×
	稲荷（深草第二）	伏見	12. 2	○				583	1749	○		3	1060	※2384								B	なし		×
	滋野	上京	12. 2	○	○			728	2184	○		3	1324	1324	13. 6	482	1445	○		3	939	B	壁に帯状	鴻池組	○
	郁文	下京	12. 2	○	○			339	1016	○	○	3	646	646		214	643	○		3	400	B	なし	松村組	×
	納所	伏見	12. 2	○	○			132	264	○		2	*424	424		303	303		W	1	156				×
	板橋（伏見第一）	伏見	12. 3	○	○			833	1732	○	○	3	984	※1968				○	○			A	なし	増田伊三郎	×
	北白川	左京	12. 3				○	473	1419	○		3	836									A	なし		×
	養正	左京	12. 3	○	○			1254	2772	○	○	3	1710	1710	13. 3	449	1346	○		3	840	A	なし	松村組	×
	錦林	左京	12. 4	○	○			979	2079	○	○	3	1286	※1858		1189	3356	○		3	2031	B	外壁	大林組	×
	七条第三	南	12. 4			○			*2046		○	1	*894												×
	砂川（深草第四）	伏見	12. 4			○			*2570		○	1	*1241												×
	南浜（伏見第二）	伏見	12. 4	○				834	1577	○	○	3	984	※1968								A	なし		×
	竹田	南	12. 4	○					*2570	○		2	450	450								C	柱型、腰壁		×
	西陣	上京	12. 4				○	1120	3359	○		3	1460									C	正面壁	清水組	○
	龍池	中京	12. 4				○	560	1680	○		3	1062									A	なし		○
	仁和	上京	12. 5	○	○			966	1709	○	○	3	1072	1072	12. 11							A	正面外壁全面		○
	開智	中京	12. 5	○	○			347	347		○	3	231	231	13. 4	730	2189	○	○	3	377	B	なし		○
	弥栄	東山	12. 5	○	○			639	1917	○		3	1162	1162	13. 3	455	1366	○	○	3	966	B	正面階段壁	清水組	×
	下鴨	左京	12. 5	○	○			627	1155	○	○	3	722	722		1417	2834	W		2	1173	A	なし		×
	乾	中京	12. 6				○	686	2057	○		3	1020									B	なし	松村組	○
	正親	中京	12. 6	○	○			372	1115	○		3	676	676		890	2670	○		3	1551	B	正面全面	松村組	○
	横大路	南	12. 6	○				352	1056		○	1	436	436											×
	修道	東山	12. 7	○	○			451	1353	○		3	444	444	14. 9	726	2178	○ W		3	1178	A	なし		○
	有隣	下京	12. 9	○	○			448	1343	○		3	814	814	12. 9	270	809	○		3	440	B	正面壁	戸田組	○
	永松	下京	12. 9	○	○			111	333	○		3	220	220	12. 9	583	1749	○		3	1060	B	なし		×
	聚楽	上京	12. 10	○	○			238	713	○		3	432	432		237	713	○		3	538	A	1階壁		○
	六原	東山	12. 11	○	○			223	670	○		3	406	406		288	865	○		3		B	正面全面		×
	乾隆	上京	12.	○	○			129	386		○	3	257	257	13. 4	806	2418	○		3	1830	A	正面壁		×
	嘉楽	上京	12.	○				446	446		○	3	297	297											×
昭和13年8校	出水	上京	13. 2	○	○			635	1904	○	○	3	1470	1470	14. 3	1021	3062	○		3	1802	C	柱型	鹿島	×
	竹間	中京	13. 4				○	1459	4377	○		3										C	なし		×
	日彰	中京	13. 4				○	900	2700	○		3	1420		14. 9			○		3		C	柱型、桁、壁	清水組	×
	銅駝	中京	13. 7				○	1313	3940	○		3										B	なし		○
	京極	上京	13. 7	○	○			741	2222	○	○	3	797	797		288	864	○		3	544	C	なし		○
	生祥	中京	13. 10	○	○			421	1264	○		3	768	768		1494	4305	○	○		3864	C	正面全面	清水組	○
	小川	上京	13. 11	○	○			111	333	○		3	220	220	14. 9	1521	4562	○		3	2450	C	玄関部		×
	梅屋	中京	13. 12	○				327	980	○		3	594	594								A	なし		×
昭和14年2校	稚松	下京	14. 3				○	130	390	○		3										C	なし		×
	皆山	下京	14. 8	○	○			372	1115	○	○	3	676	676		920	2760			3		C	柱型・桁部分	辰巳松五郎	×
合計87校																								現存計23校	

（出典）各小学校の沿革史，『浅山市長其の事蹟』，『建築年鑑』，「京都市小学校施設台帳」などによる。

「割当金」とは政府による低金利資金を示し，割当金の中の ※ は同一の学区内で複数の学校があったために，各学校単位では金額が特定できなかったものを表す。

建設形態の W は木造を表す。延床面積の * と工事費の * は鉄筋コンクリート造と木造の区分ができなかったもので，両方をあわせた数値を記入している。

建設事業の項目の増改築，新設は便宜上，復旧工事（1期工事）の中で明記している。

建築内容の項目の外壁の類型の A は平滑なファサード，B は庇と窓台のあるファサード，C は柱型をみせるファサード，を示したもので，図 4-6 の内容に呼応している。現存については，平成 27 年 1 月 1 日現在のものである。

表4－2　室戸台風による校舎倒壊一覧

校　名	建築物		備　考
	構　造	建築年代	
西陣校	木造2階建教室	明治41年	児童41人死亡
醒泉校	木造平屋講堂	大正3年	
大内第三校	木造2階建教室	大正13年	児童5人死亡
吉祥院校	木造2階建教室	大正10年	
横大路校	木造2階建教室	昭和4年	
上鳥羽校	木造2階建教室・木造平屋建講堂	大正3年	
一橋第二校	木造2階建教室	大正13年	
勧修寺校	木造2階建教室	明治37年	
淳和校	木造2階建教室	昭和2年	教員1人児童31人死亡
梅津校	木造2階建教室・木造平屋教室・講堂	大正9年・昭和5年	
下鳥羽校	木造2階建教室	昭和4年	児童18人死亡
向島校	木造平屋建教室	昭和2年	教員2人児童14人死亡

（出典）京都市内倒壊小学校調査表「京都市内の風害建築物に就て」『建築と社会』第17-11号，昭和9年11月，を元に筆者が加筆。

表4－3　京都市営繕課・設計者一覧

氏　名	在職期間	最終学歴	設計担当小学校	職位
仁張一郎	S5 － S18	神戸高工S5	山王*，郁文，雀朱第二，生祥	技手
芳山保蔵	S10 － S41	東京大S10	乾，龍池，富有	技手
八戸高峰	S8 －	早稲田大S3	新洞，大内第一，仁和	技手
和田卯吉	S6 －	日大高工S6	大内第三，錦林，有済	技手
日比義雄			新道，滋野，聚楽	技手
新井愼治	S6 －	日大高工	深草，植柳*，待賢，京極	技手
藤井吉三郎	－ S43		梅屋，深草第二，乾隆	技術雇
岡本賢次	S6 －	京都一工	九条*，深草第四*，大宮*	技術雇
小池太郎	S7 － S36	神戸高工S7	今熊野，有隣	技手
布袋眞平	S8 － S39	東京工大S8	日影，富有	技手
山口　正	S7 －	神戸高工S7	光徳，出水	技手
草木成一	－ S13		粟田，衣笠	
讃井安親		日大高工	醍泉，開智	
神崎宗夫			朱雀第一，朱雀第三	技手
増谷円之助	S7 －	神戸高工S7	永松	技手
山本哲二	S8 －	早稲田大S8	伏見南浜	技手
俣野徳一	S4 － S16	京都一工S4	山階	技術雇
倉森武雄			弥栄	
野村仁一			皆山	
深川			九条	
溝口　迪			室町	技手
土井健太郎	S1 － S36	高松工芸T13	京極	技手
松尾			正親	
枝吉徳蔵			小川	技術雇
谷口　董	S9 －	京都一工S7	淳和	技術雇
25名			49校	

（備考）＊は雨天体操場を表す。京都市営繕課所蔵の設計図より判明したもの。
記載は設計担当小学校数が多い順に並べている。

第五章　小学校をつくった建築家像

第一章から第四章まで時代ごとに校舎の設計者をみてきたが、本章の第一節ではまず通史的な整理を行い、設計を担った京都市営繕組織の変遷ならびに建築活動を位置づける。第二節では主だった建築技術者の経歴から活動を辿り、その意義を検証する。第三節は小学校設計担当技師だった川村秀介の回顧録の建築的解読を行い、詳細な実態を示す。第四節は京都市営繕組織と他の市役所営繕組織との比較を行う。第五節は小結を述べる。

1　京都市営繕組織の沿革と建築活動

（1）小学校の設計者の変遷

明治初期には京都市営繕組織は設けられておらず、佐々木岩次郎のような堂宮大工の棟梁の周囲にいた建築技術者によって設計が行われていたものと判断できる。明治三一年（一八九八）の市役所開庁時（一〇月一五日）には営繕掛が設置され、その翌明治三二年以降は小学校の設計を行っており、明治後期に至ると仕事の過半が小学校の増改築の建設事業であった。この時期には京都市営繕組織に所属する技術者に加え、大工棟梁の系譜に位置づけられる建築技術者による設計も継続して行われており、また京都府営繕組織の技術者が設計を行うケースがあったことも判明している。

京都市営繕組織に一元的に委ねられたのは、それまでの工務課建築係から建築課が独立した大正九年（一九二〇）以降とみられる。ただし大正一〇年の本能小学校の建設経緯にみられるように、学区側で設計の試案を依頼していたケースもあるので、必ずしも基本設計の段階から関与していたとはいえないが、実際の設計ならびに現場監理は京都市建築課が行っていたものと判断できる。三橋国太郎が課長に赴任した大正一五年（一九二六）以降は完璧に京都市建築課が一切の設計を担う体制になる。このシステムは昭和二〇年代後半まで続くことになる。[1]

（2）営繕組織の変遷

京都市の営繕組織は、明治三一年の市役所開庁時に設置された第二部が始点と考えられる。沿革については表5－1に示したが、明治三八年（一九〇五）四月一日以降は第二部のなかに工務課が設置され、そこで小学校の設計が行われていた。大正九年七月七日には建築課が独立する。昭和四年（一九二九）四月には営繕課に名称を変更する。昭和七年（一九三二）六月にはいったん営繕課は廃止されるが、翌昭和八年五月には復活する。昭和一三年（一九三八）四月一日には営繕課は営繕部に昇格し、営繕部には第一技術課と第二技術課の二課が設置される。前者は「其ノ他ノ部局」、後者は「教育部」と「電気局」の仕事を担当することになる。すなわち、第二技術課が主に小学校の設計を担当する部署であった。昭和一七年（一九四二）一〇月には施設局管財部営繕課と改称される。

京都市の営繕組織の人員数の推移については表5－2に示した。明治三二年（一八九九）の時点で営繕掛は一名の技師と二名の技手であり、京都府技師と兼務した松室重光が技師を務め、明治三五年の時点では植村常吉が技師となる。組織陣容としては技師が一名で、技手が二名の体制であったが、大正期に入ると増員があり、建築課が誕生した大正九年（一九二〇）には技師数は二名で総員十余名となる。

鉄筋コンクリート造という高等教育を受けていなければ設計できない建造物を京都市営繕組織が手がけるようになるのは、後述する安立糺が大正元年（一九一二）に京都市工務課建築掛に入って以来である。安立は最初の高等教育を受けた建築技術者であった。安立の体制下で大正一二年（一九二三）には技師数は三名となり、この時期には技手やその下の技術雇の数が急増していた。大正一三年夏には市庁舎建設をめぐって疑獄事件が起き、建築課長の安立糺は辞めることになり、その後任に井尻良雄が課長に就任した。

大正九年から昭和二年（一九二七）までの八年間は史料的な制約もあって、課内の具体的な人員数は判明しないが、技師の定員数から類推すれば、大正一二年の時点で建築課の技術者陣容はほぼ昭和三年（一九二八）の体制に近いものになっていたと考えられる。昭和三年では技師は四名、技手は一八名、その下の雇は三名、さらにその下の職位技術雇は一七名、嘱託の技手が一名、合計四三名からなる組織になっていた。八年前の建築課誕生時と比べ、人員では約四倍の規模になっていた。この体制は風水害復興事業で技手を大幅に増員する昭和一〇年（一九三五）まで続くことになる。

昭和一〇年から一二年にかけては、復興校舎の建設事業で営繕課はこれまでにない仕事量を抱え、竣工工事件数ならびに竣工工事高はピークに達する。昭和一二年には営繕課内の技術者数も五四名となる。昭和戦前期における京都市営繕組織の最盛期はおそらくはこの時期にあったものと判断できる。

昭和一三年（一九三八）には営繕課は営繕部に昇格するものの、この年から翌昭和一四年にかけて、満州国の営繕組織に課員一四名が移籍した。昭和一七年（一九四二）には営繕部は営繕課と組織改称し縮小された。この年三橋国太郎課長が退職し、その後を川村秀介が就任するものの、川村も昭和一八年に退職した。ただこの年の技師は八名、技手は二九名、雇三名、技術雇は一五名となり、技術雇の数が減少するものの、組織陣容としては大きく変わっていなかった。

営繕組織の技術者の学歴をみると、安立糺が高等教育を受けた最初の建築技術者であり、その関係で大正九年以降、主に名古屋高等工業学校の卒業生が毎年入っていた。なかには京都高等工芸学校図案科の卒業生もいた。大正一四年からは新設された京都帝国大学の卒業生も入るようになる。また昭和五年（一九三〇）以降、大学や高等工業学校を卒業した技術者が急増していた。神戸高等工業学校や東京工業大学や早稲田大学、日本大学、東京帝国大学などからも卒業生が入った。一方で中等教育では、各地の県立や市立の工業学校、(2)早稲田工手学校などの卒業生が入る。また大正一三年（一九二四）には京都市立第一工業学校(3)に建築科が新設され、第一回卒業生が出る昭和二年以降、一年に何人もの卒業生が入ることになった。さらに京都市には明治四〇年（一九〇七）創立の私立京都工学校があり、建築科を有していたことから卒業生が入っていた可能性もある。課員で一番多かったのは全国各地の工業学校の卒業生であった。

昭和戦前期の技術者陣容を俯瞰すると、課長や技師などの幹部技術者の顔ぶれにあまり変化がなかったことで、安定した組織体制が築けたと位置づけることができる。

（3）営繕組織の建築作品

今では想像することもできないが、明治後期から昭和中期までの大都市自治体営繕組織はその自治体所管の造営物の建築設計を一挙に担っており、設計された建築物には時代を画するような名建築もあって、その存在感は大きかった。一方戦前期まで民間建築事務所は数が少なく、その設計はもっぱら民間建築物に限定されていた。つまりそこには明確な棲み分けができており、現在のように自治体営繕組織は仕事を外注に出すことはなかった。その組織はあらゆる設計に対処できる優れた技術者集団であって、今後のモデルとなるような建築をその都市に造るという意志がそこにはあったと思われる。その結果、出来上がった建物は簡素な四角い箱だけではなく、古典的なスタイルからモダンデザインの建築まで、多彩なものになった。

京都市営繕組織もまたそのような建築作品を昭和戦前期までは幾つも造りあげていた。そのことを象徴するものとして京都市庁舎が挙げられるが、市内各所に現在も残る戦前期の鉄筋コンクリート造小学校校舎も、営繕組織が総力をあげて設計した建造物である。京都市だけではなく、どの大都市自治体の営繕組織も仕事の過半は小学校の建設事業であって、とりわけ大正後期から昭和戦前期には校舎の鉄筋コンクリート造化が進展し、数多くの小学校を一挙に鉄筋コンクリート造にすることが責務となり、前述したように高等教育を受けた優秀な建築技術者を擁することにつながった。

京都市営繕組織が造りあげた建造物をみていく。主だった建築物を年代別にまとめたものが、表5－4である。建築類型で分ければ、市役所や区役所などの庁舎、公会堂や美術館、図書館などの文化施設、病院や火葬場などの保健衛生施設、小学校などの教育施設、中央卸売市場や公設市場などの商業施設、市営住宅などの生宅施設、浄水場や変電所などの産業施設、博覧会場などからなる。

このなかで記念碑性が高い市庁舎と美術館の二つについては、営繕組織の関与は実施設計と現場監理の実務面にとどまり、基本設計やファサードのデザインなどは外部の手に委ねられていた。前者は京都帝国大学教授の武田五一の設計で、後者はコンペティションの入選作を原案として実施設計が行われ、審査委員長・伊東忠太の意向が強く反映された。

数量の上で記念碑性建築の対極に位置したのが、市内各所に点在した小学校校舎であり、鉄筋コンクリート造だけではなく木造校舎も数多く建てられていた。表5－4には代表的な小学校を載せただけで、実際はここに挙げた数の数倍はあった（第三章の表3－3で詳細に示している）。スタイルとしては学区側の強い要望でモダンデザインなどの影響による派手さはなかったが、一方で和風にも通ずる「東洋趣味」の意匠が鉄筋コンクリート造に取り入れられており、京都市の小学校特有のスタイルの誕生につながったものと考えられる。

写真5－1　絵画専門学校

学区が経営した小学校ではない、いわゆる京都市直轄の学校施設をみる。絵画専門学校兼美術工芸学校（写真5－1）の校舎は大正一五年（一九二六）に竣工し、現存する京都市造営物の中で最も古い鉄筋コンクリート造建造物である。高等教育機関は一校だけであったが、京都市では実業教育に関する中等教育機関を多数経営しており、その中で鉄筋コンクリート造の校舎を有したのは、第一工業学校（現洛陽工業高等学校）、第一商業学校、第二商業学校、第三商業学校、四条商業学校があり、女学校としては堀川高等女学校と二条高等女学校の二校の、計七校で鉄筋コンクリート造化が終えられていた。

また京都市内には学区の経営ではなく、京都市が直営で経営していた高等小学校が三校あり、ここに挙げた第三高等小学校（写真5－3）は次節で詳述する加茂松之助

写真５－２　京都市立第一商業学校（昭和５年）

写真５－３　第三高等小学校

が設計と現場を担当していた。

これら直轄学校の建築スタイルは学区による小学校の建築スタイルと共通面も多く、大正期の絵画専門学校兼美術工芸学校ではセセッションの影響が色濃く、昭和六年に竣工の第一商業学校ではドイツ表現派とアールデコの両方に通じ合う意匠の塔屋を有し、昭和一三年（一九三八）に完成の第三高等小学校では庇と窓台によるシンプルなスタイルを示した。

（４）委託事業としての小学校建設

京都市営繕課の仕事の過半を占めた小学校建設は京都市からの直轄事業ではなく、学区を通した営繕課への委託事業であった。つまり京都市内の小学校は学区制が廃止される昭和一六年（一九四二）までは、正確にいえば京都市立小学校ではなく、実態としては各学区立の小学校であった。学区が建築内容をはじめ工費など建設に関わる一切を取り仕切っており、第三章で論じたように「各学区は営繕課を手古摺らして居る」という状況に及んでいた。

そのことは営繕課が昭和二年三月[10]に作製した「現場監督員心得[11]」の第一三条に、「学区其ノ他委託工事」と明記されていたことからも窺える。つまり「学区」という、京都市とは別の団体からの委託事業であったのだ。

また昭和四年に営繕課長名で作成された「各現場監督員　各位[12]」という書類では学区の小学校建設事業に立ち会う際の注意点が記してあり、ここからは各学区が主体となって課員をもてなし、より丁寧な工事を行ってもらおうとしていたことが読み取れる。営繕組織と学区委託事業との関連性が分かるので、以下にその一文を示す。

「本市各小学校ノ建築工事監督ニ従事スル者ガ　工事竣功其他ニ際シ　各学区ヨリ金品其他贈與給與受クル事往々有之ヤニ聞キ及ヒ居ルガ　自今如斯事ハ其名稱ノ如何ヲ問ハズ　必ズ之ガ收受ハ上司ノ指揮ニ従ハルベシ現ニ晝食支給ヲ受ク或ハ當時的ニ何等カノ手當ヲ支給セラレオルモノ有ラバ　即刻之レヲ辞退致サルベシ　右ハ既ニ各自ノ常識的判断ニマツベキニ　尚ホ舊慣ニ囚ハレオルモノ一二見聞スルヲ遺憾トス　故ニ自今嚴ニ戒メラレタシ」

2　主な建築技術者の経歴

次に、大正から昭和戦前期に京都市営繕組織に所属した主な建築技術者の経歴をみていこう。最初に課長、次に技師、最後に技手を記す。ここで取り上げる順番は、京都市役所への着任が早い順である。

(1) 課　長

写真5-4　安立糺

(1) 安立　糺（あんりゅうただす）

福井県武生市に明治一七年（一八八四）に生まれる。明治四三年（一九一〇）に名古屋高等工業学校を第三期生として卒業する。卒業後は島根県土木課に勤務し、明治四五年（一九一二）から一年間は南海鉄道の建築技師、同大正元年（一九一二）一二月より京都市第一部工務課建築掛に勤務する。大正一桁代にどのような建築の設計に関わっていたのかは定かではないが、大正六年に外観は両側に翼部が付いた洋風建築の市庁舎が完成する。木骨構造でモルタル仕上げの建物であった。当時の工務課には高等教育を受けた建築技術者は安立ただ一人であり、設計者は不詳だが、安立が設計に関わっていた可能性が高い。同年岡崎公園に建設されたのが、和風スタイルの京都市公会堂である。こちらも安立が関わったとみられる。市庁舎も公会堂も京都二条城で執り行われた大正天皇即位の大礼の時の建物を下賜され、この部材でもって建設されたものである。

この仕事が完成した翌年の大正七年に安立は建築掛長に昇格する。この時期[13]の建築掛とは技手五名、工手三名、臨時七名の体制であり、工務課は土木掛・建築掛・地理掛・庶務掛・下水調査掛・土木調査掛・出納掛の七掛からなり、課は全体で七課からなった。工務課は大正九年に工務部になり、建築係は建築課に昇格し、初代京都市建築課長に就任した。その後大正一三年（一九二四）八月に京都市庁舎建設に関係する疑獄事件に連座し退職した。

しかし昭和二年（一九二七）一月に高等教育を受けた建築技術者が開設したものとして、京都市内では最初の民間建築事務所・安立糺建築事務所[14]を中京区御池通河原町で開設する。昭和三年から四年にかけては事務所のスタッフとして増井種次郎（大正九年卒）や平木隆吉（大正一三年卒）ら名古屋高等工業学校建築科卒業の後輩たちがいた。この時期を代表する作品としては昭和四年竣工の南座がある。南座は白波瀬工務店の設計・施工になっているが、白波瀬自身は京都映画撮影所に出入りした大工であって、同工務店には高等教育を受けた建築技術者は皆無であり、疑獄事件の影響もあって大きく名前を出せなかった安立が実際は設計を行っていた。安立はまた昭和九年に仏教専門学校（現仏教大学）の校舎を設計した。

安立は昭和三三年（一九五八）に七四歳で死去した。聖護院には安立本人が設計し、若い技術者を内弟子の形で住まわせた家が残っている。

(2) 井尻良雄

大正三年（一九一四）七月に東京帝国大学工科大学建築学科を卒業、その後京都府に勤務、大正一三年（一九二四）九月以降一二月までの間、京都市建築課長に就任し、大正一五年（一九二六）三月に退職した。この約一年半の在職期間中に、組織の責任者として建築課をどのようにリードしていたのか、またいかなる業績をあげたのかについては史料的な制約もあり定かではない。生没年ともに不明。

(3) 三橋国太郎

金沢市に明治二三年（一八九〇）に生まれ、大正五年（一九一六）七月に東京帝国大学工科大学建築学科を卒業、同年一二月大阪の鴻池組[15]に入社し、大正一〇年四月まで勤めた。大正一〇年七月に内閣都市計画地方委員会技師となり、その後都市計画神戸地方委員会技師となり、神戸に移る。同年一〇月には兵庫県から港務部其他庁舎建築事務を嘱託され、大正一三年三月から欧米各国に出張を命じられ、大正一三年三月に依願免本官となった。欧米出張の期間は定かではないが、都市計画の視察は欧米の建築を実際に見学することでもあって、この体験は三橋の美意識をより確かなものにしたと想像される。三橋は実際に小学校のタイルの色一つにしても自らで決定したと伝わっている。プライベートな設計作品は見つかっていないが、建築眼が備わっていたことは間違いない。

大正一五年八月から京都市建築課長に就任、昭和一三年四月に営繕部長、昭和一六年六月に理事となり、昭和一七年（一九四二）年六月に京都市を退職した。同年鴻池組常務取締役兼技師長となるが、昭和二〇年（一九四五）に赴任していた広島で原爆により被災し死去した。五五歳であった。一六年間にわたって京都市所管の公共建築設計の最高責任者であり、昭和戦前期の京都市営繕組織をリードした中心人物であったといえる。

写真 5 - 5　三橋国太郎

(4) 川村秀介

次節で詳述する。

(5) 枝村靖

山口県に明治三四年（一九〇一）に生まれ、大正一四年（一九二五）三月に京都帝国大学建築学科卒業後、京都市中央卸売市場臨時建設事務所へ技手として入所、昭和二年（一九二七）五月より京都市建築課嘱託となり、昭和四年（一九二九）一二月より京都市営繕課技師になった。昭和一三年

（一九三八）京都市営繕部第一技術課長に就任、昭和一六年（一九四一）に退職した。京都市には一六年間勤め、川村とともに三橋の下で技師として建築設計に尽力した。その後は住宅営団大阪支所建築部工務第一課長、昭和二二年に特別調達庁京都支局技術部長、昭和二七年に戸田組大阪支店技師長を経て、昭和四〇年（一九六五）に枝村建築事務所を開設した。

京都市時代に設計を行った建物[16]としては勧業館、東山区役所、堀川高等女学校、第一商業学校、第一工業学校、円山公園のラジオ塔などがあり、小学校としては修徳小学校の鉄筋コンクリート造校舎や西陣小学校の木造本館が判明している。私的設計活動として恩師・藤井厚二設計の住宅の現場監理を担当した。御子息の俊郎氏の証言によれば、聴竹居をはじめとする大山崎の複数にわたる実験住宅の現場を、役所勤めの合間に監理したという。その時の縁で藤井厚二の仕事を手がけた大工棟梁の酒徳に自邸の普請を委ねることになった。平成五年（一九九三）、九三歳で死去した。

(2) 技　師

(1) 寺岡謙造

明治二一年（一八八八）広島県に生まれる。大正元年（一九一二）に名古屋高等工業学校建築科を卒業した。同年より香川県土木課建築係、大正七年（一九一八）より愛媛県土木課建築係、大正八年一〇月より京都市工務課建築掛に勤務する。安立に次ぐ次席の技師であった。

一〇年間勤めて昭和四年（一九二九）一〇月に退職し、京都市上京区出雲路で建築事務所[17]を開設した。寺岡は昭和一〇年には京都の華頂女学校校舎の設計、戦後昭和二七年には華頂短期大学校舎を、昭和三二年には華頂女子高等学校の鉄筋コンクリート造の図書館の設計を行うなど、京都市建築課時代に培った手法は私立女子教育施設で華開くことになる。没年は不明。

(2)中野進一

明治三三年（一九〇〇）に浜松市に生まれ、大正一三年（一九二四）京都帝国大学建築学科卒業後、鉄道省に勤務し、半年後に退職し京都市に嘱託として勤務する。京都市役所の設計を主に担うが、竹間小学校の設計図面にはサインが読み取れる。昭和四年（一九二九）までの四年間京都市に在籍した。その後は神戸で建築事務所を営んだ。昭和二〇年[18]（一九四五）に死去した。

(3)藤谷茂二郎

昭和二年（一九二七）に京都帝国大学建築学科を卒業後、武田五一の個人助手を経て、昭和一二年（一九三七）に京都市営繕課に入る。生没年不明。

(4)寺戸常三郎

明治二五年（一八九二）に島根県に生まれ、島根県立工業学校修道館建築科を第二期生として明治四五年に卒業し、愛媛県庁建築係の勤務を経て、大正一一年（一九二二）に京都市建築課に入る。京都市美術館の工事では総監督を務めた。寺社仏閣が得意であった。昭和一五年（一九四〇）営繕部第二技術課技師に就任。防護主任を務めた。没年不明。

(5)五味圓

昭和二年（一九二七）に京都帝国大学建築学科を卒業後、昭和一五年（一九四〇）に京都市に入り、営繕部第一技術課技師となる。昭和二四年（一九四九）から伏見工業高等学校教員となり、昭和三五年（一九六〇）から創研社・五味伊藤建築事務所を大阪の建築家・伊藤貞亮と共同で主催。生没年不明。

(6)山口正

大正一四年（一九二五）に神戸高等工業学校（現神戸大学工学部）建築科を卒業し、昭和五年（一九三〇）に京都市営繕課に入った。昭和一五年（一九四〇）営繕部第一技術課技師に就任。防護主任を務めた。生没年不明。

(7)布袋眞平

明治四二年（一九〇九）に生まれ、昭和八年（一九三三）に東京工業大学建築学科を卒業、同年に京都市営繕課に入り、昭和一八年（一九四三）の時点で技師になり、戦後昭和二〇年代に営繕課長となる。昭和三四年（一九五九）には管財局長を務め、昭和三九年（一九六四）までの三〇年間勤務した。

布袋の仕事で特筆すべきは、有済小学校屋上にある望火楼の保存である。課長時代の布袋の尽力で明治初期の珍しい望火楼が残されることになった。その背景に布袋が京都の町並み保存を考え、「修景」という言葉を造語した技術者であったことを指摘しておきたい。没年は不明。

(8)佐々木米太郎

明治四二年（一九〇九）京都市に生まれ、昭和八年（一九三三）に京都帝国大学建築学科を卒業後、一年間京都帝国大学で個人助手[19]を務める。卒業設計は小学校であり、第四章にその完成予想図を示した。昭和九年（一九三四）に京都市営繕課に入り、昭和一八年（一九四三）の時点で技師になっていた。戦後昭和三四年（一九五九）には管財局住宅営繕課長を務め、昭和三九年（一九六四）までの三〇年間勤務した。最後は住宅局長であった。作品としては待賢小学校（一九三七年）がある。没年は不明。

(9)芳山保蔵

明治四四年（一九一一）和歌山県に生まれ、旧制弘前高校を経て昭和一〇年（一九三五）に東京帝国大学建築学科を卒業後、同年京都市営繕課に入った。昭和一八年（一九四三）の時点で技師になり、昭和三四年（一九五九）には住宅局建築課長を務め、昭和四一年（一九六六）までの三一年間京都市営繕組織に勤務した。その後伸和建設に勤めた。作品に富有小学校（一九三六年）がある。生没年は不明。

（3）技　手

⑴平井勇馬

平井勇馬は大正三年（一九一四）の京都府職員録に工務課建築掛の技手として名前が挙がっている。この時期、建築係には木村豊次郎を筆頭に安立や平井など五名の技手がおり、その下に三名の工手が確認される。平井の経歴[20]をみると、滋賀県大津市に明治二一年（一八八八）に生まれ、東京工手学校（現工学院大学）建築科を明治四二年（一九〇八）に卒業し、日本赤十字臨時建設事務所に勤め、明治四五年（一九一二）には東京高等工業学校建築専科を卒業している。その後京都市に入ったようだ。大正一〇年（一九二一）には大林組に入社し、新京や奉天、上海の出張所の責任者を務め、昭和一八年（一九四三）に死去した。

⑵原田修三

明治三一年（一八九八）に広島県竹原町（現竹原市）に生まれ、大正五年（一九一六）に広島県立工業学校（現県立広島工業高等学校）建築科を卒業し、広島専売支局、愛媛県工手を経て、大正八年（一九一九）には京都市臨時技手に採用される。翌月、農商務省所管陶磁器試験所（京都）新築工事設計および監督を委嘱され、大正一〇年（一九二一）より昭和六年（一九三一）まで一〇年間にわたり、京都市建築課技手を務めていた。昭和五年（一九三〇）に竣工した中立小学校（京都市上京区）の現場監理責任者として「竣工記念」にその名が確認される。

原田修三の履歴[21]によれば、大正一〇年八月と大正一一年（一九二二）八月に京都帝国大学において行われた「鉄筋混凝土強度計算施工法夏季講習」を受講していたことが判明している。当時京都帝国大学には、鉄筋コンクリー

写真5-6　久保小学校（広島）（昭和6年）

ト造に関してわが国のパイオニア的な構造学者だった日比忠彦博士がおり、鉄筋コンクリート造の構造計算法の伝授によって、鉄筋コンクリート造建築の普及活動を行っていた。高等教育を受けていない建築技術者であってもこのような講習を受けて勉強することで、構造計算が難しかった鉄筋コンクリート造の設計法の習得が求められていた。したがって中等教育しか受けていなかった原田修三は、鉄筋コンクリート造に対して十分に対処可能な技術者になっていたものと考えられる。

原田は昭和六年（一九三一）に京都市を退職し、同年八月に尾道市に入り、尾道市では最初の鉄筋コンクリート造校舎[22]の設計に関わっていた。昭和八年（一九三三）一月に竣工する久保小学校である。または昭和一一年（一九三六）四月に竣工する土堂小学校の基本設計を昭和八年八月に行っていた。この両校は現存する。尾道市には二年間勤めて、昭和八年一〇月に退職し、広島市内で建築事務所を営む。没年不明。

(3)今西嘉雅

明治三五年（一九〇二）に香川県に生まれ、大正一三年（一九二四）に名古屋高等工業学校建築科を卒業し、同年四月より昭和四年（一九二九）四月までの五年間、京都市建築課に勤務し、立誠小学校などの設計を行った。昭和四年以降は第四師団経理部工務課に勤めた。戦後は郷里に帰り、香川県立坂出工業高等学校教諭を務めた。

(4)加茂松之助

明治二九年（一八九六）京都府南桑田郡旭村（現亀岡市）に生まれ、旭尋常小学校（現亀岡市立川東小学校）を明治四一年（一九〇八）に卒業し、上京し大正一〇年（一九二一）二月に早稲田工手学校建築科を卒業した。第一九回卒業生であった。卒業した加茂は同校の講師だった小倉強の推薦で新橋演舞場の建設を担当していた松井組東京出張所に就職する。松井組東京出張所は伊東忠太の依頼で、実施設計ならびに現場監理を行っており、加茂はここで鍛えられる。その時に加茂が描いた図面が残っており、ディティールを担っていたようだ。新橋演舞場とは菅原栄蔵が設計を行い、フランク・ロイド・ライトの影響が色濃い装飾豊かな建物で、大正一四年に竣工した。竣工後小倉の斡旋で東大時代の同級生・三橋国太郎が課長を務める京都市建築課に昭和三年二月から勤務する。故郷の亀岡に近い京都での勤務は魅力あるものであったようだ。

「加茂松之助経歴書」(23)には、設計ならびに現場監理に関わった小学校名として、明倫・淳風・大将軍・出水・新道・有隣・六原・修道の八校の名前が記されていた。第三章で示したが、昭和戦前期の京都市の小学校では基本的には設計担当者が現場監理を行うことになっていた。見出せた各学校の史料と照合してみる。『京都市淳風尋常高等小学校　拡築記念写真帖』（昭和六年発行）の建築関係者氏名によれば、「市現場監督」として津田力夫・高尾荒太・下山貞一・藤田信義と並び、加茂松之助の名前が記載されていた。ここからは五名でチームを組んで設計し図面を作成し、現場監理を行っていたことが分かる。『改築落成記念　昭和一二年一一月七日　京都市新道尋常小学校』には、「市現場監督」として加茂松之助の名前が一人だけ記載されていた。おそらくは加茂が設計の中心となっていたことで、一人だけ記されたものと思われる。明倫小学校については個人名の記載のある史料が見出せていないために詳細は定かではないが、テラコッタなどの装飾が施された建築であって、ライト風の細密な装飾の実務を担当した加茂の経験がここで生かされたものと考えられる。戦後京都市を退職後は寺院の設計を行っていた。没年は不明。

写真５－７　新橋演舞場（東京）

(5)野島安太郎

明治三九年（一九〇六）生まれ、昭和五年（一九三〇）に京都帝国大学を卒業後、同年東京市に勤務し、昭和六年より京都市営繕課に勤務、構造計算を得意とした。その後奈良県に勤務し、昭和三〇年代には神戸大学施設課長を務めた。野島の名を有名にしたのはエスペランティストとしてであり、営繕課の技術者として勤務中の昭和九年より昭和一五年の六年間、全文エスペラントの雑誌『テンポ』の編集長を務めていた。平成元年（一九八九）に死去した。

（4）営繕部の顔ぶれ

口絵七頁で紹介した営繕部技術者の満州行きの送別会の写真の表側には半透明の和紙が重ねられ、そこには所有者だった加茂松之助によって、氏名が記されている。昭和一四年（一九二五）当時の営繕課の建築技術者がほぼ勢揃いしたものであり、戦前期の営繕組織を知る上で貴重なものと考えられる。以下に氏名を記す。

最上段右より「山本哲二、俣野徳一、大谷豊吉、竹川重次、新井慎治、井ノ口博、松村武市、安田捨造、山口正、林三郎、笹倉、塚田達、亀田喜多夫、菅井丈雄、溝口迪、岡本賢次郎、（名前表記なし）、山本政次郎」。

上から二段目右より「井上玄之助、山口正雄、片岡泰、（名前表記なし）、竹下仙吉、布袋眞平、加茂松之助」。

上から三段目右より「下山貞一、和田卯吉、三田保太郎、奥田正二、中野吉之助、寺戸常三郎、川村秀介、三橋國（ママ）太郎、枝村靖、渋田庄治、野島安太郎、井上忠太郎、土井健太郎、野村仁一、井上敬太郎、加茂松之助、倉森武雄、増谷円之助」。

上から四段目右より「岸麻芳、仁張一郎、田中安太郎、水野善嗣、林正夫、鈴木卓實、下枝寛次、藤谷茂一郎、市原喜代二、佐藤信仁、金井豊正、吉川茂、木下晴一」。

最下段右より「上村才蔵、佐々木米太郎、玉川杢三郎、島田税、草木成一、山田源太郎、八戸高峰、遠山一行、神崎宗夫、小川喜一郎、立松安太郎、松本金次郎、（名前表記なし）、井口繁一」。

計七〇人が写っている。このうち山口正ほか一一人が満州国の営繕組織などに移籍した。

3　川村秀介の回顧録

（1）川村秀介回顧録「穂風日記」

すでに論じたように、小学校の設計は明治後期までは民間や京都府営繕組織の建築技術者が担うケースが多かったようだが、いったいいつ頃から京都市営繕組織が一元的に設計を担うようになったのか。表5－1に示したように、高等教育を受けた建築技術者が入るのが大正元年（一九一二）であり、詳細は定かではないが、この頃から京都市ではすべての市造営物の設計を担うことになったようだ。筆者は大正から昭和戦前期に京都市営繕組織に所属した建築技術者に対する聞取り調査を行ったが、多くは本人がすでに死去しており、遺族の元にも史料がほとんど見出せないなかで、早くから建築技師を務め、学校建築の事実上の責任者だった川村秀介の記した回顧録「穂風（すいふう）日記」の全文を拝読する機会を得た。川村秀介の御子息・川村和郎氏が所蔵しており、一九九七年一一月にその複写の提供を受けた。

「穂風日記」は第三巻まであって、そのうちの二巻は大正八年（一九一九）から昭和二〇年（一九四五）までを

写真5－8　川村秀介

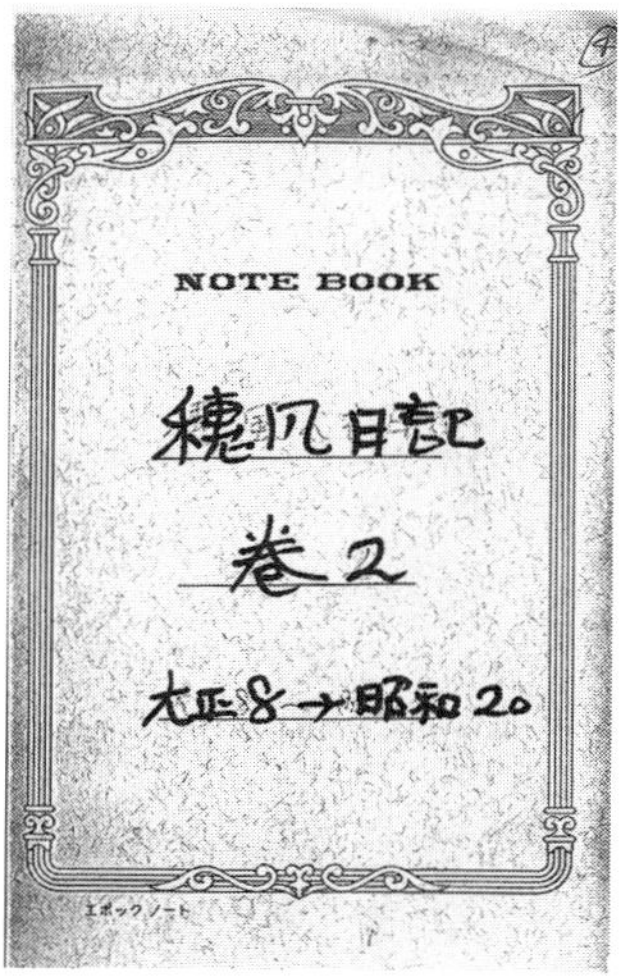

写真5－9「穂風日記」

写真５−10　厚生小学校（三重）（昭和６年）

扱ったものである。日記と銘打たれるものの、戦後に思い返しながら記された回顧録と思われる。川村は大正九年（一九二〇）三月一九日から昭和一八年（一九四三）一二月六日までの二三年八カ月という長期間にわたって京都市建築課ならびに営繕課に在職し、学校建築を中心に設計を行ってきた建築技術者であった。退職時には最高責任者の営繕課長まで務め、大正・昭和戦前期では一番長く京都市営繕組織に在籍した技術者であった。したがってこの回顧録には当事者でしか知り得ない実相が記されており、都市行政営繕組織の実態を知る格好の史料といえる。なお写真５−９で示したように、表紙には「穂凡日記」とあるが、遺族の証言によれば、ここでの「凡」は「風」を省略した略字として使用されていた。

（２）川村秀介の略歴

川村秀介について判明した略歴を「穂風日記」の第一巻をとおしてみる。第一巻は生まれてから大正七年（一九一八）までが記される。川村は三重県宇治山田町（現伊勢市）の御師の家に明治二七年（一八九四）一二月二六日に生まれる。父は古市小学校の校長を務め、漢文好きな教員であった。宇治山田町立第七尋常小学校（現厚生小学校）を経て、三重県立第四中学校（現宇治山田高等学校）を大正二年に卒業する。同校での後輩に映画監督の小津安二郎や小説家の梶井基次郎がいた。

大正二年に官立名古屋高等工業学校建築科に入学する。入学早々建築科長鈴木貞次教授の講義で「建築家は美術家で絵が上手でなくちゃいかん、数学や理科の好きなものは土木科で沢山だ」という話を聞き、数学や理科が得意だったことで建築科に入学した川村は大きなショックを受けたと記す。また「文芸の好きな私にとつて科長の芸術論なんか陳腐きわまる理論で反感そのものだった」と記した。

在学中に一年留年をしていた。その理由は製図が苦手で、鈴木教授の単位を落としたことによる。三年時の夏休みの実習では京都帝国大学建築課を希望し、同級生の大矢兼松、藤枝良一[24]とともに派遣され京都に下宿した。大学の「建築課」は校舎などの大学施設を設計する部署であって、実習生を受け入れていた。その間の日曜日には京都中の古社寺をスケッチして廻り、その体験をもとに鈴木建築科長に芸術論に関する長い手紙を送り、ようやく見直してもらえたことがあったようだ。川村いわく鈴木教授は夏目漱石の義弟だけあって、「毛色の変わった奴は好きらしい。今までの建築科生の内では一寸変わっていると云っていた」とある。大正六年（一九一七）に名古屋高等工業学校を四年かけて卒業した。なお同校を選んだ一因として、静岡県土木部長を務めた兄の重平が明治三九年に同校土木科に入学しており、その影響があったのだろう。また同級生には、社寺仏閣の建築業で有名な伊藤平左衛門や神戸で活動した宮飼克二がおり、戦後も親交があった。

大正六年五月に佐世保の海軍工廠に入り、大正八年八月まで勤務した。大正八年九月から大阪の造幣局に勤務し、大正九年三月まで勤めた。上司の技師に池田譲次[25]がいた。大正九年三月より京都市建築課に勤務し、昭和一八年一二月まで在籍した。退職時の年齢は四八歳であり、その後昭和一九年四月から昭和二〇年八月まで三井木船建造、昭和二一年二月から三二年一〇月まで京都の請負業・木下組に勤め、昭和五一年（一九七六）七月二二日に八一歳で死去した。

なお川村は、京都市在職中に母校の厚生小学校の設計を行っていた。京都市建築技師の本務で行った仕事ではなく、私的に受けて行われた仕事であった。昭和六年に竣工し、三重県下では戦前期に竣工した数少ない鉄筋コンクリート造校舎であった。

（3）川村秀介の京都時代

次に、時間軸で記された川村秀介の回顧録「穂風日記」第二巻を分析することで、営繕組織の建築活動の実態をみよう。

〔大正九年（一九二〇）〕

京都市工務課に入った経緯が次のように記される。「ある日関西同科会があり、其席で二回名古屋高等工業出の安立氏より、京都市役所に来ぬかとすすめられ意大いに動く」。すなわち同科会の席で勧誘があったことが分かる。関西同科会とは関西に在住の官立名古屋高等工業学校の建築学科卒業生でつくる会だったようで、当時は卒業生同士の結びつきが強かった。大正九年の時点で建築に関して高等教育を施す建築学科を擁する学校は官立では東京帝国大学・東京高等工業学校・名古屋高等工業学校の三校しかなく、府県立工業学校などの中等教育機関が全国の府県に配置されていたのに対して、高等教育機関はきわめて少ない。したがって名古屋から以西は名古屋高等工業学校の卒業生がトップを担うことになった。官立の京都高等工芸学校や東京美術学校も建築技術を学んだ卒業生を輩出していたが、授業科目名や卒業設計の表題からみても多くは室内装飾の範疇にあり、しかも卒業生の数はきわめて少なかった。一方私立学校としては早稲田大学が建築科を有しているに過ぎない。このように大正期までは高等教育を受けた建築技術者の数はきわめて少なく、同窓間のつながりが強かったことが分かる。

表5－1にも示したように京都市営繕組織は大正九年に改組を行っており、七月七日より従来の工務課建築係が建築課に昇格する。そのことを受けた組織拡充があって、この時期高等教育を受けた建築技術者が求められていた。安立は前述したように名古屋高等工業学校を明治四三年（一九一〇）に卒業し、京都市第一部工務課建築掛に勤務し、大正七年より建築掛長に昇格していた。建築課開設時には建築課長になることが予定されており、技術陣容の人事面は安立に委ねられていたようだ。

川村は大正九年三月一九日付けで京都市技手となる。建築課が独立するのは七月七日のことだから、工務課建築掛に入ることになる。その時の様態を次のように記す。「京都市技手月給百円の辞令をもらふ。安立さんが係長で其下に寺岡、大谷と名古屋出でかためているのだから心易い」とある。寺岡とは寺岡謙造のことを指し、大正元年（一九一二）に名古屋高等工業学校を卒業し、大正八年（一九一九）一〇月より京都市工務課建築掛に勤務する。この時期安立の下で筆頭技手であった。大谷とは大谷栄助のことを指す。大谷は大正七年に名古屋高等工業学校を卒

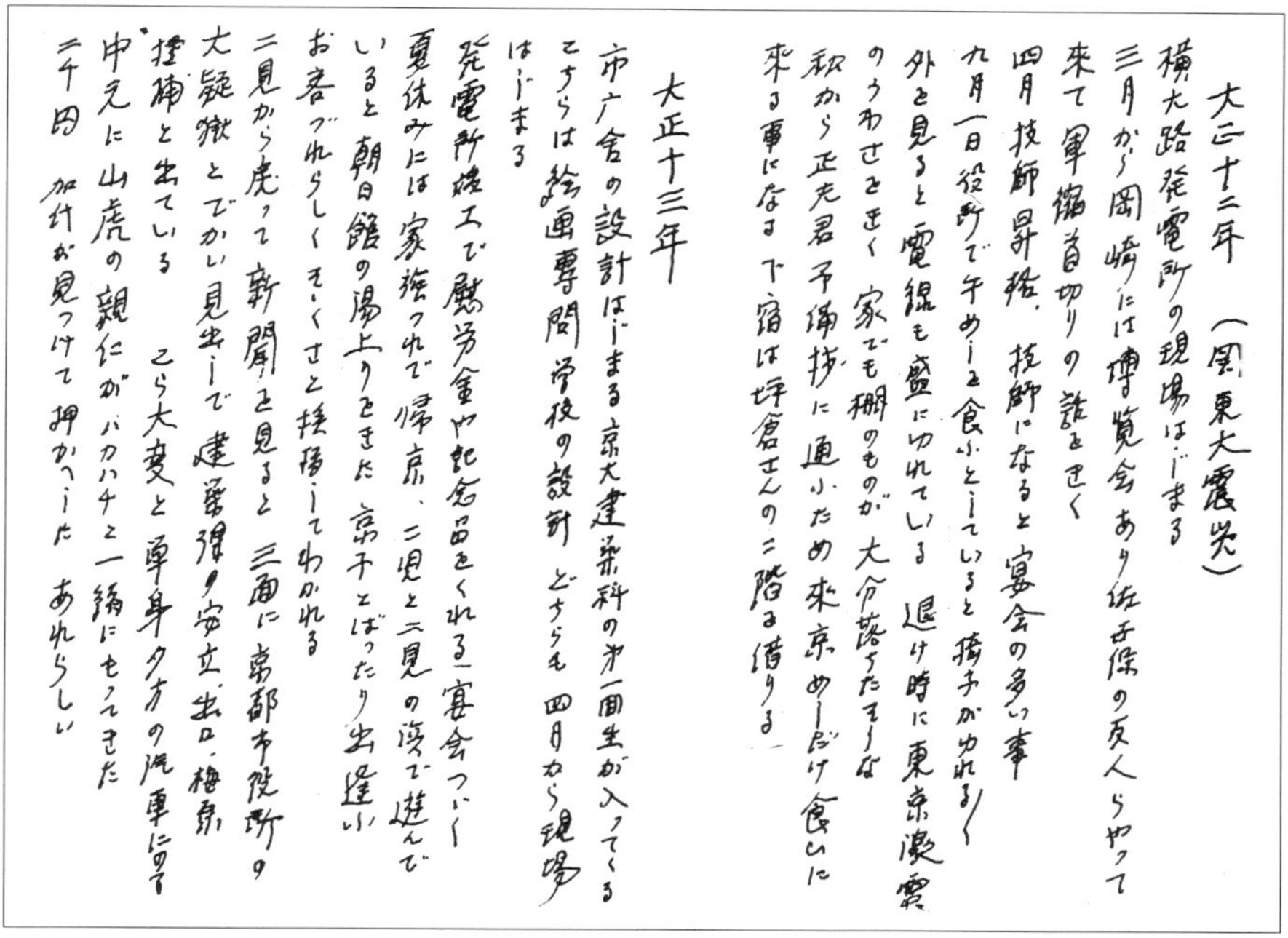
大正十二年（関東大震災）
横大路発電所の現場はじまる
三月から岡崎には博覧会あり佐子保の友人らやって
来て軍鶏首切りの話をきく
四月技師昇格、技師になると宴会の多い事
九月一日役所で午めしを食おうとしていると椅子が揺れる
外を見ると電線も盛に揺れている　退け時に東京激震
のうわさをきく　家でも棚のものが大分落ちたような
秋から正克君予備校に通うため来京めしだけ食いに
来る事になる　下宿は坪倉さんの二階を借りる

大正十三年
市庁舎の設計はじまる　京大建築科の第一回生が入ってくる
こちらは絵画専門学校の設計　どちらも四月から現場
はじまる
発電所竣工で慰労金や記念品をくれる　宴会つづく
夏休みには家族つれて帰京、二児と二見の浜で遊んで
いると朝日館の湯上りをきた　京子とばったり出逢い
お客づれらしく　そくさと挨拶してわかれる
二見から戻って新聞を見ると　三面に京都市役所の
大疑獄とでかい見出しで　建築課の安立、出口、梅泉
捜捕と出ている　これら大変と単身夕方の汽車に乗て
中元に山虎の親仁がハカハチと一緒にもってきた
二千円　加什が見つけて押かえした　あれらしい

写真5－11　「穂風日記」

業後、直ちに京都の工務課建築掛に勤務した建築技手で、大正一二年三月までの五年間勤務した。発令は三月一九日のことであった。この年にどのような建物を担当したのか全容は明らかではないが、「初めて壬生車庫の現場をもつ」とあり、市電の車庫の現場監理に従事したことが分かる。

［大正一〇年（一九二一）］

この年の出来事は次のように記される。「市役所は未だ寺町の角に建った張ボテの二階建てで正午になると屋上でブーが鳴って電話も中断。建築課が独立して課長が安立、係長が寺岡、次席が僕で総勢十人余り、設計でやったものがその現場に出る主義で、秋から七条公設市場、簡易食堂の現場に出る。請負は山虎組」。

この市役所は大正六年（一九一七）四月に竣工する二代目庁舎[26]の時代である。ヨーロッパ歴史様式に則ったスタイルだったが、木骨モルタル塗りの構造ゆえに、「ハリボテ」と称せられたようだ。設計は不詳だが、京都市工務課建築掛が行った可能性がある。次に建築課が独立したことが記される。幹部はいずれもが名古屋高等工業学校の卒業生であった。ここで注目すべきは、設計担当者が現場監理をも担うというシステムで、戦前期を通して一貫してこのやり方で仕事が行われた。現場名が挙がる七条公設市場[27]とは京都市では最初の公設市場で、北野・川端とともに開設された。山虎組とは大正・昭和戦前期の京都を代表する土木建築請負業者で、大正九年の時点で資本金三〇万円の合資会社であり、技術者も二十数人を擁していた。鉄筋コンクリート造建築を得意とした。

［大正一一年（一九二二）］

「七条の現場もすんで工業研究所の設計にかかる。市役所で始めての鉄筋造で僕の計算も自己流でやっつける工研の現場には造幣局にいた伊藤次左ェ門をつける」。

工業研究所が京都市建築課の最初の鉄筋コンクリート造というのは正確ではなく、補強コンクリートブロック造の本能小学校が大正一〇年（一九二一）に設計が終えられ、大正一一年五月には竣工していた。ただ、ラーメン構造による鉄筋コンクリート構造では初めてのものであったといえる。この工業研究所[28]は本能小学校に遅れること三カ月後の同年八月に南区東九条山王町に完成する。鉄筋コンクリート造二階建てで、外観は上階開口部上部が半円アーチとなり、正面も妻部にもそれが連なるスタイルとなり、ロマネスク風の趣のものであった。また「発電拡張計画が通り先づ変電所の設計にかかる、田中、鳥羽変電所」とあり、ここからは変電所という特殊施設の設計も行っていたことが分かる。

［大正一二年（一九二三）］

「横大路の発電所の現場はじまる」。発電所とは市営横大路火力発電所[29]のことを指す。「四月技師昇格」とあり、名古屋高等工業学校を卒業して六年目にして技師に昇格していた。川村の一年後輩の大谷はこの三月で京都市を辞職している。「九月一日役所で牛めしを食ふとしていると椅子がゆれる、外を見ると電線も盛にゆれている　退け時に東京激震のうわさをきく」ここからは、京都でも関東大震災の影響があったことが分かる。

【大正一三年(一九二四)】

「市庁舎の設計はじまる。京大建築科の第一回生が入ってくる。こちらは絵画専門学校の設計、どちらも四月から現場はじまる」とあり、この一回生とは大正一三年に京都帝国大学工学部建築学科を卒業した中野進一である。正確には京大第一回の卒業生ではなく、二回の卒業生であった。二回の卒業生は一二名であり、大阪市営繕課の建築技師にして、日本インターナショナル建築会の中心メンバーのひとり新名種夫をはじめ、武田五一の推薦で大阪市都市計画課の建築技師として橋梁の設計を行った元良勲らがいた。なお京大一回の卒業生では京都市中央卸売市場建築事務所の技師を務めた藤島哲三郎がいる。藤島は京都市中央卸売市場の完成した昭和二年(一九二七)以降に神戸市中央市場臨時建設所に移り、昭和六年(一九三一)からは神戸市営繕課長に就任した。中野は京都市役所庁舎の設計が担当だった。

一方川村が設計担当の絵画専門学校とは、明治四二年(一九〇九)に設立の京都市立絵画専門学校[30]が大正一五年に東山区今熊野に移転した際の校舎であり、現在は智積院の宗務所となり現存する。鉄筋コンクリート造三階建てで、大正一四年三月に起工し、翌一五年に竣工する。正確には同一の校舎の西翼部が絵画専門学校、東翼部が美術工芸学校となったものであり、玄関のある中央部を挟んで、二つの学校が並置されていた。スタイルは両翼部が左右対称性を強調し、細部はセセッションの影響を受けたものとなる。工費は四一万三〇〇〇円となり、この時期までに建設された京都市造営物としては最も大規模な建築であった。

この年の夏、郷里の宇治山田から戻ると、川村は建築課を揺るがす大事件を身近に見ることになる。「京都市役所の大疑獄とでかい見出しで建築課の安立、出口、梅原逮捕と出ている(中略)早速寺岡さんを訪ねる。寺岡さんへももって来たらしい。役所も現場もぽかんとしてしまい仕事は手につかない。寄集まってうわさばかり」。

翌大正一四年三月に着工の京都市庁舎建設をめぐり、請負業者の山寅組が建築課の技術者に賄賂を贈ったことが明らかになり、建築課長の安立以下、何人かの技術者が逮捕された事件である。安立はこの責任をとって退職することになる。京都市庁舎建設工事の請負は山寅組に決定していた。安立の去った後に「欠員の建築課長として府から井尻さんが来る」とある。井尻良雄とは大正三年に東京帝国大学建築学科を卒業した建築技師で、同級生に遠藤新がいた。史料的な制約があって井尻の行ったことは分かっていない。

【大正一四年（一九二五）】

「二月に市長が変わって安田市長となる（中略）市庁舎工事は中々進歩しない」とある。三月に京都市庁舎第一期工事が着工となる。一期工事は昭和二年に完成する東棟と中央棟であり、山寅組が担った。

【大正一五年（一九二六）】

「年度末妙なスキャンダルで井尻さん辞めてしまう。九月に課長三橋さんが来た。小男乍ら中々こわい神戸兵庫県の都市計画にいたのだから、実務は全く知らぬらしい」とある。井尻の退職後半年間、課長席は空席となり、そこに大正五年に東京帝国大学建築学科を卒業した三橋国太郎が来る。三橋は卒業後、鴻池組を経て内閣都市計画地方委員会技師となり、その後都市計画神戸地方委員会技師を務めていた。

小学校については「小学校の鉄筋コンクリート造も七條、郁文又立誠に流行の様に計画され出した」とあり、各小学校の設計がこの年並行して行われていたことが分かる。「河原町線が開通して賑になり四条河原町あたりどん〻改築はじまる」とある。立誠小学校の改築は河原町通が都市計画の五号線に指定されたことが契機の一つであった。

【昭和二年（一九二七）】

「四月新庁舎二階に移る。寺岡、川村、中野と三技師が机をならべる」ことから、三橋課長の下、三名の技師の体制になっていたことが判明する。同年京都市中央卸売市場建築事務所にいた枝村靖が建築課に移動する。枝村は大正一四年（一九二五）に京都帝国大学建築学科を卒業した建築技術者だった。

昭和三年（一九二八）

「御大典の博覧会のその他の催しは一切中野が分担で、僕は学校専任」とあることから、建築課の業務が学校とそれ以外の建物の二つに分けられ、川村と中野がそれぞれの責任者になっていたことが分かる。続いて「鉄筋校が次々に計画される」とある。ここからはいかに小学校校舎の鉄筋コンクリート造化の需要が多かったかが読み取れる。なお建築課の内部のことだが、寺岡は前課長・井尻の時代に、課長の補佐を一切行わなかったとある。このことが起因して、引き継いだ三橋課長が「寺岡には一向に仕事を与えない」という実態が記される。

昭和四年（一九二九）

「寺岡君も恩給がついて首、中野は肺でやめる。技師は枝村君と二人きりになる」とある。この年四月には建築課は営繕課に改称される。寺岡は退職し、京都市出雲路の自宅で建築事務所を開設する。中野は退職後、神戸で建築事務所を自営する。枝村は技師となっていた。

この年には「四月京都市も二区から五区に分離して、左京、右京、中京区が出来、区役所の建築がはじまる」とあり、鉄筋コンクリート造の区庁舎が建設されることが分かる。

昭和五年（一九三〇）

「学童増加はもはや教室増築で追いつかず新設小学校が周辺部にはじまる」とある。京都市は人口増加を迎え、それまでは田畑だった周辺部にも市街化は進展し、小学校の新設ラッシュを迎える。建設された校舎の過半は木造によるものだった。朱雀学区などで小学校の増設は顕著にみられ、一つの学区のなかで第一から第八まで計八の学校数を有した。

これに続き「神戸高工の第一回卒に仁張、山口が入ってくる。佐世保時代の永澤さんが科長らしい」と人事面について記される。仁張一郎は京都第二中学校出身で、昭和四年（一九二九）に神戸高等工業学校建築科を卒業した第五回の卒業生だった。第一回卒は山口正で、大正一四年に卒業している。永澤とは大正四年に東京帝国大学建築学科を卒業し、佐世保の海軍工廠で川村と同期であった。その後、神戸高等工業学校建築科長に就任する。

この年五月、岡崎公園の公会堂東館が焼失している。そのことを川村は、「公会堂東館が焼ける。早速設計にかかる。純和風でやってみる。中々面白い。製図を市原にやらしたが案外うまく出来る。これが吾傑作になろうとは。大林組がやすく落札。大倉君が主任で中々よくやってくれた」。このスタイルは鉄筋コンクリート造ながらも屋根は千鳥破風、玄関部は唐破風となる。この公会堂は現在京都市美術館別館として現存する。これに続き「市庁舎の第二設計も手際よくまとめる。入札は大林組廉すぎて失格。津田甚組にきまる。それ程物価やすかった。鉄筋がトン五四円位」とあり、実施設計は既に出来上がっていた一期工事に準じて行われたようだ。二期は西棟であり津田甚組が担当した。

課内の様子は次のように記される。「寺岡と中野君が去ってから三橋課長とは全く意気が合いトラブル一切なく仕事は面白い程すすみ」とある。川村は三橋と二人三脚で設計活動を担っていた。

［昭和六年（一九三一）］

「市庁舎が第二期工事も完成。小学校は贅沢な明倫校竣工す」とあり、明倫小学校については「贅沢な」という認識が当時の設計責任者の意識にあったことが分かる。贅沢の正体は、他の小学校に比べて外部・室内ともに装飾的な意匠を施した点や、普通教室以外の特別教室も含めて様々な部屋が用意された点、また設備面などにも高額な費用をかけたということだったと思われる。

続いて「美術館と懸賞募集に出す」とある。現在の京都市美術館のことで、当時は大礼記念京都美術館という名称であり、伊東忠太や武田五一が審査委員を務めた。

［昭和七年（一九三二）］

「美術館の懸賞設計を実施にかかる。やってみると普通の設計よりむつかしい。然し皆よく働いてくれる。仁張、塚田、寺戸、多士済々。花山葬場竣工」とある。担当した営繕課の技手・寺戸常三郎の遺族の証言によれば、テラコッタなどの装飾も多く、手こずらされたという。仁張や塚田のように小学校の設計を行っていた建築技術者も数多く美術館の実施設計や現場監理に駆り出されたようで、ここで得られた体験が清水小学校などの装飾に活かされたものと推測される。

［昭和八年（一九三三）］

「老人組が大分引退する。高尾、荒川、佐藤、池野ら古い馴染みばかり」とあり、彼らは主に木造建造物の現場を担当していた叩き上げの技術者であった。

［昭和九年（一九三四）（風水害）］

「九月廿日淳和第二校の建前を見にゆく」。淳和第二校とは右京区の山ノ内小学校のことで、翌昭和一〇年に開校予定であった木造校舎である。翌二一日に「関西大風水害」と呼ばれた室戸台風の襲来を受ける。その様子は「其内路上には瓦、看板片れ、あらゆるものが降ってきては又吹き飛ばされてゆく。其内に上京区役所倒壊の第一報が入る。つづいて第二勧業館倒壊、西陣小学校倒壊と災害報告は続々と入ってくる」とある。第四章で論じたように、背の低い住宅よりも、一定の高さのある木造二階建の小学校校舎に被害が集中した。

続いて「三橋さんと二人で車を飛ばし各所を廻る。西陣校は未だ倒れた校舎からぐんなりなった子供を運び出している。狂気の様に泣きわめく親達、悲惨な光景」とある。生々しい目撃談である。「次の学校も次の学校も、周辺部の学校はひどい。倒壊の建物だけを一廻りして遅く帰宅」した。

その直後から復興計画が始まる。「被害調査と復興計画、これが補助費を貰うための最大急務である。おまけに其提出部数の多い事。しかし幸いに建物台帳と図面は去年で完成していた。だから課員を動員して全市を廻らせたが、実際は自分が自動車で三日廻っただけで被害の個所は直ぐ図面に色鉛筆でマークしてしまった。財務の奴らがほんまかいなと疑う程、超スピードで千五百何万円かの被害調査を作表した。処が上からは総額をもう百万ふやせとか何んとか様々な注文がくる。百万や二百万の作りかへは万事ＯＫ。他人ののろさ加減は当てにせず、一人居残りしてテキパキと処理した」。復興計画の立て方が目で見るように伝わってくる。

【昭和一〇年（一九三五）】

「正月も風害復興で帰省せず」。復興校舎の計画は前年の昭和九年一〇月から昭和一〇年にかけて立てられ、営繕課もその対処で多忙をきわめた。「六月今度は大雨で橋沢山落ちる。建築被害なし。しかし復興設計で夏の残業全くあつし」とある。当時は市役所の二階が営繕課の部屋であり、そこで設計と製図が行われていた。京都は盆地であったため夏の夕方も暑く、仕事に障ったのだろう。「談合で清水、木下など沢山挙げられる」。清水は清水組、木下は木下組を指す。この木下組に川村は戦後に勤めることになる。

【昭和一一年（一九三六）】

「役所は復旧復興で大多忙。全国の請負が京都に集中する程毎月入札を出す。工事現場も常に二十ヶ所以上」とある。設計は終えられ現場が動き出していた。一挙に数多くの小学校で建設事業が始まったため、これまでは京都市の小学校の仕事をすることの少なかった東京市の大手建設業者の参入があった。清水組（現清水建設）をはじめ大倉土木（現大成建設）や鹿島組（現鹿島建設）、戸田組（現戸田建設）などが挙げられる。ただ明治後期より京都支店を設けていた東京の清水組は木造時代より数多くの校舎の建設を担い、鉄筋コンクリート造になっても明倫小学校や生祥小学校などを手がけていた。一方で大阪市のゼネコンを見ると、大林組、松村組、鴻池組、などが施工を担っていた。川村は最後にこう記した。「皆よく働いてくれる」と。

〔昭和一二年（一九三七）〕

「十月鉄五〇丁以上の使用禁止が発令さる」とある。昭和一二年一〇月に公布された鉄鋼工作物築造許可規則のことだろう。この時点ではこの許可規則が持つ威力について、それほど深い認識はなかったようだ。それに続き「風害復興は殆竣工して、十三年春の博覧会の設計に全課をあげているが大分あやしくなってきた」とあり、第四章で論じたように、復興校舎の過半は昭和一一年と一二年の両年で完成し、昭和一三年以降は一〇校だけであった。よって前年までのような設計と現場のラッシュは一段落していた。さて昭和一三年春開催の博覧会は京都市制五〇年を記念して昭和一二年春に円山公園などで開催されるはずのもので、延期され翌一三年に開催決定していたが、結局は実現されなかった。

〔昭和一三年（一九三八）〕

「四月営繕やっと部に昇格して技術課長となる」とある。この年に組織改組があって、営繕課は昇格して部となり、その下に第一技術課と第二技術課が設置された。川村は第二技術課の課長になる。第一技術課は枝村靖が課長であった。次に「学校の出来は悪かったがクラスで課長になったは第一号。しかし最早今後六大都市の課長には専門出ではおそらく成れまい」とあり、ここでの「専門」とは専門学校のことであり、川村が卒業した官立高等工業学校のことを示したものだろう。川村が名古屋高等工業学校を卒業した大正後期以降、建築学科に関して京都帝国大学が大正九年に建築学科を設立し、日本大学高等工学校が昭和三年に日本大学工学部に昇格し、東京高等工業学校が昭和四年に東京工業大学に昇格するなど、これまでは東京帝国大学と早稲田大学の二校に限られた大学建築学科を有する学校数が急増し、そのようなことが背景にあってこのような認識に至ったものと思われる。

また「新しい建築は出来にくくなった。風害復興も此年で大方竣工、そこで課員大量が満州国へ行きはじめる」とある。昭和一三年には前年の鉄鋼工作物築造許可規則に引き続き、鉄鋼配給統制規則の施行があって、鉄材の使用は軍用建築以外はできないことが決定された。その結果この年を最後に鉄筋コンクリート造建造物は民間の建物だけでなく、官公庁建物についても建設が不可能となった。「風害復興も此年で大方竣工」とは、小学校校舎の鉄筋コンクリート造への改築を指す。続いて、「そこで課員大量が満州国に行きはじめる」とある。口絵七頁に示した写真はこの頃に撮影されたもので、一一人が海を渡ることになった。このような技術者の移動は大阪市建築課や神戸市営繕課でも同様にあり、多くの若い建築技術者は満州国に行くことになる。満州国は昭和七年に建国され、この時期は国家としての体裁を整えるために多くの建築技術者を必要としていた。

昭和一四年（一九三九）

「十月建築会議を大阪で開催、議題は木鉄配給の件ばかり」とあり、この頃には六大都市の営繕課が持ち回り制で年に一度会議を開いており、どの都市でも手に入りにくくなった建築資材のことが議題の中心であった。

昭和一五年（一九四〇）

「十月東京に建築会議、第一ホテルに宿る」とある。建築業務に関する記述は、この年はこの一つにとどまった。

昭和一六年（一九四一）

「六月枝村君がやめて住宅営団へ行く」とある。枝村靖は京都市中央卸売市場臨時建設事務所を除くと、建築課・営繕課・営繕部に一五年間勤務した。枝村が何を担当したのか詳細は不明である。学校以外の建造物が主であったようだが、修徳小学校の設計図には枝村の印鑑が捺印されており、小学校も手がけることもあったのだろう。住宅営団、特別調達庁、戸田組、戦後は枝村建築事務所を営んだ。

続いて「十二月四日生まれてはじめて飛行機にのる。冢口から京都へ飛び市内外を上空から見る。黄い学校のよく目立つこと。その配置ですぐ何校か連中に教えてやる」とある。どういう経緯で飛行に至ったのかは定かではなく、「連中」もどのようなメンバーを指すのか判明しないが、小学校の建設事業を二〇年間責任者として担当していたから、上空から見えたブロックプランでどの小学校なのか簡単に見分けがついたのだろう。この時までに戦前期までの鉄筋コンクリート造校舎の建設はすべて終えられており、黒い瓦屋根の市街地のなかで、鉄筋コンクリート造小学校校舎は対照的な白い色彩であったから目立った。戦前期までの京都は東京や大阪と異なり、ビル街は烏丸や河原町、京都駅前に限られ、それ以外は町屋や長屋が蝟集しており、白い箱状の小学校校舎がそこに点在して建てられた。色彩について正確にいえば白色ではなく、黄土色であった。川村が「黄い」と表現した理由はここにあり、当時の鉄筋コンクリート造の学校が外壁面に色粉を入れて、黄土色に仕上げを行っていたことによる。これは学校だけではなく、外壁がタイルや石貼りではない過半の建物に用いられた手法であり、真っ白にすると煤煙ですぐに汚れるが、あらかじめ色を付けておくと、汚れが目立たないという理由があった。

「太秦第三が嵯峨野にぽつんと一棟建つ。これが新設校の最後、藤村爺さんこそよく仕上げてくれた」。昭和一六年に新設された嵯峨野国民学校であり、木造校舎として開校した。

［昭和一七年（一九四二）］

「六月長年の知己三橋部長やめる。江部助役の事務扱となる。とう、俺一人になってしまった。十月営繕課長となり三輪土木局長の下になるが干渉はうけない」とあり、一六年間一緒に仕事をしてきた四歳年上の上司・三橋国太郎が去った寂しい気持ちが吐露されていた。

［昭和一八年（一九四三）］

「木材全く入手出来ず、仕事と云えば金属回収か貯水槽くらい」とある。戦時中の営繕課の置かれた状況を示すものである。次いで「東京市役所の大西君が管財局長でやってくる」とある。大西幸雄とは東京帝国大学工科大学建築学科を大正一三年に卒業し、同年四月二三日から昭和一八年六月三〇日まで東京市に勤務した建築技術者[31]で、主に関東大震災の復興小学校の設計を担っていた。三橋国太郎が前年の昭和一七年に京都市役所を退職しており、その後任者として京都市に入ったようだ。

川村はこの年大きな転機を迎える。京都市を退職することになった。四九歳を目前とした四八歳の時であった。

「十二月六日辞表を出す。満二十四年の市役所生活の骨やすめと年末山田へ帰る」とある。急に辞めた理由を次のように記す。以前より左耳が聞こえない持病があって「三橋さんにやめられ女房役から表役になって各種の会議会合に出て、左側の人の喋る事が全く聞こえぬ為」といい、「余り失敗がつづくので辞める時期だと考えた」。

〔昭和一九年（一九四四）〕

「それから丸一年の後、私と入れかわりに東京市の係長から監財部長に栄転してきた旧知の大西君、どうしてと聞いたら全く仕事がなく、営繕課長さへ話に行った事もないとの事」とある。

後日談がある。

〔敗戦後〕

「市役所に行ってみた。大西さんは辞めて住宅会社をもくろんでいる様な風評上だけで誰も詳しくは知らなかった。土木局長の三輪さんも辞め、親しくした課長連も殆ど顔が代り、次席あたりが課長になっていた。唯夏秋さんが助役に出世していた。後任の五味は半減した課員を六区にわけて其区の仕事は何でもかんでも其主任に扱はして自分はあぐらをかいていた」とある。

ここでの「六区」とは京都市の各区を示すものと思われる。実際にはこの時期は七区からなった。続き「同じ学校建築を六カ所でやっているのだから能率は挙がらなくて丁度いい位仕事も無かった」。戦後間もない時期の営繕組織の実態であった。

最後に一緒に長年仕事をした上司や同僚のその後が語られる。「官公庁の人事にも運不運はあるとつくづく思った。三橋さんも望まれて鴻池組に入り、後敬遠されて広島設営隊長にまわされ、僅か一日早く任地広島に行った為にピカドンに逢い、一物の遺骨も無かった由。枝村さんは住宅公団から特調と時節な官庁ばかり廻って戸田組に入り過労の為現在療養中とか」。

4　全国での様相

（1）大阪市

大阪市と京都市の共通点はともに昭和九年（一九三四）の室戸台風の復興校舎を実現させていたことで、相違点は京都市では京都市営繕組織が設計をすべて担っていたのに対して、大阪市では昭和五年（一九三〇）頃までは民間建築家がほとんどの設計を行っており、大阪市営繕組織が本格的に関わるようになったのは学区制度が廃止された三年後の昭和五年以降である。その背景には京都市では昭和一六年（一九四一）まで学区制度は廃止されなかったのに対して、大阪市では学区制度が昭和二年（一九二七）に廃止されたことが関連する。

(1) 大正期の大阪市の設計体制

大正期の大阪市では鉄筋コンクリート造小学校校舎の設計は大阪市営繕組織ではなく、すべて民間建築家が設計を担った。名前を挙げれば、大阪府技師を務めた増田清をはじめ、紡績工場建築が多かった橋本勉、元朝鮮総督府技師の国枝博、大阪の民間建築事務所の草分け的な宗兵蔵、大阪市営繕課長を務めた花岡才五郎、わが国鉄筋コンクリート造建造物のパイオニア的存在の阿部美樹志、日本分離派の石本喜久治、東洋趣味の安井武雄、横浜勉など多彩なフリーアーキテクトたちであった。

(2)昭和一桁代の大阪市建築課の組織陣容

学区制度が廃止される昭和二年(一九二七)に大阪市営繕課は組織拡充の改組を行い、建築課と改称した。そして学校建築の設計と工事を専門的に行う部署である校舎係を設置し、同時に建築技術者の大幅な増員を行った。背景に学区制度廃止により、小学校の建設事業が大阪市によって担われたことがあった。なお当時人口面で大阪市と同規模であった東京市では、大正一三年(一九二四)に学校建設課が設置されている。建築課長には辰野片岡建築事務所にいた波江悌夫[32]が就任し、校舎係長には朝鮮総督府技師であった冨士岡重一[33]が就任する。校舎係の誕生した翌昭和三年(一九二八)の組織改組より校舎係は消滅している。建築課の業務全体のなかでの小学校設計業務の占める割合が低下し、校舎係を独立した組織として設置しておく必要がなくなっていた。

(3)復興小学校建設のための臨時校園建設所の組織陣容

京都市以上に大阪市において室戸台風の被害は激しいもので、その復興事業のために大阪市臨時校園建設所が昭和一〇年(一九三五)に設立される。この組織の建築に関しての最高責任者である設計係長に伊藤正文[34]が就任しており、伊藤はモダンデザインの建築を積極的にわが国に導入する役割を果たす「日本インターナショナル建築会」[35]の中心メンバーとして活動していた。

臨時校園建設所の存続した期間は、およそ二年間であった。昭和一二年(一九三七)に臨時校園建設所は廃止され、教育部に建設課が生まれる。教育部建設課は昭和一六年(一九四一)には建築部に移管し、第二建築課[36]に名称を変える。そこでの業務内容は学校建築の建設を専門としている。この組織は昭和一七年に消滅した。

(2) 神戸市

神戸市では、京都市と共通して神戸市営繕組織が一切の設計を担っていた。

(1)土木課営繕係の時期

大正九年（一九二〇）から大正一〇年にかけての時期は、設計組織として、営繕課は設置されておらず、土木課営繕係の建築技術者[37]が設計を行っていた。ただ構造面に関しては、アメリカ・トラスコン社の設計に依拠することが多かったようだ。そのため営繕係が関与することが可能であった部分は意匠やプランに限られた。

(2)清水栄二・営繕課長の時期

大正一一年（一九二二）から昭和三年（一九二八）までの間である。この時期には神戸市の営繕係は営繕課に昇格し、清水栄二に代表される高等教育を受けた建築技術者が入るなど、設計主体に大きく変更があった。詳しくみれば、大正一〇年（一九二一）一月に清水栄二は神戸市役所営繕係に入り、同年一二月に土木課長となっている。大正一二年（一九二三）四月には営繕係から営繕課へ昇格があり、清水栄二は初代営繕課長となる。大正一一年には熊本一之（広島工業学校を大正六年卒）、梅本由巳（兵庫工業学校を大正一一年卒）が、大正一三年には加木弥三郎（名古屋高等工業学校を大正一〇年卒）、大正一四年には貞永直義（京都帝国大学を大正一四年卒）、相原弁一（神戸高等工業学校を大正一四年卒）が入る。この背景には、業務内容がそれまでの木造建築の設計から鉄筋コンクリート造の設計への変化があった。

(3)昭和五年（一九三〇）から昭和一〇年（一九三五）までの間

この時期には営繕課の技術者陣営は大きく変貌を遂げていた。積極的に新しい意匠を取り入れていた清水栄二が退職し（大正一五年八月）、その下にいた若手の技手も一斉に市を退職したため、営繕課は大きく技術者の構成を変更する。そのため、井上伉一（京都帝国大学を大正一四年卒）をはじめとする高等教育を受けた技術者が入る。

(4) 無装飾を前提とした意匠に近づく時期

昭和八年(一九三三)から昭和一四年(一九三九)までの間であり、藤島哲三郎(京都帝国大学を大正一二年卒)に代表される、神戸市中央市場臨時建設所に所属した高等教育を受けた建築技術者が昭和六年(一九三一)から営繕課に配置され、技術者陣営に変化があったことが関連した。

(3) 東京市

東京市では、京都市と共通して自治体営繕組織が一切の設計を担っていた。関東大震災で焼失した小学校を鉄筋コンクリート造で建設するために、東京市臨時建築局学校建設課が設置され、その責任者として古茂田甲午郎[38]が就任する。古茂田の下で復興小学校を担ったのは、平林金吾・原田俊之介・阪東義三・三輪幸左衛門・中栄一徹・藤井三郎・鈴木忠男・名古屋徳次・山口義雄・鶴見義雄・大西幸雄の一一人の建築技術者で、そのなかで平林・原田・阪東の三人が設計の中心を担った。実際にはその下にいた複数の技手たちに委ねたものと考えられるが、中心を担う建築技師たちは震災の翌年の大正一三年(一九二四)に東京市臨時建築局に入っている。同年三月二七日に関東大震災の復興建築の建設のために、臨時建築局が設置される。この時期に採用されていた。だが臨時の応急組織ゆえに、完成の見込みが立つと、一部の技術者を残して多くのメンバーは数年間で退職している。

(4) 全体の様相

(1) 設計手法

小学校校舎の設計は大きく次の二通りに分けられる。一つはフリーアーキテクト(民間建築家)によるもので、もう一つは自治体営繕組織によるものであった。

昭和戦前期までの日本全体の流れのなかで民間建築家によるものは、関東大震災以前の東京市と学区制度廃止以前の大阪市、そして自治体営繕組織を有することのできなかった全国の市町村である。最初から自治体営繕組織による設計が行われた都市とは、神戸市、横浜市、京都市、名古屋市、長崎市、函館市、尼崎市などがあった。東京市では大正一三年（一九二四）以降、大阪市では昭和二年（一九二七）以降に自治体営繕組織によるものに代わる。

両者ともに建設様態はすでにみたが、大阪市では八〇校が完成し、東京市では関東大震災までに二〇校が建設された。また阪神間でも三〇校、大阪府下で一〇校が建設された。これら民間建築家によるものは、全国で約二〇〇校にのぼる。

次に自治体営繕組織をみる。組織的に造ったのは神戸市の七〇校が最初で、京都市は四一校あり、学区単位で造られた。関東大震災以降の東京市では一五一校が、横浜市では三〇校が、学区制廃止以降の大阪市では冨士岡重一のもとで二〇校が造られた。室戸台風以降の大阪市では伊藤正文のもとで一〇三校が造られた。京都市でも室戸台風以降に八七校が造られた。地方都市に目を転じれば、長崎市の一七校や函館市の八校があった。その他に佐世保市や熊本市、福岡市、門司市、下関市、広島市、呉市、尾道市、金沢市、草加市、銚子市、山形市、仙台市、旭川市など、全国で約六〇〇校ばかりあった。

民間建築家のものと自治体営繕組織によるものを併せると、正確ではないが、およそ八〇〇校前後の数にのぼるものとみられる。この数値はビルディングタイプとしては群を抜いており、鉄筋コンクリート造建築全体のなかで、いかに小学校校舎が数多く占めたのかが分かる。

(2) 設計の歴史

明治初期に小学校が誕生した時は、建築家というものはお雇いの外国人建築家しかおらず、ほとんどすべては大工棟梁によって造られた。外国人建築家が小学校を設計した事例は、画家エッシャーの父で土木技術者であったオランダ人による福井県三国湊の小学校を除いては、現時点では確認できていない。つまり、小学校というビルディングタイプとは明治新政府の肝煎りによって造られたという面があったにもかかわらず、国家による積極的な関与はなく、民間主導でその設計と建設は行われた。

次に明治二〇年代後半になると、東京大学造家学科卒業生が文部省や各府県営繕組織に配属され、久留正道などが設計をチェックするシステムで建設が行われるが、実際は大工経験者の技術者によって設計は担われる。

明治三〇年代以降は、東京帝国大学や工手学校の建築学科を卒業した建築家によって設計が担当される事例もあった。大阪の船場小学校の煉瓦造校舎は東京大学造家学科卒業生で大阪府技師であった鳥居菊助による設計で、彼は中之島小学校も担当した。京都市でも、工手学校の建築学科を卒業した京都府技師たちによって設計が担われていた。神戸市では、工手学校の建築学科を卒業した神戸市技師たちによって設計が行われていた。自治体の事実上の発足は明治三〇年（一八九七）であったことから、この時点では自治体営繕組織は出来たばかりであり、小学校を設計する体制は整っていなかったとみられる。大阪市や京都市では学区制度が強固に機能していたために、相変わらず各学区に建設は委ねられていた。そのために各学区がそれぞれ建築家を選び、設計がなされた。神戸市は規模が小さく、神戸市営繕組織が設計を行った。東京市でも東京府営繕技師の手によって設計が行われた事例があった。

明治四〇年代以降も大阪市・京都市・神戸市は明治三〇年代の延長線上にあった。ただ京都市では京都市営繕係の技師による設計も行われていた。東京市では三橋四郎のような東京帝国大学建築学科を卒業した民間建築家によって設計が担われる。その背景に三橋は東京市営繕課長を数年間務めていたということがあり、東京市と一定の関係にあった。このような体制は東京市では関東大震災まで続く。

大正九年（一九二〇）より開始される鉄筋コンクリート造は、神戸市・横浜市ではともに市の営繕組織の手による。その内実はアメリカのトラスコン社の技術的なバックアップに基づいたものであった。大正一一年（一九二二）より始まった大阪市・東京市での建設は民間建築家の設計によった。大正一二年（一九二三）の京都市では市の営繕組織の手による。大阪市では昭和二年（一九二七）の学区制度廃止までは民間建築家の活躍した時期で八〇校が造られ、石本喜久治や安井武雄などの約二〇人の民間建築家が設計を担当した。東京市では関東大震災までで、中村與資平や岡田信一郎などの民間建築家が活躍した。

鉄筋コンクリート造への改築は、従来の営繕係では高等教育を受けた建築技術者が少なく、十分に対応できる体制になかった。このため自治体に技術陣容を充実させた営繕課が設立される。東京市を嚆矢とし、大阪市、神戸市、京都市、横浜市と続き、大正後期から昭和戦前期は自治体営繕組織の盛期を迎える。自治体営繕組織の内部をみると、神戸市には後に民間建築家として阪神間で活躍する清水栄二、大阪市には日本インターナショナル建築会の中心メンバーの伊藤正文、東京市には新興建築家連盟を結成する石原憲治がおり、わが国の近代主義建築運動を担った。

5　小学校校舎の設計者像

本章では京都市の小学校を造った建築家像をみてきたが、明治前期は堂宮大工の経験を経た建築技術者によって設計が行われ、京都市営繕組織が生まれた明治三二年（一八九九）以降は内部の技術者が設計を担当するが、京都府営繕組織の建築技術者など外部の技術者に依頼するケースもみられた。その背景には各学区が京都市から独立して小学校の建設事業を行っており、設計者や施工者の選択、建設費の工面などを担っていたことがあった。

大正九年（一九二〇）の京都市建築課設置以降、鉄筋コンクリート造建造物を実現していくが、技術者陣容は名古屋高等工業学校建築科の卒業生が中心であった。鉄筋コンクリート造の主たる対象は委託事業に基づく学区立の小学校であったが、この段階に至り京都市建築課が一元的に設計を行うことになった。大正末期以降は京都帝国大学の卒業生も入り、以降は全国各地の学校から技術者は集まった。営繕課の盛期とは室戸台風の復興校舎の建設がなされた昭和一〇年（一九三五）から昭和一二年（一九三七）にかけてである。

昭和戦前期の技術者陣容を俯瞰すると、大正一五年（一九二六）以降、課長や技師などの幹部技術者の顔ぶれに変化はなく、技手の人員数も大きく異なるものではなかった。そのことが安定した組織体制が築けた理由の一つと考えることもできる。このことは大阪市や神戸市の営繕組織と最も異なる点である。

京都市営繕組織の実相解明のために、その近代化の出発点に位置する安立糺をはじめ、戦前期の最高責任者・三橋国太郎、得がたき回顧録を記した小学校建築の責任者・川村秀介、古写真など史料提供を得た加茂松之助などの建築技術者の履歴を検証し、その活動から営繕組織の活動の一端を示した。

実現した小学校建築の作風は学区側の強い要望でモダンデザインなどの影響による派手さはなかったが、和風にも通ずる「東洋趣味」の意匠が鉄筋コンクリート造に取り入れられており、京都市の小学校特有のスタイルの誕生につながったものと考えられる。プランは作法室をはじめとする学区の施設としての性格が濃厚な校舎であって、同種のものは学区制廃止前の大阪市に限って出現していた。だがそれ以外の都市には見出すことのできない内容であり、ここに京都の小学校の特異性をみることができる。

注

(1) 昭和二六年に京都市立日吉ヶ丘高等学校の設計が建築家・堀口捨巳に委託された。
(2) 島根県立工業学校、広島県立工業学校、兵庫県立工業学校、香川県立工芸学校、鹿児島県立加治木工業学校、津市立工芸学校などの卒業生が確認される。
(3) 現在の京都市立洛陽工業高等学校であるが、建築科は昭和二四年に伏見工業高等学校に移管されている。
(4) 現在智積院宗務所に転用され現存している。
(5) 京都市は旧制中学校を経営していた京都府と棲み分けを行っていた。このことは大阪市や神戸市においてもみられた。
(6) 現在、京都市立西京高等学校。校舎は平成一三年に解体撤去。
(7) 京都市立西陣商業高等学校になり、廃校。
(8) 昭和二三年より新制堀内中学校に転用後、解体撤去。
(9) 昭和二二年より新制四条中学校に転用後、解体撤去。
(10) この時点では営繕課でなく、建築課であるが、この冊子では営繕課と印刷してある。
(11) 加茂松之助旧蔵史料で筆者蔵。

(12) 前掲（11）と同じ。
(13) 糟谷幸造『百歳までの人生』白川書院、昭和四六年。
(14) 筆者による御子息の安立多計彦氏への聞取り調査、平成八年。
(15) 株式会社鴻池組所蔵の三橋国太郎経歴書で二種ある。
(16) 枝村靖逝去の後に御子息・俊郎氏によって作成された小冊子「枝村靖」。
(17) 川島智生「華頂女学院の成立と学舎の建築意義」『研究紀要』第五八号、京都華頂大学、平成二五年。
(18) 京都工芸繊維大学教授・石田潤一郎博士の御教示による。
(19) 遺族に対する聞取り調査、平成九年。
(20) 川島智生「大正期大阪市の鉄筋コンクリート造小学校の成立と民間建築家との関連について」『日本建築学会計画系論文報告集』第四八九号、日本建築学会、平成八年。
(21) 尾道市役所所蔵。
(22) 川島智生「尾道における歴史的小学校校舎の建築史学――戦前期鉄筋コンクリート造の久保校・土堂校と設計陣容」『文教施設』第二九号、文教施設協会、平成二〇年。
(23) 筆者蔵、平成六年に加茂松之助の遺族から譲り受けた。
(24) 川島智生「大正期・宝塚鑛泉株式会社の建築と模範職工団について――セセッションの洋館と設計者・松本儀八と藤枝良一」『市史研究紀要たからづか』第二五号、宝塚市教育委員会、平成二三年、に詳しく示した。
(25) 明治四〇年に東大建築学科卒業の建築技術者。
(26) 本館二九八坪で総坪数六七〇坪。
(27) 現在改築されて、上層階は公団住宅となり、一階部でエビスクと改称して営業を行う。
(28) 解体されて現存しない。
(29) 平成七年まで現存。
(30) その後京都市立美術大学となり、現在は京都市立芸術大学。
(31) 藤岡洋保「東京市営繕組織の沿革」『日本建築学会論文報告集』第二九一号、日本建築学会、昭和五五年五月。

(32) 東大を明治四三年に卒業した建築技術者で、辰野片岡建築事務所を経て大阪市営繕課に勤務、二代目営繕課長を務める。

(33) 東大を明治二六年に卒業した建築技術者で、逓信技師や東京市技師を務めた後、設計事務所を自営する。鉄鋼コンクリートの技術開発を行う。著書に『和洋改良大建築学』がある。冨士岡は明治四四年から大正四年まで三橋四郎建築事務所で主任として、泰明小学校をはじめ一六校の東京市の小学校設計を担当した建築技術者であった。

(34) 明治二九年三月二二日東京生まれ、早稲田大学建築科を大正六年に卒業後、辰野片岡建築事務所（大阪）に入所、その後大阪市役所建築課技師に就任、大正から昭和戦前期での大阪市に関わる建築の設計を担う。一方で日本インターナショナル建築会を設立し活発な設計活動や評論活動を行っていた。小学校建築の衛生工学的な研究で学位を取り、戦後は大阪市立大学家政学部教授であった。昭和三五年一二月三日に没。

(35) 昭和二年七月に京都市で結成される建築運動の団体で、主なメンバーは伊藤以外には上野伊三郎、本野精吾、中尾保、中西六郎、新名種夫、本多正道らがいた。モダンデザインに基づく建築をわが国に積極的に導入することを目的とした一方で、わが国の固有の風土性に依拠するローカルティの表現を提案していた。機関誌の発刊や展覧会の開催などの啓蒙活動を関西で行う。その構成員としては大阪市役所に所属する建築技術者が多かったことが判明している。昭和八年に解消している。

(36) 学区制度廃止に伴って建築課のなかに設置される。大阪市の営繕組織では最初の小学校を専門に設計する組織で、係長には冨士岡重一が就任し、各学区より大阪市の手に委ねられた小学校の建設事業を担っていく。

(37) 神戸校は技手・眞藤文治郎の設計、山手校は丸川英介・新井進一郎の設計が確認される。出典は『神戸校五十年史』および『山手教育四十年』による。なお、土木課長は浅見忠次であり、清水栄二は筆頭の技手として名前が挙がっていた。

(38) 矢作英雄「古茂田甲午郎と東京市小学校建築などについて」『日本建築学会東北支部』昭和五七年。

表5－1　京都市営繕組織の沿革

年月日	事　柄
明治4年11月	廃藩置県ののち，大蔵省土木営繕課が基準を定め，旧幕府，旧藩の建物を没収，買上げ使用した。
明治6年12月	内務省，各府県の建物を管掌。
明治7年1月	諸官庁の建築工事は工務省の管掌に属し，製作費建物局と称した。
明治8年6月	営繕局と改称した。
明治8年11月	独立して営繕寮となる（ただし内務省を除く)。
明治12年7月1日	区長役場（上，下京）を府庁内に設く。
明治22年4月1日	市事務係第2部。(市制施行）京都府庁内に「市事務掛」を設け，その「第二部」で担当した。
明治31年10月13日	第二部工務課。市が完全な自治体として独立した。この部制は助役の人数により，第一部，第二部と称した。
明治38年4月1日	第二部工務課建築掛。
明治44年10月1日	第一部工務課建築掛。
大正7年12月28日	工務課。助役部制廃止。
大正9年7月7日	工務部建築課。従来の工務課建築係が課に昇格。安立糺課長。
大正15年	三橋国太郎課長が赴任さる。
昭和4年4月22日	土木局営繕課に改称。従来上京，下京2区が5区になった。
昭和7年6月15日	営繕課廃止。
昭和8年5月1日	営繕課再設置。
昭和9年9月	室戸台風により上京区役所，第二勧業館，西陣小学校，大内第二小学校，淳和小学校，上鳥羽小学校，下鳥羽小学校，納所小学校などが倒れた。
昭和10年	風害復旧の工事入札が続々と開始された。
昭和12年	支那事変起る。
昭和13年4月1日	営繕部に昇格，第一技術課・第二技術課からなる。
昭和13年	多くの課員が満州に進出した。14名。
昭和14年	支那事変のため木材統制がなされ，木造がやっとという時代。
昭和17年10月21日	施設局管財部営繕課。
昭和17年	三橋部長退職。
昭和18年	指月寮の買収。木戸邸の寄附。新増改築工事ほとんどなく，金属回収，貯水槽等が主な仕事であった。

(出典)『京都市営繕・建築・行政概要』京都市役所，昭和45年。
『建設行政のあゆみ――京都市建設局小史』京都市建設局，昭和58年。

表 5 - 2　京都市営繕組織の年度別技術者数

	技師	技手	雇	技術雇	備　考
明治 32 年	1	2			松室重光が技師
明治 35 年	1	2			植村常吉が技師
明治 36 年	2	2			松室重光は嘱託技師，植村常吉が技師
明治 41 年		3			植村常吉が係長技手
大正 3 年		5			工手 3 名，臨時 7 名
大正 7 年		5			工手 3 名
大正 9 年	2	—	—	—	建築課誕生，総計 10 名余
大正 12 年	3	—	—	—	川村秀介が技師に昇格，中野進一は昭和 2 年までに技師に昇格
昭和 3 年	4	18	3	17	他に嘱託として枝村靖
昭和 4 年	4	19	3	17	他に嘱託として枝村靖
昭和 5 年	3	20	2	16	枝村靖が技師に昇格
昭和 6 年	3	19	1	17	
昭和 7 年	3	20	1	17	6 月 15 日営繕課廃止
昭和 8 年	3	16	1	17	5 月 1 日営繕課再設置
昭和 9 年	3	20	1	19	
昭和 10 年	3	27	1	21	風水害復興事業で増員
昭和 12 年	4	30	1	19	
昭和 14 年	4	31		13	昭和 13 ～ 14 年にかけて課員 14 名が満州国に移る
昭和 15 年	7	28		15	
昭和 18 年	8	29	3	15	雇を技術雇の中に含めている

（備考）空白の箇所は 0，—は不明を示す。課長は技師の中に含めた。
（出典）『京都府職員録』『京都市職員録』による。

表 5 - 3　昭和 14 年度の京都市営繕部の技術者一覧

役職	氏　名	
部長	三橋国太郎	
	第一技術課	第二技術課
課長	枝村靖	川村秀介
技師		藤谷茂二郎
技手	山口正，塚田達，山本政治郎，日比義雄，和田卯吉，仁張一郎，井上忠太郎，中野吉之助，佐々木米太郎，芳山保蔵，児玉温，藤田信義，芝英智，佐藤信仁	寺戸常三郎，溝口迪，片岡泰，布袋眞平，下山貞一，居野上栄太郎，小池太郎，市原喜代二，倉森武雄，鎌田芳雄，加茂松之助，新井槇治，吉川茂，山本哲二，大谷豊吉，増谷円之助，保野徳一
技術雇	山口正雄，岡本賢次，亀田喜多夫，谷口薫，林正夫，中筋麻芳	藤井吉三郎，竹川重治，木下晴一，小川喜一郎，菅井文雄，後藤朝一，平田善造

（出典）『京都市職員録』京都市役所，昭和 14 年 8 月。

表 5-4　京都市営繕組織設計の主たる建造物

	事　柄
大正 9 年前後	市営住宅　御前通り　田中　新町頭
	壬生車庫増築
	七条公設市場
大正 12 年頃	工業研究所
	田中変電所
大正 13 年頃	博物館　京都市に下賜
	南禅寺水泳場
	北野鳥羽変電所
	市庁舎の工事始まる
大正 14 年頃	横大路発電所
	十条塵芥焼却場
大正 15 年	絵画専門学校
	松ヶ崎浄水場
昭和 2 年	中央卸売市場
	市庁舎東半分竣工
	七条小学校　郁文小学校　改築
	円山野外音楽堂
昭和 3 年	御大典博覧会
	二条高等女学校
	立誠小学校　龍池小学校　春日小学校　柳池小学校　改築
昭和 4 年	修徳小学校　梅屋小学校　新洞小学校　竹間小学校　改築
昭和 5 年	東山，左京区役所
	三哲自動車車庫
	第二養正小学校　第二室町小学校　第二下鴨小学校　陶化小学校　朱雀第四小学校　新設
	市庁舎西部部分着工
昭和 6 年	第一商業学校
	堀川高等女学校
	児童院
	公会堂東館
	市庁舎全館完成
	明倫小学校　成徳小学校　永松小学校　淳風小学校　改築
	一橋第三小学校　第二待鳳小学校　九条第二小学校　第四錦林小学校　第二衣笠小学校　新設
昭和 7 年	三哲車庫
	右京区役所
	花山火葬場
	六原小学校　教業小学校　朱雀第五小学校　深草小学校　朱雀第六小学校　改築・新設

昭和 8 年	公設市場　川端　北野
	美術館
	銅駝小学校　清水小学校　改築
	竹田小学校　西京極小学校　川岡小学校　修学院小学校　松ケ崎小学校　勧修小学校　編入地の小学校増改築
昭和 10 年	四条商業　松原商務学校
	染色試験場　工業試験所
	室町小学校　有済小学校　新道小学校　朱雀第一・第二・第三小学校　改築
昭和 12 年	烏丸運輸　勧業館　屠場
	第三高等小学校　第一・第二伏見小学校
	正親小学校　養正小学校　有隣小学校　粟田小学校　出水小学校　九条小学校　六条小学校　乾小学校　衣笠小学校　改築・新設
	蓮華谷火葬場
昭和 13 年	西陣電気営業所　和光寮
	二条保健所　上京・下京区役所
	第四待鳳小学校　音羽小学校　待賢小学校　醍泉小学校　滋野小学校　錦林小学校　京極小学校　乾隆小学校　小川小学校　日彰小学校　竹間小学校　改築・新設
昭和 14 年	六条保健所
	公設市場　上賀茂　修学院
昭和 15 年	中央市場冷蔵庫
	第五待鳳小学校　新設
	第一工業学校　プール
昭和 16 年	桃山浄水場
	太秦第三小学校（新設の最終校）
昭和 17 年	室町保健所　自強寮　興亜訓練所

（出典）『京都市営繕・建築・行政概要』京都市役所，昭和 45 年。

附録　京都の番組小学校

上京第一番組　乾隆（けんりゅう）小学校

明治　二年　新猪熊東町に上京第一番組小学校を開校。
明治　九年　上京第三区乾隆小学校と改称。
明治三〇年　木造校舎増築。
明治三九年　児童増加のため、千本東入ル姥ケ岡町敷地移転、着工。
明治四二年　新校舎完成。
大正一三年　本館・教室棟・屋内体操場竣工。
昭和　九年　室戸台風により大被害。
昭和一三年　鉄筋コンクリート造校舎・屋内体操場竣工。

校舎（明治42年）

木造本館（大正4年）

乾隆小学校では室戸台風で被害を受けた校舎の復興として、校舎と講堂兼屋内体操場が鉄筋コンクリート造で建設された。校舎は昭和一三年に建築費一八万三〇〇〇円の復興工事で完成し、屋内体操場は昭和一二年に建築費二万六〇〇〇円の復旧工事で出来た。校舎の外壁にはベージュ色のタイルが貼られる。そのタイルは一階の足元からパラペットまで貼られるが、一階の窓上部から二階の窓下部ならびに二階の窓上部から三階の窓下部、三階の窓上部、一階の窓下部の四カ所は帯状に白いモルタル仕上げとなり、タイル貼り部分と区分される。つまりここではタイルを貼る場所を使い分けることによって、平滑な外壁面の中で水平線を強調するモダンデザインが表現されていた。

このようなデザイン的な傾向は屋上塔屋の形状にもみられ、そこではキャノピーが梁間方向にのみ飛び出し、四面の外壁はともにタイル貼りとなる。この側面には屋上庭園に向かって大きな円形の窓が二つ配され、その取り合い部には円弧を強調するように放射線状に

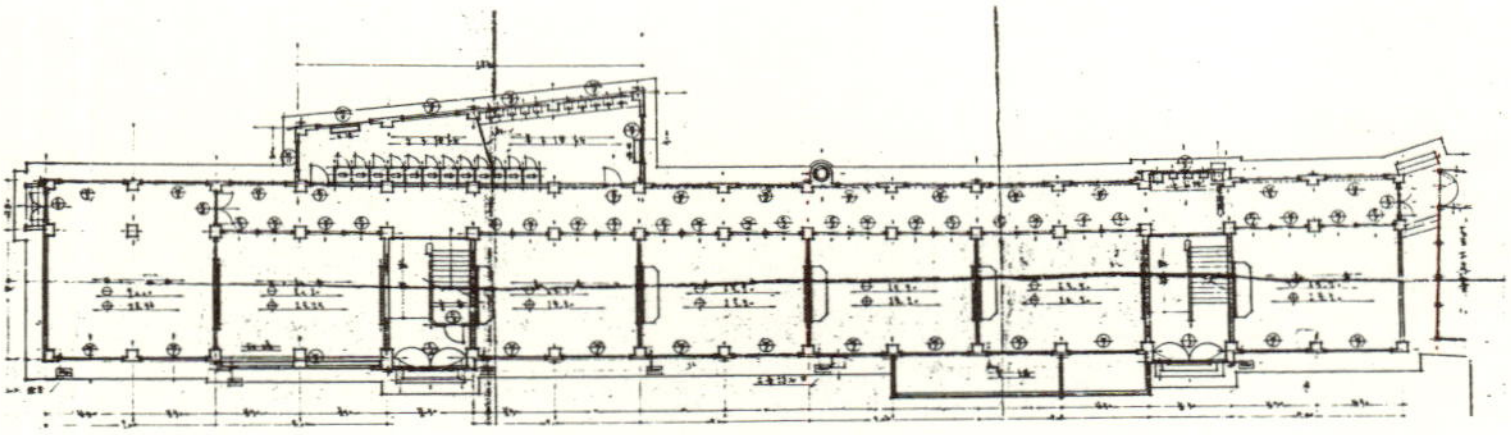

校舎１階平面図（昭和 13 年）

外観（昭和 13 年）

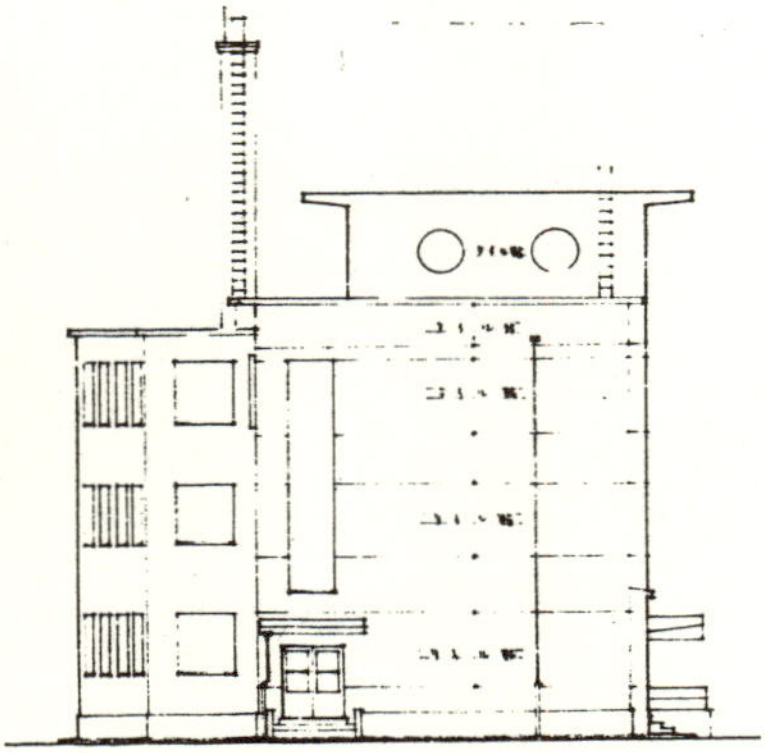

東側姿図（昭和 13 年）

屋上塔屋（昭和 13 年）

なったタイルが貼られた。このようにタイルにこだわった意匠がみられる点がこの建物の特徴になっている。平面形状はI型となるが、校舎の背面には各階共に便所部分が突出しており、桁行方向と軸線がずれた台形となる。このような軸線のずれは敷地の形状に拠ったものだが、珍しい平面形状といえる。

　設計は校舎・屋内体操場ともに藤井吉三郎が昭和一一年二月に行っていた。平成一二年に建替えのためにこの校舎は取り壊された。

上京第二番組　成逸(せいいつ)小学校

講堂（昭和７年）

大正７年

木造校舎（昭和30年代）

明治　二年　上天神町で、上京第二番組小学校と称して開校。
明治　八年　成逸校と改称。
明治三〇年　校舎増築。
明治三九年　下天神町に移転、全面改築。
大正　七年　講堂新築落成。
昭和　七年　鉄筋コンクリート造講堂兼屋内体操場竣工。
昭和　九年　室戸台風により南部旧校舎被災。
昭和一一年　木造二階建復旧校舎完成。

成逸小学校は昭和七年に屋内体操場を鉄筋コンクリート造で完成させていたが、校舎は大正期から昭和戦前期に建設された木造校舎を昭和四三年まで使用しており、鉄筋コンクリート造化は昭和四四年になって初めて行われた。この屋内体操場は京都市の中では珍しく、屋上に上がることができるタイプのもので、外部階段が屋上に通じていた。外観的な特徴としては一階の下屋状の屋根の上部にある高窓の両横の外壁がタイル貼りとなっていた点で、この高窓のモールディング状の庇と窓台が開口部ならびにその間の壁に対して額縁状に取り巻いた。この手法は室戸台風以降の復興小学校でみることができる。設計は学校を卒業して間のない京都市営繕課の仁張一郎が担当していた。

昭和二〇年四月に木造本館と西校舎が焼失するが、昭和二六年に木造で再建される。戦前との違いは外壁がモルタル塗りになるなど、耐火性を考慮したものになっていた。昭和四四年から昭和五二年にわたって鉄筋コンクリート造化が行われた。平成九年に閉校となり、その跡地には京都市立北総合養護学校が建つ。

上京第三番組　翔鸞（しょうらん）小学校

正門講堂（大正期）

本館（昭和９年）

明治　二年	元誓願寺通七本松東入ル大文字町に上京第三番組小学校として開校。
明治九年頃	翔鸞校と称す。
明治三四年	移転を計画。
明治四一年	五辻通七本松西入ル西柳町に新校舎を落成移転。
明治四三年	講堂兼屋内体操場を新設。
大正一〇年	平屋建北校舎を二階建に改築。
大正一二年	平屋建中央校舎を二階建に改築。
昭和　九年	木造本館ならびに鉄筋コンクリート造講堂の竣工。

翔鸞小学校では、室戸台風より四カ月前の昭和九年五月に鉄筋コンクリート造屋内体操場兼講堂と木造二階建本館を完成させていた。だが、その後鉄筋コンクリート化の進展はなく、昭和三三年の一期工事に至って初めて、鉄筋コンクリート造校舎の完成をみた。その改築工事は五期に及び昭和四〇年に完成する。北校舎である。二四教室を有する大規模な建物であり、現在も校舎として使用されている。一方で木造校舎をみれば、明治四一年に現在地に移転して以来、五回の増設を行っており、計四七教室を建設していた。翔鸞学区は昭和一一年の時点で、一般の学区と比べれば面積・人口ともに二倍以上となっており、児童数の激増があって、教室の増設が急務となっており、費用と工期のかかる鉄筋コンクリート造よりも、低廉な費用と短い工期で建つ木造が望ましかったのだろう。そのことが木造での建設につながっていったものと考えられる。

ここで誕生した鉄筋コンクリート造屋内体操場兼講堂は切妻破風を正面にみせるタイプのもので、外壁に柱型は表出しない。意匠的には円形の小屋組換気孔を二つ並べ、高窓の庇と窓台が水平に連続する。本館をみると、一階の腰部から二階の開口部下まで板が縦張りされ、それより上は従来通りの真壁造となる。すなわちこれまでにないような洋風スタイルの要素が現れ出ていた。このことは同時期の西陣校本館と共通する。なおこの本館は昭和四九年に鉄筋コンクリート造二階建に改築された。

上京第四番組　嘉楽（からく）小学校

嘉楽中学校（昭和 20 年代）

正門（大正期）

嘉楽校の絵（明治 10 年）

明治　二年　般舟院前町の私塾時習舎学舎で上京第四番組小学校開校。
明治一〇年　般舟院の敷地に移転。嘉楽校と改称。
明治四一年　二階建て教室を増築。
大正　二年　四階建を壊し裁縫・唱歌教室を増築。
昭和一二年　鉄筋コンクリート造屋内体操場兼講堂竣工。
昭和二二年　新制嘉楽中学校に校地と校舎を転用。

嘉楽小学校は昭和一二年に鉄筋コンクリート造屋内体操場兼講堂を復旧工事で完成させた。建築面積は四四六㎡、工費は約三万円を要した。この建物は現存しない。昭和二二年に嘉楽校の校地と校舎は新制の嘉楽中学校に転用され、その後鉄筋コンクリート造に改築され現在に至る。

嘉楽小学校は口絵に紹介したように明治一〇年に四階建て建物を建設していた。形状は三階四階部分が塔状となった建物で、この部分は望火楼であった。一階二階の欄間部分の開口の形はこれまでの伝統的な意匠ではなく、一階はアーチを、二階は火灯窓に触発されて生まれたような形が現れていた。おそらくは新たに校舎になった般舟院の門と講堂に調和するような形態が考えられてこのような形が生まれたものとみられる。大正二年まで存在した。般舟院の門と講堂は昭和一五年の校舎改築まで嘉楽校の施設として使用されていた。昭和戦前期では寺院の建物を転用し、校舎として使用する事例はほとんどなく、昭和一二年に刊行された『京都市学区大観』によれば、「京の伝統を象徴する寺院風の珍しい校舎を今に伝えて居り」と記された。門と講堂は昭和一八年鎌倉の建長寺に移築されて、現在、寺の総門と方丈として使われている。

上京第五番組　西陣(にしじん)小学校

木造本館（明治 45 年）

室戸台風倒壊時（昭和 9 年）

校庭側外観（昭和 12 年）

明治　二年　猪熊通上立賣上ル土田町に創立。上京第五番組小学校と称す。
明治　六年　上京第四校と改称し、文織校と名付けられる。
明治一七年　西陣小学校と改称。校舎改築。
明治二五年　校舎大改築。表門移転。二階建講堂・平屋建教室・体操場・唱歌室完成。
明治四一～四四年　校舎大改築。
昭和　九年　鉄筋コンクリート造教室棟東半分完成。
昭和一〇年　鉄筋コンクリート造教室棟西半分・屋内体操場完成。
昭和一一年　木造本館完成。

西陣小学校は鉄筋コンクリート造への改築工事の最中の昭和九年九月二一日に室戸台風と遭遇し、京都で最大規模の犠牲者を出した。明治四一年に完成の西側二階建木造校舎が倒壊し、児童四一人が亡くなった。その校舎は鉄筋コンクリート造東側校舎と接続しており、東側校舎は完成直前だったので、おそらくはここに逃げ込めば助かったのであろうが、まさか倒壊するとは思わなかったのだろう。東側校舎は台風の一一日後の一〇月二日に完成している。

西陣小学校は平成七年に閉校したが、昭和九年・昭和一〇年に完成した校舎ならびに屋内体操場、本館がそのまま現存している。校舎の鉄筋コンクリート造化は昭和八年七月には設計が行われていたことから、その前年までには決まっていたものと考えられる。設計に関わった技術者は塚田達、枝村靖、仁張一郎らによる。

配置を見ると、敷地の北側にI型の校舎が建ち、西側に屋内体操場が、東側には本館がそれぞれ別棟で建つ。屋内体操

3階音楽室の張出し（現況）

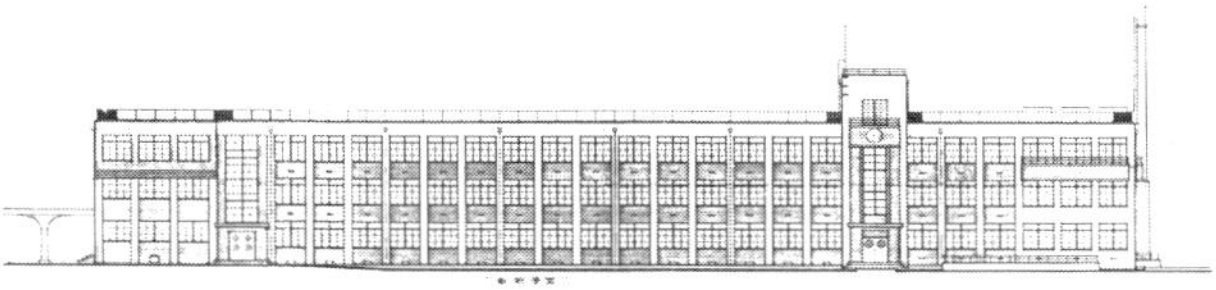

南側姿図（昭和8年）

場の西側は校地と隣接して児童公園となる。校舎棟のプランは片廊下式教室配置をとり、廊下の部分を取り込むことができる両端部は特別教室となる。

外壁面は柱型が外側に突出した形式をとり、パラペットの外壁面と同面となる。タイルは凹んだ外壁側に貼られ、柱型はモルタル塗りとなる。縦線を強調した柱型が並ぶなか、階段塔屋が柱型の外面よりもさらに突出し、シンボリックに立ち上がっている。

意匠的に興味深いのは両端部の最上階の取り扱いで、西端の唱歌室では南に向かって逆階段状にオーバーハングし、そこは出窓となる。東端の図画室では南側と東側に小ベランダが設けられる。この両端部のみ柱型の扱いも異なり、ともに柱型の存在は消えている。それまでの歴史様式に基づく校舎は立誠校に見られるように左右に翼部を設けていたが、ここでは翼部はないがキャンティレバーで張り出された出窓やベランダに視覚上、置き換えられていたとみることもできる。それまで歴史様式やセセッション、表現派等の影響にあった京都市の小学校が装飾を排除し、機能を伴う幾何学的な形でもってデザインがなされた最初の建築といえる。鉄筋コンクリート造着工の時期が西陣校の次に位置するのが、富有校であり、富有校もファサードに柱型が表出するタイプである。

本館については第三章で詳述しているが、現存する唯一の洋風系木造洋館である。

上京第六・七・十三番組　室町（むろまち）小学校

明治　二年　室町に木下校（上京第六番組小学校）、竹園校（上京第七番組小学校）、常習校（上京第十三番組小学校）が開校。
明治二六年　竹園校、木下校、玄武校（常習校が改称）の三校が併合し室町小学校となる。
明治二九年　移転し新校舎落成。
大正一三年　屋内体操場、職員室を新築。
昭和　三年　第二室町校（現紫明校）創設。
昭和　九年　室戸台風で中校舎・北校舎大破。
昭和一一年　鉄筋コンクリート造校舎竣工。第三室町校（現元町校）開校。

本館（大正４年）

全景（大正 13 年）

　室町小学校は昭和九年の室戸台風により、中校舎と北校舎が倒壊に瀕し、その復興校舎として鉄筋コンクリート造校舎が建設された。北棟と西棟が合体したL字型の平面を有し、特徴は北棟の東端部が六角形平面になるということである。その部分は一階から三階まで特別教室となる。京都の小学校でこのような形状を示す校舎は室町小学校を除いてはない。外壁は平滑なタイプで、パラペットならびに階段室廻り、躯体の出隅部はタイル貼りとなるが、北面と西面の外壁にはタイルは貼られなかった。設計担当者は京都市営繕課技手・溝口迪であった。昭和一〇年七月に設計が行われ、昭和一一年一一月に完成した。この時点で本館棟や南校舎、雨天体操場は大正後期に建設された木造建築であった。それらの建物は、昭和三〇年代から四〇年代にかけて鉄筋コンクリート造に改築された。この復興校舎は平成三年に解体された。

室町小学校から昭和三年に第二室町小学校（現紫明小学校）が独立し、昭和一一年には第三室町小学校（現元町小学校）が設置された。第二室町小学校は昭和四年に南校舎、翌昭和五年に中校舎・本館・講堂を完成させていた。いずれも木造真壁造の建物で、本館は入母屋造になっていた。京都市営繕課の現場担当者として竹下仙吉と藤村萬太郎があたり、建築費は一三万四〇〇〇円を要した。第三室町校は設立当初より、木造校舎に加えて鉄筋コンクリート造の屋内運動場兼講堂を完成させていた。つまり災害時の避難場として、鉄筋コンクリート造建築を一校中必ず設けるという京都市の方針に従ったものであった。

第二室町小学校（昭和５年）

校舎（昭和 11 年）

第三室町小学校　校舎と屋内運動場（昭和 11 年）

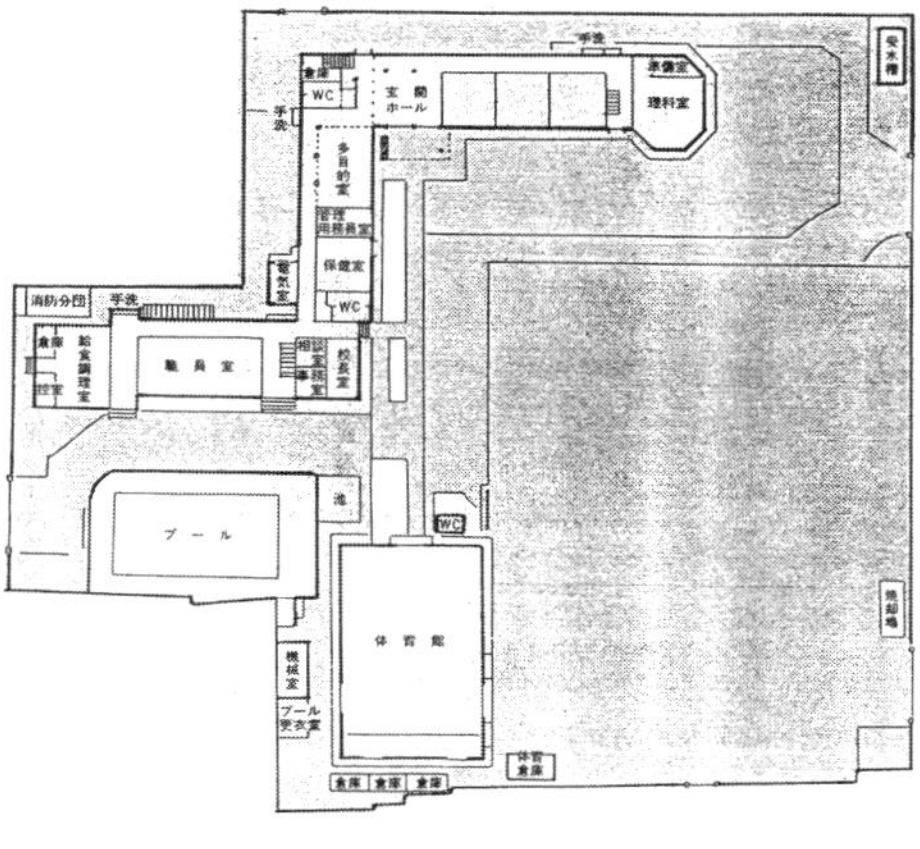

配置図兼１階平面図（平成３年）

上京第八・九番組　仁和（にんな）小学校

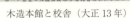

木造本館と校舎（大正 13 年）

講堂（大正 13 年）

復興校舎（昭和 12 年）

明治　二年　御前通天満屋町に上京第八番組小学校、仁和街道六軒町に第九番組小学校が開校。
明治　四年　第八校が殷富校、第九校が安嘉校と改称。
明治二六年　両校を廃止。仁和街道二番町立本寺境内に校地を買収、新校舎を建築、仁和尋常小学校となる。
明治四二年　校地拡張、校舎改築。
大正一三年　新築移転。
昭和一二年　鉄筋コンクリート造校舎・屋内体操場竣工。

仁和小学校では老朽化した木造校舎が室戸台風で被災したため、昭和一二年五月に復興校舎として鉄筋コンクリート造三階建教室棟が建設された。工費は六万七〇〇〇円を要した。また同年一一月には鉄筋コンクリート造平屋建屋内体操場兼講堂が建設された。工費は三万九六〇〇円であった。校舎の外観の特徴は壁面が平滑で、南面は全面がタイル貼りとなる点にある。校舎の設計は八戸高峰が、屋内体操場の設計は倉森武雄が当たった。講堂は昭和六一年に、校舎は平成一二年にはそれぞれ改築され、現在は残っていない。その後の鉄筋化は昭和三〇年から四〇年代にかけて行われた。

仁和学区は大正期には「学区の膨張就学児童の増加は非常なる率」を示しており、そのことで大正一三年に新築移転を行っており、土地買収費約六万円を含めると、計一七万六〇〇〇円の大事業であった。この骨子は校舎、講堂の新築、東校舎、雨天体操場、学務委員室などの建設で、この結果、京都市内では屈指の規模を誇る小学校となった。

上京第十番組　正親（せいしん）小学校

明治前期

鉄筋コンクリート造講堂と木造校舎の模型
（昭和５年）

室戸台風で被災した木造校舎（昭和 10 年）

明治　二年　中立売通裏門多聞町に上京第十番組小学校を開校。
明治　九年　正親小学校と称す。全校舎を改築。
明治二五年　新桝屋町の土地で校舎を改築。
明治四二～四三年　屋内体操場新築、南校舎増築。
大正一三年　校地拡張、理科・裁縫・唱歌の教室を新築。
昭和　五年　鉄筋コンクリート造の雨天体操場、木造本館、木造二階建教室新築。
昭和一二年　鉄筋コンクリート造の校舎新築。

正親小学校では昭和一二年に建設された鉄筋コンクリート造建物が校舎として使用されている。この校舎は復旧・復興校舎であり、室戸台風で被害を受け、復旧部分は昭和一二年六月に、復興部分は昭和一二年一〇月にそれぞれ完成した。両建物はL字型のプランをとり、北校舎と東校舎からなる。両棟を合わせると、二〇の普通教室と六の特別教室からなった。ただし両棟には学務委員室や職員室などの本館的な機能は一切なかった。その理由は、昭和一二年の時点で木造本館棟が北校舎西端の南側にあり機能していたことによる。鉄筋コンクリート造建築の講堂兼雨天体操場はさらにその南側にあり、本館とともに昭和五年に建設された。

復旧・復興校舎の外観の特徴は、外壁面全面がタイル貼である点にある。柱型は外壁に表出しておらず、フラットな壁面の上にタイルが貼られる。そのなかで庇・窓台・パラペット笠木がモールディング状に水平に連続して廻り、水平感を強調する。設計は昭和一一年二月に行われており、京都市営繕課の松尾が担当した。工費は、土地買収費も入れると二四万円を要した。施工は松村組が担った。昭和四四年には木造本館が撤去され、昭和六〇年には講堂が改築されている。

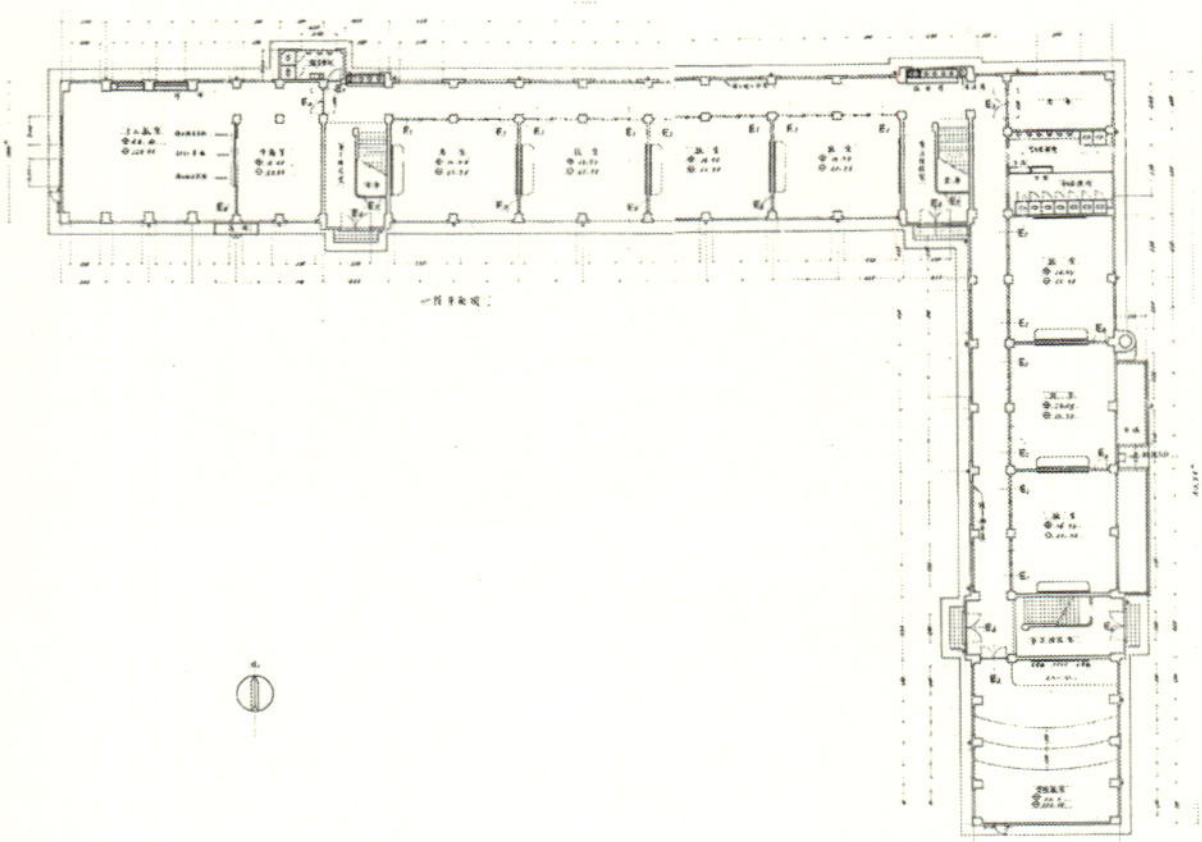

1階平面図

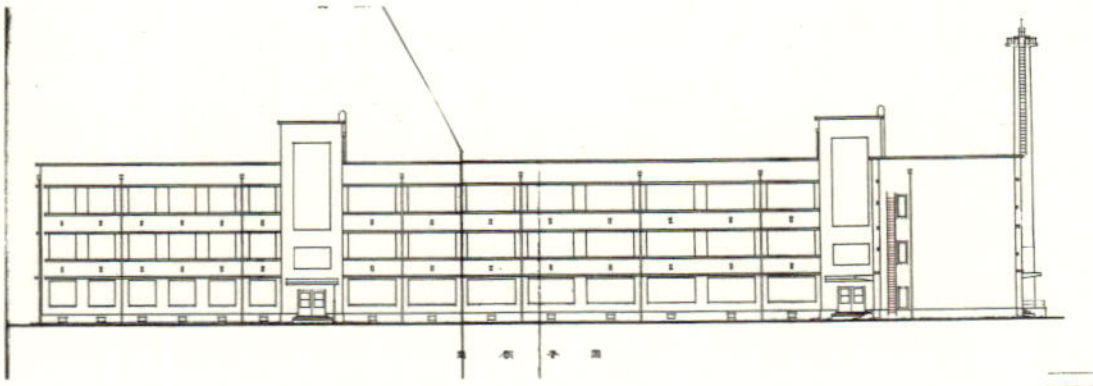

南側姿図

校門側玄関（昭和 12 年）

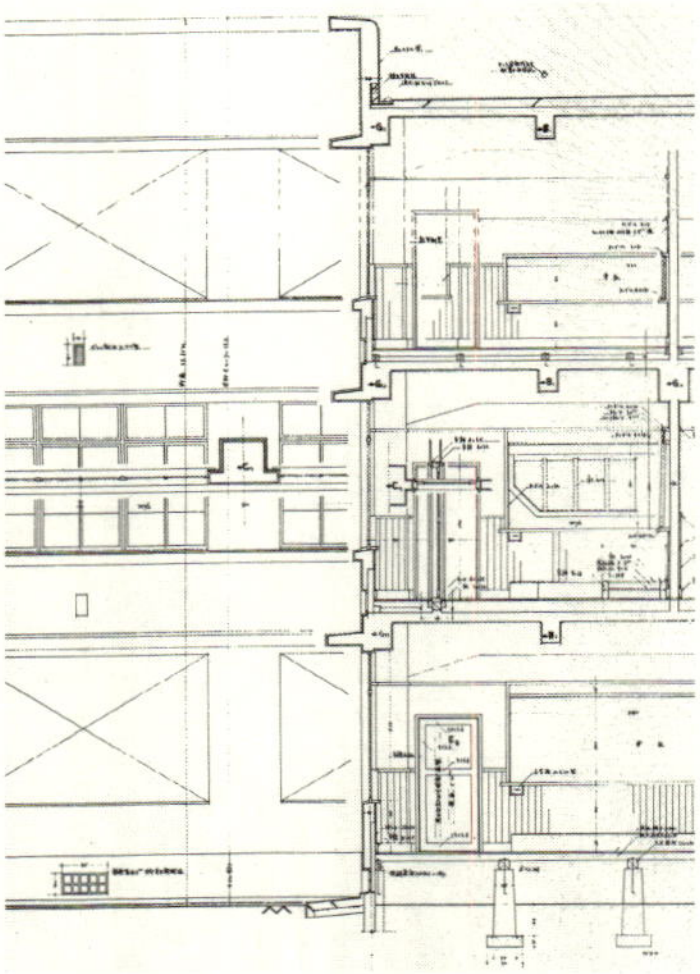

断面図（昭和 11 年）

上京第十一番組　桃薗（とうえん）小学校

北校舎と講堂（昭和７年）

計画案鳥瞰図

本館（昭和７年）

明治　二年	観世町に上京第十一番組小学校として開校。
明治　五年	上京第八区小学校と改称。
明治二〇年	桃薗尋常小学校と改称。
明治二七年	講堂・唱歌室・職員室・学務委員室・応接室・玄関等建設。
明治四三年	全校舎の改増築落成。
大正一四年	木造本館を特別教室に変更。
昭和　七年	再度全改築に着工。鉄筋コンクリート造第一期工事を竣工。
昭和　九年	鉄筋コンクリート造第二期工事を竣工。

現在は西陣中央小学校が建つ場所には、平成七年までは明倫校と並ぶ豪華な鉄筋コンクリート造校舎を持つ桃薗小学校があった。ここは同年に閉校し、建物は一式解体された。この跡地に、周囲の成逸・西陣・聚楽の三校と統合して新たに西陣中央校が誕生した。

昭和戦前期の桃薗校の鉄筋コンクリート造への改築経緯については第三章で詳述したが、趣意書には「校舎全景鳥瞰予想図」が描かれ、建物のブロックプランは建設される校舎とほぼ同形のものになっていた。細部をみると本館など道路側の建物には傾斜する屋根が架けられており、一般的な陸屋根とは異なった。おそらくは道路側からの視覚を重視して屋根形を設けたものと思われるが、実現されることはなかった。建物全体がL型の段状に連なった形になったのは、敷地の形状の制約によるものとなる。

もう一点の違いは窓の形であって、本館では半円アーチによる装飾的な取り扱いの玄関になり、最上階の窓形が折線アーチとなるが、共に実現されなかった。一方北校舎は最上階の窓形は三角形アーチとなるが、これもまた違う形に変更され、桃薗校では斜路塔を除けば開口部にアーチ形は採択されなかった。ここからは趣意書が作成された昭和五年後半から六年初頭と、実際の設計が開始された昭和六年九月までの一年にも満たない期間に、デザインの内容が大きく変化したことが分かる。その背景には設計を担った京都市営繕課の内部でも昭和五年以降はモダンデザインの影響が強くなり、ロマネスク風など歴史様式に基づく意匠が用いられなくなるという変化を反映したものだった。

　完成した意匠は最上階開口部だけを水平にのびた窓枠と庇で囲み、方立状の小柱が各開口の中央に入れられ、より細分化されていた。このような手法は本館と校舎棟で見られる。本館では一階腰壁ならびに三階の窓台と庇の間の窓廻り部がタイル貼、一階の腰壁より上部ならびに二階の壁面一面が黄龍石（龍山石のなかで黄色がかった石）貼となり、校舎棟はリソイド塗が主となるが、三階だけは本館と同じタイルが用いられた。

　デザイン的な見所は本館の階段室の窓には細かな水平リブが入りその横には丸窓がはめこまれ、斜路塔屋の開口部はドイツ表現派の影響とみられる扁平アーチがみられた。木造の遊戯室にはステンドグラスが嵌められていた。ここからは歴史的なスタイルからモダンデザインへの過渡期にあったことが分かる。一方で作法室には踏み込みがあり、その開口部の意匠には火頭窓の形が表現されていた。

　建物の構成をみると、道路に面して本館があり、そこは一階が玄関や学務委員室、応接室になり、二階は作法室となり、三階は理科室となる。本館の建物に直角に連なるのは一階が幼稚園の保育室と、奥に校長室や職員室があり、二階は手工室や算術室、三階は会議室、唱歌室、裁縫室、ミシン室となり、二階以上は小学校の特別教室からなる。この建物に接続するのは一階が児童昇降口と斜路（スロープ）、二階三階も斜路だけから建物である。さらにこの建物に繋がるのが北校舎で、一四の普通教室があった。このような変形プランになったのは、幼稚園舎を組み込む必要から生まれたものだった。改築趣意書によれば、幼稚園開設がこの改築事業の一つの柱になっていた。また講堂は独立しており、屋内運動場を兼ねた。建設当時は東側の大宮通のみに面し、戦後は土地買収によって智恵光院通にも面するようになる。

本館側面（昭和７年）

本館と階段棟（昭和７年）

上京第十二番組　小川（おがわ）小学校

本館（明治期）

校舎（昭和 13 年）

校庭側（昭和 13 年）

明治　二年　小川通今出川上ル仲小川町で、上京第九番組小学校として開校。
明治一〇年　小川通元誓願寺上ル針屋町の久世家の邸宅敷地を買収し、新築移転。
明治三三年　起債して隣地を買収し校舎増築。
明治四〇年　体操場を新築。
明治四二年　平家建教室の二階を増設。
昭和一三年　鉄筋コンクリート造三階建、復旧校舎竣工。
昭和一四年　鉄筋コンクリート造三階建、復興校舎竣工。

昭和一四年に建設された小川小学校は、南東側を運動場にしたL型のブロックプランであった。校地の西側の油小路通側に玄関を設けた西棟、並びに西棟北端で合体した北棟からなる。西棟は北棟と直角に交わっておらず、微妙に北棟は東に向かって南側に傾いている。敷地の形状を優先したことによる。南側は講堂兼雨天体操場がある。北棟と西棟の取り合い部は階段室と児童便所となり、両棟の角度を調整していた。プランとしては両棟ともに片廊下式教室配置となる。玄関のある西棟には本館的な諸室が配され、作法室は三階にあり、会議室や図書室も当初より設置されていた。

外観の特徴は玄関廻りにあって第三章で写真を示したが、キャノピー廻りにデザインが集中して施されている点にある。キャノピー中央部の鼻先には人造石の彫刻が付き、キャノピー上部にも人造石の彫刻が立ち上がる。両脇の外壁には龍山石が貼られ、重厚感が演出される。昭和一〇年代のこの時期ではモダンデザインの影響を受け、できるだけキャノピーを薄く見せることこそが相応しいと考えられていたが、ここでは片持ちの受け梁が設けられ、力強さを表現した。このような古風な手法が用いられていたことに、京都の小学校らしい特質が読み取れる。外壁は柱型が半分突出するタイプとなる。設計は枝吉徳蔵という若い技術者が担当していた。工費は三一万八〇〇〇円であった。平成七年に閉校し、校舎は取り壊され、現在は京都市小川特別養護老人ホームとなっている。

講堂兼屋内体操場（昭和 13 年）

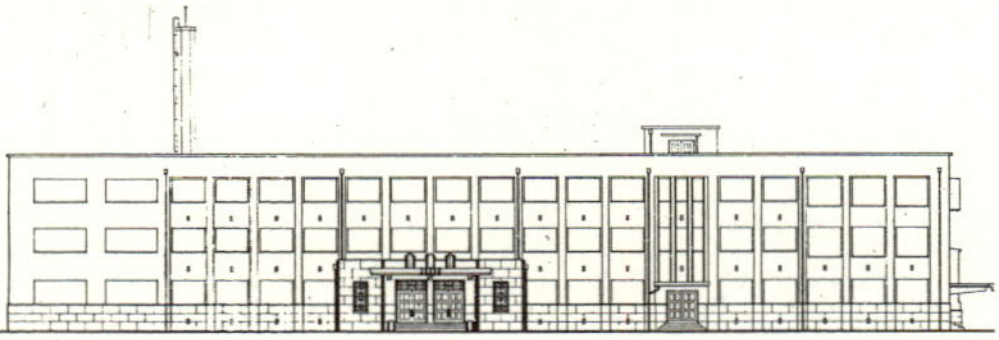

正面図（昭和 12 年）

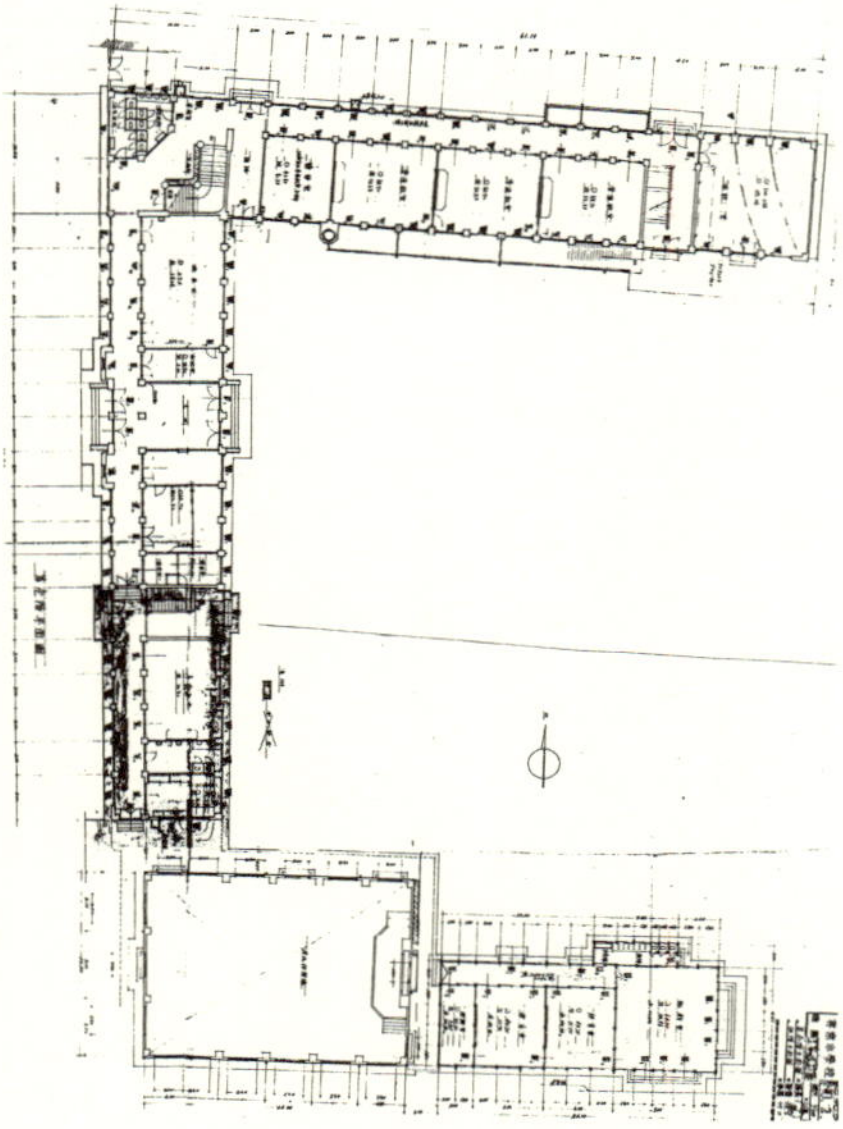

配置兼 1 階平面図（昭和 12 年）

上京第十四番組　出水（でみず）小学校

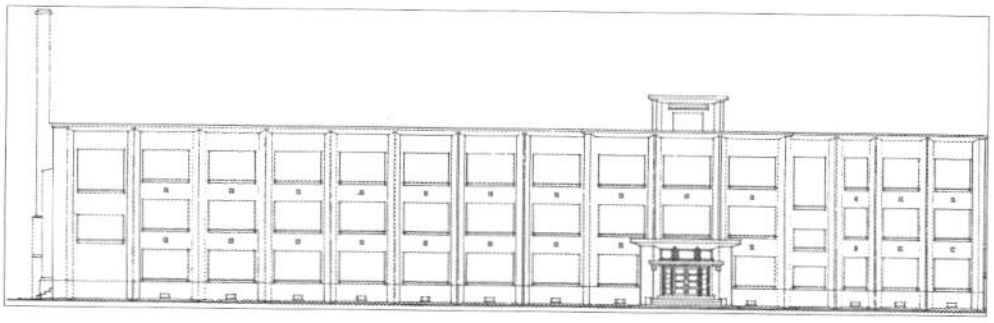

立面図（昭和13年）

校庭側外観（昭和13年）

玄関廻り（昭和13年）

明治　二年　出水通日暮角天秤町に上京第十四番組小学校として開校。
明治二〇年　出水尋常小学校と改称。
明治三七年　土屋町通下立賣下ル中務町に移転、新校舎を建設。
大正　四年　木造二階建教室一棟を増築。
大正　八年　教室を増築、屋内体操場を移転改築。
大正一〇年　木造二階建、木造平屋建校舎を増築。
大正一四年　木造二階建校舎を増加。
昭和一三年　鉄筋コンクリート造校舎・屋内運動場竣工。

出水小学校は昭和一三年に全校舎が鉄筋コンクリート造に建替えられていた。ブロックプランからみると、東南側を運動場にしたL字型プランを取り、L字型校舎と一体化した屋内体操場を含めるとコの字型の配置となる。L字型校舎は玄関を浄福寺通に設けられた本館棟と北側の教室棟からなり、本館棟は中廊下式教室配置で、一階は学務委員室や職員室が、二階には二間続きの畳敷きの裁縫教室などが、三階にも特別教室があった。教室棟は片廊下式の教室配置で普通教室からなった。椹木町通側には児童昇降口（本館の一階）が設けられ、屋内運動場への出入口を兼ねた。そのためにこの出入口廻りも玄関らしいデザインが施されることになった。

外観の特徴はパラペットの笠木下端まで柱型が突出する形式をとるが、その平面形状は等脚台形となる。玄関廻りはキャノピーが二段に張り巡らされ、アールデコ的な造形を示す。設計は山口正が担当し、総工費三六万円、熊谷組が施工した。平成九年閉校し、待賢小学校と統合して二条城北小学校になった。その時に旧校舎は解体された。

上京第十五番組　聚楽(じゅらく)小学校

校舎落成記念写真（明治17年）

本館（明治期）

明治　二年　葭屋町通中立賣南入北俵町に、上京第十五番組小学校が開校。
明治　八年　聚楽小学校と改称。
明治一七年　講堂・玄関が竣工。
明治三一年　北校舎・雨天体操場が竣工。
大正元～二年　二階建教室一棟のほか全面的に増改築を行う。
大正一五年　本館教室、講堂兼雨天体操場その他の増改築を実施。
昭和一二年　鉄筋コンクリート造校舎竣工。

聚楽小学校は、昭和一二年に建設された鉄筋コンクリート造の北校舎が現存する。校地は葭屋町通と猪熊通の間に位置し、葭屋町通側に表門がある。その正面に昭和元年に建設された木造本館が昭和五二年まであり、その横に講堂兼雨天体操場があった。昭和三〇年代から四〇年代にかけて木造校舎は鉄筋コンクリート造に建替えられた。北校舎は昭和三二年に屋上に教室が増築され四階建となり、現在に至る。明治一七年に建設された玄関構えのある講堂の屋根は寄棟造となるが、棟端に鴟尾が取り付くなど古代復古調の意匠がみられる。

形態としては三階部分の西側がセットバックしており、日射とともに道幅の狭い西側の猪熊通へ心理的圧迫感がないように配慮して生まれた結果だろうと思われる。学区が主導して建設事業を行っており、設計案に対して注文がなされたことが背景にはあった。つまり学区側の意向があって、それに従う形で設計がなされていたことが窺える。

片廊下式教室配置をとり、階段だけが北側に突出するが、その外観は西側に向かって弓形の曲面を描き、西側をファサードとして意識したデザインがなされている。外壁の扱いをみると、一階の外壁面だけがタイル貼りとなり、二階三階はモルタルリシン仕上げとなる。煙突が高く聳える点も外観上の特徴の一つである。

昭和12年完成の校舎

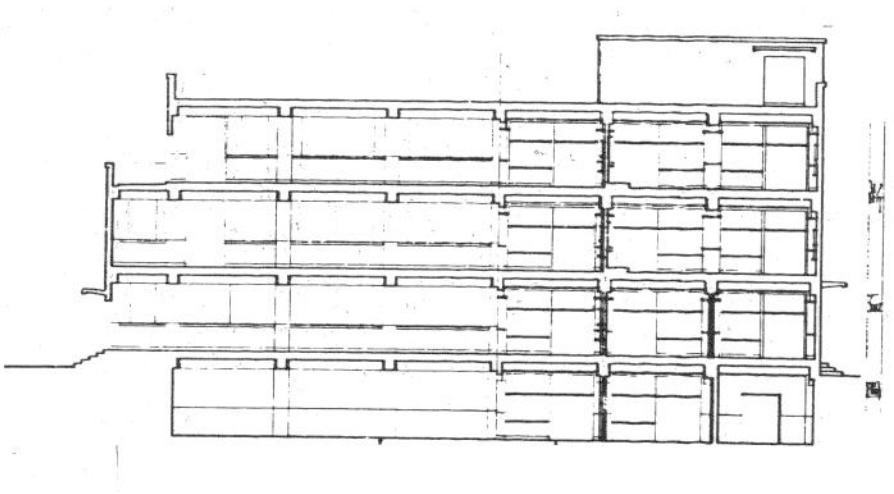

断面図（昭和11年）

セットバックした校舎端部（昭和12年）

階段室外観

上京第十六番組　中立（ちゅうりつ）小学校

木造校舎（昭和４年以前）

工事中（昭和４年）

明治　二年　中立賣通新町西入にて、上京第十六番組小学校と称して開校。
明治　五年　上京十七校に改称。
明治　八年　上京第十七区中立小学に改称。
明治二六年　教室・職員室・体操場新築。
明治四四年　二階建教室・表門等の建設。
大正　四年　雨天体操場・中央二階建教室改築。
昭和　二年　学区会決議で根本的改築を計画。
昭和　五年　鉄筋コンクリート造三階建の竣工。

中立小学校は、昭和五年に完成した鉄筋コンクリート造校舎が中立売通に面してI型に配列され、新町通側に講堂兼雨天体操場が鉄骨鉄筋コンクリート造で建設された。学務委員室や職員室など本館的な機能は校舎の一階に設置された。

外観の特徴は玄関廻りにあり、アーキヴォールトの玄関開口部、キャノピー（庇）を挟んで上下ともに装飾が施された受け材（下が持ち送り、上は庇を上部に引っ張る吊材）、最上階の七本の幾何学的な柱頭飾りと、意匠が集中する。外壁面には三・〇m間隔で柱型が表出し、パラペット軒廻り下は京都市では珍しく曲面となる。

建設に当たって中立校始まって「以来の未曾有の大事業」達成のために、学区会のなかに「中立拡築会」が組織され、学区居住者に対して寄付金が募られ、居住者から一二万円を集めた。建設費は三四万円で、内訳は起債が一五万円、積立金と寄付金が一九万円となる。大口の寄付金としては三井家（元之助）よりの四万円があり、校舎北側の三百有余坪の運動場もまたこの改築に際して三井家より寄贈を受けたものであった。設計担当は京都営繕課の原田修造で、施工は松村組であった。

　平成七年までは中立校として現存したが、同年の統廃合に伴い校舎は解体された。平成九年に旧中立校の敷地に、中立・小川・滋野が統合した新町校として新校舎が完成した。

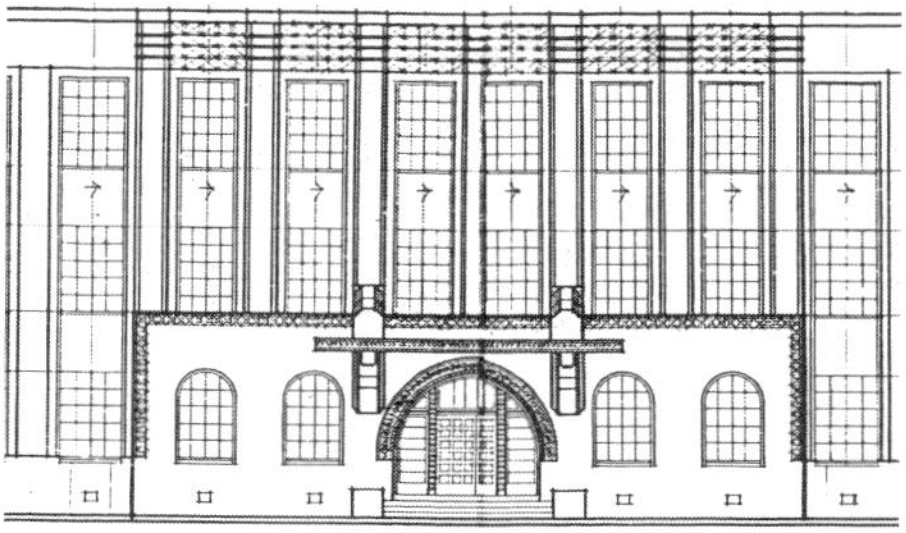

玄関廻り立面図（昭和４年）

昭和５年

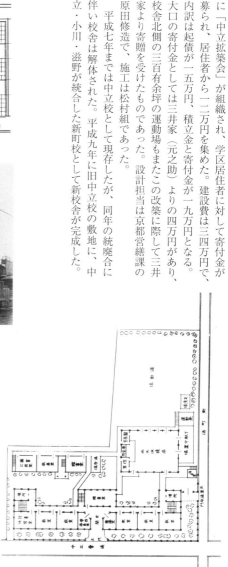

配置図兼１階平面図（昭和４年）

上京第十七番組　侍賢（たいけん）小学校

教室棟（大正３年）

大正期

校庭側（昭和13年）

明治　二年　猪熊通下立売下ル大黒町で、上京第十七番組小学校として開校。
明治　五年　上京第十九小学校と改称する。
明治　六年　学区内盲唖児童の教育開始（本邦初）。
明治二〇年　侍賢尋常小学校と改称。
明治二六年　講堂・教室・生徒控場新築。
明治三九年　猪熊通丸太町下ル旧京都所司代屋敷に移転新築。
昭和一二年　鉄筋コンクリート造三階建、復旧校舎・雨天体操場竣工。
昭和一三年　鉄筋コンクリート造三階建、復興校舎竣工。

侍賢小学校は、京都の小学校では珍しく、出隅部がガラス張りの曲面になったファサードを呈する。一階は児童昇降口、二階三階は帯状にガラス窓が廻り、丸太町通側の終端部に留めとして丸窓が嵌まる。アールの曲率半径は小さいものだが、外部からはモダンデザインに影響を受けたスタイルであることが見て取れる。昭和一〇年一〇月の設計図作成時には出隅部はガラスの窓が柱の外側を覆うものの、直角の形になっていたことを考えれば、その後現場で変更されたようだ。つまり、設計者としては出隅部を曲面にすることにこだわりがあったことが窺える。第三章に示した改築趣意書の外観は設計図のものと同様に直角の形であった。実際に内部を観察すれば、出隅部の柱が四五度振られており、その外側をガラス窓が包みこむ形態となる。柱が振れているぶん、直交する梁も曲線となる。

プランをみるとL型配置を採り、雨天体操場を含めるとコの字型となる。南西側を運動場とする。猪熊通側に玄関を設け、本館機能は玄関廻りに固められ、一階は学務委員室・職員室・校長室、二階は会議室、三階は作法室がある。猪熊通側の棟は中廊下式教室配置となり、丸太町通側の棟は片廊下式教室配置となる。出隅部は二階三階ともに特別教室になる。

設計は新井眞治という若い建築技手が担当した。施工は復旧校舎・復興校舎ともに鹿島組（現鹿島建設）が行った。復旧とは室戸台風の復旧を指し、ここでは雨天体操場と九教室が該当した。その復旧費は九万円で、破格な低利の上に補助金があった。一方復興とは復旧費用で賄い切れない全校舎の四分の三を鉄筋コンクリート造に改築する内容を示し、二三万円の復興計画が学区で立てられ、その内訳は一六万円が学区債で残りの七万円が学区内で募られた寄付金であった。総工費は設備を含め三七万八八〇〇円を要した。

平成九年に閉校したが、この校舎は現在フランス政府認可校「関西フランス学院」（幼稚園～高等部）と「京都市発達障害者支援センターかがやき」が使用している。

出隅部見上げ（昭和 13 年）

出隅部 2 階唱歌室内観（昭和 13 年）

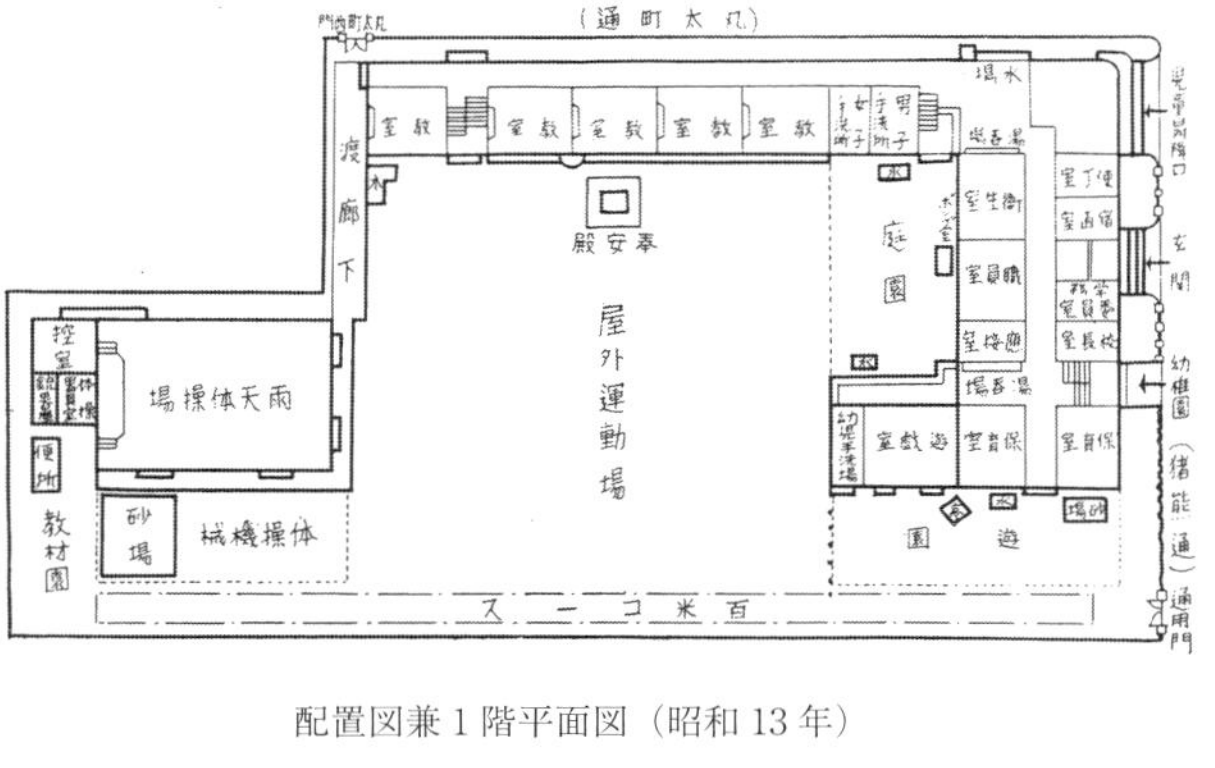

配置図兼 1 階平面図（昭和 13 年）

上京第十八・十九番組　滋野（しげの）小学校

明治　二年	上京第十八番小学校（小川校）、第十九番小学校（東泉校）が開校。
明治　九年	小川校が移転改築、東泉校は移転改築し興文小学校と改称。
明治一二年	小川校が大路校と改称。
明治二五年	大路校と興文校の両校が併合。大路校を新校舎に充て、滋野尋常小学校と改称。
大正　六年	校地拡張し、校舎増改築を実施。
昭和三〜四年	木造教室と鉄筋コンクリート造講堂兼雨天体操場新築。
昭和一二年	鉄筋コンクリート造北校舎ならびに東校舎の一部竣工（復旧）。
昭和一三年	鉄筋コンクリート造東校舎竣工（復興）。

本館（昭和４年）

講堂内観（昭和４年）

昭和一二年と昭和一三年の両年に建設された滋野小学校の校舎は、昭和二三年に新制滋野中学校に転用されたが、「京都まなびの街生き方探求館」に転用され現存する。滋野中は平成一四年に閉校した。滋野校に昭和四年に鉄骨鉄筋コンクリート造の講堂兼体操場（既に改築されて消滅）、昭和一二〜一三年に鉄筋コンクリート造のL字型校舎が建設された。L字型は北校舎と東校舎からなり、前者は室戸台風の復旧事業で北校舎ならびに東校舎の北側から南に二教室分が該当する。後者は復興事業で、東校舎の玄関を挟んで北側に一教室分、南側に二教室分が該当する。前者の設計は昭和一〇年一〇月に行われ完成は昭和一二年二月、後者の設計は昭和一一年二月で完成は昭和一三年六月であった。ともに設計は日比義雄が担い、施工は鴻池組であった。

校舎はL字型のプランを有し、北校舎と東校舎からなる。その二つの校舎は直角に交わるが、その出隅部は平面的に四分の一円となり、交差する柱は丸柱となる。教室の梁間方向は七・三ｍで廊下幅が二・七ｍとなるが、柱の外側に外壁があって、壁の厚さを加えた二・九ｍの半径の円弧となっていた。教室がともに校庭側に面していれば、このような平面形をとる必要はなかったが、ここでは北廊下の北校舎と西廊下の東校舎から構成されたことで、このような平面形状になったものと考えられる。珍しいプランともいえるが、京都市ではこのような平面的に段差が付いた校舎は他に粟田校や有隣校でもみられた。そしてこの部分を外観上デザイン的な見せ場にすることが多く、ここでも曲面になった壁面はガラス窓となり、曲面である形態を強調している。なおこの真横には現在建物が建つが、竣工時には何もなかった。つまり、この建物を避けるためにこのような形になったのではなく、内部の廊下との取り合いがこのような外観を生み出したものと考えられる。なお外壁はタイル貼となり、柱部分を除いて帯状に貼られ水平線を強調する。柱型は外壁面には突出しないタイプであり、窓台だけが突出し水平に連続する。京都では数少ないモダンデザインの影響を受けた校舎といえる。

外観（昭和13年）

出隅部内観（現況）

出隅部外観（現況）

上京第二十番組　梅屋（うめや）小学校

正門（大正期）

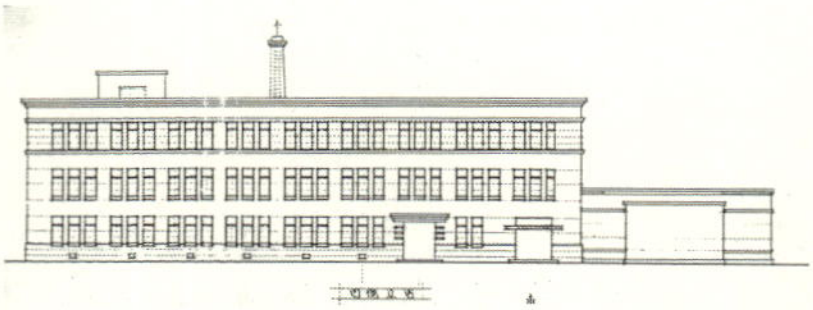

西側立面図（昭和３年）

西側校舎（昭和４年）

明治　二年　小川通竹屋町東北角に上京第二十番組小学校が開校。
明治　六年　現在地に移転。蛤御門内にあった華族庭田家の邸宅を購入移築。
明治　九年　望火楼完成。
明治二〇年　梅屋尋常小学校に改称。
明治三〇～三七年　南北二階建校舎二棟・雨天体操場・本館等竣工。
大正　七年　木造北校舎竣工。
昭和　四年　鉄筋コンクリート造三階建の西校舎竣工。
昭和一三年　鉄筋コンクリート造三階建の北校舎竣工。

梅屋小学校は京都府庁舎正面に通ずる釜座通に面して、平成七年まで存在した。校舎は昭和四年に完成の西校舎と昭和一三年に建設の北校舎の二棟からなった。京都市では片廊下式の教室配置が多い中で、本館的な要素を含めた室配置ゆえに、西校舎は中廊下式となる。

外観スタイルは縦長の窓が並ぶもので、最上階の三階だけ、窓台と短い出の庇を水平に連続させ、一階・二階とは区別している。外壁全体に水平目地が廻り、組積造に由来する外観を示す。興味深い点は北校舎の外観が室戸台風以降の時期でありながら、簡素なモダンデザインではなく、西校舎に現れた歴史様式に準じた意匠になっていた点である。このことは同様な建設形態をとった春日小学校と比較するとより明確化される。春日校では昭和三年の校舎に連続して、昭和三〇年建設の校舎があるが、一体感はなく、戦前戦後の断層があったことが読み取れる。現在校舎は取壊されてなく、「京都市子ども保健医療相談事故防止センター」になっている。

上京第二十一番組　竹間（ちっかん）小学校

竣工時（昭和４年）

玄関廻り（昭和５年）

竣工時・街路側（昭和４年）

明治　二年　上京第二十一番組小学校として開校。
明治　八年　竹間小学校と改称。
明治一四年　玄関・講堂を新築（講堂は一条忠香公の御殿）。
明治三二年　教室および雨天体操場を増設。
明治四〇年　南部教室新築。
大正　三年　屋内体操場移転、教室増築。
昭和　四年　鉄筋コンクリート造三階建第一期工事（本館）竣工。
昭和一三年　鉄筋コンクリート造三階建第二期工事（校舎）竣工。

昭和一桁代に京都の小学校のファサードには多様な意匠が出現していたが、竹間小学校はそのなかでも特異さが際だった。縦線を強調した柱型が三・〇ｍピッチで立上がる中、ベランダが三階では左側に、二階では右側に配される。三階ではベランダの先に丸窓が設けられ、二階ではベランダの一番端の下の一階に丸窓が設けられた。二つのベランダが交わる場所は玄関となり、折線アーチとなる。京都の小学校では珍しく、左右非対称のファサードが出現していた。丸窓の形は昭和一桁代後半以降に流行するモダンデザイン系の正円ではなく、弧が下部の途中で止まる中国風の意匠となった。このような意匠について竣工時の記録には「東洋趣味ヲ加エタル近世式」とある。竹間校は竣工直後の昭和五年に建築系雑誌『デザイン』第四号に竣工写真が掲載された。京都の小学校校舎が取り上げられることは珍しく、いかにこの校舎が意匠的にユニークなものであったかが伝わってくる。

設計担当者は不明だったが、設計図から京都建築課技師・中野進一が関わっていたことが判明する。武田五一や藤井厚二の弟子であり、その影響もあって東洋趣味を試みたとみることもできよう。昭和四年に竣工するのが第一期工事で、工費は一九万五〇〇〇円であった。第二期工事は昭和一三年に完成し、工費は一二万円となった。建築スタイルは第一期工事のスタイルが継承された。

プランをみると、一階玄関には事務室・応接室・職員室が、二階は和室二間続きの作法室・裁縫室があり、講堂兼屋内体操場も玄関の正面に位置しており、本館的な機能が玄関近くに集中的に配置されていたことが分かる。講堂は屋根の一部が屋上面に突出しており、そこに設けられた高窓から光が差し込むようになっていた。内部意匠で特筆する点は、和室の壁面に水平に設けられ格式を示す指標である長押が洋室である教室や講堂、廊下、階段にも設けられていることであるが、これは鉄筋コンクリート造校舎特有の室内の天井高さが高いということで、空間的に落ち着かないことを視覚的に改善したものであったと捉えることができる。

昭和三年から着工される鉄筋コンクリート造化の過程で、明治一四年に建てられた講堂が不用となり、真如堂塔頭の喜蓮院に移築され現存する。この建物は、元は御所の内裏にあった由緒ある一条忠香公のものであった。竹間学区は、江戸から昭和にかけて日本画家が多数居を構えた学区だった。竹間校は平成五年に富有校と統合し、平成七年に梅屋・龍池・春日と統合し、現在その跡地には「京都市子育て支援総合センターこどもみらい館」が建っている。

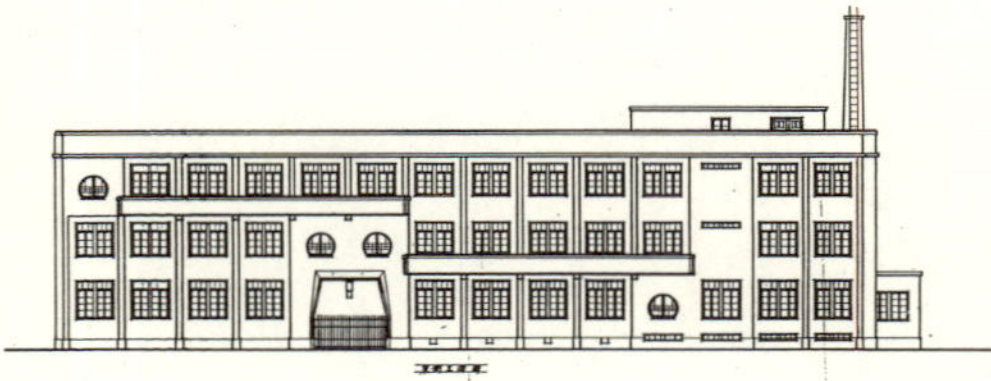
正面図（昭和４年）

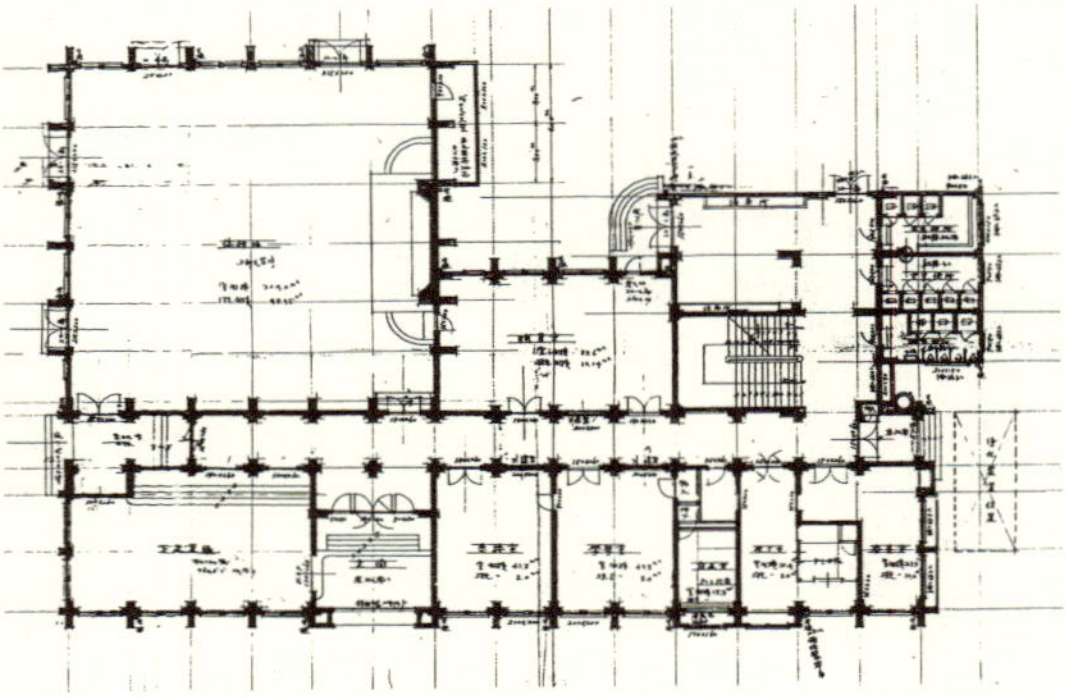
１階平面図（昭和４年）

体操場内部（昭和４年）

上京第二十二番組　富有（ふゆう）小学校

玄関廻り外観（昭和13年）

玄関廻り（明治44年）

明治　二年　富小路二條下ル鍛冶屋町に上京第二十二番組小学校と称して開校。
明治　五年　校名を富有学校と改称。
明治二四年　柳馬場通夷川の小倉藩邸跡に新築移転。旧校地は京都時計会社に売却。
明治三九～四四年　五ヶ年計画で校舎の改築が完成。
昭和　九年　鉄筋コンクリート造校舎に着工。室戸台風で木造校舎傾く（売却）。
昭和一〇年　第一期鉄筋コンクリート造校舎四百五十六坪十二教室竣工。
昭和一一年　第二期鉄筋コンクリート造校舎六百二十五坪竣工。
昭和一三年　第三期鉄筋コンクリート造校舎・雨天体操場・二百九十三坪竣工。

富有小学校では鉄筋コンクリート造への改築は第一期から第三期までの三回に分けて工事が行われた。一期は北校舎棟で昭和九年の室戸台風以前から工事は始まり、二期は昭和一一年に完成、三期が昭和一三年に完成し、建坪四八四坪、総坪数は一三七九坪に達した。改築費は総額で三五万三〇二四円となる。

鉄筋化にあたりプランは従来の木造校舎時代のコの字型が踏襲され、柳馬場通に面して同様に正面を設け、東側を校庭とした。屋内天体操場の位置だけに変更があって、従来は南側には木造校舎だったが、今度は鉄骨鉄筋コンクリート造による屋内体操場が設けられた。この屋内体操場は平屋建で、講堂機能が兼用されていた。教室配置は片廊下式で、端部は特別教室となる。三階では作法室に隣り合い裁縫教室やミシン教室が設けられ、また地階には家事教室も設置されるなど女子家庭科が重視された室構成になっていた。その背景には、大正六年以来学区で経営する私立富有手芸女学校が付設されていたことが関連する。

外観の特徴は突出した柱型が連続して連なるファサードにあり、しかも柱型廻りならびにパラペット部分が同面となりタイルが貼られた点にある。一階と二階、二階と三階の間にある壁面の仕上げは塗り仕上げとなる。設計は昭和九年二月になされており、平面図と立面図を布袋眞平が担い、屋内体操場は新井愼治が担った。

一期工事の際に不用になった木造校舎は大阪府茨木市の茨木小学校に校舎増築用として売却され、昭和三八年まで使用された。その後は民間に払い下げられ、茨木市の橋本健二建築設計事務所の社屋として二〇一四年まで活用された。移築された校舎とは柳馬場通に面した西棟であり、明治三九年から明治四四年の間に建設された屋内体操場をはじめ手工教室や職員室などからなった。したがって売却の時点で築二十数年の比較的新しい建物であった。木造の南棟校舎は室戸台風で傾き、応急のバットレスで倒壊を防いだ。

富有校は平成五年に閉校し、校舎は解体され、平成七年にはこの敷地に御所南小学校が建設された。ここに掲げた三葉の写真は柳馬場通に面した玄関廻りをほぼ十年刻みで撮影したものである。明治四四年では平屋建の和風、大正一二年では洋風の玄関車寄せ、昭和一三年では鉄筋コンクリートの官公庁風、と大きな変化が読み取れよう。

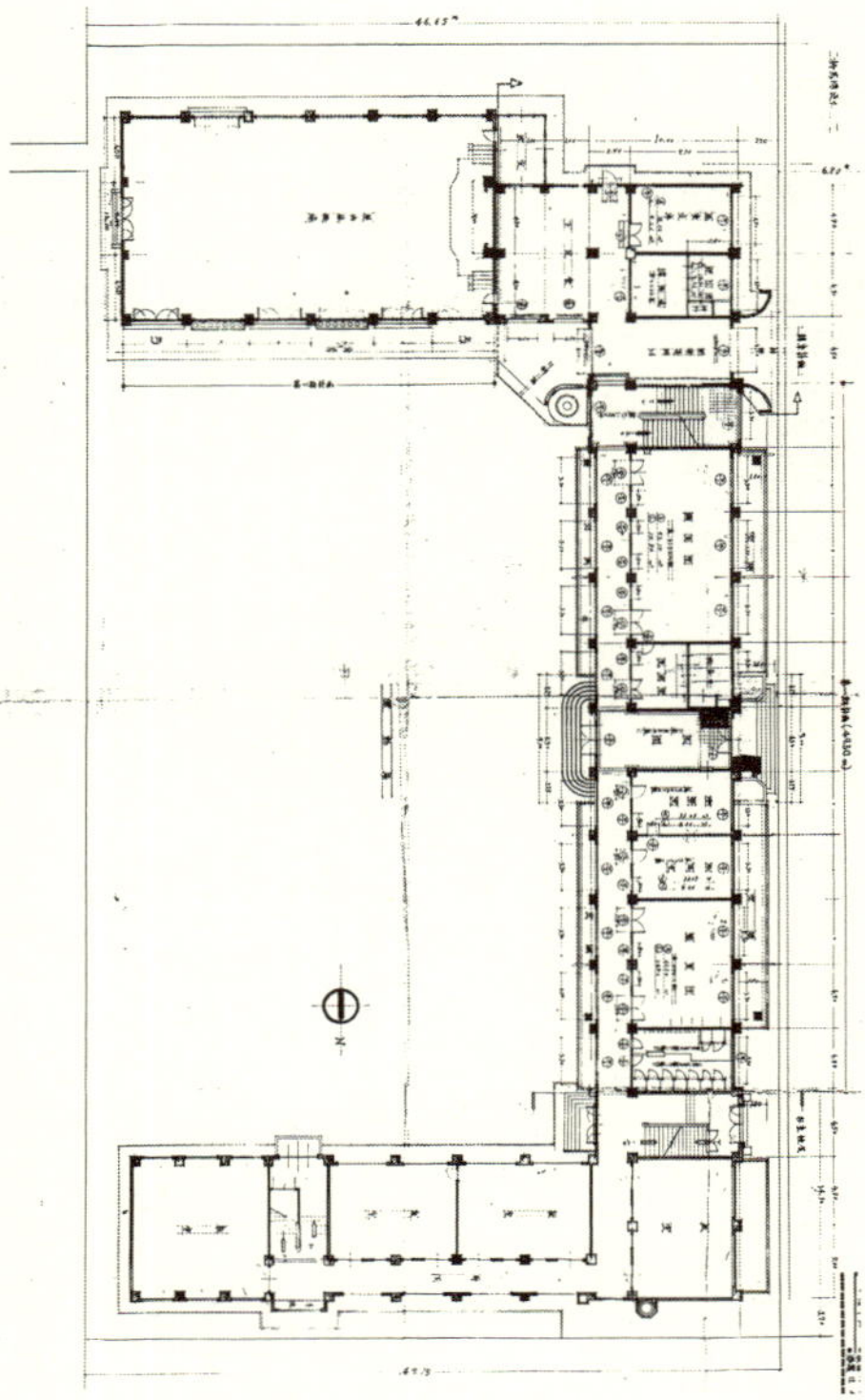

配置兼1階平面図（昭和10年）

上京第二十三番組　教業（ぎょうぎょう）小学校

玄関廻り（昭和７年）

階段内部（昭和７年）

雨天体操場（昭和９年）

明治　二年　姉西町北側に上京第二十三番組小学校として開校。
明治　八年　教業小学校と改称。
明治三〇年　大宮通御池上ル市之町十六番地に移転新築。
明治四一～大正元年　姉西町に再度移転、二階建校舎・本館・屋内体操場の建設。
昭和　七年　鉄筋コンクリート造校舎落成。
昭和　九年　鉄筋コンクリート造講堂兼雨天体操場完成。
昭和三二年　鉄筋コンクリート造新校舎落成。

昭和戦前期の京都の小学校で最も特徴的なファサードを持つ校舎の一つ、教業小学校は昭和七年に建設された。姉小路通に面した南校舎である。昭和九年には雨天体操場が、戦後の昭和三二年には北校舎が建設され、この三棟のいずれも現存する。平成三年に閉校し、現在は教業自治連合会会館や中京区地域福祉センターとして使われている。

外観の特徴は南校舎玄関上の二階と三階部分の三角形の出窓にある。階段踊り場の採光用であるが、ガラス窓の上下を鉄筋コンクリート製の帯状窓受が水平に廻り支える。その結果、より幾何学的なデザインを強調した外観になった。チェコのキュビズム建築の影響が見受けられる。すなわち広義の意味でのアールデコ的造形といえる。腰壁には龍山石が貼られている。一階部分のみに外壁にタイルが貼られる。

もう一つの特徴は隣接する建物との関係である。道幅が狭い姉小路通は二階建の町家が建ち並ぶが、この校舎だけが三階建となる。周囲と大きな違和感が生じないようにするために、校舎は道路よりセットバックされて建設されている。

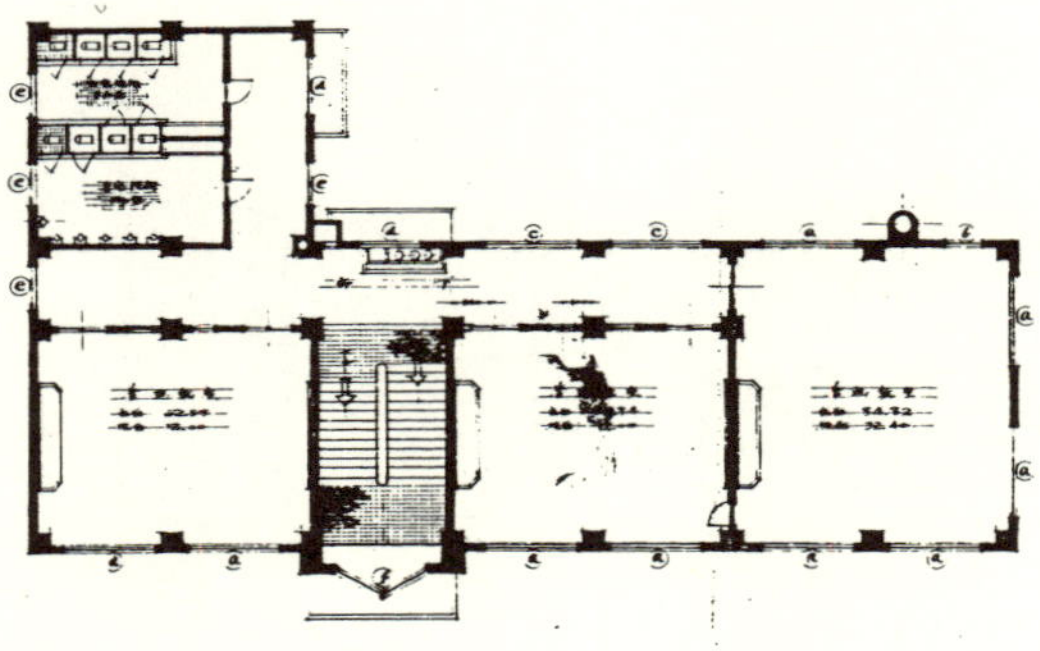

2階平面図（昭和７年）

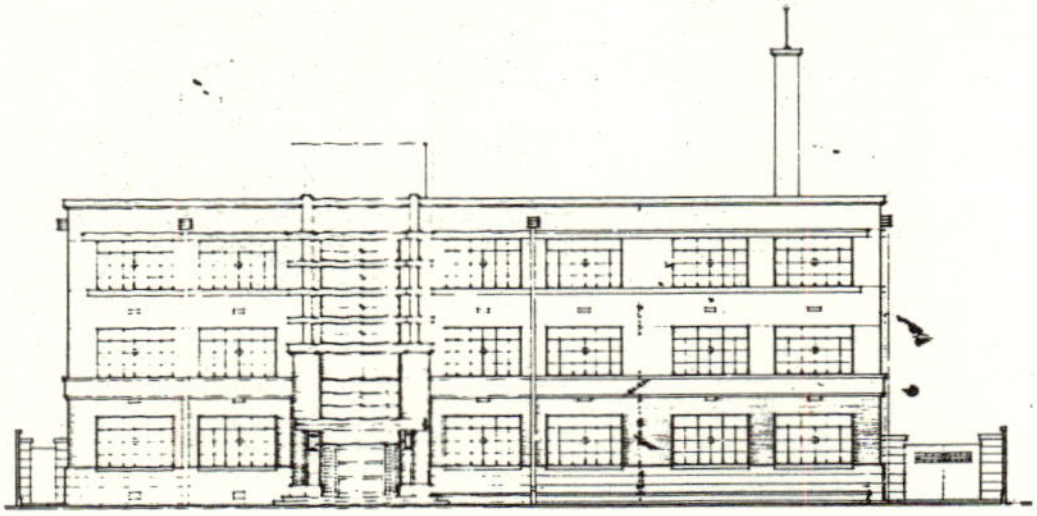

南面姿図（昭和７年）

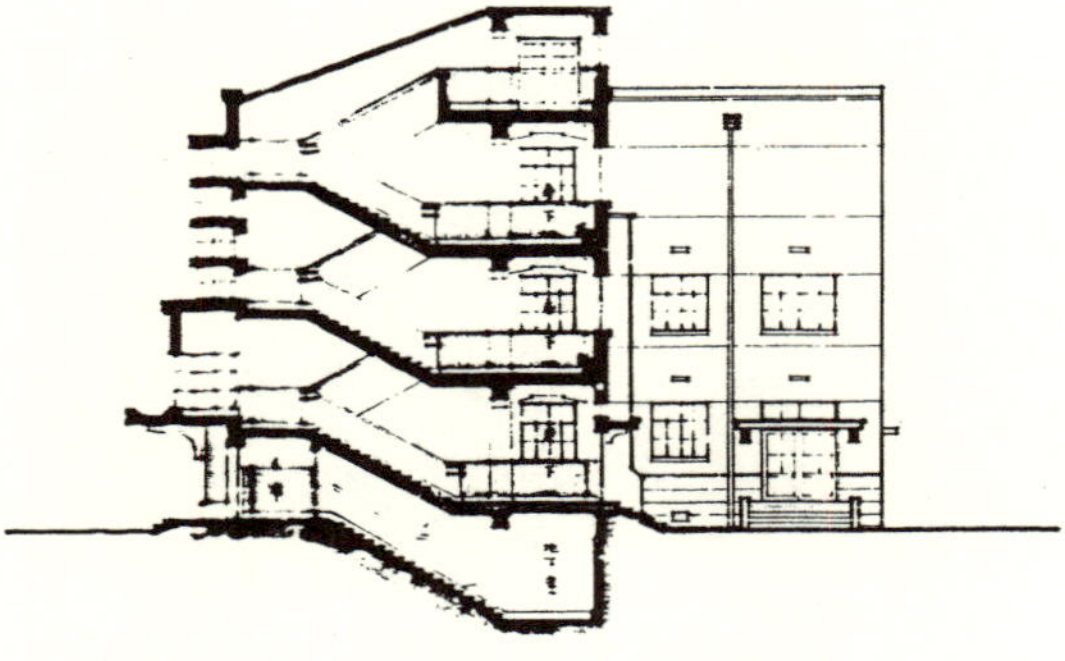

横断面図（昭和７年）

上京第二十四番組　城巽（じょうそん）小学校

門と玄関（大正 11 年）

旧玄関構え（大正 11 年）

本館と北校舎（大正 11 年）

明治　二年　小川通御池上ル下古城町に、上京第二十四番組小学校として開校。
明治　五年　押油小路町の旧土井大炊頭藩邸跡に移転し新築。
明治　九年　城巽小学校と改称。
明治二七年　教室及講堂を改築。
大正一一年　校舎大改築、本館・校舎・幼稚園を改築。
昭和一一年　鉄筋コンクリート造講堂兼屋内体操場竣工。
昭和一八年　京都市城巽女子商業学校が開校。
昭和二二年　新制城巽中学校が開校。

城巽小学校は大正一一年に校舎の大改築を行っており、その校舎は戦後の新制中学校に転用以降も使用された。その内容は『城巽尋常小学校増築記念帖』によれば、北棟平屋建教室を取り壊し、全部二階建に新築するものであり、あわせて二階建の本館の新築が行われた。また、講堂を幼稚園舎に移築した。さらに音楽室や理科室などの特別教室が設置された。その建設にあたり京都市内に加えて大阪の小学校の見学を行ったとある。

建築的な特質は木造校舎の中にある階段が鉄筋コンクリート造になっていた点にあり、「階段三ヶ所は皆鉄筋コンクリート作とし多数昇降の際の音響を防ぎ且つ堅牢を期せり」とその理由が記される。外観はすべての建物が真壁造の和風となり、本館は入母屋造の玄関構えを有した。本館二階には一〇〇畳敷の講堂が設置され、隣室の裁縫室を合わせれば畳一六〇敷となるように設計されていた。この裁縫室は床と押入れを備えた座敷風にしつらえてあった。

この増築のために学区内に城巽校増築会が設立され、一千数百戸への戸別訪問を行った結果、当初の目標の六万五〇〇〇円をはるかに超えた一五万円の寄付金が集まった。さらに三万五〇〇〇円の学区債を起こし、建築費約一〇万三〇〇〇円で着工した。

なお鉄筋コンクリート造としては、昭和一二年に復旧工事で講堂兼屋内運動場が建設されていた。建築面積は四一九㎡で、工費は二万九〇〇〇円を要した。昭和六一年まで使用されていた。また大正一四年に校内にプールが設置されていた。

戦後新制中学校に校地・校舎が転用されるが、鉄筋コンクリート造に建て替る昭和四〇年まで木造校舎は使用された。

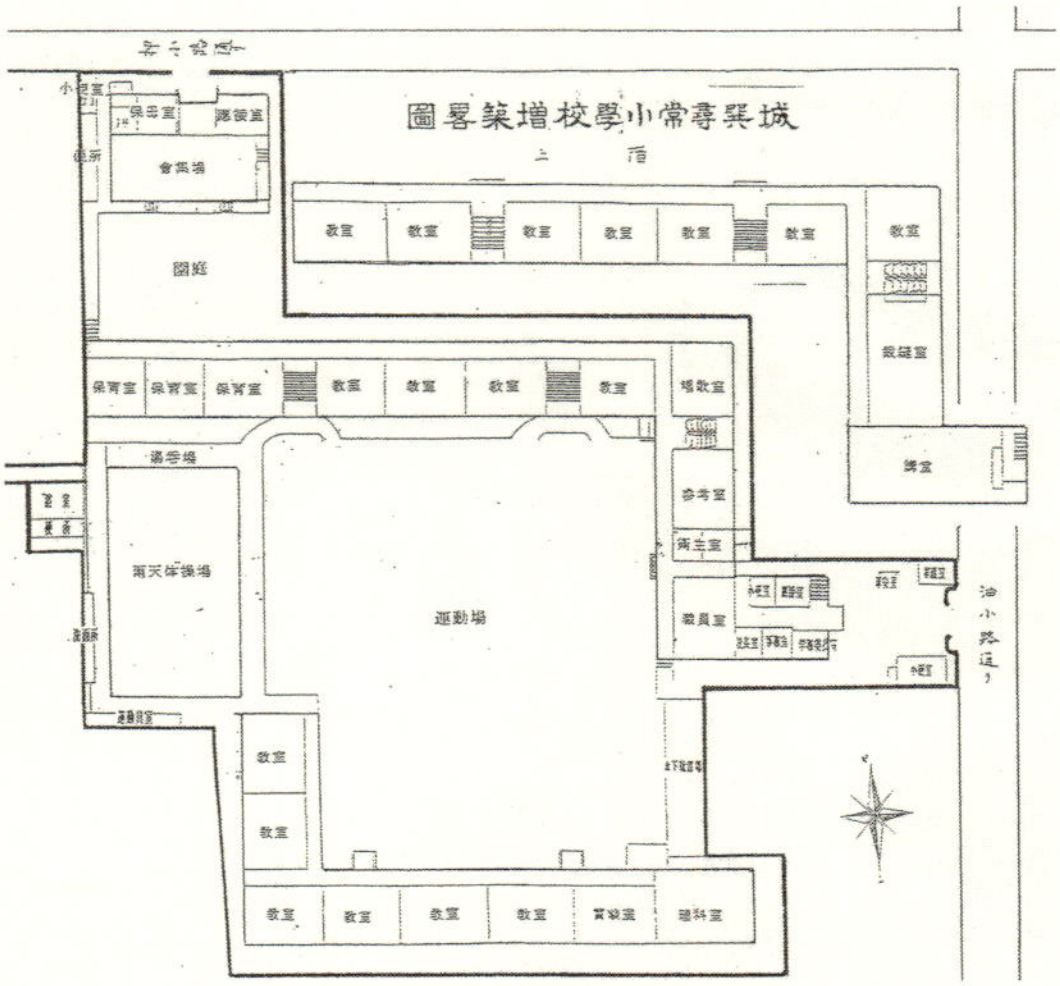

配置図兼１階平面図（大正 11 年）

上棟式（大正 11 年）

講堂内観（大正 11 年）

上京第二十五番組　龍池（たついけ）小学校

講堂の背面・運動場（明治９年）

講堂の内部（昭和３年）

全景・東側より（戦後）

明治　二年	御池通両替町西入龍池町に前身となる上京第二十五番組小学校を開校。
明治　九年	御池両替町西入龍池町に移転新築、二階建講堂建設龍池小学校と呼称。
明治二七年	改築。
明治四〇年	全面改築。
昭和　三年	鉄筋コンクリート造講堂棟（一階は雨天体操場）竣工。
昭和　四年	鉄筋コンクリート造本館棟竣工。
昭和十二年	鉄筋コンクリート造校舎棟竣工。

平成七年に廃校になった龍池小学校はその古い校舎を再生させ、平成一八年に日本初の総合的な漫画ミュージアム・京都国際マンガミュージアムに生まれ変わった。龍池小学校は、昭和三年に竣工した二階建の講堂、翌昭和四年に建設された地下一階地上二階建の本館、昭和一二年に完成した三階建の北校舎の三棟からなる。

全体的なブロックプランとしては、南東を校庭としたL形となる。その内訳はHの形をした本館とそれに接続し、北側に位置する講堂、その東側の北校舎からなる。マンガミュージアムに改装時に講堂の東側の外部を取り込み、ガラス貼の吹き抜けの空間が新設されている。なお本館一階には学務委員室や応接室、二階には作法室に隣接し、貴賓室や会議室が設置されており、小学校が学区の施設であったことがプランニングからも読み取れる。講堂棟は一階が雨天体操場、二階が講堂になっており、後の明倫校の室構成に繋がっていく。

外観の特徴は、講堂ではアーチ形の開口部が連なる。本館では開口部が方立状の柱によって三分割され、縦線が強調されたデザインとなる。その柱頭ならびに柱下部には幾何学的な装飾が施される。玄関廻りをみると、装飾的な要素が集中されており、大庇の下には段状になった持ち送りが付き、廻縁には細かい装飾が取り付く。

内部について特筆すべきは次の二点がある。一つは作法室の梁のハンチの形状にある。二本の斗栱（ときょう）が鉄筋コンクリートの梁を受ける形となる。斗栱とは柱上にあって軒を支える装置で、仏教寺院などに用いられるものである。本来は木でつくられた形がここではそのままコンクリートに置き換えられている。これほど直截な置換は龍池小学校の作法室を除いて他にない。もう一つは階段室の空間であり、そこでは柱と梁が半円アーチとなり、古典的なスタイルを示す。その中央壁面には花弁を象った浮彫り彫刻が施してあり、断片的だが歴史様式の残滓がみてとれる。

明倫小学校がほぼ小学校時代の校舎の面影をそのまま残した転用事例とすると、龍池小学校は大胆に改造を行った事例と捉えることができる。けれども、両替町通に面した本来の玄関側は小学校時代のままに残し、元学区民が寄り合いなど様々な地域活動で利用できるように配慮されている。

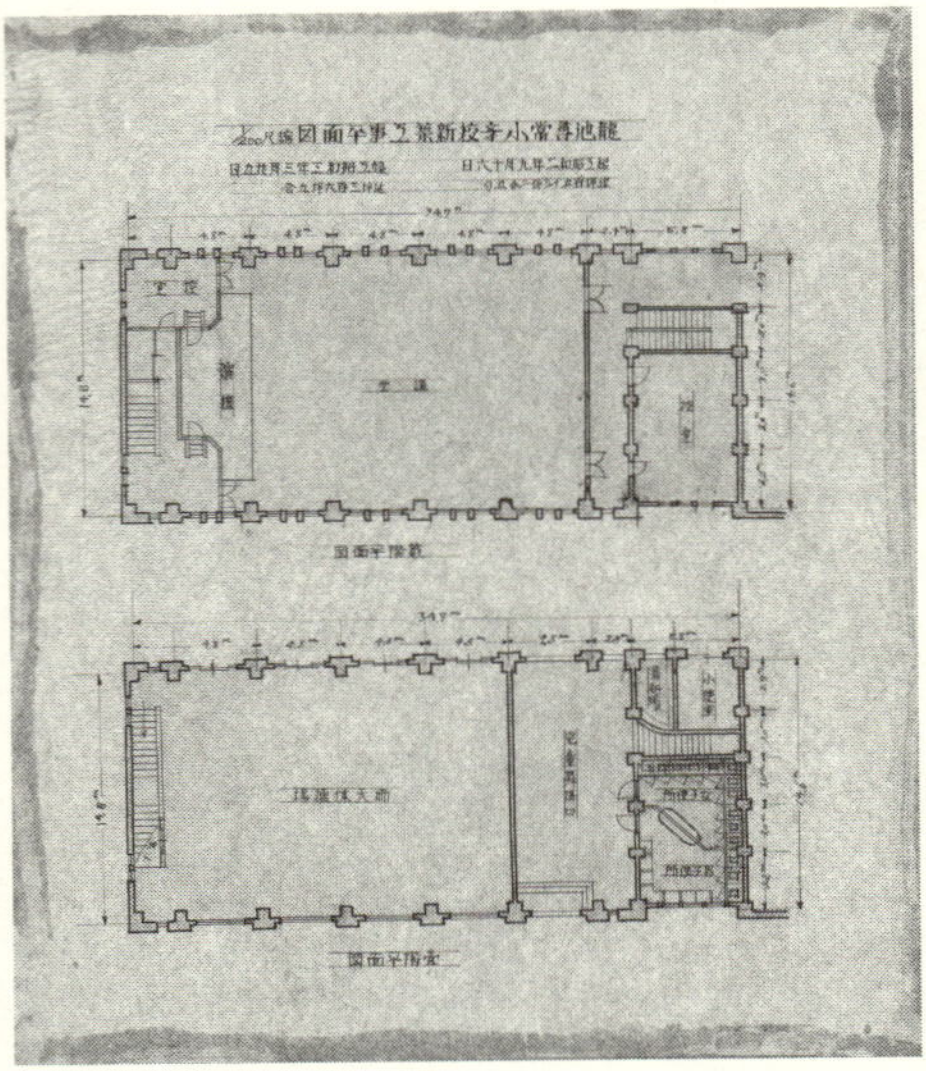
講堂平面図（上：２階，下：１階）（昭和３年）

本館階段室（昭和４年）

講堂外観（昭和３年）

上京第二十六番組　初音（はつね）小学校

本館（大正３年）

講堂兼屋内体操場（昭和 11 年）

初音中学校（昭和 30 年）

明治　二年　高倉通御池上ル柊町に上京二十六番小学校として開校。
明治　八年　初音小学校と改称。
明治二六年　姉小路東洞院東入曇華院前町に移転新築。
大正一三年　木造校舎・木造雨天体操場完成。
昭和一一年　鉄筋コンクリート造講堂兼屋内体操場竣工。
昭和一八年　初等科廃止、女子の単独高等科国民学校にかわる。
昭和二二年　初音校校舎を転用し、新制初音中学校開校。

初音小学校は昭和二二年には新制中学校となり、平成五年に閉校した。その跡地には現在京都市教育相談総合センターの建物が建つ。筆者は平成八年に現地調査を行ったが、その時には大正三年に完成した木造二階建本館と昭和一一年に建設された鉄筋コンクリート造講堂兼屋内体操場が現存していた。講堂兼屋内体操場は室戸台風で講堂が大きな被害を受け、その復旧工事で建設された建物で、面積が四一六㎡で、工費は二万七七〇〇円を要した。意匠としてはキャノピーの鼻先だけがモザイクタイル貼になった。

大正三年と大正一三年に完成の木造校舎は、昭和三〇年まで引き続き中学校の校舎として使用された。なお昭和三〇年に建設された鉄筋コンクリート造校舎は、教室開口部の外側に遮光庇が付いた。これは昭和一一年の大阪市の復興小学校の建築特徴の一つで、庇に当たった太陽光が反射して室内に入り、天井面を照らすことで教室全体に光を行き渡らす装置であった。京都の小学校では数少ない実施例であった。

上京第二十七番組　柳池（りゅうち）小学校

正門廻り（明治35年）

鉄筋コンクリート造校舎（昭和3年）

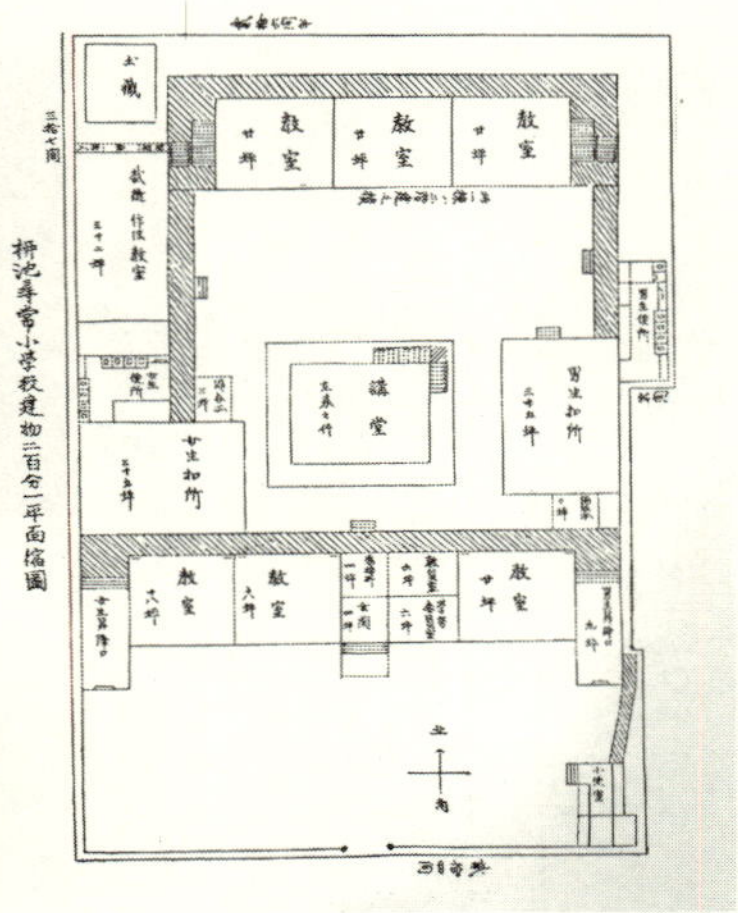

配置図（明治35年）

明治　二年	富小路御池守山町に新校舎を建設、上京第二十七番組小学校として開校。
明治　六年	柳馬場御池旧川越藩邸跡に新築移転。京都で最初の洋館校舎。
明治一二年	二階建講堂落成。
明治三五年	木造校舎増築。
昭和　三年	鉄筋コンクリート造講堂と本館の新築。
昭和一二年	鉄筋コンクリート造校舎増築。
昭和二二年	柳池小学校校舎を新制柳池中学校に転用。

京都で最初の洋風意匠の校舎が誕生した柳池小学校に、洋風意匠の講堂が建設されたのは明治一二年だった。この講堂は昭和戦中期までの半世紀以上にわたって存在した。口絵二頁に掲げた絵葉書には昭和三年に建設された鉄筋コンクリート造校舎と運動場を挟んで対置する講堂が写されている。新しい校舎は入隅部に玄関ならびに階段室が設けられたL型のプランで、右側に並ぶのは普通教室で、左側手前は特別教室棟となる。

昭和一桁代までに建設された京都の小学校は階段室の窓の形に特徴があり、柳池小学校もまたその外壁には半円形の窓が縦に並んで配された。それはヨーロッパ歴史様式が有したバランス感覚が微妙に崩されたもので、みる者に不思議な感覚を与える。多分にドイツ表現派の建築家ペルツィヒなどの影響がみられる。平成一八年に建替えられ、京都御池中学校を核とする複合施設京都御池創生館となっている。

上京第二十八・二十九番組
京極（きょうごく）小学校

本館玄関廻り（昭和 13 年）

雨天体操場と本館（大正 5 年）

復興校舎と講堂・正面立面図（昭和 12 年）

明治　二年　上京第二十八番組小学校と第二十九番組小学校が合併し、協立校と称す。
明治　五年　勧修寺宮御里坊を買収し、移転新築。梨樹校と称す。
明治一六年　校舎を増改築し正門を京極通に移す。校名を京極小学校と改める。
明治四一年　二階建教室、雨天体操場の改築。
大正　五年　本館新築。
昭和　六年　唱歌室・理科室などの特別教室の新築。
昭和一三年　鉄筋コンクリート造校舎・屋内体操場兼講堂が竣工。

京極小学校は昭和一三年九月に完成した本館が現存する。同時期に建設された屋内体操場兼講堂は改築されて現存しない。外壁は柱型が外壁側に突出するタイプであり、その見込み幅は僅かであるが、突き出ることで柱の存在を示している。外観は玄関廻りならびに階段室の外壁だけ、デザインが変えられている。玄関廻りは龍山石が貼られ、大きく張り出したものではないがポルティコの形をとる。階段室外部には方立状の小柱がパラペット笠木の下部まで延びて連なり、垂直性を強調する。柱型を強調する手法が多用された昭和一桁代の京都市の小学校に多かったスタイルが、要所要所に断片となって表現されていた。

本館は中廊下式教室配置となり、一階は学務委員室や職員室からなり、三階には裁縫教室と隣り合い作法室がある。設計は昭和一一年一月に行われており、土井健太郎が担当であった。工費は復旧工事費が約八万円、復興工事費が約五万四〇〇〇円であった。

上京第三十番組　春日（かすが）小学校

明治　二年	河原町丸太町に開設、上京第三十番組小学校と称した。
明治一〇年	丸太町通河原町西入高島町に移転、改築。
明治四一～大正二年	南北二階建教室増築・屋内体操場新築。
大正一三年	木造本館落成。
昭和　二年	鉄筋コンクリート造校舎改築。焼失校舎の復旧。

玄関構えと望火楼（明治 16 年）

本館（大正 13 年）

鉄筋コンクリート造校舎（昭和 3 年）

春日小学校には、昭和三年に完成した九教室だけの北校舎が平成二七年まで現存した。階段室ペントハウスを塔のようにみせ、また三階と屋上階との間の階段踊り場にベランダを設け、階段室部分を強調したファサードになっていた。塔屋の三連の窓は放物線アーチとなり、ベランダには出梁状の持ち送りがつき、その腰壁正面には装飾が施される。三階の開口部の方立状小柱の上部には縦線をみせるテラコッタが嵌め込まれた。御所の東側に位置するという場所性ゆえに、新烏丸通に面した三階西側がセットバックし、テラスになっていた。

この校舎は、大正一五年の火災で焼失した校舎の建替えとして建設された。昭和四六年までは大正一三年に建設された木造の本館が並置されていた。春日小学校では大正九年から大正一三年にかけて木造による増改築が三期に分けて行われており、鉄筋コンクリート造への改築は火災時までは考えられていなかったことが分かる。昭和三年完成の北校舎の東に接続する校舎は昭和三〇年に竣工したものであった。

上京第三十一番組　銅駝（どうだ）小学校

明治12年

正門（明治36年）

俯瞰図（大正10年）

明治　二年	二條通寺町東入榎木町に上京第三十一番組小学校と称し開校。
明治一二年	新校舎を落成。二階建講堂。
明治三六年	鉾田町に移転新築。二階建教室二棟、雨天体操場、附設幼稚園舎等。
大正一〇年	根本的改築及び増地拡張。すべて木造。
昭和　八年	鉄筋コンクリート造三階建校舎竣工。
昭和一三年	鉄筋コンクリート造三階建校舎竣工。

銅陀小学校は戦後の学制改革で銅陀中学校となり、その後昭和五四年の統廃合によって空き校舎になる。翌昭和五五年に小学校校舎の建物を転用し、美術工芸の専門校である京都市立銅陀美術工芸高等学校となった。銅陀小学校の鉄筋コンクリート造化は二回に分けて行われ、一回目が昭和八年に完成した北側校舎で、二回目は昭和一三年に土手町通に面した玄関のある本館が建設された。

外観の特徴は北側と南側の二つの階段室の外壁の取り扱いにあって、ともに幾何学的な格子の枠が一階から塔屋まで垂直に覆っている。その間階段の踊り場のスラブがあたる部分は引き込みアーチとなり、モザイクタイルが貼られる。多分にアールデコ的なモダンデザインの影響を受けたスタイルとなる。ファサードをみれば、一階には龍山石貼りの半円アーチの開口が連続するが、二階・三階は矩形の窓となるなど成徳小学校で用いられたスタイルと共通する。つまりロマネスク的なアーチ窓の連続とモダンデザインが並置されていた点に特徴がある。

銅陀小学校の玄関ホールは豪華な造作をみせ、床はモザイクタイル、壁は黄更紗という大理石となる。現在作法室は普通教室に改装されて残っていないが、当初は三階に設置されていた。北校舎の三階東端は当初は図書館で、清水小学校と同様にトップライトがある。プランは淳風校と同様にコの字型を取り、ここでも講堂兼雨天体操場は建替えられている。『銅陀小学校沿革史』によれば、特別教室の数が普通教室と同数の一四室用意されていた。

工費は一七万三〇〇〇円を要し、学区で貯めていた建築積立金三万四〇〇〇円では到底まかなえず、増改築準備会がつくられ、三年がかりで各町各戸より寄付金を募集することになる。実施設計ならびに現場監理は京都市営繕課の草木成一、居野上榮太郎、亀田喜多夫が担当した。上京第三十一番組小学校としてスタートしたこの学校の卒業生には、東大造家学科教授で辰野金吾を支えた塚本靖がいる。またこの学校の学務委員を務めた上野伊助は、明治三一年の校舎ならびに大正八年の校舎の請負を担った大工棟梁であって、その御子息が日本インターナショナル建築会のリーダーであった上野伊三郎だった。

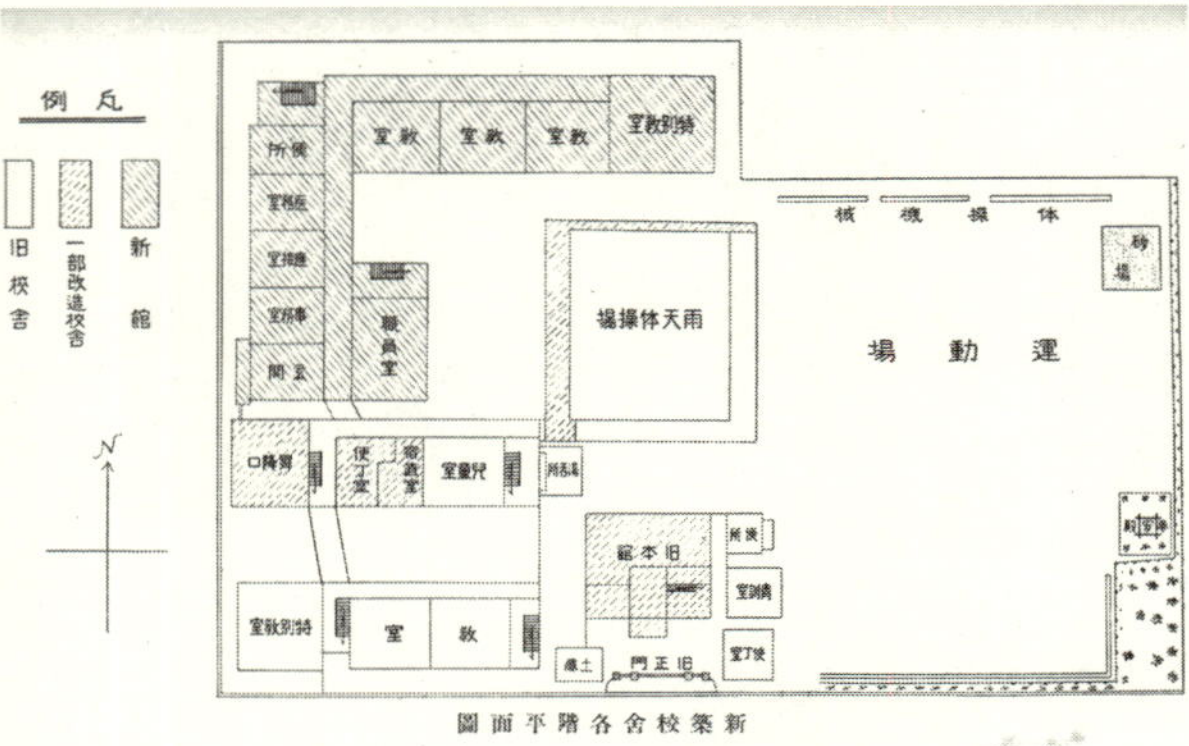

配置図（昭和８年）

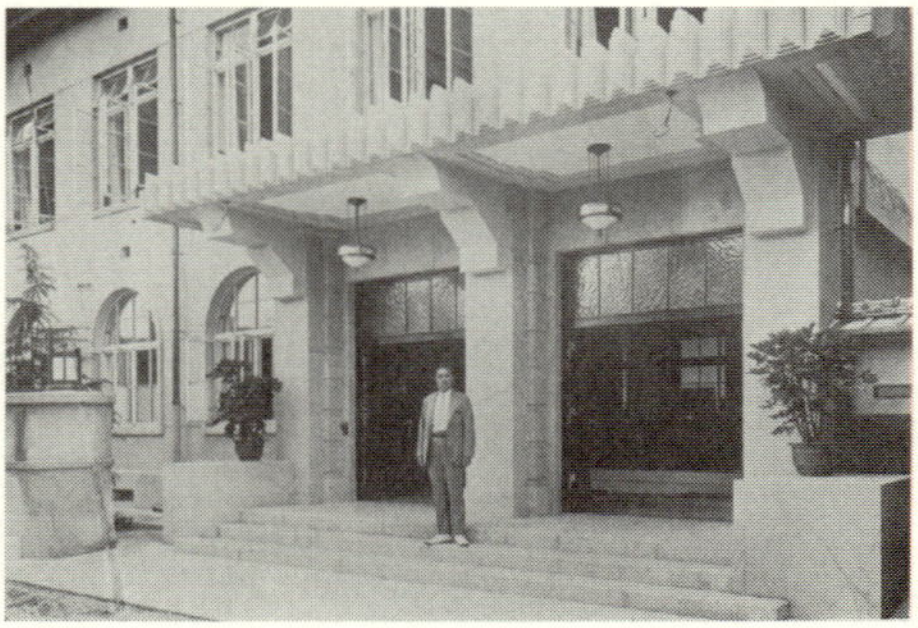

玄関廻り（昭和８年）

京都市側が元学区民と十分に話し合うことなく進めた高校への転用は、銅陀学区民を怒らせ、父兄が子供を学校に通わせない「登校ボイコット」が起こるなど激しい反対運動が生じた。その反省から京都市では、これ以降「元学区」と呼ばれる地域とじっくりと議論を行い、合意に達してから統廃合を進める手法に変わる。京都市では昭和一六年までは各学区が小学校を経営していたから、小学校は地域の一教育機関ではなく、地域の共有財産として存在しており、いわば地域のシンボルであった。だからこそ、高等学校になった現在でもいまだに「銅陀」の名前は外せず、また校地の一角に「銅駝会館」（自治会館）、ならびに隣接して「銅駝史料館」が設置されているのである。

上京第三十二番組　錦林(きんりん)小学校

講堂と教室棟（大正期）

講堂（明治32年）

明治　二年　川端丸太町上ルに上京第三十二番組小学校と称し開校。
明治　八年　校舎を秋築町に移転、錦織校と改称。
明治二六年　第三十二番、三十四番の両組を合併。上京第二十七学区と改称する。
明治三一年　岡崎入江町に移転し新築。教室二棟・屋内体操場完成。
明治三二年　講堂・本館完成。
明治三五年　第二錦林校（女子部）を新設、以降は錦林校は男子部のみになる。
大正一三年　第三錦林校を新設。
昭和　六年　第四錦林校を新設。
昭和一二年　鉄筋コンクリート造校舎の竣工。

錦林小学校は室戸台風では倒壊は免れたが、今後に向けて鉄筋コンクリート造化が計画され、政府借入の復旧長期低利資金二二万三一〇〇円で、錦林校の講堂と教室一棟、第二錦林校と第三錦林校では講堂を鉄筋コンクリート造にすることが決まった。この計画に基づき、錦林校では昭和一二年に鉄筋コンクリート造校舎が完成した。L字型プランをとり、東棟と北棟からなる。その交差部分が児童昇降口となる。東棟は中廊下式教室配置をとり、一階は学務委員室や職員室があり本館的な棟であり、北棟は片廊下式教室配置をとり、二階の端部には作法室が設けられていた。

外壁の扱いは平滑な壁となり柱型の表出はない。一階の窓台と軒・二階の窓台・三階の窓台がモールディング状に連続し、上部の壁と下部の壁を区切る。また北東階段室北側には直径一・七ｍの大きな丸窓が三層にわたって設けられた。設計は和田卯吉が行っており、総工費は約三七万円を要した。

現在建替えられてこの校舎はない。

　このような鉄筋化の背景に、室戸台風以前の昭和八年に予算四三万円で、鉄筋コンクリート造四階建が計画されていたことがあった。この時は学区の起債能力が十分ではないということで実施には至らなかった。

　復興校舎の建設に伴い、明治三二年に建設された講堂は解体された。この講堂は唐破風の玄関構えを有し、二階はベランダを設けた入母屋造の建物であり、明治一〇年代前半に京都市で現われた擬洋風校舎の影響がみられる。工期は半年間で、工費は二万五八三九円を要した。

　昭和六年に新設された第四綿林小学校には、当初より、鉄筋コンクリート造の講堂兼屋内体操場が設けられていた。教室棟は木造二階建となった。屋根は寄棟造で、鉄筋コンクリートの防火壁が中央部に設置された。一方本館は木造二階建で洋風の外観を示した。

第四綿林小学校竣工時（昭和６年）

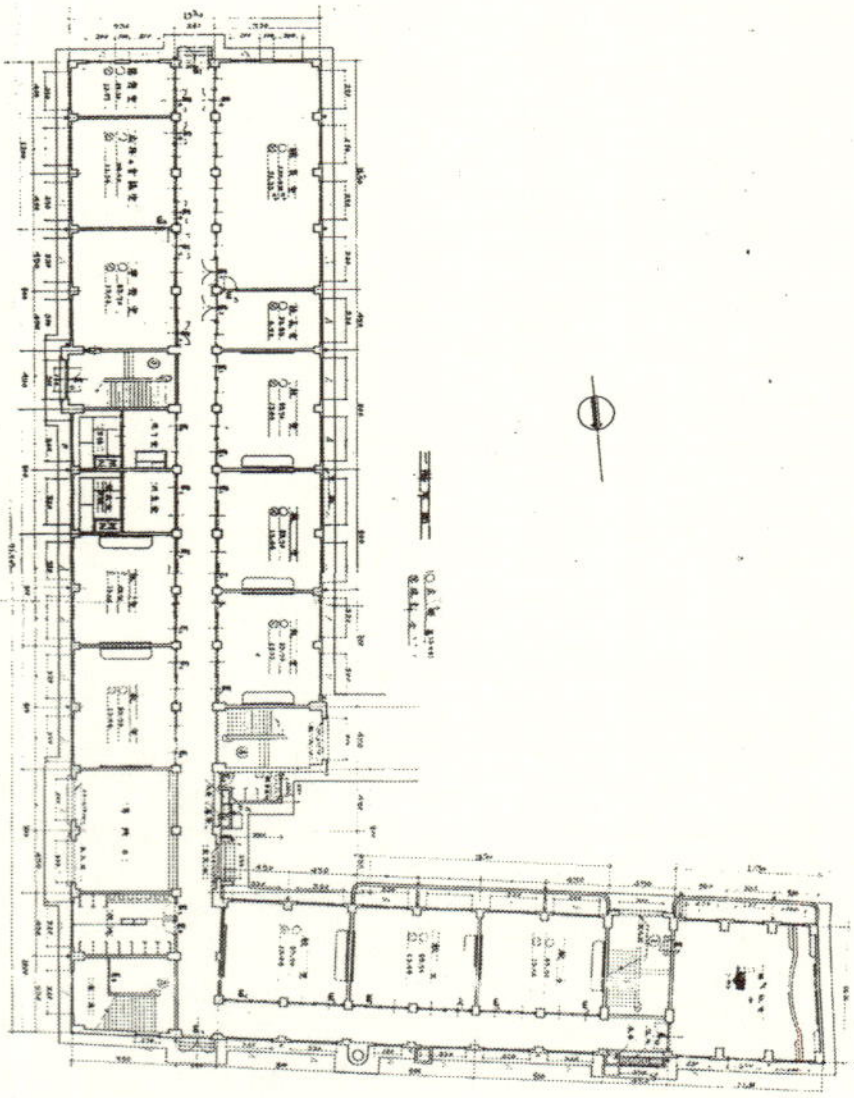

１階平面図（昭和 12 年）

昭和 12 年

上京第三十三番組　新洞（しんとう）小学校

校舎（明治43年）

塔屋装飾（昭和4年）

明治　二年　新東洞院西側に人家を買収改造、上京第三十三番組小学校開校。
明治　六年　平屋建二棟を徹し、二階建和洋折衷式校舎を新設。
明治　九年　新洞小学校と改称。
明治一一年　新車屋町及び新東洞院町に校地拡張。
明治四三年　全校舎を改築。
昭和　三年　第一期工事に着手。本館並びに附属建築物を竣工。
昭和　四年　第二期工事に着手。鉄筋コンクリート造二階建教室竣工。

新洞小学校は平成二五年に閉校し、錦林小学校に統合された。現在敷地内には昭和四年に完成した本館が現存する。鉄筋コンクリート造二階建で、玄関部が突出するポルティコのタイプを示す。外観の特徴は階段室を塔屋としてひときわ高く立ち上げた点にあり、三連窓の間の二本の柱は輪状の溝が掘られ、柱頭には歴史様式を崩したような装飾がつく。窓は縦長となり、その開口上部は弓形アーチの形となる。この鉄筋コンクリート造校舎完成の前年には本館を木造によって建設していた。六十有余の寺が学区内にある。

玄関廻り（昭和4年）

下京第一番組　乾小学校

正門側（昭和 12 年）

明治初期

明治　二年　新シ町六角下ル上黒門町で、下京第一番組小学校として開校。
明治　七年　隣地を購入し新校舎を建設。
明治　九年　乾小学校と改称、表門を六角猪熊町に移す。
明治三六年　朱雀村字坊城に移転、平屋建教室三棟、二階建などを新築。
昭和　四年　奉安殿、教室、講堂、使丁室その他の増改築が落成。
昭和一〇年　北校舎一棟焼失。
昭和一二年　鉄筋コンクリート造本館竣工。

乾小学校は平成四年に教業小学校と統合し、洛中小学校となった。乾小学校の校舎は改修され、現在洛中小学校として使用されている。昭和一二年一〇月ならびに昭和三三年に建設された鉄筋コンクリート造校舎が該当する。大規模改修の結果、昭和一二年竣工の校舎の当初の面影はあまり残っていないが、階段室の特徴的な窓割などに当初の形をみることができる。

昭和一二年の鉄筋コンクリート造校舎への改築は乾小学校では室戸台風が契機ではなく、昭和一〇年に起きた火災で木造校舎が焼失したことによる。その復旧の際に学区会では、校舎の構造を鉄筋コンクリート造とするか木造にするかで議論された。論点は学区居住者の費用負担増大と工期であり、一〇カ月間にもわたる論争の末に鉄筋案が採択されたが、この時期に至っても依然として木造校舎が望ましいとする意見が半分近くあり、ここからはいかに木造校舎への愛着が強かったかが窺える。

設計は昭和一一年六月に行われていた。工費は一五万円を要し、その出所は学区債が五万円、焼失校舎の火災保険金が三万円、既に保有していた一万円があり、残りの六万円は学区居住者よりの募金となった。その際に、一等戸四〇円、二等戸三〇円、三等戸一五円、と土地家屋の所有形態によって基準が設けられ、集金がなされた。

校舎の建築特徴をみると、外観は平滑なタイプで、連続する窓台が水平線を強調した。外壁は全面的にタイル貼となる。校舎のプランはI型であり、作法室は二階に設けられていた。設計は京都営繕課の徂徠が行った。なお乾学区には大工棟梁の三上吉兵衛が店を構えており、明治三六年の校舎の移転新築は三上によって施工されている。また昭和四年の鉄筋コンクリート造奉安殿の施工も三上が手がけた。

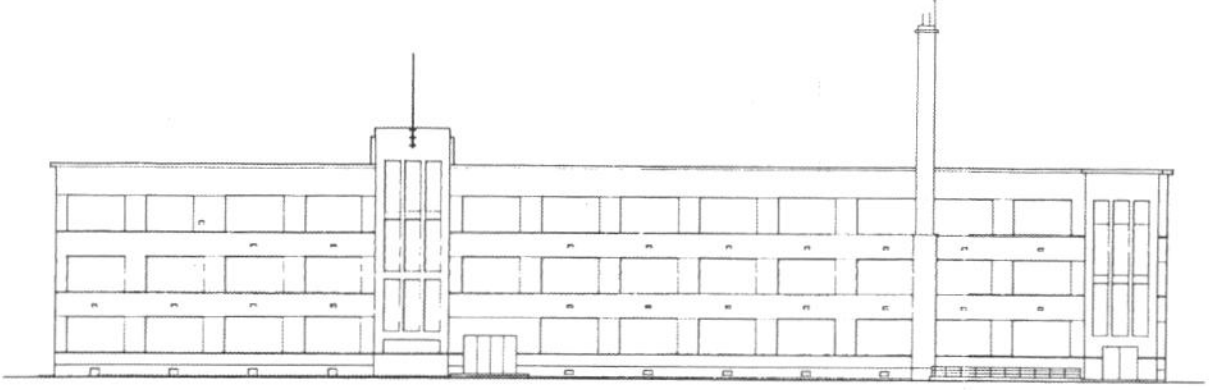
南面立面図（昭和11年）

校庭側（昭和12年）

下京第二番組　本能（ほんのう）小学校

玄関車寄（大正 12 年）

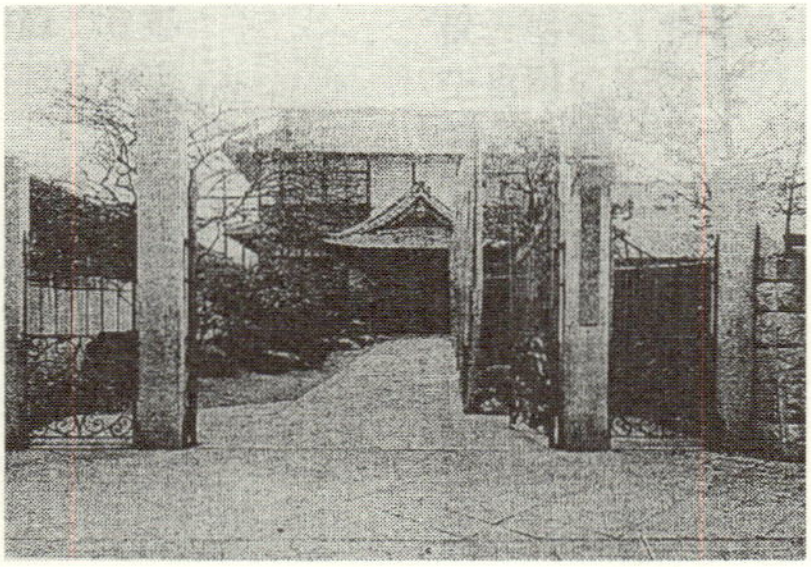
本館火災前年（大正 9 年）

正面図（大正 10 年）

明治　二年　空也町に下京第二番組小学校が開校する。
明治　五年　本能小学校と改称。
明治　七年　元本能寺南町に移転。
明治　一〇・一六・二一年　平屋建校舎を建設。
明治三八年　全校舎を改築。二階建教室二棟、屋内体操場、事務室などを新設。
大正　七年　屋内体操場、特別教室改築。
大正一〇年　火災で校舎の大半を焼失。市立第一高等女学校校舎を借用。
大正一二年　補強コンクリートブロック造二階建校舎完成。

本能小学校は京都で最初の鉄筋コンクリート造校舎を大正一二年四月二〇日に完成させた。京都では関東大震災以前に完成していた唯一の鉄筋コンクリート造校舎であり、正確にいえば、この構造は鉄筋で補強されたコンクリートブロック造二階建であった。この改築は大正一〇年二月一日の火災焼失を受けたものだった。大正一〇年一一月一三日に地鎮祭、大正一二年四月二〇日に完成した。建築費は二五万七〇〇〇円であり、拡張土地買収費一五万二〇〇〇円を合わせると総工費約四一万円の大事業であった。

なぜ鉄筋コンクリート造で建設されることになったのか。火災で焼失以前に新しい校舎の建設計画が既に進行していたことが関連する。大正七年前後の時期に、学区内の有力者より寄付が行われ、その合計は三〇万円に達していた。そこに火災が発生し、新築計画は一挙に進展することになる。

「京都市本能尋常小学校新築ニ関スル始末書」によれば、新築すれば木造で一八万円、鉄筋コンクリート造では二四万

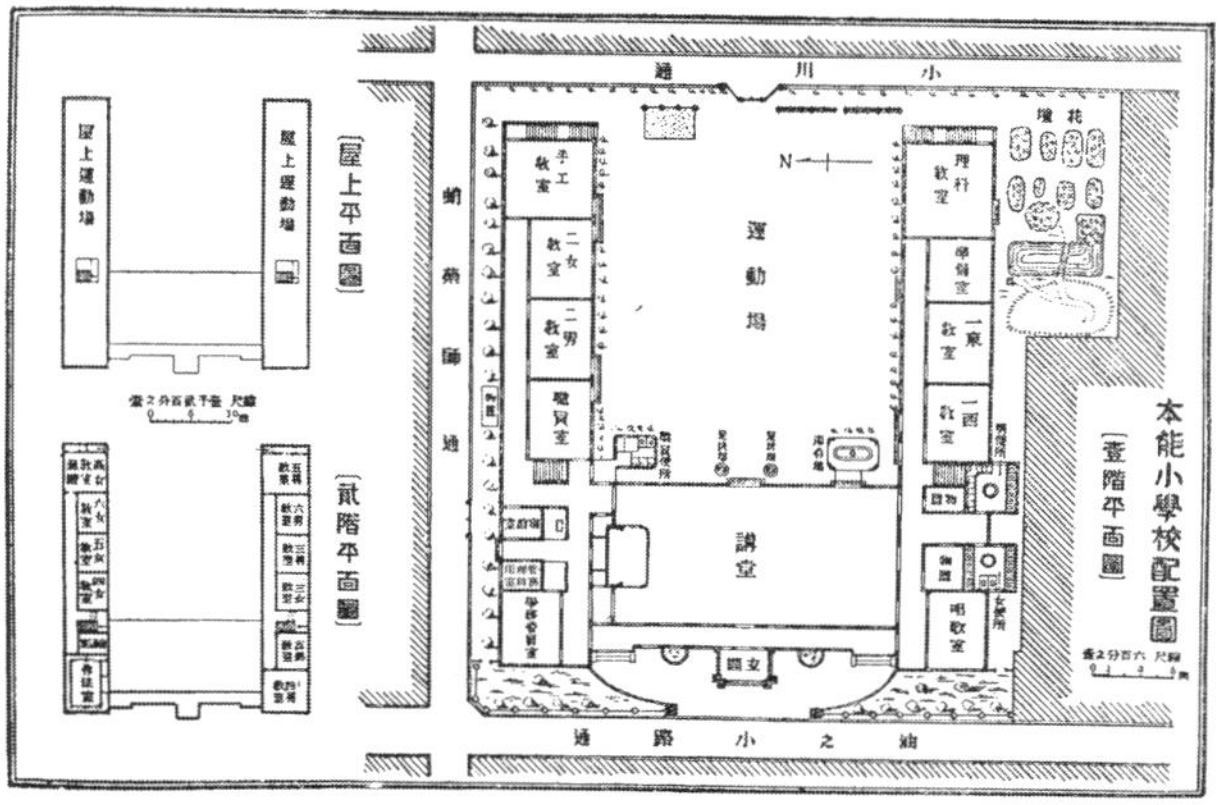

配置図（右：1 階平面図，左上：屋上平面図，左下：2 階平面図）

校庭側（昭和 20 年代）

階段室
（軀体のコンクリートブロックがみえる）

円とあり、火災の後ということで後者の耐火構造が検討されていたようだ。既に鉄筋コンクリート造校舎を実現させていた神戸市内の小学校で視察を行っていた。ブロック造を採択したのは、火災の直後に日本セメント工業会社から、宣伝用の冊子が届いたことに端を発する。同社の冊子を見て「建築費ガ他ニ比シテ著シク低廉」なのに気付き、参考用の設計図と見積書を依頼した。提出された設計図は京都市建築課によって内容の検討が行われ、訂正を受け許可されることになる。その結果設計は日本セメント工業株式会社の手に委ねられることになる。外観については京都市建築課によるセセッション色が濃い案が採択された。第三章には実施に至らなかった同社による設計のファサードを示したが、両者を比較すれば、同社の案は屋根を強調したもので、よりロマンテックな意匠になっていた。プランについては同社による設計案がほぼそのまま踏襲されたようだ。

日本セメント工業株式会社とは東京市に所在したコンクリートブロック製造メーカーで、自社製品を使った建設業を行っており、関西方面には大阪支店ならびに京都市出張所があった。矩形図からは梁やスラブなどの水平方向は鉄筋コンクリート造で、垂直方向はコンクリートブロックが積まれたことが分かる。このブロックは関東大震災前に流行した中空のブロックであり、筆者は閉校した翌年に現地調査し、階段室で剝き出しになったブロックを観察した。一般的な形状のブロックの約二枚分の大きさがあった。

プランは東側に運動場を配したコの字型を採用し、中央部に玄関車寄を設け、その正面は講堂兼雨天体操場となり、この棟だけが平屋建となる。両翼には二階建校舎棟がつく。講堂重視のプランになっており、玄関近くに学務委員室ならびにその二階に作法室があった。作法室が従来通りの和室のしつらえで造られていたことも興味深い。それまでの木造和風建築のなかでの和室に対して、コンクリートの箱のなかに和室の造作を入れなければならず、外観からは洋風スタイルを保持する必要があり、その結果現れたのが、縁側のような廊下であり、外壁と障子の間に設けられた。この手法は、以降の鉄筋コンクリート造校舎のなかの作法室のモデルになったものと考えられる。

落成時には「京都第一の壮麗な」校舎とされた外観はセセッションの影響がみられ、パラペットや柱頭には幾何学的装飾が付き、そのきわみは二階の腰壁外壁面のタイルであり、菱形模様に嵌められていた。講堂の柱頭飾りも幾何学文様となっていた。

設計者は安立糺と寺岡謙造の二人の京都市建築課技師、現場監理は原田脩造、大谷栄介、水谷亀吉、安本藤吉郎、大寺良幸というメンバーだった。設計に当たってはニューヨークとシカゴの学校を参考にしたという。現在は本能特別養護老人ホームとなる。かつて油小路通に面した本能小学校の玄関部分が復元され、門として残されている。

下京第三番組　明倫（めいりん）小学校

改築前の木造校舎（昭和４年）

俯瞰図（明治20年代）

屋上塔屋（昭和６年）

明治　二年　明倫舎心学道場を校舎にあて、錦小路室町東占出町に開設。下京第三番組小学校と称する。
明治　八年　明倫小学校と改称。
明治一三年　二階建講堂新築。
明治二〇年　旧巡査出張所を壊し唱歌室を建設。
明治四一年　唐破風の玄関構えの本館落成。
昭和　六年　鉄筋コンクリート造三階建校舎を竣工。

京都の呉服問屋が集まる室町筋に位置する明倫小学校は平成五年に閉校し、現在は京都芸術センターに生まれ変わった。その特徴は昭和六年に完成した歴史的校舎を転用した点にあり、講堂や雨天体操場は演劇などの公演会場として使用されている。北校舎は芸術家の制作場、南校舎にはカフェが入り、教室をはじめ廊下などは旧情をとどめ、昭和戦前期の小学校空間が体験できる。

明倫小学校は立誠小学校や成徳小学校、清水小学校などとは異なり、同一の敷地内での建替えだった。建築費は四七万六五〇〇円であり、京都市の小学校としては最も高額な工費だった。明倫学区では御大典記念事業として鉄筋コンクリート造化を計画したが、そのために三七万六九五〇円の寄付金が集められた。

プランニングをみると、通りに面して本館があり、その奥に北校舎と南校舎があり、その間が運動場となる。間口が狭く、奥行きが深い敷地形状であり、しかも奥で間口が倍以上の長さとなる。本館の南側に通路を設け、本館の玄関や雨天体操場の入口が南面し、突き当たりは児童昇降口となる。使いにくい敷地を巧みに使っている。それは木造時代の校舎配置の手法をある意味では踏襲したものだった。
本館は一階が職員室や学務委員室、そして雨天体操場、二階は畳の大広間と講堂からなる。本館を介して、北校舎と南校舎が連結していた。北校舎が本館に繋がる部分は二階・三階へのスロープが内包されており、その南側へ突出した出隅は四分の一の円形となる。京都市の小学校で唯一の現存するスロープである。

外観をみると、本館や室町筋からみえる南校舎の西立面にはタイルやテラコッタが存分に使用されている。本館のパラペットには茶褐色の瓦が葺かれ、南校舎は瓦葺きの寄棟屋根の形となる。共通する軒下には出桁風の持ち送りが付く。本館の軒下にはタイルが水平に帯状に貼られ、通りに面しては外壁上部にテラコッタの八角形メダリオンが付き、外観を飾るためのベランダが二階に取り付く。玄関はポルティコ状に本館から突出する。切妻破風をみせ、童話に出てくるような形状となる。おそらくはドイツの新興芸術運動・ユーゲントシュティールなどの影響があったものと思われる。

興味深いのは南校舎の屋根に立ち上がる二本の細い柱である。祇園祭で巡行される山鉾の屋根上に掲げられる鉾の形をモチーフとしている。東京帝国大学教授の伊東忠太は昭和二年に大倉喜八郎の京都別邸のなかに山鉾を象った祇園閣という建築を完成させており、その建物に触発されて設置された可能性もある。その直下には三連の丸窓が連なり、またその北には半円形のベランダの腰壁がみえる。ここからは和風に通ずる意匠が目指されたことが読み取れる。

空間構成や坪単価も含めておそらくは現存する校舎としては、近代日本が持ちえた最上級の小学校建築の一つであるといえる。

講堂内部（昭和６年）

スロープ（昭和６年）

玄関廻り（昭和６年）

下京第四番組　日彰(にっしょう)小学校

明治　二年	三條東洞院梅忌町で開校した下京第四番組小学校が開校。
明治　五年	高倉通六角下ル旧松山藩邸跡の地を購い、山階宮別邸の建物を移して校舎とし、階松小学校と称した。
明治　九年	日彰小学校と改称。
明治一八・二三・二四年	増改築を実施。
明治三七年	根本的大改築に着手、本館完成。
昭和一三年	鉄筋コンクリート造校舎竣工。

鉄筋コンクリート造校門廻り（昭和13年）

「日彰御殿」（明治37年）

鉄筋コンクリート造北校舎（昭和13年）

山階宮家の別邸を移築して校舎とした明治五年に、木造五階建ての望火楼が立ち上がる。明治一桁代後半の京都では多くの小学校で望火楼が建設されたが、日彰小学校ほど特異な形はなかったようだ。一階から五階まで塔状になっていたことが関連するのだろう。古写真からは最上階は間口二間、奥行二間ぐらいの大きさで、階が下がるにつれて寸法が増すという形になる。四階に廻廊が廻る。『学校沿革史』によれば、「五層の鼓楼十三坪半を新築す。高さは六間半、その最上層を望火楼とし、次層を鼓楼とし最下層を役場となす」と記されている。この望火楼は明治中期の増改築によって消滅したものと考えられる。

その後、明治三七年には「日彰御殿」と称された本館が建設される。鉄筋コンクリート造化は遅く、昭和一三年になって三階建校舎が完成する。柱型ならびに最上階の桁部分を突出させ、その部分だけをタイル貼にして強調したスタイルで、二階と三階の間の腰壁はリシン掻き落し仕上げとなる。平成七年、日彰小学校跡に高倉小学校が開校した。

下京第五番組　生祥（せいしょう）小学校

校庭側の外観（昭和 14 年）

軒裏までタイル貼

明治　二年　富小路六角下ル骨屋町に下京第五番組小学校開校。
明治　五年　西雲学校と改称。
明治　九年　生祥小学校と改称。増築、平屋八七坪。
明治二二年　二階建校舎と平屋建校舎の増築、幼稚園創立。
明治三〇年　玄関部の長屋門風本館の竣工。
明治四二〜大正三年　本格的増改築、雨天体操場の竣工。
昭和一三年　鉄筋コンクリート造校舎第一期工事（復旧）竣工。
昭和一四年　鉄筋コンクリート造校舎第二期工事（復興）竣工。

生祥小学校は室戸台風以降に建設された小学校では珍しく、ほぼ竣工当時のままに現存する校舎である。室戸台風以降に建設された小学校は全体が一挙に改築されたケースは少なく、中心部の学区に限られ、生祥校や富有校、日彰校などが挙げられる。全体の竣工は昭和一五年一一月であって、京都市では戦前期最後の時期の鉄筋コンクリート造校舎の完成であった。工事総額は六九万四二七八円となり、京都市で最も贅沢な小学校建築であった明倫校の金額を超える。明倫校の竣工は昭和六年であり、九年の時間差がありこの間物価は上昇していたが、室戸台風以降の最大の工費を有した校舎とみることができる。

校舎配置のプランはL字型となり、東側を運動場とする。富小路通に面した西側に玄関が設けられ、西棟が本館的な機能を内包し、中廊下式教室配置となる。北棟は北側廊下の片廊下式教室配置となる。その南側には一階が体育道場、二階が講堂になった鉄筋コンクリート造の講堂棟が西棟と一体化する。さらに南には簡素な洋風の一部二階建ての木造建物があり、一階は保育室と遊戯室に、二階は作法室と

歩廊（昭和 14 年）

階段吹抜（昭和 14 年）

次の間という和室からなる。この建物の一階は付設の正祥幼稚園の園舎であり、二階は学区の会合などに用いられた。室数は全体で五〇あり、普通教室は一二、つまり一学年二クラス展開が想定されていた。特別教室は、理科・地歴・唱歌・図画・手工・裁縫・体育道場・作法室となる。また青年学校専属の教室が三室、職員室まで用意されていた。

　外観はベージュ色の総タイル貼となる。驚くことに玄関のキャノピーや最上階の軒裏までタイルが貼られ、まさにタイル尽くしの校舎といえる。建物全体は柱型が外壁面より突出する形式をとるが、玄関部の三階だけは柱型の外側に外壁が張り出す。すなわちこの部分だけ外壁の扱いが異なる意匠になっていた。この部分は理科室であって、特別な形が求められたとは思えず、おそらくは玄関部の上という位置ゆえに、このような形態が求められたのだろう。玄関廻りはテラゾー板貼の四本の半円形平面の柱が並び、脇には丸窓がはまり、広義のアールデコの意匠となる。

　内部に入ると、ホールの階段は中央部が吹抜けになった形式で、手摺壁はテラゾー板貼、床はモザイクタイルが市松に貼られ、昭和一桁代の校舎にはなかった一種の「近代性」を帯びた意匠感覚になってきていたことが観察される。

　校庭側に廻ると、講堂二階にはテラスが廻り、作法室に繋がるブリッジとなる。九本の円柱が階下に並ぶが、色彩としてはベージュよりも濃い茶色のタイル貼となる。屋上はアスファルト防水の上にアスファルトブロック敷となり、子供たちが転んでも怪我をしにくいように配慮がなされていた。屋上には図画室の上だけにトップライトが立ち上がり、北側採光を得る工夫がなされる。竣工時には小学校としては「本邦初のアンツーカ舗装」（竣工記念冊子より）が謳われ、運動場は雨が降っても泥濘化しにくい表面仕上げが施されていた。

下京第六番組　立誠(りっせい)小学校

正面（昭和２年）

明治　二年　大黒町の私塾（旧オランダ屋敷）で開校。下京第六番組小学校と称す。
明治一〇年　立誠小学校と称す。
明治四〇年　屋内体操場、教室を新築。
明治四一年　講堂を新築し、全改築を完了。
大正一三年　新京極の大火で校舎を類焼。木屋町蛸薬師の土地を買収、移転決定。
昭和　二年　鉄筋コンクリート造校舎竣工。

京都市内に現存する最古の鉄筋コンクリート造小学校校舎である。この建物は昭和二年から三年にかけて完成した。平成四年に廃校になって以来、二二年が経過するが、現在は京都芸術センターに類似した使い方がなされており、暫定的ながらも映画上映や演劇の上演、現代美術の展覧会場として頻繁に用いられている。

校舎は正面が本館で、北棟と南棟からなり、南棟の東端に講堂兼雨天体操場がある。すでにみた成徳・淳風・銅陀の三校では講堂兼雨天体操場はすでに建替えられていたのに対して、ここでは珍しく残っている。

本館は木屋町高瀬川沿いにあって、高瀬川に架けられた小さな橋が玄関車寄に繋がる小広場を形成する。建設当時の設計図には「正面通路橋」とある。このような橋を一体化させたアプローチ法は珍しい。そこに面して半ば囲い込むような形で擬石塗り仕上げの古典的なファサードが立ち上がる。この校舎の存在が、歓楽街になったこの界隈にある種の格式高い空気を醸成している。ちなみに立誠学区では立誠小学校が廃校になったことで、それまであった規制が緩み、風俗関係

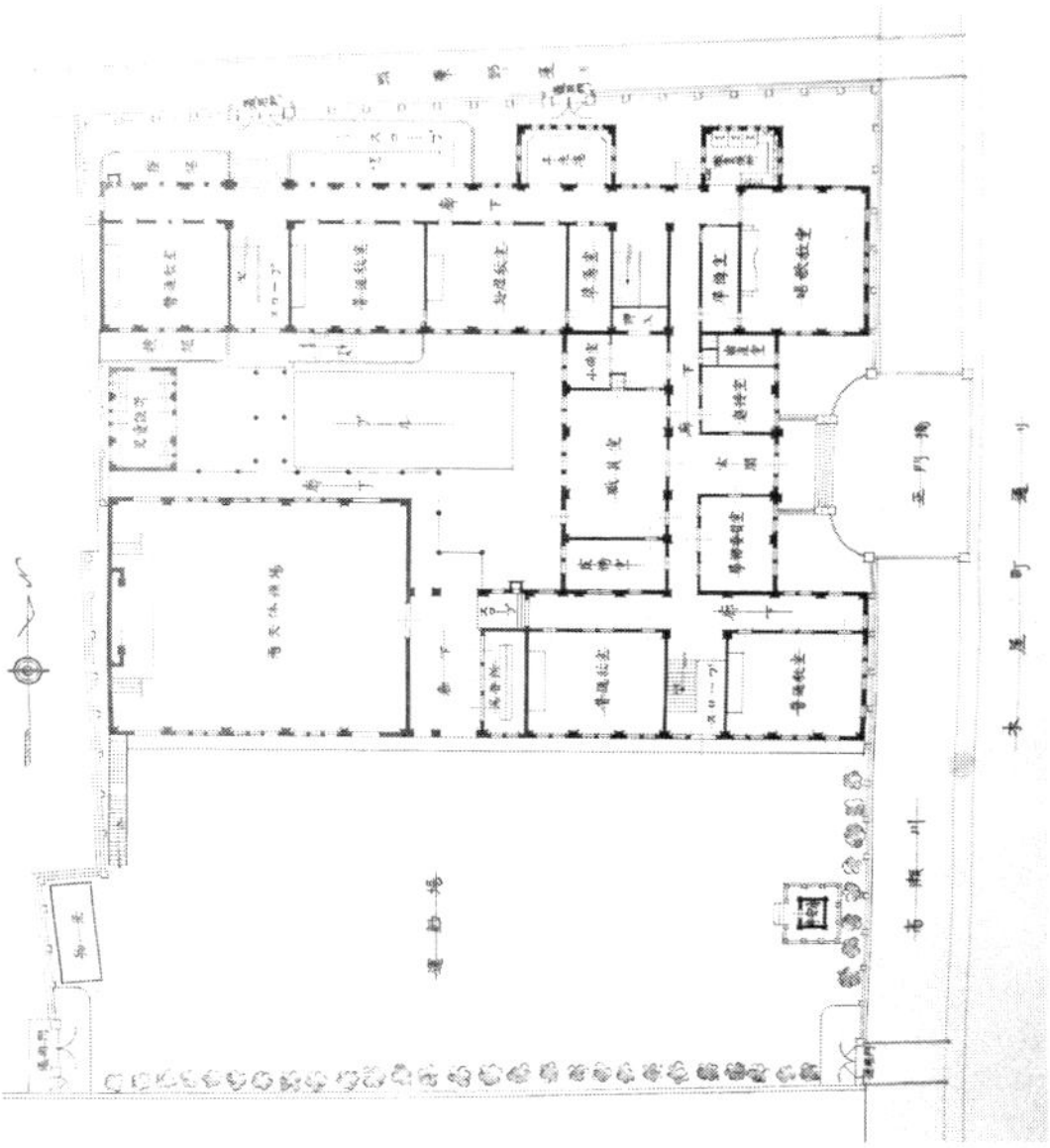
配置図兼１階平面図（昭和２年）

の店が建ち並ぶ界隈に変貌した。二二年間という年月を経て、改めて小学校が持っていた力が見直される。

　高瀬川岸からみると、中央の玄関部分を挟み、左右対称に南北両棟が翼部を川側に突出させ、最上階のパラペットの真下には水平の軒が廻り、ヨーロッパの歴史様式に則った立面構成を示す。玄関には段々になった持ち送りに支えられた巨大な庇があり、そのうえ三階にはファサードを整えるものとしてベランダが付く。その正面腰壁には歴史様式を崩した装飾が彫り込まれる。

　内部をみると、廊下の梁ハンチが円の形に近似した多角形アーチをなし、組積造に近い外形を示す。校舎内の階段は細い黒木を縦に並べ、金属で上下を固定したセセッション風の手摺りとなる。内部最大の見所は本館最上階にある畳敷きの六〇畳の大広間である。床の間や違棚、書院からなる床構えがあり、「修身作法室」と呼称された。その周囲三方は縁側風の廊下が取り巻き、東西の二方向から採光がとれる配置となる。「洋館内にあるを覚えざらしむ」とは、昭和三年の立誠小学校の竣工時に刊行された記念写真帖による一文である。同書の記述を続けると、「これ可成多く日本趣味を容る、と共に、修身訓話作法実習の他、三月及五月の雛祭、保護者会、学区諸般の集会などに至るまで利用の道を広からしめんがためなり」とある。ここからは当時の作法室の使用方が判明する。その屋根は屋上に突き出た傾斜屋根となる。この大広間の下階は中廊下式の室配置となる。

　立誠小学校の鉄筋コンクリート造化の建設経緯は大正一三年に新京極の大火による類焼で校舎が一棟焼失したことをきっかけとする。それまでは開校以来、河原町通三条下ル大黒町に位置した。そこから直線距離にして約二〇〇m南東の木屋町の高瀬川に沿った現在地に移転し、鉄筋コンクリート造によって改築する。背景には京都市都市計画による五号線が大正一一年にそれまでの木屋町通から河原町通に変更されたことで、学校敷地が道路用地に含まれ、用地買収の対象になったことが関連する。ここでは校地移転に大正後期の都市計画事業が影響を及ぼした事例といえる。学区では大正一三年に四三万円で土地を入手し、新築移転が計画される。大正一五年に起工し、建築費は設備費も含めると、三八万五三八〇円というきわめて高額なものだった。

　立誠小学校の建設に関して、設計図としては青焼図面の他に、ケント紙に手書きで彩色された各室の室内の展開図や家具の詳細図が残っており、ここからは家具をどのように配置して各室を使うのかの、シミュレーションがなされていたことが分かる。それまでの木造校舎と新しく建設される鉄筋コンクリート造校舎の違いは特別教室の多様さの違いでもあって、数多くの新しい施設内容にいかに期待が寄せられていたかが読み取れる。各階ごとにみれば、一階には唱歌教室・地歴教室・図書教室、二階は理化学教室・手工教室・裁縫教室・ミシン教室・児童研究室（計量器室）、三階は修身作法室・家事教室となり、計一〇の特別教室が備わっていた。木造校舎時代は裁縫室と兼ねた作法室や唱歌室に限られた特別教室の数は激増していた。また普通教室は一階に三、二階に五、三階に五、の計一三からなった。つまり一学年は基本的には二クラスの展開であった。

正面通路橋と玄関廻り（昭和２年）

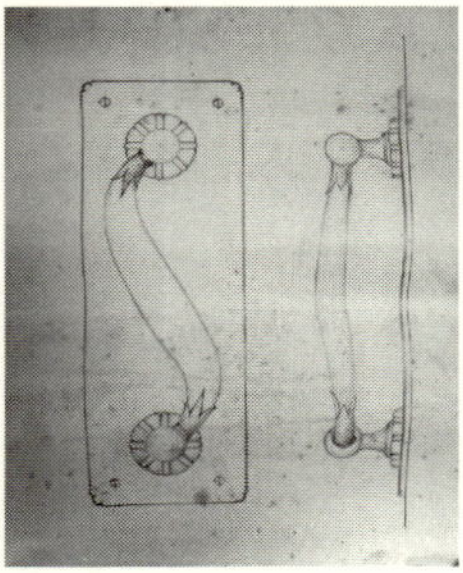
玄関取っ手の図面（昭和２年）

　残された図面のなかに玄関の引手のために描かれた鉛筆書きの図面が見出せる。上下の座が円形で、その間の取っ手が曲線をなし、さながらかたつむりやなめくじの形態をなぞったかのような意匠となる。大正後期わが国では一〇年にも満たない期間だが、格式高いヨーロッパ歴史様式から逸脱したドイツ表現派やユーゲントシュティールといった意匠が、若い建築設計者の間で爆発的に流行する。ウィーンなどの中欧都市で二〇世紀初頭にこのような形態の意匠が出現しており、ここでの形態はおそらくはそれらの影響を受けたものと考えられる。また前述の橋の欄干についても現在のものとは異なる意匠の図面が確認される。外形はほぼ共通するが、鉄筋コンクリート製の欄干の開口部にはロートアイアン製の面格子が嵌められ、その意匠は当初の図面では草花がモチーフになっていたが、実際には波形となり、取っ手と同様にユーゲントシュティールなどによくみられる意匠になっていた。
　設計は京都市建築課によるもので、製図欄に押された印鑑からは今西嘉雅と藤原吉三の名前が確認される。施工は横河工務所出身の宮崎定市が率いた宮崎工務所が担った。

下京第七番組　郁文(いくぶん)小学校

外観（昭和３年）

本館（正面：昭和12年）と別館（左：昭和３年）

明治　二年　徳屋町に新築。下京第七番組小学校として開校。
明治　九年　大宮通綾小路下ル綾大宮町に教室三棟、講堂を新築。
明治一〇年　郁文小学校と改称。
大正　二年　二階建教室二棟、講堂事務所、屋内体操場の新築。
大正一二年　教室・特別教室・鉄筋コンクリート平屋一棟建設。
大正一五年　火事にて教室二棟を焼失。
昭和　三年　鉄筋コンクリート造の四階建新館・三階建別館の完成。
昭和一二年　鉄筋コンクリート造校舎竣工。

　郁文小学校は昭和二三年に新制郁文中学校に転用され廃校になるが、昭和六三年に現在の校舎が完成するまでは、郁文小学校時代に建設された昭和戦前期の鉄筋コンクリート造校舎をそのまま使用していた。昭和三年と昭和一二年の二回にわたって建設された校舎で、前者はドイツ表現派の影響を受けたスタイルを示し、京都では唯一の四階建ての校舎であった。後者は室戸台風で被災した校舎の改築であり、同時期の京都市の小学校ではモダンデザインの影響もあって四角い箱状のスタイルになったが、ここでは開口部が半円アーチになるなど、昭和三年の校舎のスタイルを意識して建てられていた。

　昭和三年の校舎建設のきっかけは大正一五年七月に校舎が火災で焼失したことにある。三年前の大正一二年に工費一三万円をかけて完成したばかりの教室棟が焼失し、わずか五日後に鉄筋コンクリート造での再建を決定していた。学務委員らは直ちに基本計画案の作成につとめ、焼失半年後の昭和二年一月に起工する。

きわめて手際のよい段取りであったのは、大正一二年の改築事業の経験が活かされたことによる。ちなみにこの時に、平屋建だが鉄筋コンクリート造の理科実験教室が一棟建設されていた。

設計主旨は次の五点からなった。「⑴豪宕装重にして明快暢達の感じを出さんと努めたること。⑵高き建物なるを以て落付を出さんと努める。⑶一階は天井面を二階より一尺高くし採光通風を快適にしたること。⑷昇降出入等に快速なるよう考案したること。⑸音響光線を和らぐよう考案したること。」

この考えがどのように完成した校舎に反映されていたのかを検証すると、⑴は窓の形の階ごとの変化ならびに玄関廻・開口部廻の意匠、⑵は一階を基壇、二階三階を主階、四階とパラペットをアテック階とする三層構成、⑶は色彩面で一階の壁がクリーム色に対して二階以上は淡水色と使い分け、⑷は斜路（スロープ）の採用、⑸音響面で唱歌室床がリノ

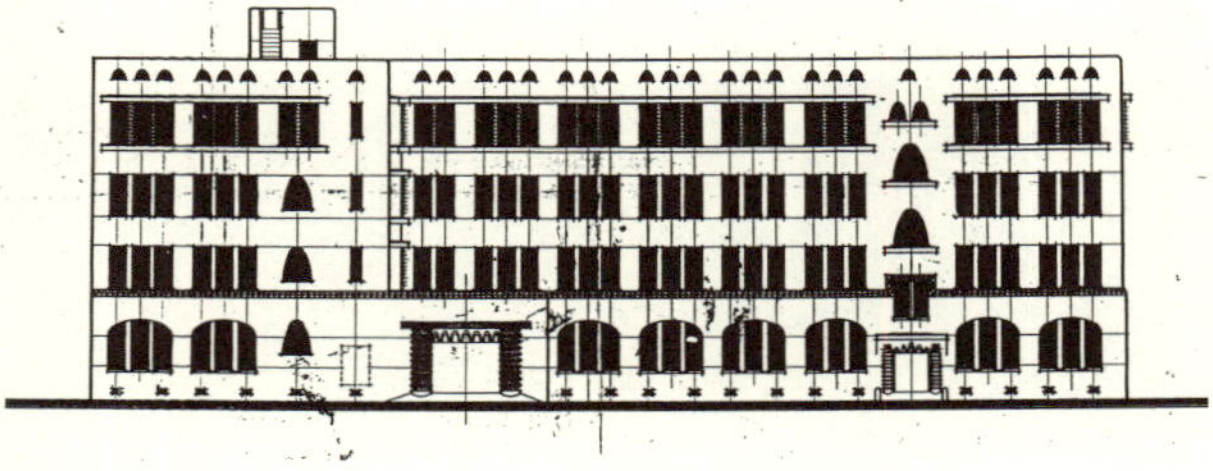

立面図

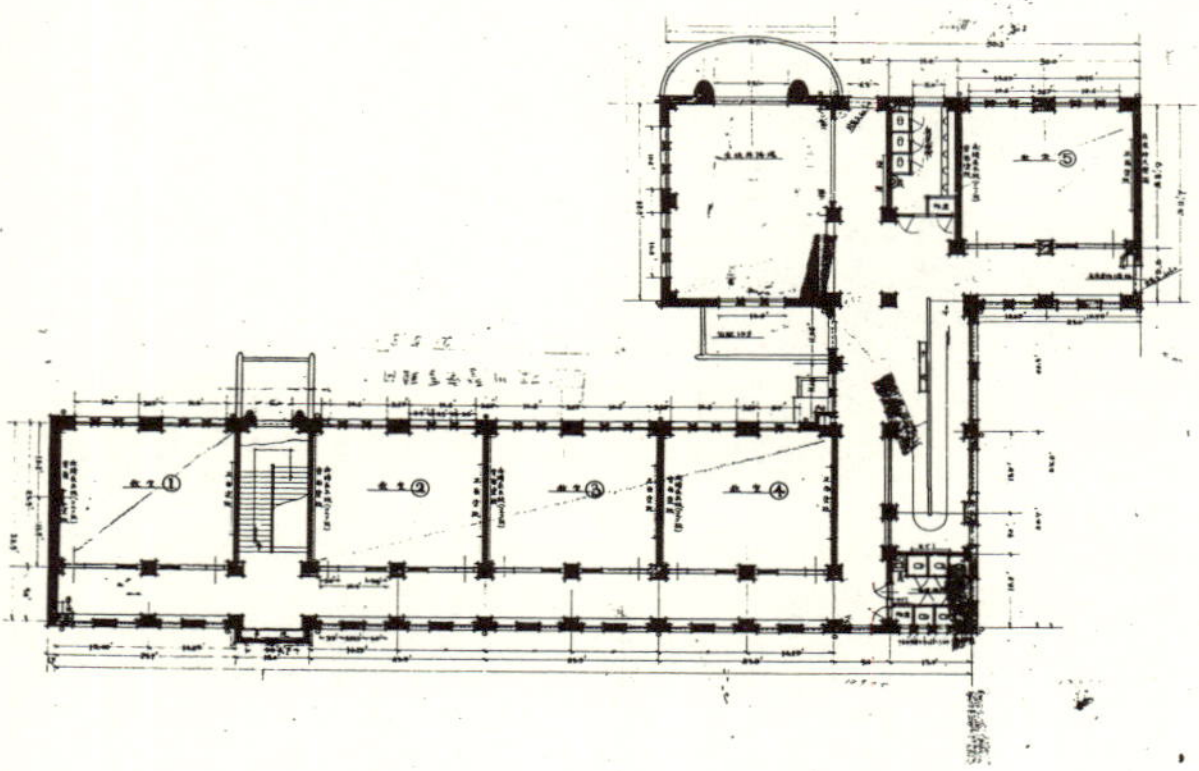

1階平面図（昭和3年）

リューム數、斜路が木煉瓦敷、などが考えられる。

ちなみに起工時の昭和二年一月の時点での京都市内の小学校の鉄筋コンクリート造化を考えると、本能小学校が完成していたに過ぎず、圧倒的な迫力でもって木屋町に誕生した立誠小学校は工事中であり、京都には参考とすべき校舎はほとんどなかった。学務委員らが鉄筋コンクリート造校舎をすでに数多く完成させていた大阪市や神戸市の小学校の訪問調査を行った理由はここにある。学区側は優れた建築内容の校舎を目指していたことが読み取れる。

外観の意匠をみると、開口部への放物線アーチの多用が目立つ。パラペット部分、階段室、便所などに用いられた。放物線アーチはドイツ表現派のスタイルのなかで表出した手法であって、わが国においても大正後期から昭和初期の一〇年にも満たない短期間に流行する。小学校校舎では東京の復興小学校においてみられたが、それほど多く普及したものではなく、京都市の小学校では柳池校の階段室に類似する事例があるにとどまる。そのような意味で郁文校のファサードは稀有な事例であったといえる。

外壁面をみると、四階では柱型は突出し、その平面は扁平アーチ形となるが、一階二階三階では平滑な仕上がりとなる。また児童昇降口などの開口部廻りの柱には水平リブがリング状に付き、その間の柱面ならびにキャノピーの鼻先は放物線を象った擬石洗出しの彫刻となり、窓の形と同様にドイツ表現派の影響が色濃く刻まれていた。柱に水平リブを付ける手法は四階部分の開口部の方立状の小柱にもみられ、全面にわたって水平に連続する。

内部では斜路が用いられており、京都の小学校では最初の試みであった。以降、明倫小学校や桃薗小学校で用いられたが、実現させた小学校は三校にとどまった。唱歌室はプロセニアムアーチで縁取られたステージがあって、床が掘り下げられたピットにピアノが置かれた。屋上には天文台が設置されていた。部屋数をみると、普通教室は一九室、唱歌室が一室つくられた。

工費は約二六万円で、財源は起債が八万円、火災保険の補塡金が四万、当初の寄付金は五万円だった。設計者名は判明しないが、京都市建築課技手・高尾荒太、雇員・坪倉秀雄が現場監理を担当した。施工は建築興業株式会社が担った。この再建事業の一環として、南側に会議室などが入る別館を鉄筋コンクリート造三階建で建設した。また大正二年に建設された唐破風の玄関構えの木造本館の改修を行い、学務委員室などを新築していた。

昭和一二年の建設は室戸台風で被災した木造本館の復旧復興事業であり、工費一〇万五〇〇〇円を要した。一階は学務委員室や職員室、二階は作法室や特別教室、ともに中廊下式教室配置で、三階は講堂となる。外壁は平滑なタイプとなり、京都市営繕課技手・仁張一郎が担当し、現場監理は溝口迪が担当した。溝口は昭和五年の六原校の担当者であった。施工は松村組が行った。筆者は昭和六〇年に解体中の郁文校を目撃し、ドイツ表現派風のスタイルに強烈な印象を受けた。

下京第八番組　格致（かくち）小学校

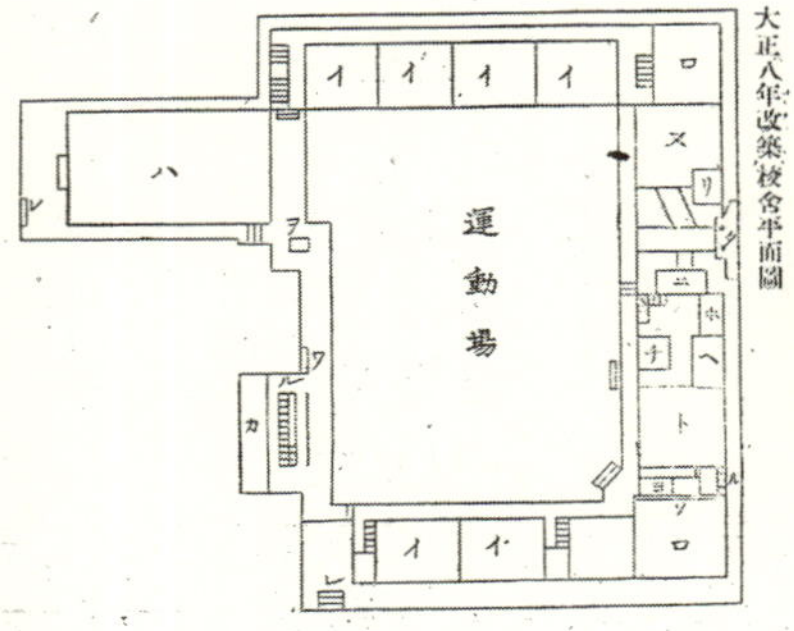

配置兼１階平面図（大正９年）（イ：教室，ロ：特別教室，ハ：雨天體操場，ニ：玄關，ホ：應接室，ヘ：學務委員室，ト：職員室，チ：宿直室，リ：使丁室，ヌ：兒童昇降口，ル：便所，ヲ：湯呑所，ワ：手洗所，カ：物置，ヨ：救護室，タ：表門，レ：非常口，ソ：防火壁）

玄関部（戦時中）

明治　二年　油小路佛光寺下ル太子山町に下京第八番組小学校として開校。
明治一一年　格致小学校と改称。
明治三七年　二階建教室一棟のほか全校舎の新築改造を実施。
大正　九年　全校舎の改築。普通教室・特別教室・雨天体操場・事務室・玄関などの新築。
昭和一二年　鉄筋コンクリート造化が計画されるが起債おりず中断。
昭和二四年　木造で全面改築。

格致小学校では、明治二五年に玄関・学務委員室・職員室からなる平屋建の本館が早くも完成していた。その時点で教室の約一・五倍の広さの雨天体操場も竣工していた。平屋建の本館が二階建になるのは明治三八年のことで、一階の各室を改造し、二階を設けて会議室・応接室が造られる。大正一〇年には全校舎の根本的改造により、運動場の拡張、普通教室一六、特別教室六、その他雨天体操場、事務室、玄関などの新築が完成した。すべて木造建築であった。昭和一二年には全面的に鉄筋コンクリート造化を図る改築事業が計画されるものの、起債の許可が出ずに昭和一四年に計画は中止となった。老朽化した校舎のまま戦後を迎えたが、昭和二四年に木造で全面改築を行った。そして昭和四七年に、鉄筋コンクリート造へと全面的に改築された。

下京第九番組　成徳（せいとく）小学校

明治　二年　新町通四條南入南四條町、下京第九番組小学校として開校。
明治　八年　室町通綾小路南入ル白樂天町に移転新築。
明治二九年　釘隠町及び白樂町の校地を買収。
明治三〇年　校舎の増築、修繕。
明治四二～大正三年　全校舎改築。二階建教室二棟、雨天体操場兼講堂一棟。
昭和　五年　市立第二高等女学校跡地に鉄筋コンクリート造三階建校舎を建築。

旧校舎

校庭側外観（昭和５年）

昭和六年三月に竣工した成徳小学校は、戦後学制改革で新制成徳中学校に変わり、平成一九年に郁文・尚徳・皆山・梅逕と統合し、下京中学校となり閉校した。現在は下京中学校成徳学舎となり、グランドが中学校の校庭として使用されている。校舎の方は文化政策・まちづくり学の市民大学院や京都文化協会などが利用している。平成二一年に校舎の一部が建替えられ、事務室、消防分団詰所、大会議室、小会議室、和室、多目的ホールが入る元京都市立成徳中学校グラウンド付属施設が建設された。つまり成徳学区の地域施設がつくられていた。興味深いのは、既存校舎と一体的に見えるよう、壁面の位置や階高、窓の形、色調などを既存校舎に合わせてつくられていたことだ。すなわち八〇年の歳月、この場所に立ち続けてきた校舎の圧倒的な存在感が影響を及ぼしたものとも考えられる。

成徳小学校は、京都市立第二高等女学校跡地を昭和五年に四〇万八〇〇〇円で買収し、移転新築したもので、校舎建築費に三二万五五五六円がかかっている。プランは淳風小学校

玄関ホール（昭和５年）

３階の階段室

や銅陀小学校と同じくコの字型を採り、違いは主玄関ならびに児童昇降口の場所である。学務委員室など管理の部門は主玄関側の東側の本館にある。

外観の見所は高辻通に面したファサードにあり、半円アーチの開口部が連続する意匠は京都市の小学校のなかでもこの時期見られるが、ここで示された龍山石で縁取られた造形はそのなかで最も成功したものといえる。二階は一階の半円アーチの幅に呼応した窓、三階ではそれを二分割した縦長の窓となり、階ごとにデザインを変化させている。東端に玄関、西端に児童昇降口が設けられ、龍山石積の玄関構えの出隅部には葡萄の房が象られブロンズ彫刻が取り付く。

内部の見所は玄関ホールにあり、そこでは梁の端部は半円形のアーチとなり、その表面に細い筋が浮彫りとなる。明らかにハンチをデザインすることで美しさが追求されたことが読み取れる。この手法は、昭和八年頃までに建設された京都市の小学校では顕著に窺える。このホールの柱や壁にはハンチの曲面が始まる境界まで茶緑色のタイルが貼り巡らされる。ホールに上階から階段が降りてくる。階段の親柱ならびに手摺りの笠木には彫刻が施された大理石が嵌められる。黄土色の大理石は茶緑色のタイルの中で色彩的に映え輝く。

玄関ホールの正面には学務委員室の三角形の受付窓がある。学務委員室の室内でも梁のハンチがデザインされ、ここでは逆階段状の持ち送りとなる。また廻縁には幾何学的な装飾が連なるなど、学務委員室がいかに重視されていたかが窺える。学務委員室から隣接する応接室には直接に繋がる扉があって、学務委員室と応接室が一対のものであったことが分かる。作法室は二階にあって続きの間になる。

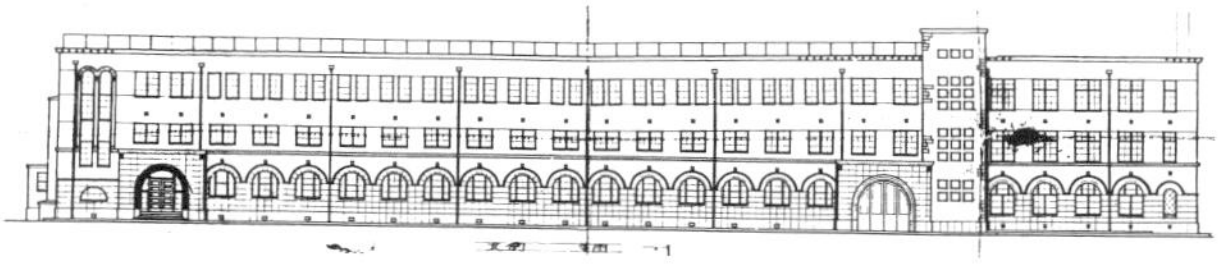

北側姿図（昭和４年）

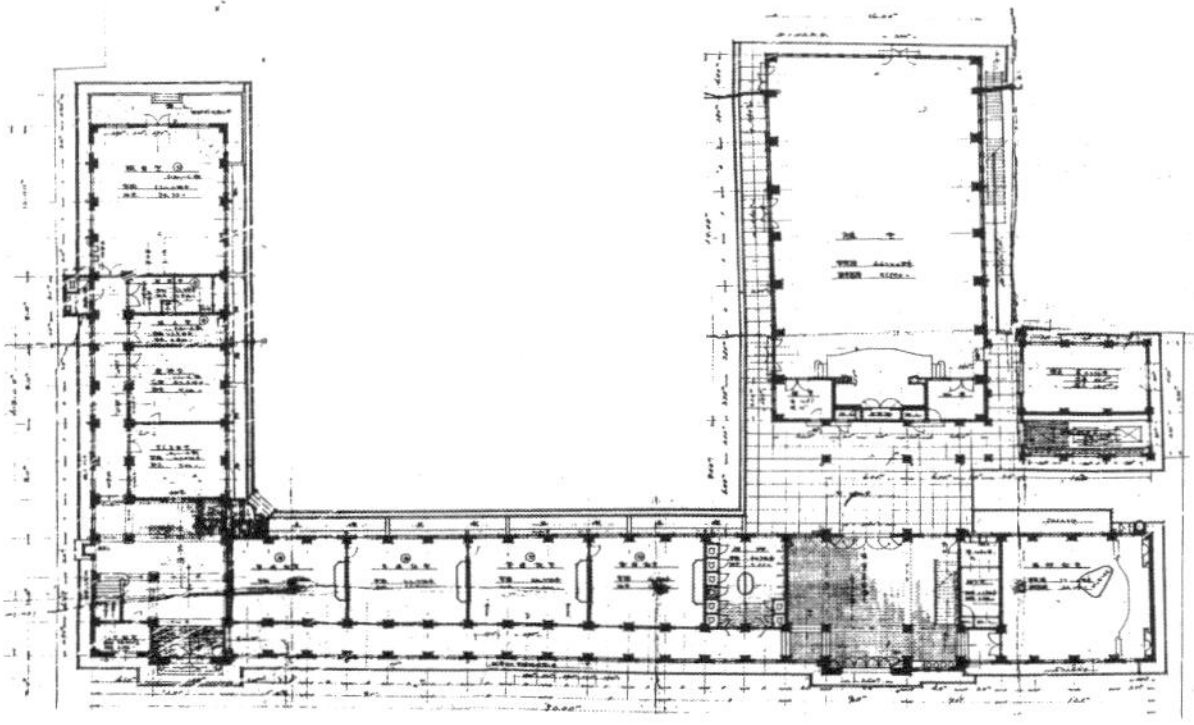

１階平面図（昭和４年）

成徳小学校では玄関ホールや学務委員室だけではなく、廊下や特別教室の梁下のハンチにもこだわりがある意匠をもつものが幾つも現れていた。グラウンド付属施設が建設されたために解体された唱歌教室では、ハンチの下に和風意匠の持ち送りを見せた。廊下のハンチをみると階ごとに微妙にデザインが異なる。成徳小学校はこの時期の京都市の小学校の中でもとりわけハンチの意匠にこだわりを見せた学校建築の一つだったといえる。その背景には成徳学区が明倫学区と並ぶ裕福な学区であったことが関連している。

成徳学区は、「京都の中央に位置し商業地域の中心にして…卸売商多く…生活程度も高く納税額の如きももともと本市にて最高位を占む。区民の移動も頻繁ならず所謂土着の人士多数にして学校教育に常に多大の厚意と理解を有して後援につとめ…他学区の模範と称せられる」（『記念誌 成徳尋常小学校』一九三九年）地区であった。昭和一〇年の人口は七五六三人であり、成徳商業青年学校が昭和七年より成徳小学校内に設置されていた。

なお京都市学校歴史博物館には、明治八年に建設された成徳小学校の講堂玄関部分が移築されている。この建物は室町通綾小路下ルにあったもので、明治四二年の改築時に城陽市寺田の高岳寺に一二〇〇円で売却され、現存していた。

下京第十番組　豊園（ほうえん）小学校

校庭側外観（大正15年）

玄関門構え（大正14年）

鉄筋コンクリート造校舎（昭和28年）

明治　二年　佛光寺西町に下京十番組小学校を興す。
明治　八年　豊園小学校と改称。
明治一三年　講堂建設。
明治二一年　体操場新築。
明治二九年　二階建校舎・講堂・唱歌室などの建設。
明治三六年　改築図面完成。
明治四〇～四二年　南北教室棟・雨天体操場完成。
昭和二七年　最初の鉄筋コンクリート造校舎を完成。

　昭和戦前期までに鉄筋コンクリート造校舎を有しなかった学区は数少ないが存在し、豊園小学校はその一つであった。豊園小学校では明治四二年に建設された木造校舎が戦後改築されるまで約五〇年間使用されていた。その間昭和九年の室戸台風では損傷を受け、また昭和一四年に隣接地が購入されていることから、鉄筋コンクリート造への改築が計画されたようだが、昭和一三年七月に施行された鉄鋼配給統制規制により、計画は中断された。

　戦後昭和二五年のジェーン台風でその校舎は倒壊の危機に瀕し、そのことを鑑み豊園校の元学区では有志を中心に改築が謳われる。その理由は「近隣の学校は戦前に皆鉄筋の校舎に改築されておりますが、豊園校だけは木造でしかも老朽校舎であり、万一災害が起きたときの児童の事を想像いたしますと何とかして早く鉄筋の校舎を建て、児童の安全をはかりたいことは区内一同の要望」（『創立九十周年記念』）というもので、促進委員会が結成され、改築の方向に動いていく。

　昭和二七年に着工し、翌昭和二八年に第一期工事が完成し、二九年には第二期、三三年に第三期と続いて竣工した。ちな

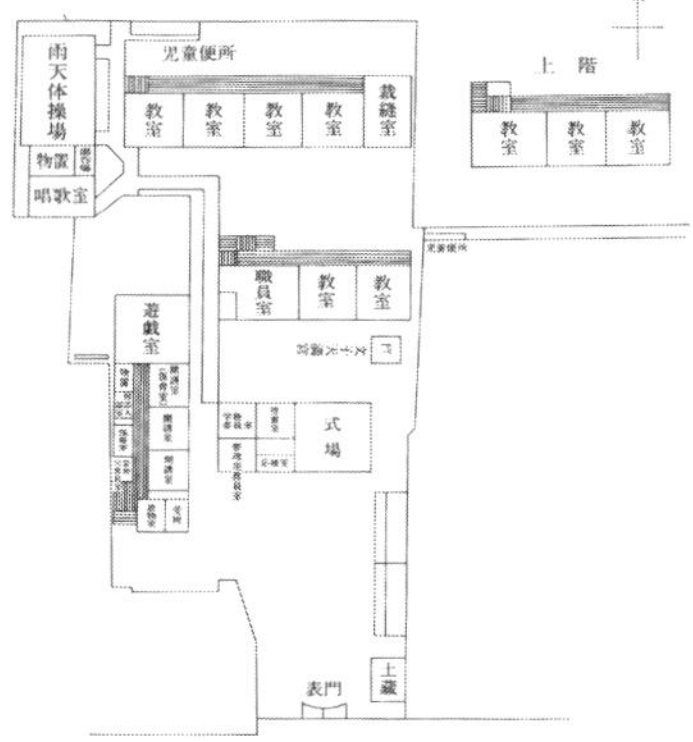

平面図（明治 29 年）

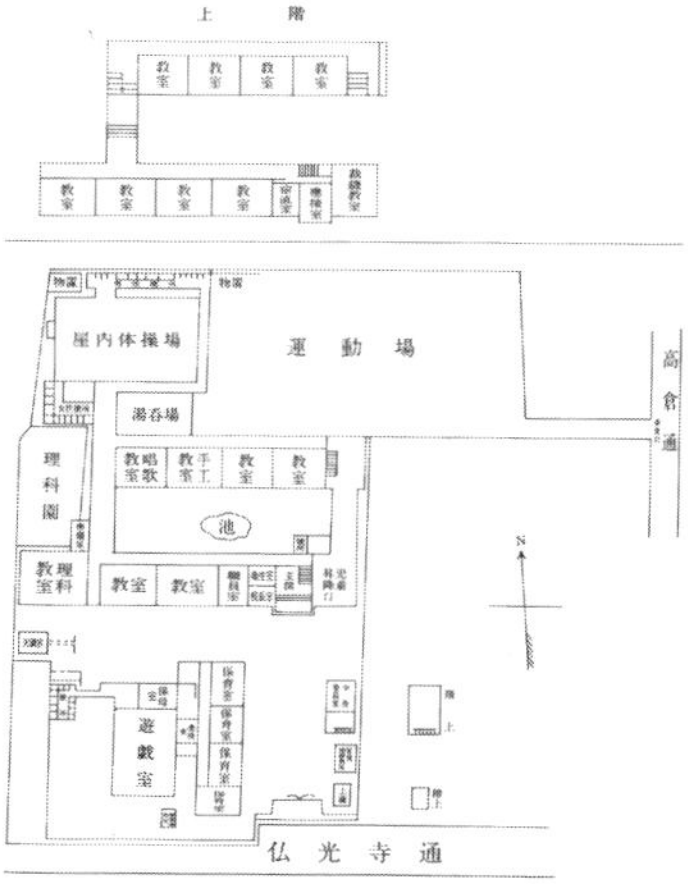

平面図（大正期）

みに京都市では、昭和二八年完成の豊園小学校第一期工事の校舎が戦後最初の鉄筋コンクリート造であった。建設当初京都市はこの校舎を京都のモデルスクールと捉えていたという。当時文部省は全国各地でモデルスクールを指定し、建設費補助や設計指導を行い、今後の校舎の模範となる鉄筋コンクリート造校舎の建設を推進していた。設計は京都市学校営繕課長土井健太郎のもとで、設計係長として川勝が担い、現場監理者は石田種造が当たった。

昭和一六年に京都市では学区制度が廃止となり、校舎の改築事業はそれまでのように学区が主体ではなく、京都市が直接担うことになっていた。それまでと建設の体制が大きく変化し、元学区の意向は反映されにくい仕組みになりつつあった。昭和二七年から始まった改築事業でささやかれた「市の建築なんだから区内のものがワァワァいうな」との声からは、そんな変化が読み取れる。

完成した校舎の外観は平滑な外壁を持ち、階段室外側だけが方立が入り縦長の窓となる他は、矩形の大きな窓が開けられたもので、昭和一〇年代の復興校舎の一見延長線上にあるようだが、タイルの使用や装飾的な要素はまったく消えており、ガラスの面積がより広くなっていた。構造的にも柱や梁などの部材の大きさに変化があり、戦前までのものと比較すれば明らかに簡略化が見られた。

「寺院のような古風な玄関」とは、改築事業に立ち会った一人の教員の談である。改築前の様子を示している。明倫小学校をはじめどの小学校も昭和戦前期に改築されるまでは御殿スタイルのきわめて和風色の濃い校舎であった。一方で「スマートな美しい教室にはじめて入った日。どの子の瞳もかがやいていました」と記した教員もいた。新しい時代の息吹がモダンデザインの影響を受けた校舎のスタイルを通して子供にも伝わったのだろう。平成四年に閉校し、校舎は解体され、その跡地には京都市立洛央小学校が建つ。

下京第十一番組　開智（かいち）小学校

外観（昭和12年）

木造校舎（昭和11年）

現況

明治　二年　鍋屋町東側の神道黒住派教会敷地跡で、下京第十一番組小学校と称して開校。
明治　八年　二棟の校舎・講堂を新築して開智小学校と改称。
明治二六・三〇・三四・四〇・四四年　増改築を実施。
大正一二年　木造本館を改築。
昭和一一年　鉄骨鉄筋コンクリート造二階建講堂竣工。
昭和一三年　鉄筋コンクリート造三階建校舎竣工。

現在学校歴史博物館に転用された開智校は室戸台風の復旧復興校舎として、昭和一一年一二月に鉄骨鉄筋コンクリート造二階建講堂を、昭和一三年四月に鉄筋コンクリート造三階建校舎を完成させた。設計は昭和一一年三月に京都市営繕課の讃井安親によって行われていた。

講堂棟は二階建で、一階が屋内体操場、二階が講堂となる。このように講堂と屋内体操場を分けて設けるケースは京都の小学校ではほとんどなく、開智小学校以外には龍池小学校や明倫小学校や生祥小学校などに限られた。その建築面積は三五五・二㎡、延床面積は七一〇・四㎡、梁間一四・八m、桁行二四・〇m、となる。校舎棟はL字型となり、北棟と西棟が一体化したもので、さらに西棟は南端部で講堂と接続していた。昭和一〇年代は写真にあるように学務委員室や職員室からなる木造本館が存在しており、鉄筋コンクリート造の新校舎は教室のみからなり、本館的な機能は入っていない。

建築的な特徴は、外壁の多くがタイル貼になっていた点にある。詳しくみれば、窓台と庇がモールディング状に突出し水平に連続するスタイルで、タイルは最上階の桁部分を帯状に廻り、水平感をより強調する。ただし北棟の階段室より東側の部分は昭和三一年に増築されて出来た箇所ゆえに、外観は一見同じスタイルに見えるが、外壁の仕上げは異なりタイルは貼られていなかった。講堂に関しては、二階の腰壁部にもタイルが貼り巡らされた。ファサード全体は基本的に矩形の開口部となったが、児童昇降口から校庭側に抜ける出入口の開口上部は半円アーチの形となっていた。このことからは昭和一桁代半ばの頃まで京都の小学校で流行したアーチ形の手法が現われたものとも考えることができる。

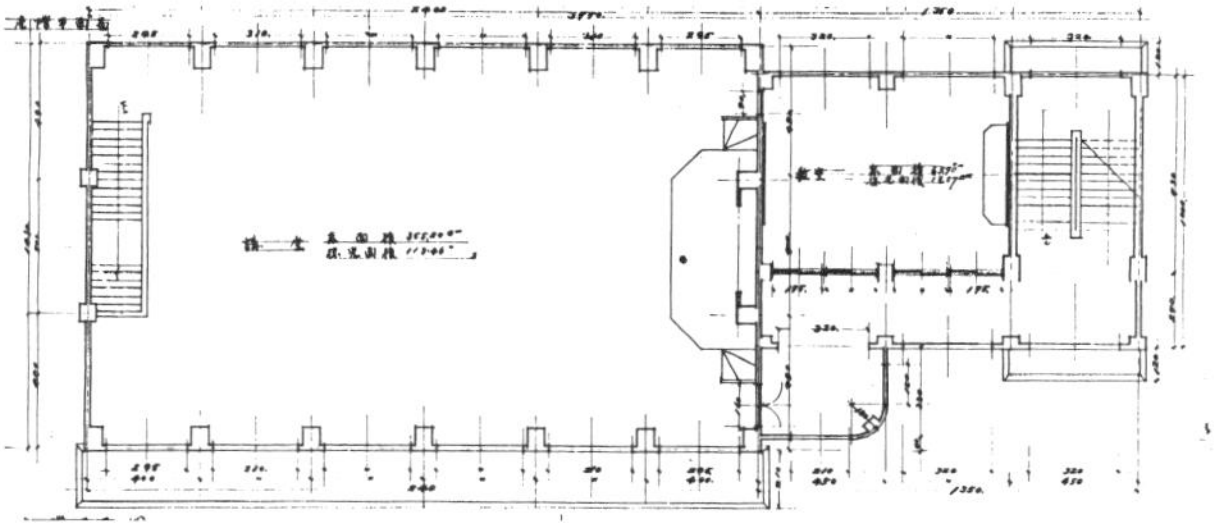

講堂２階平面図（昭和 11 年）

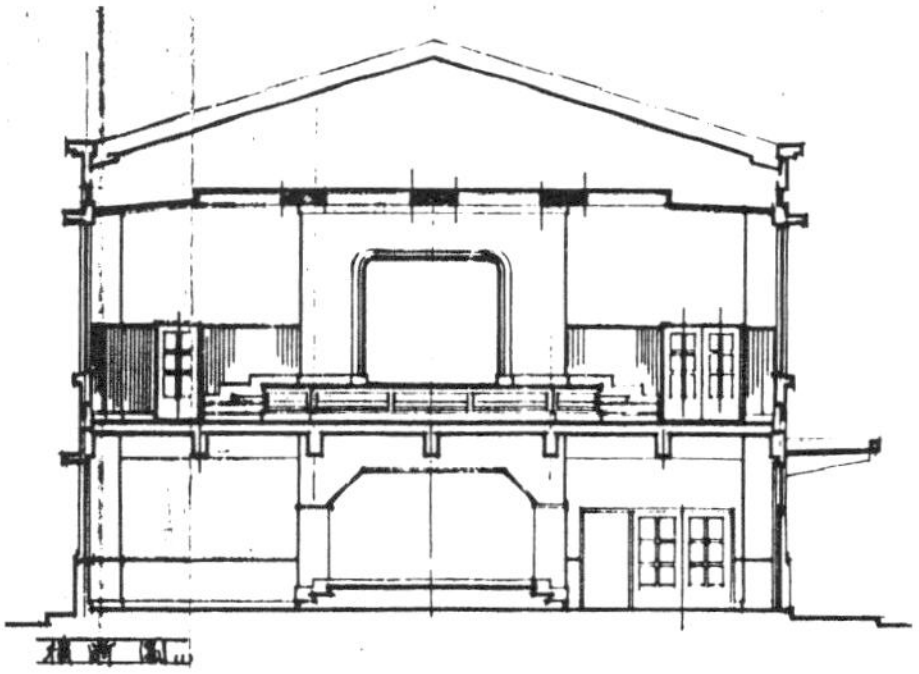

横断面（1 階：体操場，2 階：講堂）

講堂の工費は四万四七〇〇円、校舎棟は一〇万五六〇〇円であり、講堂建設にあたって元学務委員の大島亀次郎が学区有志者代表として、工費の過半にあたる三万七六五〇円の寄付を行っていた。大島は学務委員を大正五年から九年までの四年間務めた学区内の名望家として知られ、酒造業を営んでいた。なおその孫は昭和四六年まで酒造業を引き継ぎ、現在はその酒蔵はライブハウス磔磔に転用されている。一方鉄筋コンクリート造校舎建設にあたって、学区内の竹内政治郎の遺族が一〇万円の寄付を行っていた。つまり開智校では、建設費のほとんどが、学区内の名望家の寄付によって賄われていたということが分かる。

御幸町通に面して、明治三四年に建設された高麗門を設け、その南北には大正七年に積み上げられた石塀を廻す。また西校舎の校庭側の出入口には成徳小学校の明治八年築の玄関が移築されている。トスカナ式のオーダーを模した柱に、起りのついた切妻破風による擬洋風のスタイルとなる。

下京第十二番組　永松小学校

外観（昭和６年）

本館と校舎（大正期）

屋上（昭和６年）

明治　二年　勝円寺塔頭普恩院境内で下京第十二番組小学校として開校。
明治　八年　大雲院塔頭南昌院の地を購入し、校舎を増築。
明治二五年　幼稚園併設。
明治三三年　改築と増築。
明治四三年　増築を実施。
昭和　六年　鉄筋コンクリート造北校舎の竣工。
昭和一二年　鉄筋コンクリート造本館・講堂の竣工。

永松小学校は昭和五八年に閉校になり、現在その跡地は京都市総合教育センターの建物が建つ。それまでここには戦前期に建設された三つの建築が建っていた。まず昭和六年八月に北校舎が鉄筋コンクリート造で建設されている。明治一〇年以来、永松学区の校舎整備事業を担ってきた誠立会の寄付によるもので、請負は松村組が担った。次は昭和一二年二月に建設された鉄筋コンクリートの講堂であり、その次が昭和一二年六月に建設された鉄筋コンクリート造本館である。講堂本館ともに室戸台風の復旧ならびに復興事業によるものであり、工費は一二万円を要した。設計は昭和一一年二月に増谷円之助が行い、請負は榊組が担った。

北校舎は普通教室と特別教室からなり、竣工時に校長は「多年の懸案であった唱歌（音楽）、理科、手工の三特別教室を設け、現代の文化を十分に採用した設備」と記した。片廊下式の教

本館（昭和12年）

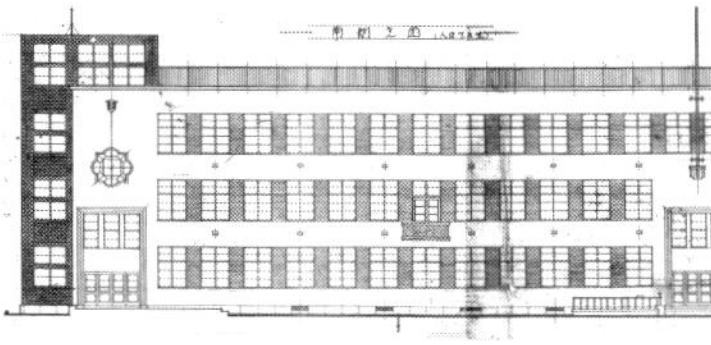

南側立面図（昭和5年）

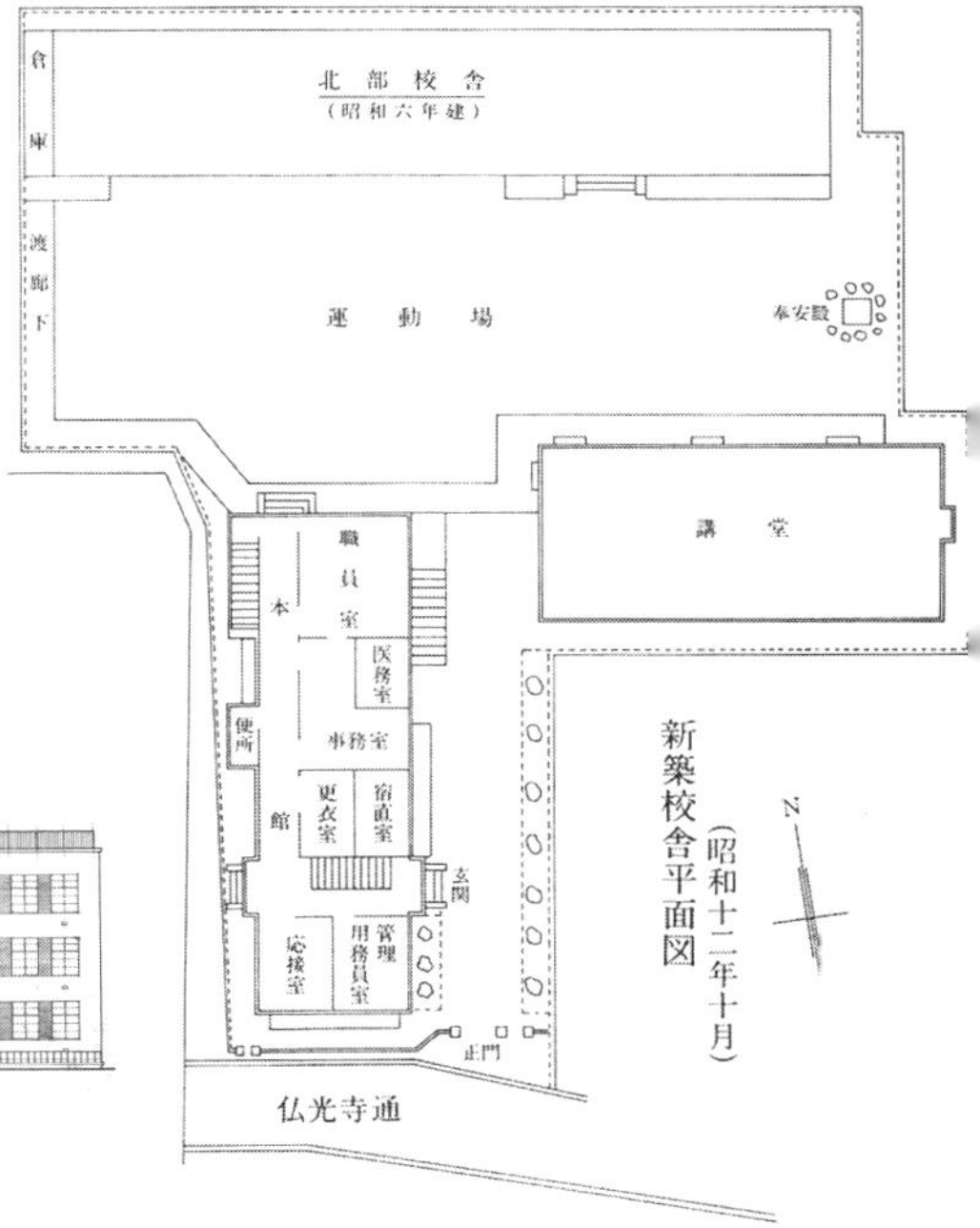

配置図兼平面図（昭和12年）

室配置を示し、屋上はアスファルト、ブロック敷の運動場になっていた。

外観の特徴は、開口部の間の柱型がタイル貼になっている点にあった。ここでの柱型は外壁面に表出しない平滑な壁となるが、暗色のタイルが貼られることで、列柱とは趣は異なるがファサードにリズム感が生じていた。また二階の壁面からは校庭に小ベランダが張り出され、西側階段室にはクワットレフォイル（四葉）の形をした窓が設けられるなど、簡素ながらもファサードを整えようとする意思が読み取れる。ここで表れた、本館各階ともに窓廻りを窓台と庇を額縁として、開口部内を特別な取り扱いとし、平滑でかつ袖壁のついた幅広の柱型を連続させる手法は昭和一〇年以降の復興小学校で用いられる手法の一つに繋がっていったものと考えられる。

本館の外観は各階腰壁と桁部分を帯状に平滑な壁が廻る意匠で、父兄の談によれば、「こんどの校舎は、市役所を小さくした様」とある。一階は学務委員室や職員室が、三階には作法室や裁縫教室、会議室が設置された。

下京第十三番組　醒泉（せいせん）小学校

昭和 13 年

室戸台風直前の校庭側

現況

明治　二年　醒ケ井通五條上ル小泉町で下京第十三番組小学校開校。
明治　三年　醒ケ井松原下ル笹屋町旧園部藩邸を買収、移転。
明治二六年　醒泉尋常小学校と改称。
明治四一・四三年　増改築。
昭和　九年　関西大台風で雨天体操場が倒壊、西教室が大半大破。
昭和一一年　鉄筋コンクリート造三階建教室雨天体操場を完成。

醒泉小学校は室戸台風で雨天体操場兼講堂が倒壊し、西校舎は半壊に至るという大きな被害を受けた。犠牲者が出た醒泉小学校には、復旧事業で鉄筋コンクリート造校舎が昭和一一年八月に完成した。西校舎南半分が該当し、工費は約八万二〇〇〇円であった。続いて復興事業として四万六〇〇〇円かけて講堂兼屋内体操場と西校舎北半分が昭和一三年八月に建設された。なお昭和四〇年代までは西校舎とは反対側の油小路側に木造の東校舎があった。西校舎は片廊下式教室配置をとるが、京都市の小学校としては珍しく教室は西側に配置され、廊下は東側の校庭側にある。戦後昭和三二年に北校舎が建設され、現在ではL字型のプランとなる。作法室は西校舎の南端部にある。

外観の建築特徴は柱型が表出するタイプであり、しかも柱型はパラペットの外側を立上がり笠木下端まで到達している。京都の小学校では珍しい形といえる。そこにはタイルが貼られた。外壁面のモルタル仕上げに対して、柱型廻と一階腰壁廻だけがタイル貼りとなる。現在は柱型廻のタイルは撤去されているが、一九九〇年代までは残っていた。

下京第十四番組　修徳（しゅうとく）小学校

玄関廻り（現況，平成 7 年）

校庭側（昭和 4 年）

外観（現況，平成 7 年）

明治　二年　小田原萬壽寺上ルで開校。下京第十四番組小学校と称する。
明治　七年　火事にて類焼。
明治　八年　新町松原下ルに移転。大覚寺の御殿移築、修徳小学校と改称。
明治三六年　全面的に改築を着手。
明治三八年　講堂・二階建教室・雨天体操場が竣工。大覚寺御殿は保存される。
昭和　四年　鉄筋コンクリート造三階建校舎竣工。

昭和四年に完成して以来、新町通に面し玄関を設けた修徳小学校は町屋からなる町並みに、重厚なヨーロッパ歴史様式に影響を受けたファサードを表出していた。だが平成五年に閉校し、平成一一年に解体された。その跡地は総合福祉施設「修徳」ならびに修徳児童館、そして修徳公園となる。

プランはL字型で、中廊下式教室配置の西校舎と一体化した片廊下式教室配置の北校舎からなる。構造は鉄筋コンクリート造であり、講堂兼雨天体操場も同時に鉄骨鉄筋コンクリート造で建設された。講堂は西校舎の南側に、西校舎の一階部分を吹放とした通用門を隔てて接続していた。通用門は児童が使う出入口であり、その北側に教職員が使う正式な玄関があって、ホールに面して学務委員室・職員室・応接室が設けられた。普通教室は一一室のほか特別教室（算術、実測、地歴、理科、図書、唱歌、裁縫、手工、作法）九室からなった。ここでは階段室の位置に特徴があり、北棟と西棟が交差する角部に設置され、対角線上の四五度振れた向きに設けられた。また屋上での体操に備えて、屋上にはシャワーが装備されていた。竣工間もない時期に通った子供の一人は、「新校舎の思い出」として「常に見馴れているところでも、上から見ることは大へんめずらしく美しかった」と記していた。

ファサードの構成をみると三層構成になっており、一層目は一階腰壁、二層目は一階開口部から三階窓台まで、三層目は三階開口部より上、とそれぞれ外壁の意匠が変えられていた。一層目と三層目は組積造風の外壁仕上げである水平目地が入り、二層目には目地はなかった。

外観を特徴付ける要素は二つあり、一つは三階の開口部の意匠にあって、この階の窓だけが意匠的に形を変えられ、円筒状の丸柱になる。その柱頭部にはロマネスク風の飾りが人造石洗出仕上で拵えられていた。もう一つは開口部廻りのアーチ形の採用であって、次の四カ所にみられた。第一は一階の玄関廻りでそこには龍山石が貼られ、アーキヴォールトを強調する。第二は通用門の出入口廻りで、玄関廻りと同じく龍山石が貼られたが、ここでは三連のアーキヴォールトが連なり、京都の小学校のなかで最もロマネスク風建築の醍醐味が感じ取れる空間になっていた。通路を通り抜けた校庭側にも同様な造形が施されてあった。第三は屋上の階段塔屋の開口部であり、北棟の東端にあって、西棟の南端一階の校庭側通路出入口の三連のアーキヴォールトと視覚的に対比するように用いられた意味もあったようだ。第四は講堂の南側妻壁であり、屋根の勾配によって高さを変えて連なる小屋組換気孔がロマネスク風意匠になっていた。このように修徳校ではロマネスク風のスタイルに対する指向性が見て取れる。

鉄筋コンクリート造化の計画は学区内に建築委員会が立ち上げられ、大正一三年から開始された。設計は枝村靖らによって昭和三年一月には終えられており、昭和四年三月に竣工した。工事は大林組が請け負った。総工費は三五万円で、建築費は三〇万円、設備費は五万円からなった。

講堂妻壁（現況，平成７年）

最上階の柱頭飾（現況，平成７年）

下京第十五番組　有隣(ゆうりん)小学校

校庭側外観（昭和 12 年）

木造本館と鉄筋コンクリート造（昭和 12 年）

明治　二年　高倉松原下ル樋之下町で下京第十五番組小学校を開校。
明治一六年　富小路万寿寺下ル本神明町に移転新築。有隣と改称。
明治三五年　教室二百坪を増築。
明治四〇年　校舎を増築、正門を富小路通側に移転。
大正一二年　体操場、本館、教室などの新築（すべて木造）。
昭和　九年　室戸台風で北校舎被害。
昭和一二年　鉄筋コンクリート造校舎を竣工。
昭和三三年　本館鉄筋コンクリート造に改築。

平成三年に閉校した有隣小学校には、昭和一二年に建設された鉄筋コンクリート造校舎が残っている。有隣小学校は室戸台風により北校舎に被害を生じ、その復旧を契機として鉄筋コンクリート造化が進展する。詳しく見れば、復旧工事に加えて復興工事を実施し、改築事業が行われた。工費は総額二三万で、その出所は復旧起債金が八万一四〇〇円、復興起債金が九万円、有志寄付金が五万三四〇〇円となる。L型配置の校舎が造られ、普通教室一五校、特別教室が三室からなった。

外壁は柱型が表出しない平滑なタイプで、壁面より突出するのは各階の窓直上の庇であり、水平に連続して連なる。外壁面は全面的にタイル貼になる。戦後昭和三三年に富小路側にあった木造本館が鉄筋コンクリート造に建て替るが、既存の鉄筋コンクリート造校舎の位置からは少しずれて校庭側に建てられる。したがって平面的に連続せずに、段差が生じていた。その繋ぎ目の部分は曲面となり、ガラス張となる。ここからはモダンデザインの影響が見て取れるが、栗田小学校でも昭和一〇年代前半に同様な処理がなされており、京都市の小学校の特質ともいえよう。

設計者は京都市営繕課の小池太郎、施工は戸田組が行った。

下京第十六番組　尚徳(しょうとく)小学校

講堂（明治期）

外観（昭和 12 年）

校舎と屋内体操場（大正 3 年）

明治　二年　鍵屋町室町西入南側で、下京第十六番組小学校を開校。
明治　四年　平屋建校舎を二階建とし望火楼を新築。
明治　七年　鍵屋町新町東入ル北側に、光照院殿舎を移し校舎新築。
明治一〇年　尚徳小学校と改称。
大正　三年　校舎の徹底的改築を実施。
大正七・一五年　木造二階建教室新設。
昭和一八年　初等科廃止。女子の単独高等科国民学校にかわる。
昭和二二年　尚徳小学校校舎を転用し、新制尚徳中学校開校。

尚徳小学校は、昭和戦前期には鉄筋コンクリート造校舎は建設していない。大正期に完成した木造校舎を昭和三三年まで使用していた。尚徳小学校は大正三年に講堂兼屋内体操場の改築をはじめ、木造二階建教室の新築などを行い、これらの工費は約三万四〇〇〇円を要した。尚徳小学校には明治七年に常盤御所あるいは安楽御所と称された御殿スタイルの光照院の殿舎が移築されており、明治三七年まで講堂として使用されていた。常盤御殿は現在八坂神社に移築されている。

尚徳小学校のその後をみると、昭和一八年に初等科を廃止し、女子の単独高等科国民学校にかわる。一方永松国民学校は男子の単独高等科国民学校にかわる。尚徳小学校の初等科の児童は隣接の醒泉小学校・修得小学校に分かれて編入することになった。昭和二二年には尚徳小学校校舎を転用し、新制尚徳中学校が開校した。昭和二九年から昭和三八年の一〇年間にわたり、鉄筋コンクリート造化が実施され、昭和三八年には木造二階建本館が撤去された。平成一九年に閉校し、敷地の跡には下京中学校が建つ。

下京第十七番組　稚松（わかまつ）小学校

階段塔屋（現況，平成 7 年）

校庭側外観（大正 14 年）

西校舎・北西側外観（大正 14 年）

明治　二年　間之町五條下ル大津町に、下京第十七番組小学校として開校。
明治　九年　高倉通萬年寺下ル若松町に移転、増改築し、稚松小学校と改称。
明治一八年　旧校舎を壊し、二階建教室を新築。
明治三五～四二年　校地拡張。
明治四三～四四年　二階建教室・屋内体操場新築。
大正　七年　二階建教室新築。
大正一四年　鉄筋コンクリート造三階建校舎完成。
昭和　四年　鉄筋コンクリート造平屋建の講堂兼雨天体操場と職員室・作法室を竣工。

稚松小学校には大正一四年に建設された鉄筋コンクリート校舎が平成二四年まで現存していた。京都市では本能小学校に次いで古い鉄筋コンクリート造校舎であったが、本能小学校は補強コンクリートブロック構造だったので、そのような意味では京都市で最初の鉄筋コンクリート構造の建物といえる。

全体のブロックプランはコの字型をなし、北側で稚松公園と隣接していた。校舎は高倉通に玄関を設け、西棟ならびに北棟は教室が入り、普通教室一四室、特別教室九室からなった。昭和一桁代に建設された京都の鉄筋コンクリート造小学校の特別教室の充実さは大阪の船場地区の小学校とともに全国で最上位にあったが、京都では稚松小学校がその先駆け的な役割を果たしたものと考えられる。特別教室は普通教室と比べ広いスペースが必要とされたことで、廊下の空間を取り込みやすい校舎の端部に設けられることになる。

玄関は西校舎一階の一部を穿ち設けられた吹き放ちとなり、そのまま校庭に繋がった。工手棟一階の玄関脇には学務委員室が設けられていた。その南側には職員室や作法室が入る建物が講堂兼雨天体操場と一体化して建設された。ここでは学務委員室は別として、木造本館のプランニングが鉄筋コンクリート造になってもそのまま踏襲されたことを物語っている。

外観の意匠面を見ると、柱型が表出するタイプを示し、玄関廻りや階段塔屋廻りなどに歴史様式に基づく装飾が施されており、京都の小学校としては最も古典的なスタイルを有した校舎であった。詳しくみれば、玄関廻りには柱頭飾りのある半円形の付柱がアーキトレーブを受け、玄関の格式を強調する。西校舎の階段塔屋は最上階開口部の上部がアーキヴォールトになり、その迫受石の下には楕円のメダリオンが嵌め込まれていた。北校舎の校庭に面した出入口廻りはブロークンペディメント風のポルティコが付く。その上部階段塔屋ではパラペット下の庇がその部分のみ軒唐破風のように上部に立上がり半円形の庇を形作る。その下には外観を整えるために小ベランダが付く。

なぜこのような早い時期に鉄筋コンクリート造化が成し得られたのか。関東大震災による被災状況が伝わり、全面改築が学区会で決議されたことによる。『百周年記念誌』によれば、稚松学区には明治三〇年から三五年まで学務委員を務めた楠井貫心という熱心な人物がいて、その息子で大倉土木の建築技術者であった貫一と協力し合い推進したとある。貫一は稚松小学校を卒業後同志社中学校に進み、さらに商科と工業の学校を卒業し大倉組に勤め、アメリカの学校にも留学したという。帰国後は鉄筋コンクリート造の専門家として大倉土木で建築業に関わり、その経験を活かして貫一が中心になって鉄筋化が進められた。鉄筋コンクリート造は当時は本能校しかなかったが、大阪の船場小学校がモデルになったようだ。

大正一二年に改築事業は決定し、一期と二期と分けて行われることになる。一期はL字型に一体化した西校舎と北校舎からなり、二期は職員室や作法室の棟と講堂兼雨天体操場からなった。一期工事は大正一三年八月に開始され、大正一四年七月に完成した。二期工事は昭和四年二月に着工され、同年八月に竣工した。建築費は一期が一八万六〇〇〇円、二期が五万四〇〇〇円、その他に土地買収費として四万円がかかり、合計二八万五〇〇〇円を要した。財源は学区債一〇万円で、残りの一八万五〇〇〇円は学区民からの寄付金でもって賄われた。

設計者は不明だが、楠井貫一らによって基本計画はつくられたものと推測され、それを受けて京都市建築課が設計を行ったものと思われる。この時期までは安立糺が建築課長を務めていた。

下京第十八番組　菊浜（きくはま）小学校

屋内運動場（現況，平成８年）

大正５年以降

講堂兼屋内体操場（昭和11年）

明治　二年　菊浜町に開校、下京第十八番組小学校と称す。
明治　四年　望火楼建築出来る。
明治　八年　菊浜小学校と改称。
明治三八年　梅湊町（本願寺所有）に移転、第一期工事・教室二階建を竣工。
明治三九年　第二期工事・教室二階建・事務所・玄関を竣工。
昭和一一年　鉄骨鉄筋コンクリート造講堂兼屋内体操場竣工。

菊浜小学校は平成四年に閉校し、現在はその跡地は平成一五年より「ひと・まち交流館京都」となる。菊浜校には室戸台風の復旧建築として建てられた鉄骨鉄筋コンクリート造講堂兼屋内体操場が平成一〇年の時点まで現存していた。

昭和一一年一二月に完成したこの建物の外壁は平滑な壁面を示し、三つの縦長の換気孔が妻壁にみられるだけで、装飾的な要素はみられない。建設費は二万五九〇〇円であり、面積は三五四㎡であった。隣接する植柳小学校に比べると、面積的には少し小さい。室戸台風以降に京都市が標準設計として作成した講堂兼屋内体操場の大きさには、三四〇㎡前後のものと、四三〇㎡前後のものの二種類があったようで、菊浜は前者に該当し、植柳小学校は後者であった。

菊浜学区では本来は工費三五万円をかけて五ヶ年継続事業として、鉄筋コンクリート造の堂々たる新校舎を建設するはずだったが、戦時体制に入り実現はみなかった。閉校直前の配置図では、事務室や職員室など本館的な機能の北校舎、高瀬川沿いに講堂、教室棟の南校舎の三棟からなった。

下京第十九番組　植柳（しょくりゅう）小学校

本館と鉄筋コンクリート造講堂

講堂校庭側

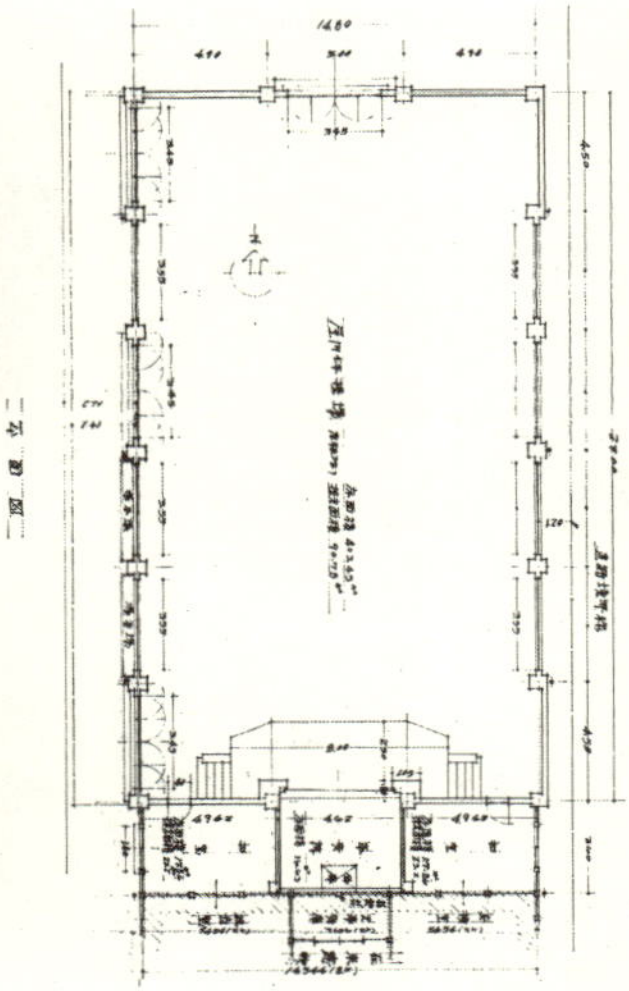

講堂平面図

明治　二年　花屋町西洞院西入ル山川町に下京第十九番組小学校として開校。
明治　七年　東中筋御前通上柳町本願寺役所跡に移転。伏見城旧建造物關睢殿を遷して、講堂教室とする。植柳小学校と改称。
大正一五年　木造の講堂と本館竣工。
昭和一一年　鉄筋コンクリート造講堂兼室内体操場と木造校舎竣工。

植柳小学校は室戸台風で被害を受け、復旧事業によって校舎ならび講堂兼屋内体操場が建設された。校舎棟は北部校舎であり、鉄筋コンクリート造ではなく木造で建てられ、講堂兼屋内体操場だけが鉄骨鉄筋コンクリート造であった。共に昭和一一年九月に完成する。工費は合わせて五万四〇〇〇円であった。現在講堂は残り、地域住民が利用する。設計は新井眞治が担当で、昭和一〇年一一月に設計が行われていた。

現存する講堂兼屋内体操場の建築的な特徴は、西洞院通側の外壁面にある。端部ならびに桁部はクリーム色のモルタル塗り平滑な外壁面となるが、中央部の柱桁行方向の柱の四スパン分だけ、壁が室内側に凹み、その分柱型が外側に突出している。その柱型廻りにはベージュのタイルが貼られ、しかも水平リブが二尺ピッチでその柱に帯状に廻り、躍動感を与えている。桁行は二七・〇mで、その柱間隔は四・五mピッチになり、全体で六スパンある。梁間は一四・八mとなる。屋根は波形石綿スレート葺きで、天井はテックス貼りであった。

なおこの時期は写真にあるように講堂の南側には大正一四年に建設された木造本館があり、昭和三四年までは残っていた。また講堂の北側には復旧校舎である入母屋造の木造二階建の校舎が写っている。

下京第二十番組　皆山（かいざん）小学校

玄関廻り（現況，平成８年）

玄関正面（現況，平成８年）

明治　二年	高倉通、珠数屋町下ル皆山町にて、下京第二十番組小学校を開校。
明治　四年	大佛日嚴院の建物及び明勝寺の古門を買収、移転改築。
明治一〇年	皆山小学校と改称。平屋教室、玄関などを増築。
明治三九年	二階建教室二棟、二階建事務室、屋内体操場など改築。
大正一一年	西方隣接地に教室一棟・事務室新築、表門・講堂移転。
大正一五年	教室一棟を増設。
昭和　五年	校地を拡張し、鉄筋コンクリート造の講堂兼屋内体操場の新築。
昭和一四年	鉄筋コンクリート造校舎と講堂兼屋内体操場の竣工。

皆山小学校は、京都市の小学校では昭和戦前期において最も遅い時期の、昭和一四年八月に完成した鉄筋コンクリート造小学校であり、戦後昭和二三年からは皆山中学校専属の校舎に変わり、平成一九年まで現存していた。皆山校は室戸台風で校舎の北棟を被災し、復旧事業ならびにそれに端を発した復興事業より鉄筋コンクリート造で改築されることになった。それまでの皆山校校舎の織りなす景観は寺院を思わせる門構えのなかに和風の木造校舎が配されたヒューマンスケールによるものであったが、新たに誕生した校舎は現代の校舎に繋がるビルディングの最初のものと捉えられる。

皆山小学校ではすでに鉄筋コンクリート造の講堂を昭和五年一〇年に間之町通と下珠数屋町通が交わる出隅部に完成させており、復旧復興計画では、完成して七年しか経っていない建物を壊して新たに造り直すものであり、同時に風格のある門構えや木造本館もこの時に撤去された。ちなみに校門や事務室は大正一一年に六万七〇〇〇円をかけて移転新築したものであり、昭和五年の講堂は用地買収費も含めて約一〇万四五〇〇円を要した工事によって造られたものであった。

完成した校舎は間之町通に面して玄関を設けた中廊下式教室配置の西棟と下珠数屋町通に面した北棟からなり、両棟はL字型に一体化し、西棟南端に講堂兼屋内体操場が設置された。玄関近くには学務委員室や会議室、職員室が配され、三階に作法室があった。

外観の建築特徴は柱型廻りならびに軒下の桁部分がタイル貼になっていた点にある。細部を見ると、柱廻りと開口部ならびに各階の腰壁との境界にはタイル貼になった段が付き、玄関廻りではキャノピーの鼻先までもタイルが貼られるなど、タイルへの強いこだわりを見ることができる。玄関廻りについては中央部一階の柱五スパン分だけ、窓を三ツ割にしてその間にタイル貼の小柱を二本立てるなどこの部分だけの取り扱いを変えていた。なおここでの柱型の取り扱いは室内側にも半分表出するタイプであった。設計は昭和一二年二月に行われており、京都市営繕課の建築技術者の野村仁一が担った。

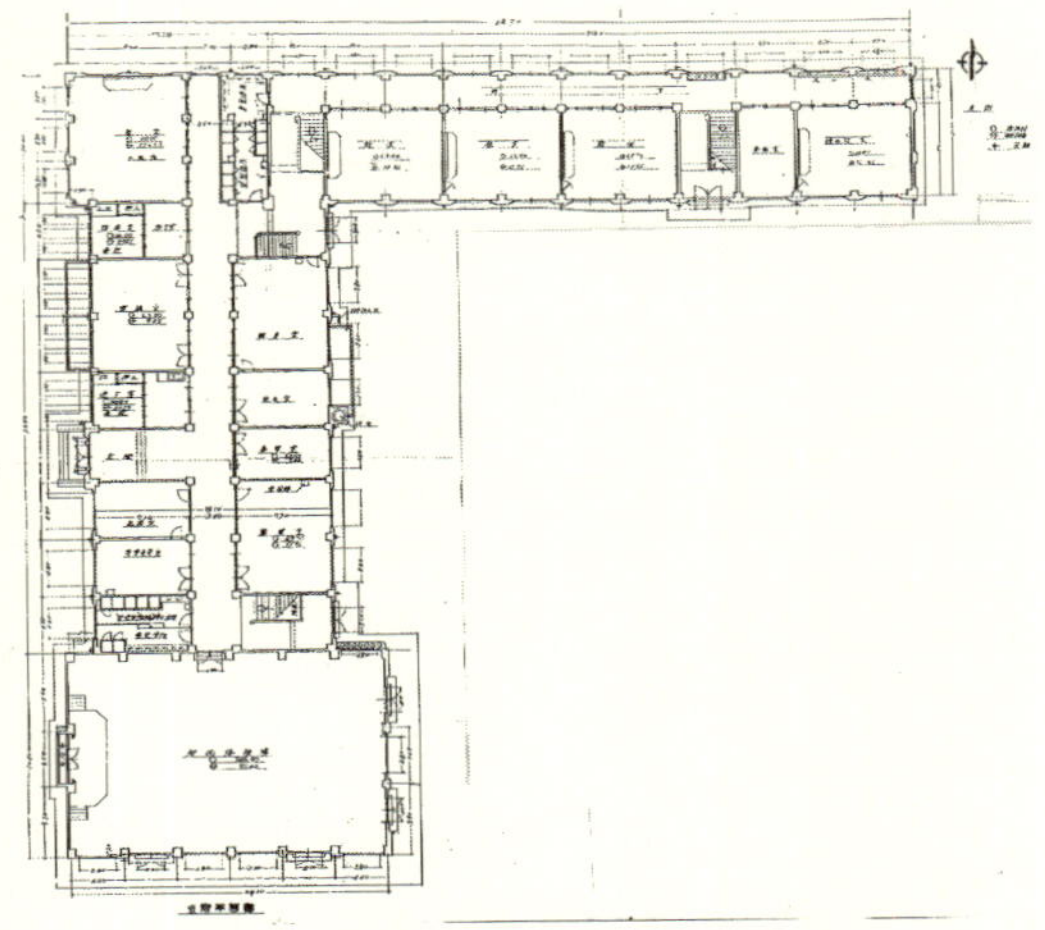

配置図兼１階平面図（昭和 14 年）

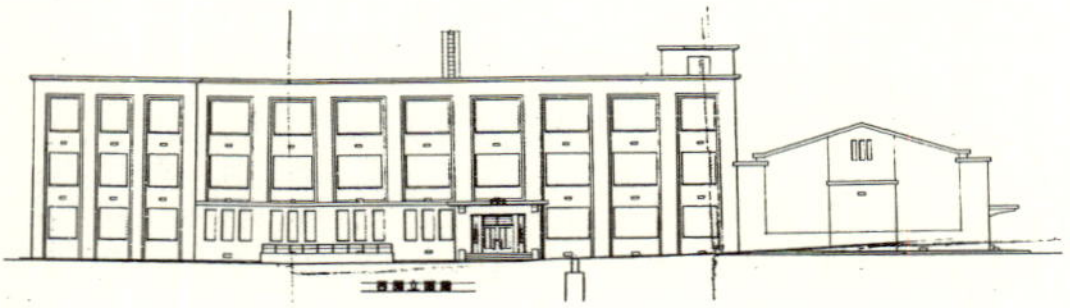

西側立面図（昭和 14 年）

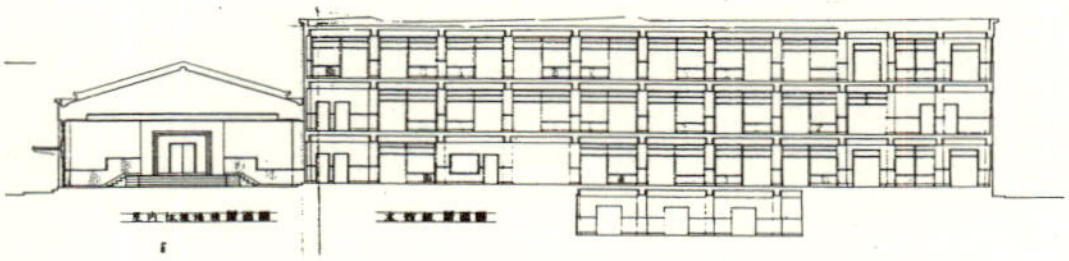

屋内体操場・本館断面図（昭和 14 年）

下京第二十一番組　安寧（あんねい）小学校

空撮（昭和32年）

校庭側（昭和3年）

明治　二年　下魚棚通油小路西入土橋町に下京第二十一番組小学校が開校。
明治　七年　猪熊通七條上ル西入八百屋町に移転。
明治一六年　醒ケ井通木津屋橋下ル御方紺屋町に再移転。
明治二八年　平屋建を二階建として講堂とする。
明治四一年　校地を拡張、全校舎の改築を実施。
大正　六年　大拡張増築を計画。特別教室その他を増築。
昭和　二年　第一期工事に着手。
昭和　三年　第二期工事を竣工。

安寧小学校は京都市内の小学校としては、昭和戦前期に鉄筋コンクリート造校舎を有しなかった数少ない小学校の一つである。平成八年に閉校しているが、戦後に建設された鉄筋コンクリート造四階建校舎が現存する。安寧校は堀川通の拡幅に伴い、昭和三二年に道路を挟んだ西側に校地を移転する。完成したのは昭和三五年のことで、鉄筋コンクリート造の北校舎と南校舎を新築し、講堂を移築した。昭和三三年に完成した北校舎は京都市小学校では最初の四階建であった。

それまでは昭和二年と昭和三年の二回にわたって建設された木造校舎が使用されており、その様態は昭和三年に刊行された『新築記念帖』から読み取れる。それによれば、昭和二年の一期工事では雨天体操場・八教室など、昭和三年の二期工事では本館・一〇教室が該当し、それらの織りなす景観は写真に見て取れる。本館は入母屋造の玄関構えを有し、その北側にある講堂は道沿いに白い外観を示し、鉄筋コンクリート造風の妻壁を立ち上げる。一見鉄筋コンクリート造かと思わせるが、校庭側から見れば木の柱を外壁面に表出させ、漆喰壁の建物であった。ただ妻壁だけは鉄筋コンクリート造となるが、壁一枚だけであって、おそらくは防火壁のようなものであったようだ。屋根にはドーマ窓が配され、洋風意匠になっていた。

下京第二十二・三十二番組　淳風(じゅんぷう)小学校

明治　二年	大宮通丹波口上ル中堂寺前町に校舎を設立。下京第二十二番、第三十三番両組協立小学校と称して開校。
明治　五年	下京区第十六小学校と改称。
明治　八年	淳風校と改称。
明治一八年	大宮花屋町上ル土地に新築、移転。
明治三五年	屋内体操場増築。
明治四〇年	教室をすべて二階建に改築。
昭和　五年	根本的な改築を行い、鉄筋コンクリート造三階建の校舎を竣工。

ファサード（昭和５年）

玄関廻り（現況）

校庭側外観（現況）

淳風小学校は京都市内では戦前期に建設された唯一現役で使用される小学校で、西本願寺の北に隣接している。大宮通に玄関ファサードをみせる。明倫校や龍池校のような別の機能の施設に利活用された校舎は改装が伴ったために、当時の面影を減少させてしまったが、淳風校は小学校として使用され続けていることで、「学区小学校」竣工時の様態を最もとどめる校舎といえる。

その建築特徴は半円アーチを多用する意匠にある。玄関ホールならびに最上階の窓上部はすべて半円の形状が用いられており、広義の意味合いでロマネスクに影響を受けたスタイルとなる。開口上部の半円アーチの形状とは昭和一桁代の京都市の小学校ではよく用いられた外観を飾る手法である。

淳風小学校の建物は北棟（北校舎）・西棟（本館）・講堂兼雨天体操場の三棟からなり、全体では東側（校庭・運動場）が空いたコの字の形をなす。北校舎は昭和五年に、本館と講堂兼雨天体操場は昭和六年に竣工している。

講堂兼雨天体操場だけが昭和五九年に建替えられている。

プランとしては本館が正面に据えて設置され、校長室や職員室といった管理部門の室とともに、玄関脇には学務委員室が設けられていた。このような、一見小学校教育とは関係のない部屋が設置された理由は、昭和一六年までの京都市の小学校が、京都市に位置しながらも各学区によって経営されていたことを反映している。学務委員室に加えて本館に配された一階の応接室や二階の会議室、三階の作法室も学区側の領域の空間であったとみることができる。

玄関の床は白大理石、幅木は美濃黒という黒大理石、腰壁はトラバーチン、見切りの水平材は深緑色の蛇紋岩、階段は桜御影といわれる万成石と、百貨店やホテルを思わせる豪華な石材が用いられていた。寒々しいまでに簡素になった戦後の小学校建築とはまさに対極にある。このことは小学校の玄関廻りが学区という地域の顔であったことと深く関連する。そのことが鉄筋コンクリート造ビルディング建築になって、より華麗に花開いた。そこに開けられた受付の小窓の奥が学務委員室になっており、地域との関わり合いが強固だったことを物語る。

この小学校ではアーチになった正面玄関は大人のための出入口、北校舎の北側には児童昇降場があり、子供たちは大宮通りから東方向に入った小路からアプローチするようになっていた。現在は使丁室（用務員室）が撤去され、大宮通側に向かって児童昇降口が設けられている。

淳風小学校では畳敷きで床構えのある作法室とは別に、会議室に隣り合って、「洋作法室」が設けられていたのである。すなわち和洋二種類の作法室が用意されていた。現存する他校の作法室と比較すると、明倫校や立誠校では大広間の作法室、成徳校では続きの間になった作法室が出現していたが、淳風校のような和洋に分かれた作法室はなかった。

普通教室は最上階だけが、半円アーチの開口部を連続させる。特別教室をみると、音楽室には奥行きはないが正面部が舞台のように一段上がり、その廻りをハンチ状のプロセニアム・アーチが取り付き、格式を示す。教室棟も含め全館の窓は竣工時のままの、両開きのスティールサッシが使用されている。天井も床、壁もそのままであり、ほぼ竣工時の空間が残されている。廊下では梁やスラブが表わしになり、ひときわ天井高さが強調される。

このような校舎は当時どのように捉えられていたのだろうか。『京都市学区大観』では、「小学校施設としては殆ど完璧に近い」校舎とある。ただし昭和三八年までは、大正一二年に建設された木造校舎が東南に並置していた。一期・二期を合わせた工費は二八万四五九〇円であり、その内訳は学区債という起債が一五万円、学区内の各町内での募金による寄付金の一二万円余からなった。この時期の小学校は京都市立でありながらも、京都市は財政面では一切関与しないことになっており、京都市側が関わったことは校舎の設計と現場監理だけだった。

この学区は下京第二十二番組であるが、明治二年には花街で知られた島原の第三十二番組を合併しており、昭和戦前期に本学区は花屋町カフェ街、島原廓として賑わい、昭和一二年には八〇〇〇人を超す人口を有していた。

下京第二十三番組　梅逕（ばいけい）小学校

講堂欄間（明治12年）

校舎外観（現況，昭和11年）

講堂柱礎石（明治12年）

明治　二年	梅小路通古御旅町に校舎を新築。下京第二十三番組小学校と称して開校。
明治　八年	講堂・教室などの新築工事開始。
明治　九年	梅逕小学校と改称。
明治一二年	明治八年起工の講堂など竣工。大通寺の建物を買収改造。
明治四二年	全校舎の設備を充実。
大正　二年	校舎の改造。
大正一三年	全校舎の根本的改築。七百坪の木造建校舎竣工。
昭和一一年	鉄筋コンクリート造校舎の竣工。

梅逕小学校は昭和一一年八月に復旧事業で鉄筋コンクリート造校舎を完成させていた。一層に三教室で、計九教室二、地下室一室からなった。工費は六万七六〇〇円であった。外観は窓台が廻るだけで、外壁は平滑なモルタル塗りとなる。ここではタイルは外部には用いられずに、内部の一階の西階段廻りにのみ貼られた。設計は昭和一〇年一〇月に佐々木米太郎によって行われていた。佐々木は昭和八年に京都帝国大学建築学科を卒業した若い建築技術者であり、最初期に手がけたものであった。梅逕小学校は昭和一八年に青年学校に変わり、昭和二三年以降は新制梅逕中学校になる。戦前期に建設されたこの校舎はその後中学校校舎として使用され現存する。四階部分は戦後の増築である。

明治一二年に建設された梅逕小学校の講堂が移築されて大原村役場を経て大原楽園になっており、平成一〇年に筆者は調査を行った。屋根裏に登り、小屋組の調査をした。欄間をはじめ柱の礎石も梅の花を象ったものになっており、細部にまでこだわった意匠が施されていた。その後に焼失したのが悔やまれる。

下京第二十四番組　有済（ゆうさい）小学校

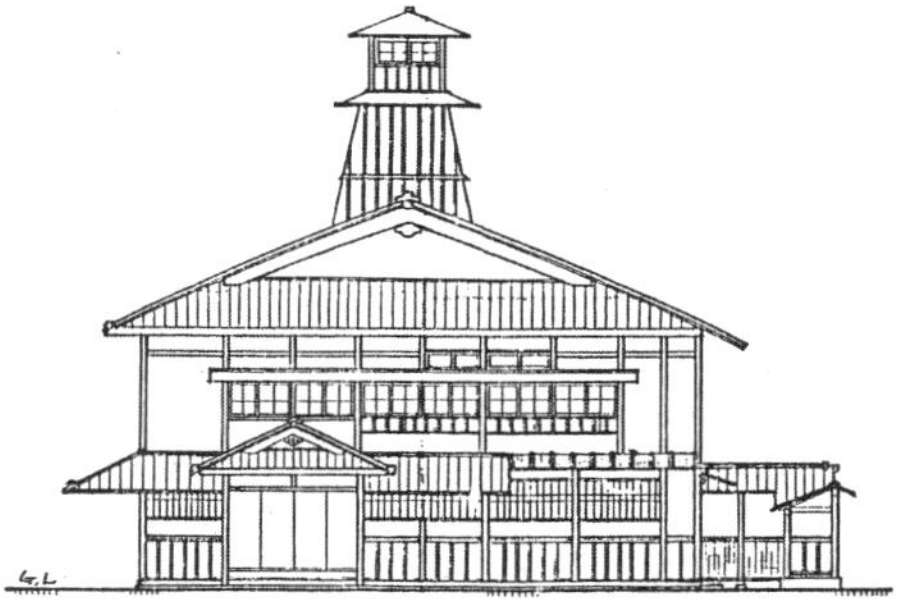

解体前の太鼓望楼（昭和 27 年）

講堂と望火楼（大正 7 年頃）

明治　二年　古門前通元町に下京第二十四番組小学校と称し開校。
明治　九年　校地校舎の拡張。望火楼を備えた講堂新築。
明治一二年　有済小学校と改称。
明治一三年　失火のため校舎を焼失。講堂だけが焼失を逃れる。新校舎を竣工。
明治四〇年　二階建校舎・屋内体操場など新築。
昭和　三年　講堂兼雨天体操場・校舎の改築。
昭和一二年　鉄筋コンクリート造校舎の竣工。
昭和二七年　望火楼を鉄筋コンクリート校舎の屋上に移築。

有済小学校に残る明治初期の望火楼は、いまやわが国の小学校では唯一である。望火楼は太鼓楼を兼ねたもので、時刻を知らせる目的もあった。望火楼は現在、昭和一二年に建設された鉄筋コンクリート造校舎の階段塔屋の屋上にそびえる。本来は明治九年に建設された講堂の屋根上に載っていたが、昭和二七年に講堂を取り壊す際に、貴重な存在ということで保存移築された。建築史家近藤豊の指摘にあるように、移築を担ったのは京都市営繕課長を務めた布袋眞平であり、戦後間もない時期にこのような事業がなされたことは画期的といえる。その背景には、布袋が町並み保存を考え、「修景」という言葉を造語した技術者であったことが関連している。布袋は東京工業大学建築学科を昭和八年に卒業し、ただちに京都市に入り昭和三九年まで京都市営繕課に所属した。

さて鉄筋コンクリート造校舎の外壁は柱型が表出しない平滑なタイプのもので、窓台だけが突出する。外壁は一階の腰壁だけがタイル貼となる。この校舎はI型で校庭の北側に配され、その南側には屋内体操場を兼ねた木骨モルタル塗りの講堂があった。その南には学務委員室が入る木造本館があり、さらに南側には正門があり、その脇に望火楼が載る旧講堂があった。

有済小学校の鉄筋コンクリート造化の経緯を見る。有済校は昭和九年九月の室戸台風の際に西陣校のような犠牲者こそ出なかったものの、南北の校舎は大きく傾き、北校舎の天井は外れて墜落するなど被災校の一つであった。翌一〇月の学区会では満場一致で、鉄筋コンクリート造への改築が決定する。改築に際して有済校は「台風に因る保護者大会の記」（昭和九年一〇月六日）という小冊子を刊行しており、その発行主旨は鉄筋コンクリート造への改築学区内の各町単位での寄付金を募ることにあった。その中に次のような保護者の意見が紹介されていた。「私は何と云っても鉄筋コンクリートでありたいと思います。私は今まで隣学区の立誠校の前を通ります度に、病院か銀行かの様に見えて非常に贅沢なものを造ったものだと、実は非難の感をもって見ていましたが、今度の風災でそれが非常に効果のあった事を知ったのでした」。また学区内の仲之町で建築請負業を営んでいた上田辰三は、「今後の建築は贅沢なものでなくとも、是非鉄筋にされたい」と決議の際に述べていた。

一一月には甲乙の二案が提示され、翌昭和一〇年一月には一〇万一六〇〇円で復旧工事（一期工事）が決定し、続けて三月には一三万三六〇〇円で復興工事（二期工事）が決まる。併せて総工費二三万五二〇〇円であり、その出所は二〇万二〇〇円の学区債と三万五〇〇〇円の寄付金であった。昭和一〇年九月に設計が終えられ、同年一二月より一期工事が着工され、校舎の東半分が昭和一一年七月に完成する。同年九月からは二期工事が始まり、校舎の西半分と地下室が翌昭和一二年二月に竣工する。

設計は京都市営繕課技手の和田卯吉が担当し、現場監理は粟田校と同じく吉川茂が担当だった。施工は松村組が請け負った。そして平成一六年に有済小学校は閉校した。

講堂と校舎（昭和 13 年頃）

外観（現況）

一、京第二十五番組　粟田(あわた)小学校

鳥瞰図（昭和３年）

校庭側（左側に鉄筋コンクリート造２階建教室）（昭和３年）

明治　二年　大井手町青蓮院宮旧臣林立橋の宅地を購入、下京第二十五番組小学校と称して開校。
明治一三年　粟田校と命名、校内に望火楼出来る。
明治二六年　雨天体操場・玄関・職員室を増築。
明治三六年　粟田山麓、三条坊町に新築移転。
明治四四年　第一次校舎増改築完了、二階建教室新築、雨天体操場改築、表門移転。
昭和　三年　第二次校舎増改築完了。鉄筋コンクリート造二階建普通教室一棟新築。
昭和　九年　室戸台風で南校舎倒壊に瀕す。
昭和一二年　鉄筋コンクリート造北校舎竣工。

粟田小学校には室戸台風で被災した木造校舎の復旧を目的とした「復旧校舎」とそれとは別の「復興校舎」の二種類の鉄筋コンクリート造校舎がある。両者の違いは予算の出所にあるが、ともに昭和一〇年一〇月から一一月にかけて設計され、昭和一二年三月に竣工した。二つの校舎はＩ型に一体となって建設されているが、中央部で東側棟が西側棟より約六・五ｍ北側にずれて配置されている。その理由は定かではないが、運動場の広さを確保するためにこのような形状になった可能性もある。

この折れ曲がった部分は曲面のガラス張りの外壁として外観上の特徴となる。京都の小学校では珍しくモダンデザインの影響が直接に見られる部分である。その内部は一階から三階まで児童便所となる。構造的にはこの曲面部分には柱はなく、曲面の梁が廻っている。廊下の梁の形は中央部が窪んだ三角形アーチとなる。

外壁の扱いは柱型が外部にも室内側にも表出する形式を示すが、端部では柱型が突出しない平滑なものになっており、同一の校舎においても使い分けがなされていたことが読み取れる。一教室の面積は六五・七㎡で端部は九〇㎡となり、普通教室二〇室と唱歌教室からなる。設計は図面によれば、京都市営繕課技手の神崎宗夫が設計を行い、現場監理は同営繕課の吉川茂が担当した。施工は大倉土木（現大成建設）による。工費は約一八万円を要した。

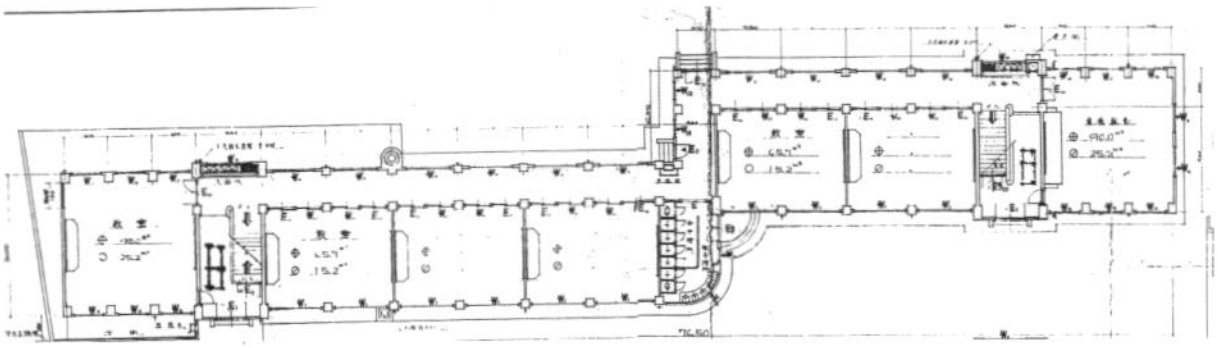
1階平面図（昭和10年）

遠景（昭和12年）

全景（現況）

この校舎が建つ以前の昭和三年に、二階建の鉄筋コンクリート造校舎が完成していた。運動場側に玄関車寄せを設けた校舎で、理科室と普通教室からなった。この時の工事は大正一〇年に計画された増改築事業の一環であり、二階建の本館や雨天体操場などの新築と同時に行われたが、鉄筋コンクリート造はこの二階建校舎一棟だけであった。外観上の特徴は、柱型が突出し柱頭飾りが付いたセセッション風ということであった。完成時の鳥瞰図からは、本館を中心にロの字型の配置となり、鉄筋コンクリート造の防火壁が立上がっていることに気がつく。ここからは、この二階建校舎が防火壁が拡大されて建物になったものとも捉えられる。現在この建物はなく、復旧校舎を建設する際に撤去されたとも考えられる。現敷地には戦後に建設された鉄筋コンクリート造本館校舎や体育館がある。ちなみに木造本館は昭和四八年まで残っていた。粟田校は平成一六年に閉校した。

下京第二十六番組　新道（しんみち）小学校

工事中（昭和 11 年）

旧校舎（大正 7 年）

校庭側遠景（昭和 12 年）

明治　二年　新道通り下柳町で、下京区二十六番組小学校開校。
明治　四年　二階建・平屋建校舎を新築。
明治二〇年　新道小学校に改称。
明治三二年　旧校舎を徹し、教室一棟、屋内体操場ほかを改築新設。
明治四二～大正元年　北教室・屋内体操場の拡張を実施。
大正　七年　二教室増設、体操場拡張を実施。大和大路通に表正門新設。
昭和一一年　鉄筋コンクリート造第一期工事（校舎棟）竣工。
昭和一二年　鉄筋コンクリート造第二期工事（本館）竣工。

室戸台風以降に建設されたL型配置の鉄筋コンクリート造校舎が現存する。大和大路に面して玄関を設けた本館があり、その北側に校舎棟がある。本館の南には講堂兼屋内体操場が一体化して接続する。本館は中廊下式教室配置で、一階には学務委員室が、三階には作法室と裁縫室があり、普通教室も入るが本館的な機能が多く、本館と称されていた。一方北棟は片廊下式配置となり、端部は特別教室となる。北棟三階の西側端部はテラスになり、小路一本隔てて位置する宮川町歌舞練場への景観を意識していた。

図面からは、桁行方向の柱の間隔が四・四mで、同時期の京都市内の他校に比較して、一〇cmほど小さくなり、したがって教室の間口が二〇cmほど減少していたことが分かる。梁間方向の長さに変化はなく、なぜ桁行方向だけが縮小されたかの理由は定かではないが、敷地全体が狭隘なために所定の教室数を確保することが優先された結果という可能性が高い。

外観は柱型をみせないタイプで、玄関廻りはタイルが貼ら

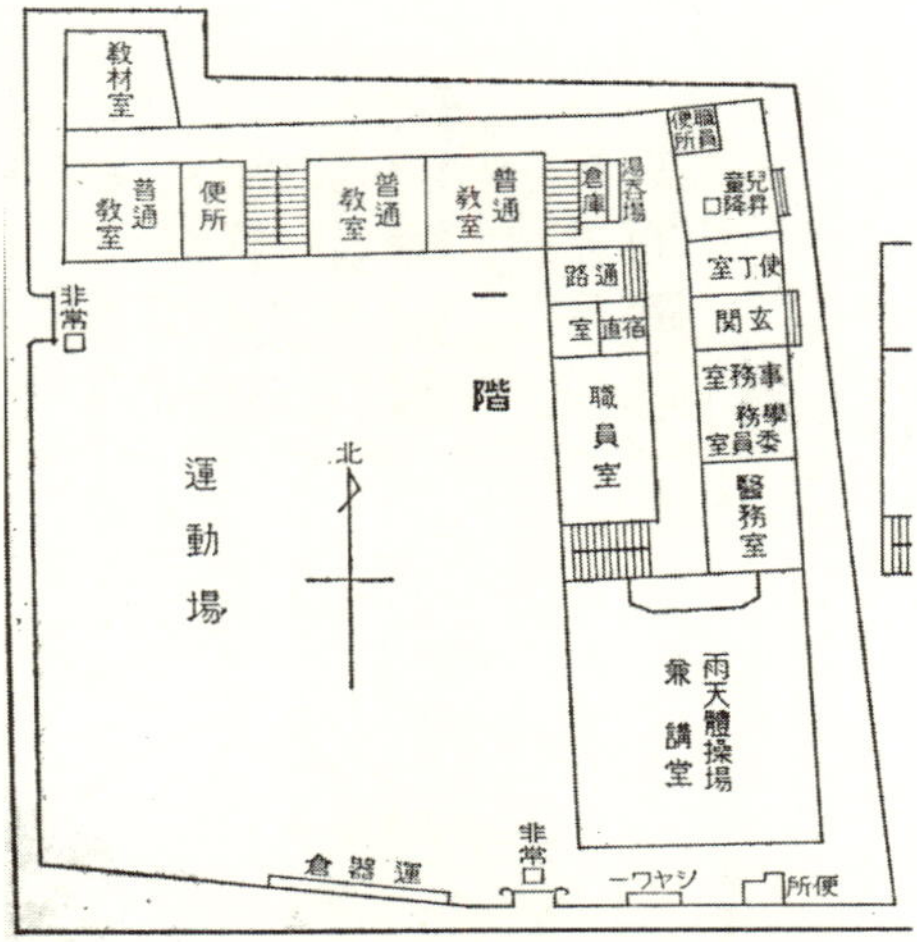

配置図兼１階平面図（昭和 12 年）

学務委員室（昭和 12 年）

外観（現況）

れる。鉄筋コンクリート造化を見ると、昭和一〇年八月に設計は終えられ、翌昭和一一年一月に北棟校舎が一期工事として起工され、同年九月に完成し、翌昭和一二年九月に本館と室内体操場が二期工事として完成した。設計は日比義雄で、監督は加茂松之助であった。一期工事は松村組、二期工事は榊組、工費は二七万六八〇〇円となる。平成二三年に閉校し、現在は児童館や芸術家の製作アトリエとして使用されている。

下京第二十七番組　清水（安井）小学校

明治　二年　上辯天町長生寺に校舎を新築、下京第二十七番組小学校と称し開校。
明治　九年　毘沙門町の安井門跡元蓮華光院宮の敷地に移転。屋内体操場を新設。
明治二五年　安井尋常小学校と改称。
明治四二年　全校舎の根本的改築。旧殿舎を御室仁和寺に移し、教室一四・雨天体操場。
大正　六年　屋内体操場を拡張。
大正　九年　特別教室の増設を実施。
昭和　四年　移転改築案、学区協議会に提起。
昭和　八年　清水四丁目に鉄筋コンクリート造校舎を新築移転、清水尋常小学校と改称。

工事中（昭和７年）

遠景（昭和８年）

清水寺に近い山腹に建つのが、昭和八年に新築移転された清水小学校である。敷地移転に伴い、それまでの安井小学校から清水小学校へと校名を変えた。平成二二年に閉校し、現在今後の活用が模索されている。

東側は高く、西側は低い京都東山特有の傾斜地に建設されており、本館と教室棟の間に大階段を配して、運動場を見下ろすプランとなる。このような傾斜地に建設された鉄筋コンクリート造小学校は長崎市や神戸市、函館市、尾道市などで存在したが、京都では唯一のものである。ブロックプランは西側を校庭とし、コの字型に配置される。南側に本館、北側と東側に校舎が建ち、東校舎と本館の間に雨天体操場があり、これらの建物は吹き放ち廊下で繋がっている。したがってここには専用の講堂はなく、雨天体操場と兼ねられたものだった。

塔屋（昭和８年）

本館（現況）

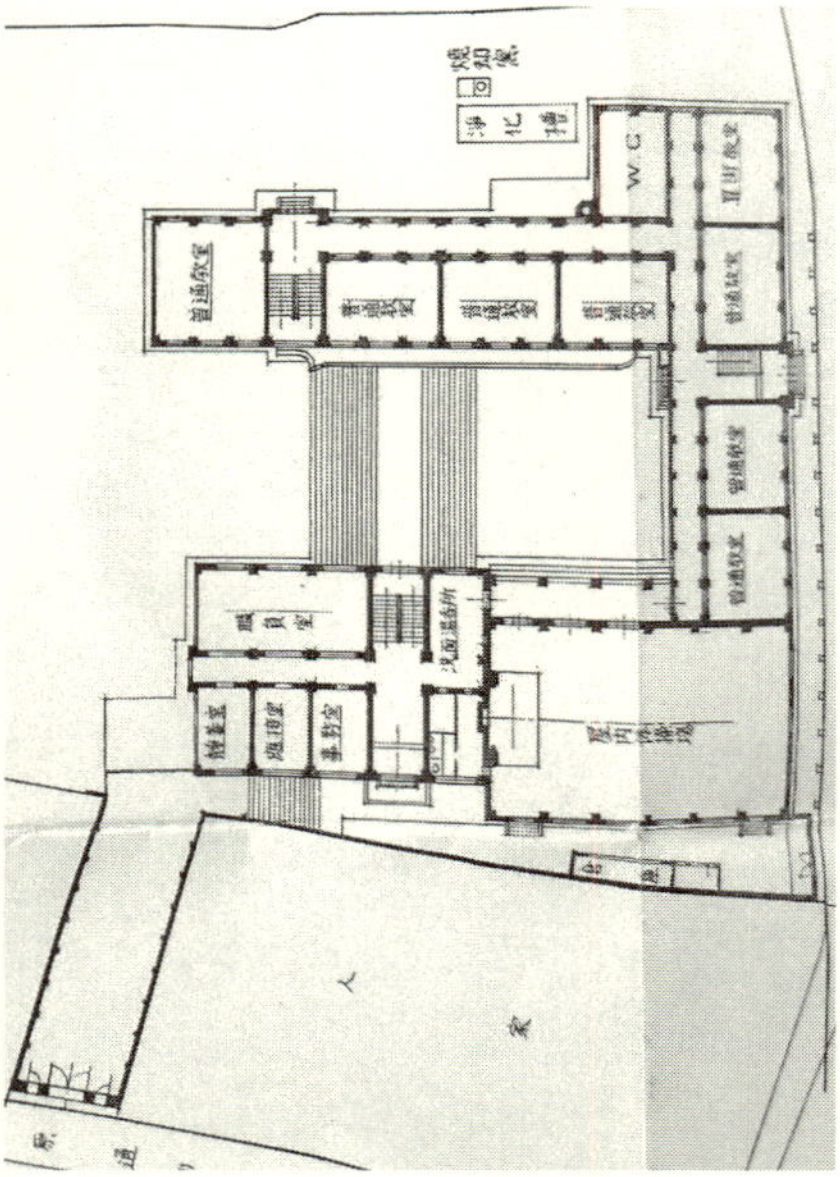

配置図兼１階平面図（昭和８年）

プランニングの特徴は敷地の高低差を活かした建物配置となり、本館と北校舎は運動場のレベルに階が設けられ、「地階」と呼称される。地盤が高い位置にある東校舎は地階がない代わりに、一層分の階が多く三階がある。いずれの棟も三層となる。東校舎の屋上には塔屋が聳える。つまり高い場所に塔屋を持った校舎を聳えさせると、視覚的によりダイナミックな景観の演出が行われていた。このように傾斜地の特性が巧みに活かされた配置手法をみせる。

外観をみると、本館は地階が水平目地入の石造を思わせる人造石洗出し仕上、外壁がタイル貼りとなる。その最上階の開口上部は何れも半円アーチの形をとる。アーチの曲線が始まる下端から上も人造石洗出となり、軒には木製の持ち送りが備わり、スパニッシュ瓦葺きのパラペット下端を受ける。ヨーロッパの歴史様式の三層構成の影響を受けたファサードになっていた。本館の校庭に面してはベランダが付く。

一番高い場所に建設された東校舎は本館と同様のパラペットの仕様を示すが、最上階外壁には焦茶色に着色した木が開口部の間に嵌め込まれ、ヨーロッパの山荘といった趣が演出される。屋上には階段塔屋があり、スパニッシュ瓦葺きの寄棟屋根となるが、四隅にコンクリートの角が立ち上がり、独特の造形を示す。この形と同形のものが、京都帝国大学教授・武田五一が大正七年に設計した那覇区役所の建物だった。この建物は沖縄県那覇市に建設されたもので、わが国最初のスパニッシュ・ミッション・スタイルの建築だった。清水小学校を設計した京都市営繕課の建築技術者の中には武田五一の教え子もおり、武田の影響が色濃くみられた。また清水界隈が風致を重視する地域であったことで、このような瓦を用い、鉄筋コンクリート壁に木板を張った外観がつくられたものと考えられる。清水小学校校舎は、昭和戦前期に立てられた小学校建築では最もスパニッシュの影響が色濃いものといえる。

『改築落成記念帖』によれば、普通教室一三室、特別教室（手工、理科、裁縫、唱歌、図書、地歴、作法二室）、雨天体操場兼講堂、校長室、職員室、学務委員室、会議室、応接室、医務室などからなり、豪華な内容を誇った。工費は建築費約三〇万円、敷地買収費が九万五〇〇〇円で、合計四〇万円を要した。設計は京都市営繕課技手の山本政次郎、八戸高峰、市原美代治の名が挙がっている。施工は和歌山の西本組であった。

本館玄関廻り（現況）

校庭側外観（現況）

下京第二十八番組　六原（ろくはら）小学校

北校舎と講堂（昭和５年）

北校舎（現況）

本館（現況）

明治	二年	門脇町に下京第二十八番組小学校と称し開校。
明治	五年	六波羅蜜寺境内に移転、客殿・玄関・庫裡・表門等を修繕増築。
明治	九年	六原小学校と改称。
明治四一年		新校舎（四二六坪）の落成。
大正	八年	雨天体操場移転。
昭和	五年	鉄筋コンクリート造三階建北校舎完成。
昭和	七年	鉄筋コンクリート造講堂兼屋内体操場完成。
昭和一二年		鉄筋コンクリート造三階建本館竣工。

六原小学校は平成二三年に閉校し、東山区の他の学校と統合され、京都市立開晴小中学校となっている。新設された小中一貫校は六原校と洛東中学校（元第三高等小学校）の両方に校舎を有する。閉校までは六原校には北校舎・講堂・本館の三棟の戦前期に出来た鉄筋コンクリート造建物があったが、いずれも解体された。北校舎は昭和五年に、講堂は昭和七年に、本館は昭和一二年に建設された。

北校舎の特徴は開口部廻の意匠にあって、二階と三階では開口上部の左右の入隅部が面取りされて曲線となる。その曲線とは半円アーチではなく縦線と横線が交わる直前で曲げられたもので二段になる。このような意匠は京都市の小学校だけではなく、全国の小学校を見ても他に類例をみない。パラペット下には幾何学文様の軒飾りが廻り、一階の窓下の腰部には菱形文様の装飾が付く。いずれの装飾も人造石洗い出し仕上げによる。外壁面には柱型は表出せず、色モルタル仕上げとなる。その壁面に窓台が水平に連続し、各階の外壁面を分割する。ファサードのスタイルにはセセッション的な要素の残滓が見受けられ、あでやかな印象がある。

なお敷地が傾斜地となるため、桁行方向の三分の二は四階建になっていた点も特徴である。教室配置は片廊下式となり、端部は作法室、唱歌室、理科室など特別教室になっていた。実施設計は昭和四年七月に終えられており、担当者は京都市営繕課技手溝口迪であった。その根拠は上棟式名簿にあり、京都市からは唯一溝口だけが出席しており、溝口が設計の中心を担ったものと判断できる。その他に山本政次郎、藤田信義、玉川杢三郎、吉岡力雄の名があったが、溝口が筆頭に挙げられていた。

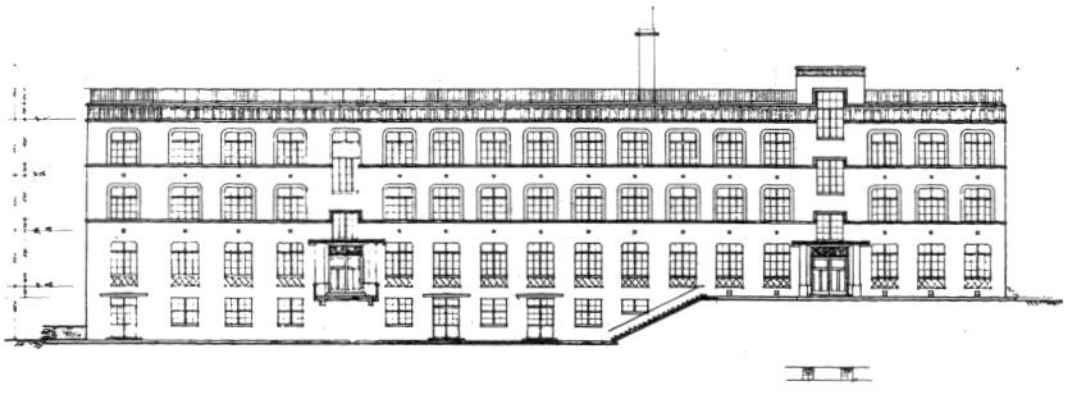
北校舎立面図（昭和４年）

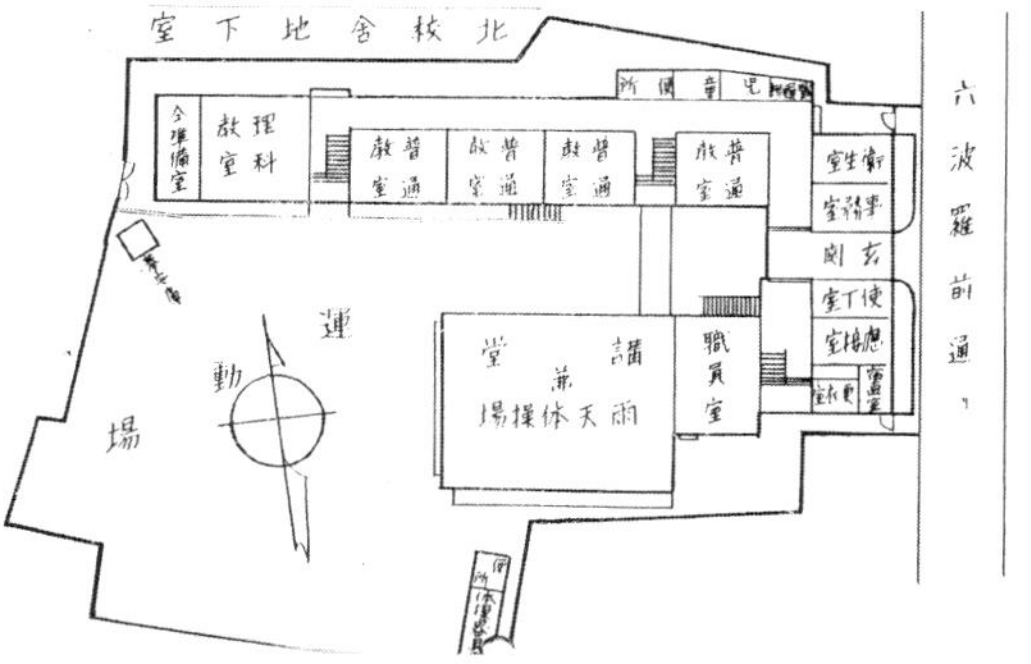

配置図兼１階平面図（昭和12年）

雨天体操場と兼用施設であった講堂は運動場側をファサードとし、デザインされた小屋組の換気孔を見せる妻壁を立ち上げる。工費は北校舎・講堂合わせて一七万円で、財源は九万六〇〇〇円が起債、七万二〇〇〇円の学区民による寄付があった。

本館は昭和二年六月当時の計画案には東校舎と称されて、第二期工事で建設が予定されていたが、完成したのは一〇年後の昭和一二年であった。室戸台風の復旧復興校舎として建設され、当初予定されたように本館的な機能を主とした三階建であった。外観の意匠面を見ると、軒飾りの意匠や水平に廻る窓台など最初に建設された北校舎のスタイルを踏襲していたが、庇が窓台と対になって廻るなど差異も生じていた。何よりも異なった点は外壁面が一面タイル貼りとなった点にあり、玄関ポルティコも柱型が立ち上がった力強い造形になっており、北校舎の玄関廻りの繊細な意匠とは異なった。つまり七年の時間差があって、全面的な継承ではなかったことが分かる。おそらく設計担当者も変わっていたものと思われる。工費は九万四〇〇〇円であり、そのうち四万円は低利の復旧教室建築費から支出された。

下京第二十九番組　貞教（ていきょう）小学校

校門と望火楼

明治前期

校庭側（昭和３年）

明治　二年　正面通塗師屋町、大仏耳塚の北側にて、下京第二十九番組小学校開校。
明治一一年　上堀川町に新校舎を落成、移転。貞教小学校と改称。
明治一六年　屋内体操場を増築。
明治四〇年　大和大路の博物館前に移転決まるが敷地買収に失敗。
明治四二年　建坪約三六一坪の校舎を落成。
大正　七年　五教室、講堂その他を増築。
昭和　三年　木造二階建本館、木造二階建教室、鉄骨雨天体操場などの新築。
昭和一二年　鉄筋コンクリート造校舎改築案が決まるが、鉄材使用制限により中止。

貞教小学校は昭和三年に木造校舎で大改築を行い、敷地を拡張し木造二階建の教室棟や本館を新築していた。『竣工記念帖』からは本館が入母屋造の玄関構えを有したことが見て取れる。またこの時に新築された講堂兼雨天体操場は鉄骨造であった。この講堂は外観や内部の写真からはおそらく鉄骨鉄筋コンクリート造であったと思われる。全経費として二〇万五〇〇〇円余を要した。その出所は学区債が一二万円七〇〇〇円、建築寄付金が三万円、繰入金三万七〇〇〇円などからなった。施工は深草の西山組が担った。隣接する本館や校舎が漆喰壁に柱をみせる伝統的な木造建物に対して、講堂は黄土色の平滑な壁面を示し、丸窓やアーチ形開口上部を有した。

その後昭和九年の室戸台風、昭和一〇年の鴨川大洪水により大きな被害を受けた。そのことを受けて、昭和一二年には校舎の鉄筋コンクリート造化が学区会で決定されるが、昭和一四年には鉄材の使用制限により、計画は木造改築案に変更した。昭和一八年に四教室が増築され、戦後昭和二四年に南北両校舎が木造で改築される。昭和三三年には本館が鉄筋コンクリート造で完成する。教室棟の鉄筋化は昭和四六年に初めて行われた。つまり多くの学校で鉄筋コンクリート造化が開始される直前に木造でほぼ全面的に改築していたため、教室棟の鉄筋化が他校に比べると半世紀近く遅れた。一方平成元年まで講堂は残っていた。平成一三年に閉校した。

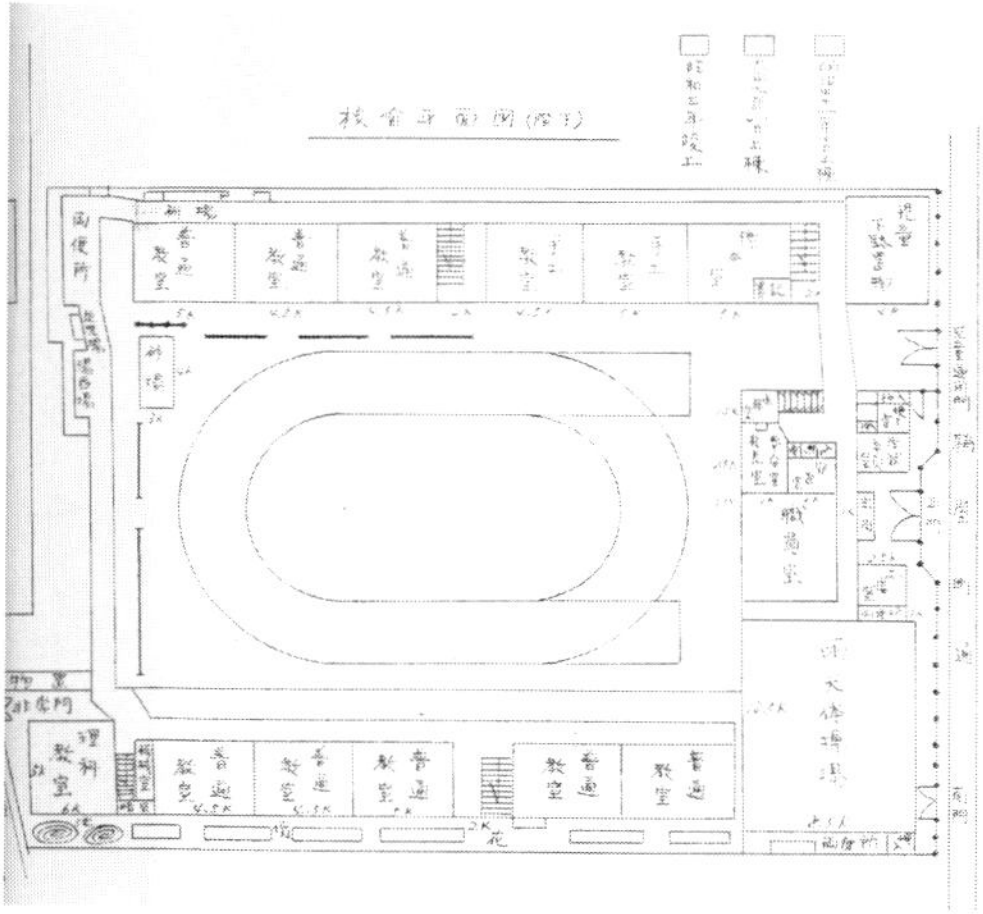

配置図兼１階平面図（昭和３年）

表門と玄関（昭和３年）

講堂内観（昭和３年）

木造本館（左：応接室，右：御真影奉安庫）

下京第三十番組　修道（しゅうどう）小学校

校舎（大正２年）

体操場外観（大正２年）

体操場内観（大正２年）

明治　二年　馬町通本町東入二丁目新シ町に建設、下京第三十番組小学校として開校。
明治　五年　増築を実施。
大正　二年　妙法境内及び積翠園に移転、落成。
昭和　九年　北校舎並びに本館を改装、いずれも木造。
昭和一〇年　鉄筋コンクリート造講堂竣工。
昭和一三年　鉄筋コンクリート造校舎竣工。

修道小学校は平成一四年に閉校し東山小学校校舎を経て、白河総合支援学校東山分校となる。ここでは現在も戦前期に建てられた鉄筋コンクリート造校舎が使用されている。

その校舎を見ると、外壁は平滑なタイプであり、柱型は表出しない。中央部に外壁面より少し全面に張り出した階段室塔屋が取り付き、矩形の三連の開口部を設ける。校舎の建築的特徴は最上階ならびに階段塔屋の庇の下にある持ち送り状の造形にある。肘木のような形状で、平滑な柱型の柱頭飾りのように取り付き、一つの柱頭には二つの持ち送りが対になって揃う。筆者は調査を実施した平成九年の時点で、庇の上に葺かれていたスパニッシュ瓦を全部にわたって外したばかりだという話を学校長から聞いている。つまりこのモールディング状の庇はスパニッシュ瓦を載せるためのものであった。類似する意匠は近隣の清水校で見ることができる。そこでは庇だけではなく階段塔屋の屋根全体が瓦葺きとなっている。また清水小学校の持ち送りは焦茶色に着色された木で造られたものだが、対

西階段（現況）

校舎外観（現況）

軒下の持ち送り（現況）

で設置されるなど共通点があり、清水小学校の手法が取り入れられたものと考えられる。このような意匠が施されたのは清水校と同様に東山の山麓に位置し、寺院と隣り合う環境にあって、風致が鑑みられ、実施されたものだと判断できる。京都市では昭和五年より風致地区指定が始まっていた。

この校舎は昭和一三年一二月に完成する。それ以前の昭和一〇年には鉄筋コンクリート造講堂兼屋内体操場が出来ており、また木造校舎も同時期に建設された。三棟合わせて工費一五万五〇〇〇円であった。

修道小学校が大正二年に移転新築した際に『増築記念写真帖』が刊行されており、そのなかに体操場の外観と内部を撮したものがある。外観からは板壁に漆喰塗りとなっていたが、内部を見ると、天井は格天井となるなど、講堂としての側面が強かったことが判明する。

下京第三十一番組　一橋（いっきょう）小学校

一橋小学校講堂外観（大正 13 年）

月輪小学校の曲面の階段内部

月輪小学校の講堂（左）と校舎（正面）（昭和 30 年代）

明治　二年　下池田町に校舎を建設、下京第三十一番組小学校と称して開校。
明治　六年　一橋小学校と改称。
明治四三年　二階建教室一棟、屋内体操場一棟を増築。
大正一一年　三橋校（月輪校）開校、児童四一三名が移る。
大正一三年　鉄筋コンクリート造二階建講堂を新設。
昭和　六年　一橋第三校（今熊野校）開校、児童五八五名が移る。
昭和一一年　月輪校に鉄筋コンクリート造の復興校舎完成。
昭和一二年　今熊野校に鉄筋コンクリート造の復興校舎完成。

一橋小学校から月輪小学校が大正一一年に、今熊野小学校が昭和六年に分離し、一橋学区で三校を経営した。三校ともに平成二六年に閉校した。

一橋小学校では、大正一二年というきわめて早い時期に鉄筋コンクリート造の二階建の講堂が建設されていた。本能小学校に次いで二番目に建てられた。本能校は同年四月に完成したばかりであり、おそらくは本能小学校の影響ではなく、別の経緯で鉄筋コンクリート造化が行われたものだと思われる。構成は一階が屋内体操場で二階が講堂となる。このような手法は後の龍池校や明倫校、開智校でみられるが、京都市では最初のものであった。外観は四周出隅部に巨大な柱型が立上がり、その柱頭部は角状となり軒を張り出した。屋根は切妻となり、ドーマ窓が三連ならぶ。破風にコウノトリを象った彫刻が施されていた。外壁には開口部を三分割する方立状の付柱が一階から二階の軒下まで立上がる。このように、スタイルとしては広義でのセセッションの影響がみられた。昭和五九年に改築のため取り壊された。

月輪校では室戸台風によって、南校舎が倒壊、中校舎が半壊、北校舎が大破損という被災を受け、その復旧校舎として昭和一一年九月に鉄筋コンクリート造校舎が竣工しており、一五教室からなるその校舎は現存する。この校舎は、京都市では珍しく出隅部を曲面の取り扱いにするもので、連続ガラス張りになっている点に特徴がある。この部分には柱や梁はなく、スラブが四分の一円キャンティレバーで張り出された。このような連続ガラス張りのベクトルは垂直方向にも及んでおり、一階階段踊場から三階の開口上部までの全面ガラス張りになる。このような扱いは京都では月輪校を除いて現れていない。たしかに京都市では月輪校と同様に出隅部を曲面扱いの外壁面とする学校は待賢校や粟田校、滋野校でも見られたが、ガラス窓に関してはすべてその階の限定された開口高さの中にとどまっており、帯状に現れる。そう考えれば、月輪校のような三層にも渡って面で現れるダイナミックな表現はなかった。そのことが可能になったのは教室棟端部を階段室にしたことによる。京都の小学校では、最もモダンデザインの影響が強く現れ出た校舎といえる。ただ曲面になった出隅部には曲面ガラスは用いられておらず、ガラスの鉄枠の角度を小刻みに変えることで、曲面のコンクリート壁に対応していた。曲率の半径は一・三五ｍである。外壁は庇が廻る意匠を見せ、一階の腰壁はタイル貼りとなる。復旧工事で鉄筋コンクリート造の屋内体操場が建設されることになっていたが、実現はせず、昭和三二年にようやく建設された。それまでは大正一三年に建設された木造講堂が使用された。

今熊野校は室戸台風によって北校舎が傾き、その復旧校舎として昭和一二年一月に鉄筋コンクリート造一二教室が完成する。外壁には柱型は表出しない平滑なタイプのもので、現存する。木造本館については第三章で詳述したが、昭和六年の開校当初に建設されたもので、玄関構えは入母屋造となる。和風スタイルの玄関車寄を有する小学校は京都市内でも珍しい。

月輪小学校（現況）

下京第三十三番組　弥栄(やさか)小学校

明治　二年　元祇園執行所趾の旧町会所を修理、下京第三十三番組小学校を開校。
明治　五年　八坂小学校と改称。
明治一〇年　弥栄小学校と改称。
明治一九年　二階建講堂、平屋建校舎三棟完成。
明治三八年　二階建校舎本館・雨天体操場竣工。
昭和一二年　鉄筋コンクリート造校舎の竣工。
昭和二三年　新制弥栄中学校に校舎と校地を転用。

雨天体操場北側（現況）

階段塔屋の装飾（現況）

八坂神社の門前祇園町南側にあった旧弥栄小学校校舎棟ならびに講堂棟は、平成二六年に解体された。これらの建物は、昭和一二年と昭和一三年に建設されたものであった。建物構成を見ると、東側に緩い勾配の切妻屋根の講堂棟があり、一階が雨天体操場、二階が講堂となる。西側に水平線を窓台と庇で強調する片廊下式教室配置の校舎棟が連なり、その中央部にひときわ高い階段塔屋が立上がる。教室棟の北側には管理棟があった。いずれも別棟ではなく、一体化した構造になっていた。

この階段塔屋の存在にこそ弥栄小学校の特徴は見出せる。階段塔屋は鉄筋コンクリート造ながらも寄棟造屋根となり、屋根は緑青のふいた瓦棒葺きの銅板で葺かれた。しかも屋根の軒下の出隅の壁には飾り金物が取り付く。同じく軒下の方立状の小柱の柱頭部にも飾りが見られる。

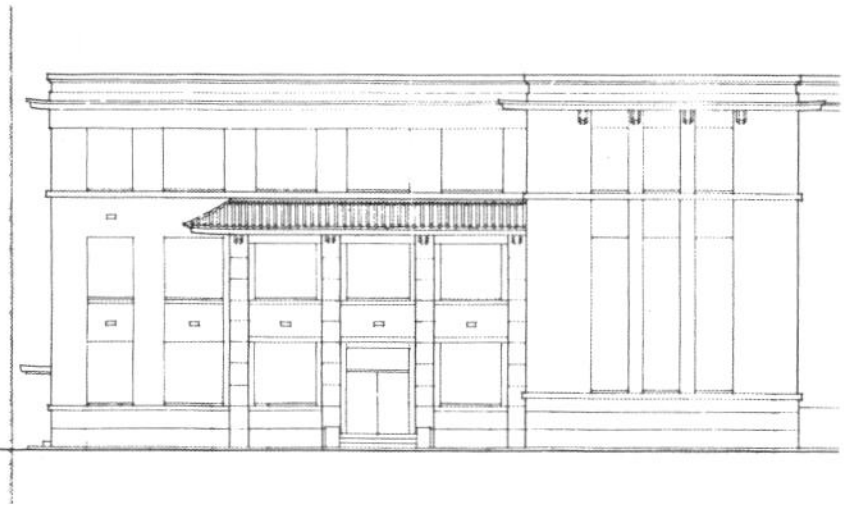

未完の本館玄関廻り立面図（昭和12年）

講堂・階段塔屋・北側立面図（昭和11年）

階段室（正面）と講堂（左）（現況）

講堂内観（昭和12年）

明らかに日本の伝統的な社寺建築から引用された手法であって、このようなスタイルの採択は風致地区に近接する場所にあることを意識して生まれたものと思われる。この塔屋は校庭側のファサードを整える役目を果たしていた。階段塔屋も含めて、弥栄校の戦前期に建設されたすべての建物の外壁面は軒や蛇腹を除いてはタイル貼りとなる。

鉄筋コンクリート造化は全工費四五万円の三期工事からなり、一期（昭和一二年）と二期（昭和一三年）は完成したものの、鉄材使用制限ゆえに、三期は木造校舎に変更を余儀なくされた。全体計画を記した設計図からは、講堂棟の北側にあった屋外プールの場所に本館が建設されることになっていたと読み取れる。完成予想の北側立面図からは、玄関構えには銅板屋根が廻り、その軒下の柱頭部には持ち送りが設けられ、既に完成していた階段塔の意匠性を上回る和風趣味が加味されたスタイルが出現するはずであった。

プランを見ると、玄関を入ると正面に学務委員室と校長室があり、中央を吹抜けとする廻り階段を上がれば、二階は作法室と裁縫教室からなった。その南側には通路が延びて既に建設されていた中廊下式の職員室などが入る建物に繋がる計画であった。この通路は半円形の平面をなし、実現されていれば珍しい外観を見せたものと思われる。だが着工はされないままに戦中期となり、この計画は完成することはなかった。四条通から見る講堂の北側外観は正面に相応しいデザインが施されていたものの、この小学校に正式な玄関が見出せなかった理由は三期工事の未完にあった。

設計図の表題のサインからは一期と二期は倉森武雄、三期は徂徠という京都市営繕課の技術者が関わっていたことが判明する。戦後昭和二三年以降は学制改革で新制の弥栄中学校に生まれかわり、平成二三年まで現役の弥栄中学校として使用されていた。

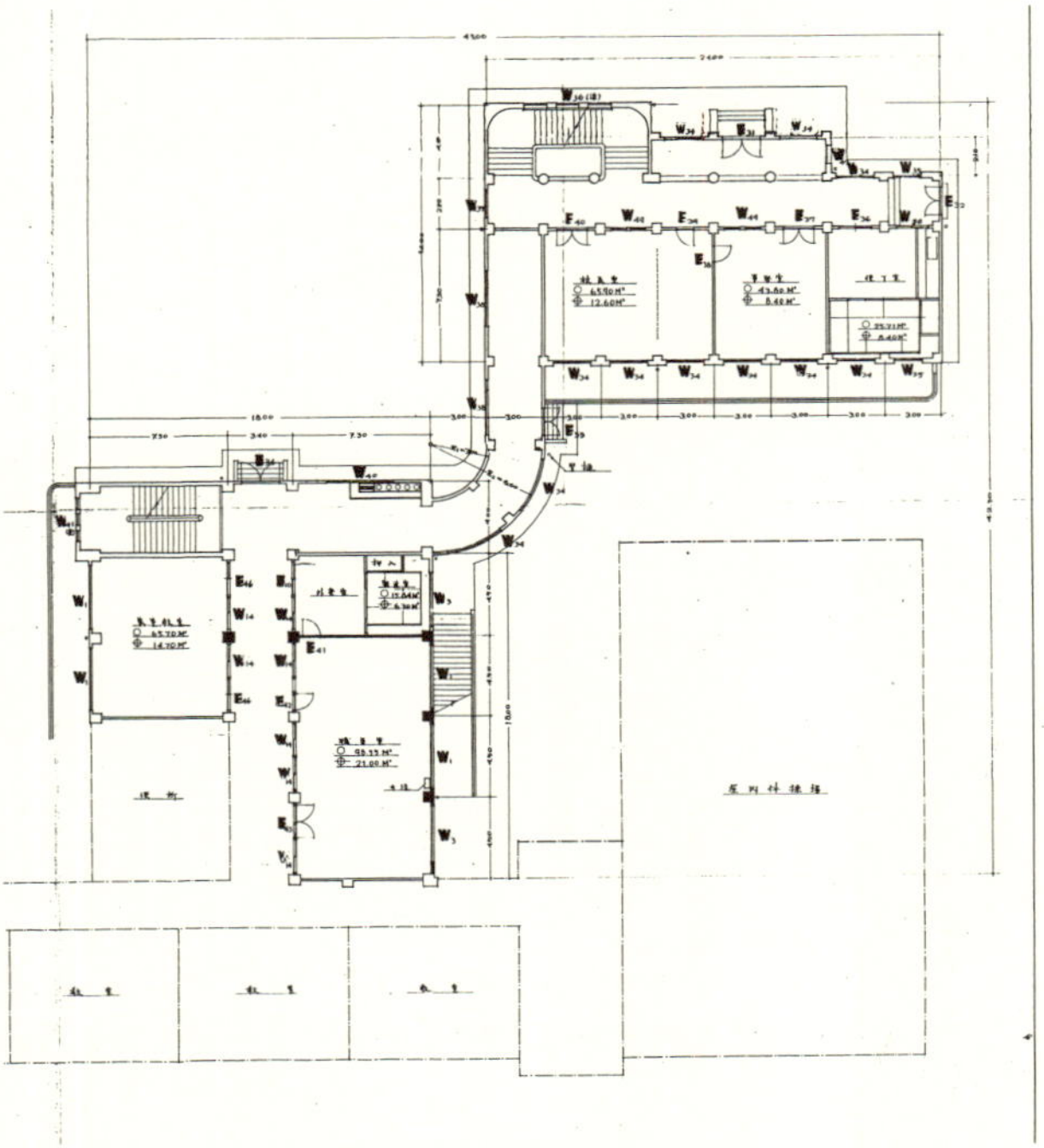
本館１階平面図（未完）

階段塔屋内観（現況）

番組小学校の変遷一覧

上京区

明治2年	明治5年5月	明治20～25年	明治26年の統合	昭和23年	＊太字は統合校 1回目の統合	2回目の統合	平成27年1月1日現在
上京第一番組小学校	上京第3区	乾隆尋常小学校		乾隆小学校			乾隆小学校
上京第二番組小学校	上京第1区	成逸尋常小学校		成逸小学校	**西陣中央小学校**		**西陣中央小学校**
上京第三番組小学校	上京第6区	翔鸞尋常小学校		翔鸞小学校			翔鸞小学校
上京第四番組小学校	上京第7区	嘉楽尋常小学校		嘉楽中学校に転用			嘉洛中学校
上京第五番組小学校	上京第4区	西陣尋常小学校		西陣小学校	**桃薗西陣小学校**	**西陣中央小学校**	**西陣中央小学校**
上京第六番組小学校	上京第5区	木下尋常小学校	**室町尋常小学校**	室町小学校			室町小学校
上京第七番組小学校	上京第2区	竹園尋常小学校					
上京第八番組小学校	上京第13区	殷富尋常小学校	**仁和尋常小学校**	仁和小学校			仁和小学校
上京第九番組小学校	上京第14区	安嘉尋常小学校					
上京第十番組小学校	上京第15区	正親尋常小学校		正親小学校			正親小学校
上京第十一番組小学校	上京第8区	桃薗尋常小学校		桃薗小学校	**桃薗西陣小学校**	**西陣中央小学校**	**西陣中央小学校**
上京第十二番組小学校	上京第9区	小川尋常小学校		小川小学校	**小川中立小学校**	**新町小学校**	**新町小学校**
上京第十三番組小学校	上京第10区	玄武尋常小学校	**室町尋常小学校**	室町小学校			室町小学校
上京第十四番組小学校	上京第18区	出水尋常小学校		出水小学校	**二条城北小学校**		**二条城北小学校**
上京第十五番組小学校	上京第16区	聚楽尋常小学校		聚楽小学校	**西陣中央小学校**		**西陣中央小学校**
上京第十六番組小学校	上京第17区	中立尋常小学校		中立小学校	**小川中立小学校**	**新町小学校**	**新町小学校**
上京第十七番組小学校	上京第19区	待賢尋常小学校		待賢小学校	**二条城北小学校**		**二条城北小学校**
上京第十八番組小学校	上京第20区	大路尋常小学校	**滋野尋常小学校**	滋野中学校に転用			**京都御池中学校**
上京第十九番組小学校	上京第21区	興文尋常小学校					
上京第二十番組小学校	上京第23区	梅屋尋常小学校		梅屋小学校	**御所南小学校**		**御所南小学校**
上京第二十一番組小学校	上京第24区	竹間尋常小学校		竹間小学校	**竹間富有小学校**	**御所南小学校**	
上京第二十二番組小学校	上京第25区	富有尋常小学校		富有小学校			

上京第二十三番組小学校	上京第26区	教業尋常小学校		教業小学校	**洛中小学校**		**洛中小学校**
上京第二十四番組小学校	上京第27区	城巽尋常小学校		城巽中学校に転用			**京都御池中学校**
上京第二十五番組小学校	上京第28区	龍池尋常小学校		龍池小学校	**御所南小学校**		**御所南小学校**
上京第二十六番組小学校	上京第29区	初音尋常小学校		初音中学校に転用			**京都御池中学校**
上京第二十七番組小学校	上京第30区	柳池尋常小学校		柳池中学校に転用			**京都御池中学校**
上京第二十八・二十九番組合併小学校	上京第11・12区	京極尋常小学校		京極小学校			京極小学校
上京第三十番組小学校	上京第22区	春日尋常小学校		春日小学校	**御所南小学校**		**御所南小学校**
上京第三十一番組小学校	上京第31区	銅駝尋常小学校		銅駝中学校に転用			**銅駝美術工芸高等学校**
上京第三十二番組小学校	上京第32区	上京第27尋常小学校	**錦林尋常小学校**	錦林小学校	**錦林小学校**		**錦林小学校**
上京第三十三番組小学校	上京第33区	新洞尋常小学校		新洞小学校			

下京区

明治2年	明治5年5月	明治20～25年	明治26年の統合	昭和23年	＊太字は統合校 1回目の統合	2回目の統合	平成27年1月1日現在
下京第一番組小学校	下京第1区	乾尋常小学校		乾小学校	**洛中小学校**		**洛中小学校**
下京第二番組小学校	下京第2区	本能尋常小学校		本能小学校	**高倉西小学校**	**高倉小学校**	**高倉小学校**
下京第三番組小学校	下京第3区	明倫尋常小学校		明倫小学校			
下京第四番組小学校	下京第4区	日影尋常小学校		日影小学校	**高倉東小学校**		
下京第五番組小学校	下京第5区	生祥尋常小学校		生祥小学校			
下京第六番組小学校	下京第6区	立誠尋常小学校		立誠小学校			
下京第七番組小学校	下京第9区	郁文尋常小学校		郁文中学校に転用			**下京中学校**
下京第八番組小学校	下京第10区	格致尋常小学校		格致小学校	**洛央小学校**		**洛央小学校**

下京第九番組小学校	下京第11区	成徳尋常小学校		成徳中学校に転用			**下京中学校**
下京第十番組小学校	下京第12区	豊園尋常小学校		豊園小学校	**洛央小学校**		**洛央小学校**
下京第十一番組小学校	下京第13区	開智尋常小学校		開智小学校	**開智小学校**	**洛央小学校**	
下京第十二番組小学校	下京第14区	永松尋常小学校		永松小学校			
下京第十三番組小学校	下京第17区	醒泉尋常小学校		醒泉小学校			醒泉小学校
下京第十四番組小学校	下京第18区	修徳尋常小学校		修徳小学校	**洛央小学校**		**洛央小学校**
下京第十五番組小学校	下京第19区	有隣尋常小学校		有隣小学校			
下京第十六番組小学校	下京第24区	尚徳尋常小学校		尚徳中学校に転用			**下京中学校**
下京第十七番組小学校	下京第25区	稚松尋常小学校		稚松小学校	**六条院小学校**	**下京渉成小学校**	**下京渉成小学校**
下京第十八番組小学校	下京第26区	菊浜尋常小学校		菊浜小学校			
下京第十九番組小学校	下京第23区	植柳尋常小学校		植柳小学校	**下京渉成小学校**		
下京第二十番組小学校	下京第30区	皆山尋常小学校		皆山中学校に転用			**下京中学校**
下京第二十一番組小学校	下京第29区	安寧尋常小学校		安寧小学校	**梅小路小学校**		**梅小路小学校**
下京第二十二・三十二番組協立小学校	下京第16区	淳風尋常小学校		淳風小学校			淳風小学校
下京第二十三番組小学校	下京第32区	梅逕尋常小学校		梅逕中学校に転用			**下京中学校**
下京第二十四番組小学校	下京第7区	有済尋常小学校		有済小学校	**白川小学校**	**開睛小学校**	**開睛小学校**
下京第二十五番組小学校	下京第8区	栗田尋常小学校		栗田小学校			
下京第二十六番組小学校	下京第20区	新道尋常小学校		新道小学校	**開睛小学校**		
下京第二十七番組小学校	下京第22区	安井尋常小学校		清水中学校			
下京第二十八番組小学校	下京第21区	六原尋常小学校		六原小学校			
下京第二十九番組小学校	下京第27区	貞教尋常小学校		貞教小学校	**東山小学校**	**開睛小学校**	
下京第三十番組小学校	下京第28区	修道尋常小学校		修道小学校			
下京三十一番組小学校	下京第31区	一橋尋常小学校		一橋小学校			**東山泉小学校**
下京第三十三番組小学校	下京第15区	弥栄尋常小学校		弥栄中学校に転用			**開睛中学校**

（出典）竹村佳子『写真で見る京都むかしの小学校』淡交社、平成二四年、の「番組小学校変遷一覧」を元に筆者が加筆して作成。

参考文献

1　番組小学校として誕生した小学校

上京第一番組　乾隆
『学校沿革史』乾隆小学校　昭和三〇年
『乾隆校創立百周年記念誌』乾隆育友会　昭和四四年
上京第二番組　成逸
『成逸小学校史』成逸小学校　平成九年
『閉校記念誌　成逸』京都市教育委員会　平成一一年
上京第三番組　翔鸞
『翔鸞校百周年記念』翔鸞小学校　昭和四四年
上京第四番組　嘉楽
『嘉楽尋常小学校五十週年紀年誌』嘉楽尋常小学校　大正七年
上京第五番組　西陣
『西陣尋常小学校　改築竣工記念』西陣尋常小学校　昭和一二年
『西陣小学校学譜』西陣社会福祉協議会　平成七年
『閉校記念誌　西陣』京都市教育委員会　平成一一年
上京第六・七・十三番組　室町
『開校記念』第二室町尋常小学校　昭和五年
『創立五十年記念帖』室町校　大正八年

『竣工開校記念』室町尋常高等小学校・第三室町尋常小学校　昭和一一年
『我校の沿革史』室町尋常高等小学校　昭和一六年

上京第八・九番組　仁和

『落成記念写真帖』仁和尋常高等小学校　大正一三年

上京第十番組　正親

『正親　竣工記念』正親尋常小学校　昭和五年
『正親百年』正親百周年記念事業実行委員会　昭和四四年
上京第十　正親『創立百二十五周年記念誌』仁和小学校　平成六年
『絆　正親』昭和三四年正親小学校卒業生同窓会　平成二四年

上京第十一番組　桃薗

『桃薗小学校改築趣意書』桃薗尋常小学校　昭和六年
『改築落成記念帖』桃薗尋常小学校　昭和一〇年
『桃薗校百年史』桃薗小学校　昭和四四年
『桃薗校』桃薗同窓会　平成六年
『ありがとう桃薗校一二五年史』桃薗学区自治連合会　平成七年
『閉校記念誌　桃薗』京都市教育委員会　平成一一年

上京第十二番組　小川

『小川校百年誌』小川小学校　昭和四四年
『閉校記念誌　小川』京都市教育委員会　平成一一年

上京第十四番組　出水

『創立九十年記念誌』出水小学校　昭和三四年
『出水校百年史』出水校百年祭記念事業実行委員会　昭和四四年
『閉校記念誌　出水』京都市教育委員会　平成一一年

上京第十五番組　聚楽

『聚楽の進展』聚楽尋常小学校　昭和三年

『聚楽五十周年記念誌』聚楽小学校　大正七年

『聚楽校百年史』聚楽小学校　昭和四五年

『閉校記念誌　聚楽』京都市教育委員会　平成一一年

上京第十六番組　中立

『竣工記念』中立尋常小学校　昭和五年

『中立百年史』中立小学校創立百周年記念委員会　昭和四四年

『東京百年史第二巻』東京都　昭和五四年

『閉校記念誌　中立』京都市教育委員会　平成一一年

上京第十七番組　待賢

『本校移転改築略史』待賢小学校　明治三九年

『創立五十年記念誌』待賢尋常小学校　大正七年

『待賢校改築趣意書』待賢学区　昭和一〇年

『校舎改築竣工式』待賢小学校　昭和一四年

『待賢校百二十年史』待賢小学校　平成一年

『閉校記念誌　待賢』京都市教育委員会　平成一一年

上京第十八・十九番組　滋野

『増改築記念』滋野尋常小学校　昭和四年

『滋野小学校史・滋野学区沿革史　滋野清流』滋野清流発刊会　昭和六三年

『閉校記念誌　滋野』京都市教育委員会　平成一五年

上京第二十番組　梅屋

『竣工記念』梅屋尋常小学校　昭和四年

『梅屋校一一〇周年記念』梅屋小学校　昭和四四年

『閉校記念誌　梅屋』京都市教育委員会　平成九年

上京第二十一番組　竹間

『竹間校百年記念』昭和四四年
『竹間校・竹間小学校一二〇周年記念誌』竹間小学校　平成元年
『閉校記念誌　竹間』京都市教育委員会　平成九年
『学校沿革並ニ校勢』

上京第二十二番組　富有

『校舎改築記念』富有尋常小学校　昭和一三年
『富有校の百年』富有小学校創立百周年記念祝賀会　昭和四四年
『閉校記念誌　富有』京都市教育委員会　平成九年

上京第二十三番組　教業

『教業百年のあゆみ』教業小学校　昭和四一年
『閉校記念誌　教業』教業小学校　平成七年

上京第二十四番組　城巽

『城巽尋常小学校増築記念帖』城巽小学校　大正一一年
『閉校記念誌　城巽』京都市教育委員会　平成一九年

上京第二十五番組　龍池

『龍池百周年記念誌』龍池校創立百周年祝賀記念事業委員会　昭和四四年
『たついけ大辞典』龍池校に感謝しお別れをする委員会　平成七年
『閉校記念誌　龍池』京都市教育委員会　平成九年

上京第二十六番組　初音

『初音校沿革史略』初音尋常小学校　明治三一年
『校舎改築竣工記念』初音中学校改築協力会　昭和三七年
『閉校記念誌　初音』京都市教育委員会　平成九年

上京第二十七番組　柳池

『幼稚遊嬉場概則』上京第三拾区（柳池校） 明治八年
『新築落成記念絵葉書』柳池小学校　昭和三年
『柳池校七十年史』京都市柳池町内会連合会事務所　昭和一七年
『閉校記念誌　柳池』京都市教育委員会　平成一九年
『柳池校史　其の一』柳池小学校所蔵文書　明治四三年
『史迹と美術　第五五七号』史迹美術同攷会　昭和六〇年

上京第二十八・二十九番組　京極

『京極文集　第四〇輯』京極小学校　昭和一一年
『京極文集　第四五輯』京極小学校　昭和一六年

上京第三十番組　春日

『落成記念学校概覧』春日尋常高等小学校　大正一三年
『落成記念学校一覧』春日小学校　昭和三年
『春日百年史』春日校創立百周年記念事業実行委員会　昭和四四年
『閉校記念誌　春日』京都市教育委員会　平成九年

上京第三十一番組　銅駝

『京都市立絵画専門学校・美術工芸学校新築記念』京都市立絵画専門学校・京都市立美術工芸学校　大正一五年
『銅駝尋常小学校沿革史』銅駝尋常小学校　昭和九年

上京第三十二番組　錦林

『錦林校百年史』錦林小学校　昭和四四年

上京第三十三番組　新洞

『建築委員会記録』新洞小学校　昭和二年
『新洞のあゆみ』新洞小学校　平成六年

下京第一番組　乾

『乾百年史』乾小学校　昭和四五年

下京第二番組　本能

『京都市本能尋常小学校新築に関する始末書』大正一〇年
『新築記念写真帖』本能尋常小学校　大正一〇年
『本能小学校校史　本能育友会編』本能小学校　昭和四〇年
『閉校記念誌　本能』京都市教育委員会　平成九年

下京第三番組　明倫

『京都日出新聞』昭和六年十月九日
『建築概要と設備の大要』明倫尋常小学校　昭和六年
『竣工記念』明倫尋常小学校　昭和六年
『明倫誌』明倫尋常小学校　昭和一四年
『閉校記念誌　明倫』京都市教育委員会　平成九年

下京第四番組　日彰

『日彰百年誌』日彰百年誌編集委員会　昭和四六年
『閉校記念誌　日彰』京都市教育委員会　平成九年

下京第五番組　生祥

『学校建築ニ関スル書類』生祥学区・昭和九年
『生祥小学校改築趣意書』生祥小学校　昭和九年
『改築竣功記念帖』生祥尋常小学校　昭和一五年
『生祥尋常小学校・工事概要』生祥尋常小学校　昭和一五年
『閉校記念誌　生祥』京都市教育委員会　平成九年

下京第六番組　立誠

『竣工記念』立誠尋常小学校　昭和三年（表紙が欠けており、表題不詳のため仮の名称を記した）
『閉校記念誌　立誠』京都市教育委員会　平成九年

下京第七番組　郁文

『竣工記念』郁文尋常高等小学校　昭和三年
『郁文百二十年誌』郁文中学校校舎改築実行委員会　平成一年
『閉校記念誌　郁文』京都市教育委員会　平成二一年

下京第八番組　格致

『格致小学校沿革史』格致尋常小学校　昭和一〇年
『格致百年史』格致校創立百周年記念事業委員会　昭和四四年
『閉校記念誌　格致』京都市教育委員会　平成六年

下京第九番組　成徳

『新築竣工記念』成徳尋常小学校　昭和六年
『記念誌　創立七十周年』成徳尋常小学校　昭和一四年
『成徳百年誌』成徳小学校　昭和四四年
『閉校記念誌　成徳』京都市教育委員会　平成二一年

下京第十番組　豊園

『豊園』豊園小学校　昭和三四年
『豊園校創立百周年記念誌』豊園小学校　昭和四四年
『閉校記念誌　豊園』京都市教育委員会　平成六年

下京第十一番組　開智

『新校舎』開智尋常小学校　昭和一三年
『開智校百年誌』開智小学校　昭和四四年
『閉校記念誌』開智小学校　平成六年

下京第十二番組　永松

『竣工記念』永松尋常小学校　昭和六年（表紙が欠けており、表題不詳のため仮の名称を記した）
『永松学報落成記念号』永松尋常小学校　昭和一二年
『閉校記念誌　永松』京都市教育委員会　平成六年

下京第十三番組　醒泉

『建築日記甲号』醒泉小学校建築委員　明治四二年

下京第十四番組　修徳

『新築記念』修徳尋常小学校　昭和四年

『脩厥徳』修徳自治連合会　平成四年

『閉校記念誌　修徳』京都市教育委員会　平成六年

下京第十五番組　有隣

『有隣百年史』有隣小学校　昭和四五年

『閉校記念誌　有隣』京都市教育委員会　平成六年

下京第十六番組　尚徳

『下京区第十四番組小学校教場　新築費町会決議録』明治一七年

『尚徳小学校百年誌』昭和四五年

『閉校記念誌　尚徳』京都市教育委員会　平成二一年

下京第十七番組　稚松

『新築記念』稚松尋常高等小学校　昭和四年

『稚松』稚松小学校　昭和四四年

『閉校記念誌　稚松』京都市教育委員会　平成七年

下京第十八番組　菊浜

『菊浜』菊浜小学校　昭和四四年

『閉校記念誌　菊浜』京都市教育委員会　平成七年

下京第十九番組　植柳

『植柳百年史』植柳育友会　昭和四五年

『閉校記念誌　植柳』京都市教育委員会　平成二六年

下京第二十番組　皆山

『京都市皆山尋常小学校沿革史』皆山尋常小学校　大正七年
『落成記念』皆山尋常小学校　昭和五年
『閉校記念誌　皆山』京都市教育委員会　平成二一年

下京第二十一番組　安寧

『新築記念帖』安寧小学校　昭和三年
『安寧校百年史』安寧校創立百周年記念事業実行会　昭和四四年
『閉校記念誌　安寧』京都市教育委員会　平成十一年

下京第二十二・三十二番組　淳風

『拡築記念　写真帖』淳風尋常高等小学校　昭和六年

下京第二十三番組　梅逕

『梅逕一〇二号』梅逕中学校　平成九年
『閉校記念誌　梅逕』京都市教育委員会　平成二一年
『梅逕沿革史』

下京第二十四番組　有済

『改築日誌』東山有済学区　昭和九年
『颱風に因る保護者大會の記』有済尋常小学校　昭和九年
『改築記念の栞』有済尋常小学校　昭和一二年
『史迹と美術　五六一号』史迹美術同攷会　昭和六一年
『閉校記念誌　有済』京都市教育委員会　平成一九年

下京第二十五番組　粟田

『竣工記念帖』粟田尋常小学校　昭和三年
『洛東　粟田沿革誌』粟田尋常小学校　昭和三年
『落成記念写真帖』粟田尋常小学校　昭和一二年
『閉校記念誌　粟田』京都市教育委員会　平成一九年

下京第二十六番組　新道

『改築落成記念』新道尋常小学校　昭和一二年
『新道百年の歩み抄』新道小学校創立百周年記念事業委員会　昭和四四年
『新道』新道小学校閉校記念事業実行委員会　平成二三年

下京第二十七番組　清水（安井）

『沿革史』安井尋常小学校　大正四年
『創立五〇年記念誌』安井小学校　大正七年
『校舎建築用書類　第二号』安井尋常小学校　昭和八年
『改築落成記念帖』清水尋常小学校　昭和九年
『清水　竣工式記録』清水尋常小学校　昭和九年

下京第二十八番組　六原

『建築に関する書類』六原校所蔵　昭和二年
『落成記念』六原尋常小学校　昭和一二年
『ろくはら』六原小学校　平成一二年

下京第二十九番組　貞教

『竣工記念帖』貞教尋常小学校　昭和三年
『貞教のおいたち』貞教史編纂委員会　昭和三七年
『閉校記念誌　貞教』京都市教育委員会　平成一六年

下京第三十番組　修道

『増築記念写真帖』修道尋常小学校　大正二年
『閉校記念誌　修道』京都市教育委員会　平成一六年

下京第三十一番組　一橋

『一橋小学校創立百周年記念誌』一橋小学校　昭和四四年
『一橋百周年記念誌』一橋小学校　昭和四四年

今熊野
『創立七〇周年記念誌　今熊野』今熊野小学校　平成一三年
『八〇周年』今熊野小学校　平成二三年
月輪
『創立八〇周年記念誌　月輪』月輪小学校　平成一三年
下京第三十三番組　弥栄
『彌栄　沿革史』彌栄尋常高等小学校　明治三九年
『彌栄尋常小学校沿革史』彌栄尋常小学校　明治四三年

2　番組小学校成立以降に誕生した小学校

大内
『大内校開校百年史』大内校開校百年記念事業実行委員会　昭和四六年
『南大内小学校創立五十周年記念誌』南大内小学校創立五十周年特別委員会　昭和五二年
『閉校記念誌　大内』京都市教育委員会　平成一一年
上賀茂
『落成記念』上賀茂尋常高等小学校　昭和六年
衣笠
『京都市立衣笠小学校百周年記念誌』衣笠小学校百周年記念事業委員会　昭和四八年
『京都市立衣笠小学校百二十周年記念誌』衣笠小学校　平成五年
九条
『九条校百年のあゆみ』九条中学学園創設百周年記念事業実行委員会　昭和四八年
光徳
『光徳校五十年史』光徳校五十年史編纂委員会　昭和五〇年

嵯峨

『増改築竣工記念　写真帖』嵯峨尋常高等小学校　昭和一〇年

下鴨

『新築記念帖』下鴨尋常小学校　昭和一二年

朱雀

『朱三校五十年史』朱雀第三小学校　昭和四六年

『落成記念』朱雀第四尋常小学校　昭和六年

『落成記念帖』朱雀第七尋常小学校　昭和九年

『落成記念写真帖』朱雀第六尋常小学校　昭和九年

陶化

『陶化校百年のあゆみ』陶化小学校百周年記念事業推進委員会　昭和四八年

山王

『山王小学校創立五十周年記念　山王誌』山王小学校創立五十周年記念事業実行委員会　昭和六〇年

桂

『増改築竣工記念写真帖』桂尋常高等小学校　昭和一二年

七条

『落成記念』七条尋常高等小学校　昭和五年

松ヶ崎

『松ヶ崎百年史』松ヶ崎小学校創立百周年記念会　昭和四八年

向島

『百年史　むかいじま』向島小学校創立百年記念事業実行委員会　昭和五八年

楽只

『楽只百十年史』楽只小学校創立百十周年記念事業　昭和五八年

養正

『養正校百周年記念史』養正小学校創立百周年記念事業委員会　昭和五四年

養徳

『養徳五十年史』養徳小学校創立五十周年記念事業委員会　昭和五三年

3　京都の小学校全般

福澤諭吉『京都学校記』京都書籍会社　明治五年

『京都小学三十年史』（日本教育史文献集成）明治三五年（復刻は第一書房　昭和五六年）

『京都小學五十年誌　本編上・下』京都市役所　大正七年

『京都市学事要覧』京都市役所　大正三年

『京都市学区要覧』公民新聞社　昭和四年

『京都市小学校施設台帳』平成七年

『京都市立学校沿革史』京都報道センター　平成一三年

大杉隆一『京の学校歴史探訪——我が国の近代教育の魁』京都市社会教育振興財団　平成一〇年

小林昌代『京都の学校社会史』プランニングR　平成二六年

竹村佳子『写真で見る京都むかしの小学校』淡交社　平成二四年

長塩哲郎『京都市学区大観』京都市学区調査会　昭和一二年

4　京都の学校建築史

川島智生『近代日本における小学校建築の研究』京都工芸繊維大学博士論文　平成一〇年

川島智生「大正・昭和戦前期の京都市における鉄筋コンクリート造小学校建築の成立とその特徴について——大正一二年から昭和九年までの期間」『日本建築学会計画系論文集』平成一〇年

川島智生「昭和戦前期の京都市における鉄筋コンクリート造小学校建築の成立とその特徴について　昭和九年から昭和一四年までの間」『日本建築学会計画系論文集』平成一一年

川島智生「京都市の歴史的小学校建築の現在㈠　昭和八（一九三三）年までに建設された校舎」『文教施設』第五二号　文教施

設協会　平成二五年
川島智生「京都市の大正昭和戦前期の小学校建築㈡　木造本館の意味」『文教施設』第五三号　文教施設協会　平成二六年
大場修「京都旧番組小学校の校舎プラン――小学校校合の地方史二」『日本建築学会計画系論文集』平成一〇年
大場修「近代京都における上知令による寺社境内地の変容と番組小学校への転用――明治期の小学校校舎に関する地方史研究その11」『日本建築学会近畿支部研究報告集　計画系』平成一八年
大場修「京都まなびやの建築史」『京都新聞』平成一七年
絹谷祐規「京都に於ける小学校区の成立――公共施設の歴史的変遷一」『日本建築学会研究報告』日本建築学会　昭和三〇年
絹谷祐規「明治初期に於ける小学校建築の役割――公共施設の歴史的変遷二」『日本建築学会研究報告』日本建築学会　昭和三〇年
久保泰子『京都旧番組小学校校舎の建築動向に関する史的研究』京都府立大学卒業論文　平成七年
近藤豊「消え失せた明治建築（二）」『史迹と美術』第五五七号　史迹美術同攷会　昭和六〇年
近藤豊「消え失せた明治建築（三）」『史料と美術』第五六一号　史迹美術同攷会　昭和六一年
小林宏育『京都市における小学校校舎の成立と発展に関する史的研究』京都府立大学修士論文　平成四年
中川理他『再生名建築』鹿島出版会　平成二一年
中辻正昭『大正・昭和前期における京都市の公立小学校建築に関する史的考察』京都大学修士論文　平成三年

5　学校建築史

川島智生「大阪市立小学校校舎の鉄筋コンクリート造の普及過程に関する研究」『日本建築学会近畿支部研究報告集』平成六年
川島智生「大正期大阪市における鉄筋コンクリート造小学校の成立と学区制度との関連について」『日本建築学会計画系論文報告集』第四八六号　平成八年
川島智生「大正期大阪市の鉄筋コンクリート造小学校の成立と民間建築家との関連について」『日本建築学会計画系論文報告集』第四八九号　平成八年
川島智生「明治初期大阪における擬洋風小学校校舎について」『日本建築学会大会学術講演梗概集』平成八年
川島智生「明治中期大阪市小学校校舎の和風意匠について」『日本建築学会計画系論文報告集』第四九五号　平成九年

川島智生「昭和戦前期の大阪市における小学校建築の研究――臨時校園建設所の組織とその建築について」『建築史学』第三一号　平成一〇年
川島智生「大正・昭和戦前期の神戸市における鉄筋コンクリート造小学校建築の成立とその特徴について」『日本建築学会計画系論文報告集』第五一四号　平成一〇年
川島智生「大正・昭和戦前期の大都市近郊町村における鉄筋コンクリート造小学校建築と民間建築家との関連――兵庫県旧武庫郡の町村を事例に」『日本建築学会計画系論文報告集』第五一五号　平成一一年
川島智生「小学校建築の近代（一～一二）」『建設通信新聞』平成一三年・平成一四年
川島智生「明治の学校建築　奈良県の学校」『文教施設』第二〇号　文教施設協会　平成一七年
川島智生「明治の学校建築　兵庫県の学校㈠　播州・但馬・丹後」『文教施設』第二二号　文教施設協会　平成一八年
川島智生「明治の学校建築　兵庫県の学校㈡　神戸・阪神間」『文教施設』第二四号　文教施設協会　平成一八年
川島智生「尾道における歴史的小学校校舎の建築史学――戦前期鉄筋コンクリート造の久保校・土堂校と設計陣容」『文教施設』第二九号　文教施設協会　平成二〇年
川島智生「函館市小中学校校舎の建築学――一九三〇年代の鉄筋コンクリート造復興校舎」『文教施設』第三〇号　文教施設協会　平成二〇年
川島智生「近代・沖縄県下の小学校校舎の建築史学――大正昭和戦前期の鉄筋コンクリート造について」『文教施設』第三一号　文教施設協会　平成二〇年
川島智生「昭和四（一九二九）年建設の鳥羽市鳥羽小学校校舎の建築位相――清水栄二設計の鉄筋コンクリート造校舎」『文教施設』第三二号　文教施設協会　平成二〇年
川島智生「戦前期・奈良市の小学校建築について――鉄筋コンクリート造講堂の様式とその意味」『文教施設』第三三号　文教施設協会　平成二一年
川島智生「奥丹後震災（一九二七年）における復興小学校の建築的意義――峰山小学校を始めとする復興校舎」『文教施設』第三四号　文教施設協会　平成二一年
川島智生「大正・昭和戦前期における長崎市小学校校舎の建築史学」『文教施設』第三六号　文教施設協会　平成二一年
川島智生「擬洋風建築の極・三国湊の龍翔小学校について――明治一二年（一八七九）年・八角形校舎の建築史的意義」『文教

施設』第三七号　文教施設協会　平成二二年
川島智生「大阪市における大正昭和初期の鉄筋コンクリート造校舎について――町民自治の賜「学区小学校」の建築」『文教施設』第三九号　文教施設協会　平成二二年
川島智生「東京の復興小学校の現在㈠　中央区の現役校舎五校」『文教施設』第四一号　文教施設協会　平成二三年
川島智生「東京の復興小学校の現在㈡　中央区の転用・解体校舎」『文教施設』第四二号　文教施設協会　平成二三年
川島智生「石巻市立小学校の現在と建築史学――三・一一による被災小学校をめぐって」『文教施設』第四三号　文教施設協会　平成二三年
川島智生「『関西大風水害』復興小学校の建築――木造から鉄筋コンクリート造へ大阪府守口市の事例」『文教施設』第四七号　文教施設協会　平成二四年
川島智生「明治の学校建築――広島県・鞆小学校学舎の建築意義について　擬洋風・近代和風・モダニズム」『文教施設』第四八号　文教施設協会　平成二四年
川島智生「千里ニュータウンの小学校の建築意義――ニュータウンと小学校⑴」『文教施設』第五〇号　文教施設協会　平成二五年
川島智生「一九五〇年代・北海道江別市立小中学校の建築意義――落藤藤吉による煉瓦校舎」『文教施設』第五一号　文教施設協会　平成二五年
川島智生「豊郷小学校の建築意義」『ヴォーリズ建築の一〇〇年』創元社　平成二〇年
青木正夫『建築計画学八学校Ⅰ』丸善　昭和五一年
伊藤正文『国民学校』相模書房　昭和一六年
菅野誠・佐藤譲『日本の学校建築』文教ニュース社　昭和五八年
菅野誠・佐藤譲『日本の学校建築・資料編』文教ニュース社　昭和五八年
教育実際社編纂『優良小学校施設状況』宝文館　明治四二年
建築学参考図刊行委員会編纂『学校建築参考図集』建築学会　昭和九年
小林正泰『関東大震災と「復興小学校」――学校建築にみる新教育思想』勁草書房　平成二四年
東京市役所編『東京市教育施設復興図集』東京市役所　昭和七年

東京市『東京市の学校建設事業』東京市役所　昭和一三年
日本建築協会編『学校建築図集』日本建築協会　昭和六年
日本建築協会編『学校建築図集　続』日本建築協会　昭和九年
肥沼健次『鉄筋混凝土校舎と設備』洪洋社　昭和二年
藤岡洋保監修『明石小学校の建築――復興小学校のデザイン思想』東洋書店　平成二四年
復興小学校研究会編『図面で見る復興小学校　現存する戦前につくられた東京市の鉄筋コンクリート造小学校』復興小学校研究会　平成二六年
峰弥太郎『現代小学校の建築と設備』洪洋社　大正一四年
横浜市建築局学校建設課・横浜市教育委員会施設課編『昭和を生きぬいた学舎――横浜震災復興小学校の記録』横浜市　昭和六〇年

6　近代建築史

石田潤一郎『関西の近代建築』中央公論美術出版　平成八年
植松光宏『山梨の洋風建築』甲陽書房　昭和五二年
北山風雄「京都の建築界」『建築雑誌』日本建築学会　明治三三年
近藤豊『明治初期の擬洋風建築の研究』（私家蔵版）昭和三六年　理工学社　平成一一年
佐々木武一『近代建築画譜』近代建築画譜刊行会　昭和一一年
清水重敦『擬洋風建築』（日本の美術第四四六号）至文堂　平成一二年
高杉造酒太郎『明治大正建築写真聚覧』日本建築学会　昭和一一年
武田五一『住宅建築要義』文献書院　大正一五年
藤原恵洋『日本の近代建築における和風意匠の歴史的研究』東京大学博士学位論文　昭和六二年
藤森照信『都市建築』岩波書店　平成二年
村松貞次郎『日本科学技術史大系　第17巻・建築技術』第一法規出版　昭和三九年
村松貞次郎・近江栄『近代和風建築』鹿島出版会　昭和六三年

和田甲一「京都における建築の回顧的展望」『建築と社会』一三輯第一号　日本建築協会　昭和四年

7　京都市営繕組織

川島智生・古阪秀三・杉村佳愛「明治大正昭和戦前期における京都府・京都市の営繕組織の設計体制について」『建築生産シンポジウム二〇一四』日本建築学会　平成二六年
『建設行政のあゆみ――京都市建設局小史』京都市建設局　昭和五八年
『京都市職員録』京都市役所　明治三二年・昭和三年・昭和四年・昭和五年・昭和六年・昭和七年・昭和八年・昭和九年・昭和一〇年・昭和一二年・昭和一四年・昭和一五年
『京都府職員録』京都府知事官房　明治三二年・明治三五年・明治三六年・明治四一年・大正三年
『名古屋高等工業学校創立二十五周年記念誌』名古屋高等工業学校校友会・名古屋工業会　昭和六年

8　近代京都史

秋山国三『近世京都町組発達史　新版公同沿革史』法政大学出版局　昭和五五年
白木正俊『目で見る京都市の一〇〇年』郷土出版社　平成一三年
塵海研究会『北垣国道日記「塵海」』思文閣出版　平成二二年
田中緑江『明治文化と明石博高翁』明石博高翁顕彰会　昭和一七年
辻ミチ子『季刊論叢日本文化八　町組と小学校』角川書店　昭和五二年
夏秋義太郎『浅山市長と其の事蹟』似玉堂　昭和一三年
『京都市政要覧』京都市役所　昭和四年
『京都市風害誌』京都市役所　昭和九年
『京都府誌上・下』京都府　大正九年
『昭和十年国勢調査・京都市記録』京都市臨時国勢調査部　京都市役所　昭和一一年
『京都府教育史　上』京都府教育会　昭和一五年
『京都市学事要覧』京都市役所教育部庶務課　昭和一七年

『京都市教育会報』京都市教育会　明治期
『京都日出新聞』明治大正昭和戦前期
『京都府百年の資料五　教育編』京都府立総合資料館　昭和四七年
『京都府百年の年表五　教育編』京都府立総合資料館　昭和四五年
『京都の歴史8　古都の近代』学芸書林　昭和五〇年
『京都の歴史9　世界の京都』学芸書林　昭和五一年
『史料京都の歴史7　上京区』平凡社　昭和五五年
『史料京都の歴史8　左京区』平凡社　昭和六〇年
『史料京都の歴史9　中京区』平凡社　昭和六〇年
『史料京都の歴史10　東山区』平凡社　昭和六二年
『史料京都の歴史12　下京区』平凡社　昭和五六年

9　日本教育史ほか

岡本良一・守屋毅『明治大正図誌11　大阪』筑摩書房　昭和五三年
小木新造・前田愛『明治大正図誌　第一巻・東京一』筑摩書房　昭和五三年
中村一義『学務委員必読』日本教育社　大正一〇年
『愛日小学校総誌』愛日小学校を讃える会事業委員会　平成二年
『神戸小学校五十年史』開校五十周年記念式典会　昭和一〇年
『東京市横浜市　学区統一並教育施設状況視察報告書』京都市総合学務委員会常任理事会　昭和九年
『日本教育史資料七』文部省　臨川書店　昭和四五年
『東京百年史第三巻』東京都　昭和五四年
『東京都教育史　通史編二』東京都立教育研究所　平成七年
『日本近代教育百年史3　学校教育（1）』国立教育研究所編　昭和四九年

あとがき

小学校研究最初の発端は、解体が始まったばかりの京都の小学校校舎を目撃したことから始まる。今を遡る三十年前、昭和六〇年（一九八五）一一月のことである。修復中の揚屋建築・角屋を見学するために大宮通を歩いていて、偶然に取り壊し中の京都市立郁文中学校校舎に出逢った。もともと郁文小学校として建設されたこの校舎は、ドイツ表現派特有のパラボラアーチを多用しているなど、とても学校には思えない外観に、二十代であった筆者は強烈な印象を受けた。その頃筆者は、日本にモダンデザインが誕生する直前の日本分離派などの建築の研究を志していたが、市井の公共建築、とりわけ幼い子供が通う小学校校舎に、このようなものと同質の造形があったことに驚かされた。

明倫校を訪れたのはその翌年のことだった。今と違って現役の小学校であって、子供がスロープを駆けていった姿を今も覚えている。その後大正昭和戦前期の鉄筋コンクリート造小学校のアヴァンギャルドなデザインに惹かれて調査を行うことになったが、神戸市や大阪市の小学校が中心であり、再び京都の小学校を廻りだしたのは平成五年（一九九三）のことだった。

今は解体されてしまった本能小学校や竹間小学校、修得小学校、桃薗小学校など京都市の番組小学校を中心に現地調査を行い、平成九年（一九九七）までに京都市内にある戦前期までに建設された全小学校校舎の悉皆調査を終えた。ただ自治体等からの委託事業ではなく、まったくの自主的な研究だったから、学校関係者に研究内容を理解してもらうのに難儀した。そのような筆者の無理な願いではあったが、現場での校長の配慮により、多くの学校で調査遂行が叶った。

その結果分かったことは、京都の小学校は梁のハンチひとつとってもこだわったデザインが施され、鉄筋コンクリート造にもかかわらず屋根が付く校舎や、窓についても東洋風が意識されるなど、大阪や神戸の小学校とは異なって、歴史都市にふさわしいデザインが試みられていたことだ。山深い大原に移築されていた明治初期の梅逕小学校講堂の調査も忘れがたい体験だった。京都では唯一残った擬洋風校舎であったが、その一年後には火災で焼失してしまった。筆者自身は、鉄筋コンクリート打ち放しでピロティが児童昇降口になった新築のモダンデザインの小学校を卒業した。つまり歴史性とは対極の校舎で学んだことが、逆に歴史的なるものへ向かわせたのだろうと思う。

この時期筆者の研究スタンスは、近代建築史の視点に立った小学校校舎の研究であり、外観の建築スタイルの解明と設計した建築家の系譜ならびに理念の発掘を重視したものであった。京都市の小学校はすべて京都市営繕課が設計を担っており、まずは営繕課の実像解明や設計担当者の特定から始めた。古い名簿から営繕課に勤めた技術者を割り出し、手紙や電話で連絡をとり、十数人には連絡はついたものの、過半は既に亡くなっていた。幸い五人はご健在で、谷信太氏をはじめ井津定雄氏、竹川重治氏、平田善造氏、小川喜一郎氏から貴重な証言を得ることができた。谷氏からは貴重な大正後期の建築課の様子を、また井津氏以下四人からは設計の進め方や昭和一〇年以降の復興校舎建設事業の実態などを詳しく聞くことが出来た。

技術者探索の際に遺族が見つかったケースもあった。初代建築課長の安立糺の御子息からは建築課退職後に主催した安立糺建築事務所の活動実態を聞かされ、南座の設計者が安立であることが判明した。知られていないが、この事務所が京都市で最初の民間建築事務所であった。戦前期最も長い間京都市に勤めた建築技師川村秀介の御子息からは、貴重な回顧録の提供を受けた。技手加茂松之助の御息女からは、その経歴書や図面、写真などの史料を託され、詳しい実相が解明された。佐々木米太郎の御息女からも写真の提供を受けた。枝村靖の御子息からは資料の提供を受けた。寺戸常三郎の御子息からは、小学校の現場の話とともに美術館建設の詳しい話を聞くことができた。そのほか塚田達や布袋眞平、小池太郎、八戸高峰の遺族からも話を聞くことができた。

このような聞き取り調査の結果、小学校設計ならびに建設現場の「生」の姿が浮かび、同時に京都市営繕課の実像が可視化できた。一九九〇年代は関係者がかろうじて健在であった最後の時期であり、このタイミングを逸すれば解明は不可能であったと思う。

本研究は「大正・昭和戦前期の京都市における鉄筋コンクリート造小学校建築の成立とその特徴について」『日本建築学会計画系論文集』第五〇八号と「昭和戦前期の京都市における鉄筋コンクリート造小学校建築の成立とその特徴について――昭和九年から昭和一四年までの間」『日本建築学会計画系論文報告集』第五一七号に掲載され、さらに大阪市と神戸市の小学校を併せ、平成一〇年（一九九八）一二月に提出した『近代日本における小学校建築の研究』という博士論文に結実された。

提出した時点では過半の小学校で戦前期までの校舎が残っていたが、一六年後の平成二六年一二月の時点では番組小学校は二四校が現存するに過ぎない。この間に解体された校舎は多い。一方大阪や神戸ではほとんどの小学校が取り壊され、大阪に一校、神戸に三校が残るだけである。東京では二七校、横浜では〇校になっている。現在小中一貫校を文部科学省は推進している。明治五年（一八七二）の学制発布、昭和二二年（一九四七）の新制中学校の誕生、とおよそ七〇年刻みで教育制度の変更が起きている。このような新制度が施行されるなかで、歴史的校舎は今後どうあればよいのか、見守っていきたい。

京都工芸繊維大学に提出した博士論文審査において主査は古山正雄教授（現学長）、副主査は河邊聡教授、西村征一郎教授、論文指導については中川理助教授（現教授）、建築家研究は京都大学助手石田潤一郎氏（現京都工芸繊維大学教授）、そして多くの諸先輩にお世話になった。深謝する次第である。資料収集では絵葉書研究家の森安正氏、清水建設株式会社コーポレート　コミュニケーション部畑田尚子氏、京都市営繕部（現公共建築部）、京都市教育委員会施設課（現教育環境整備室）・学校統合推進室、京都の近代史については白木正俊氏、京都工芸繊維大学大学院生だった大菅直氏、京都市学校歴史博物館の和崎光太郎氏などに協力を得た。また文教施設協会の霜田昌編集長には京都の小学校についての原稿を寄稿する機会を得た。

最後に、今では名前も思い出しにくくなったが、二十数年前に対応していただいた小学校の校長や教頭、教職員の皆様に感謝を表します。

本刊行は、日本学術振興会平成二十五年度科学研究費補助金（研究成果公開促進費、課題番号：二五五二三七）によるものです。出版にあたりミネルヴァ書房の編集部各位には辛抱強く付き合っていただき、感謝する次第です。

平成二七年一月一八日

川島智生

人名索引

あ 行

か 行

さ 行

た 行

な 行

は　行

ま　行

や・ら・わ行

事項索引

あ 行

か 行

さ　行

た　行

な　行

は　行

ま　行

や　行

ら・わ行

建築名索引

あ行

か行

さ　行

た　行

な　行

は　行

ま　行

や　行

ら・わ行

図表写真一覧

上京第30番組　春日小学校
玄関構えと望火楼（明治16年）（『閉校記念誌　春日』平成9年）……256
本館（大正13年）（『落成記念学校総覧』大正13年）……256
鉄筋コンクリート造校舎（昭和3年）（絵葉書（森安正氏蔵））……256
上京第31番組　銅駝小学校
明治12年（銅駝文庫蔵）……257
正門（明治36年）（『銅駝尋常小学校沿革史』昭和9年）……257
俯瞰図（大正10年）（銅駝文庫蔵）……257
配置図（昭和8年）（『銅駝尋常小学校沿革史』昭和9年）……258
玄関廻り（昭和8年）（『銅駝尋常小学校沿革史』昭和9年）……258
上京第32番組　錦林小学校
講堂（明治32年）（『錦林校百年史』昭和44年）……259
講堂と教室棟（大正期）（『錦林校百年史』昭和44年）……259
第四錦林小学校竣工時（昭和6年）（錦林小学校蔵）……260
1階平面図（昭和12年）（京都市役所蔵）……260
昭和12年（『錦林校百年史』昭和44年）……260
上京第33番組　新洞小学校
校舎（明治43年）（絵葉書（森安正氏蔵））……261
塔屋装飾（昭和4年）（筆者撮影）……261
玄関廻り（昭和4年）（筆者撮影）……261
下京第1番組　乾小学校
明治初期（『写真で見る京都むかしの小学校』平成24年）……262
正門側（昭和12年）（『乾百年史』昭和45年）……262
南面立面図（昭和11年）（京都市役所蔵）……263
校庭側（昭和12年）（『乾百年史』昭和45年）……263
下京第2番組　本能小学校
本館火災前年（大正9年）（『本能小学校百年史』昭和44年）……264
玄関車寄（大正12年）（筆者撮影）……264
正面図（大正10年）（本能小学校蔵）……264
配置図（1階平面図，屋上平面図，2階平面図）（本能小学校蔵）……265
階段室（軀体のコンクリートブロックがみえる）（筆者撮影）……265
校庭側（昭和20年代）（『写真で見る京都むかしの小学校』平成24年）……265
下京第3番組　明倫小学校
俯瞰図（明治20年代）（『明倫誌』昭和14年）……267
改築前の木造校舎（昭和4年）（『明倫誌』昭和14年）……267
屋上塔屋（昭和6年）（筆者撮影）……267
講堂内部（昭和6年）（筆者撮影）……268
スロープ（昭和6年）（筆者撮影）……268
玄関廻り（昭和6年）（筆者撮影）……268
下京第4番組　日彰小学校
「日彰御殿」（明治37年）（『日彰百年誌』昭和46年）……269
鉄筋コンクリート造校門廻り（昭和13年）（絵葉書（森安正氏蔵））……269
鉄筋コンクリート造北校舎（昭和13年）（絵葉書（森安正氏蔵））……269
下京第5番組　生祥小学校
校庭側の外観（昭和14年）（筆者撮影）……270
軒裏までタイル貼（筆者撮影）……270

歩廊（昭和 14 年）（筆者撮影）…… 271
階段吹抜（昭和 14 年）（筆者撮影）…… 271
下京第 6 番組　立誠小学校
正面（昭和 2 年）（筆者撮影）…… 272
配置図兼 1 階平面図（昭和 2 年）（筆者撮影）…… 273
正面通路橋と玄関廻り（昭和 2 年）（筆者撮影）…… 274
玄関取っ手の図面（昭和 2 年）（筆者撮影）…… 274
下京第 7 番組　郁文小学校
外観（昭和 3 年）（『竣工記念』昭和 3 年）…… 275
本館（昭和 12 年）と別館（昭和 3 年）（絵葉書（森安正氏蔵））…… 275
立面図（京都市役所蔵）…… 276
1 階平面図（昭和 3 年）（京都市役所蔵）…… 276
下京第 8 番組　格致小学校
玄関部（戦時中）（『格致百年誌』昭和 44 年）…… 278
配置兼 1 階平面図（大正 9 年）（『格致小学校沿革史』昭和 10 年）…… 278
下京第 9 番組　成徳小学校
旧校舎（『記念誌　創立 70 周年記念誌』昭和 14 年）…… 279
校庭側外観（昭和 5 年）（清水建設蔵）…… 279
3 階の階段室（筆者撮影）…… 280
玄関ホール（昭和 5 年）（『新築竣工記念』昭和 6 年）…… 280
北側姿図（昭和 4 年）（京都市役所蔵）…… 281
1 階平面図（昭和 4 年）（京都市役所蔵）…… 281
下京第 10 番組　豊園小学校
玄関門構え（大正 14 年）（『閉校記念誌　豊園』平成 6 年）…… 282
校庭側外観（大正 15 年）（『閉校記念誌　豊園』平成 6 年）…… 282
鉄筋コンクリート造校舎（昭和 28 年）（『豊園』昭和 34 年）…… 282
平面図（明治 29 年）（『豊園』昭和 34 年）…… 283
平面図（大正期）（『閉校記念誌　豊園』平成 6 年）…… 283
下京第 11 番組　開智小学校
木造校舎（昭和 11 年）（『写真で見る京都むかしの小学校』平成 24 年）…… 284
外観（昭和 12 年）（『開智校百年誌』昭和 44 年）…… 284
現況（筆者撮影）…… 284
講堂 2 階平面図（昭和 11 年）（京都市役所蔵）…… 285
横断面（1 階：体操場，2 階：講堂）（京都市役所蔵）…… 285
下京第 12 番組　永松小学校
本館と校舎（大正期）（『閉校記念誌　永松』平成 6 年）…… 286
外観（昭和 6 年）（『新築記念』昭和 6 年）…… 286
屋上（昭和 6 年）（『新築記念』昭和 6 年）…… 286
配置図兼平面図（昭和 12 年）（『閉校記念誌　永松』平成 6 年）…… 287
本館（昭和 12 年）（『永松学報落成記念号』昭和 12 年）…… 287
南側立面図（昭和 5 年）（京都市役所蔵）…… 287
下京第 13 番組　醒泉小学校
室戸台風直前の校庭側（醒泉小学校蔵）…… 288
昭和 13 年（醒泉小学校蔵）…… 288
現況（筆者撮影）…… 288

下京第 14 番組　修徳小学校
玄関廻り（現況，平成 7 年）（筆者撮影）……289
校庭側（昭和 4 年）（修徳小学校蔵）……289
外観（現況，平成 7 年）（筆者撮影）……289
講堂妻壁（現況，平成 7 年）（筆者撮影）……290
最上階の柱頭飾（現況，平成 7 年）（筆者撮影）……290
下京第 15 番組　有隣小学校
木造本館と鉄筋コンクリート造（昭和 12 年）（絵葉書（森安正氏蔵））……291
校庭側外観（昭和 12 年）（絵葉書（森安正氏蔵）……291
下京第 16 番組　尚徳小学校
外観（昭和 12 年）（『閉校記念誌　尚徳』平成 21 年）……292
講堂（明治期）（『写真で見る京都むかしの小学校』平成 24 年）……292
校舎と屋内体操場（大正 3 年）（『閉校記念誌　尚徳』平成 21 年）……292
下京第 17 番組　稚松小学校
階段塔屋（現況，平成 7 年）（筆者撮影）……293
校庭側外観（大正 14 年）（『稚松』昭和 44 年）……293
西校舎・北西側外観（大正 14 年）（『閉校記念誌　稚松』平成 7 年）……293
下京第 18 番組　菊浜小学校
大正 5 年以降（『閉校記念誌　菊浜』平成 7 年）……295
屋内運動場（現況，平成 8 年）（筆者撮影）……295
講堂兼屋内体操場（昭和 11 年）（『閉校記念誌　菊浜』平成 7 年）……295
下京第 19 番組　植柳小学校
講堂平面図（京都市役所蔵）……296
本館と鉄筋コンクリート造講堂（植柳小学校蔵）……296
講堂校庭側（筆者撮影）……296
下京第 20 番組　皆山小学校
玄関正面（現況，平成 8 年）（筆者撮影）……297
玄関廻り（現況，平成 8 年）（筆者撮影）……297
配置図兼 1 階平面図（昭和 14 年）（京都市役所蔵）……298
西側立面図（昭和 14 年）（京都市役所蔵）……298
屋内体操場・本館断面図（昭和 14 年）（京都市役所蔵）……298
下京第 21 番組　安寧小学校
校庭側（昭和 3 年）（『新築記念帖』昭和 3 年）……299
空撮（昭和 32 年）（『閉校記念誌　安寧』平成 11 年）……299
下京第 22・32 番組　淳風小学校
ファサード（昭和 5 年）（筆者蔵）……300
玄関廻り（現況）（筆者撮影）……300
校庭側外観（現況）（筆者撮影）……300
下京第 23 番組　梅逕小学校
校舎外観（現況，昭和 11 年）（筆者撮影）……302
講堂欄間（明治 12 年）（筆者撮影）……302
講堂柱礎石（明治 12 年）（筆者撮影）……302
下京第 24 番組　有済小学校
講堂と望火楼（大正 7 年頃）（『閉校記念誌　有済』平成 19 年）……303
解体前の太鼓望楼（昭和 27 年）（『史跡と美術』第 561 号　昭和 6 年）……303
講堂と校舎（昭和 13 年頃）（『閉校記念誌　有済』平成 19 年）……304

外観（現況）（筆者撮影）…… 304
下京第 25 番組　粟田小学校
鳥瞰図（昭和 3 年）（『竣工記念帖』昭和 3 年）…… 305
校庭側と鉄筋コンクリート造 2 階建教室（昭和 3 年）（『竣工記念帖』昭和 3 年）…… 305
1 階平面図（昭和 10 年）（京都市役所蔵）…… 306
遠景（昭和 12 年）（『落成記念写真帳』昭和 12 年）…… 306
全景（現況）（筆者撮影）…… 306
下京第 26 番組　新道小学校
旧校舎（大正 7 年）（『改築落成記念』昭和 12 年）…… 307
工事中（昭和 11 年）（加茂松之介蔵）…… 307
校庭側遠景（昭和 12 年）（『改築落成記念』昭和 12 年）…… 307
配置図兼 1 階平面図（昭和 12 年）（『改築落成記念』昭和 12 年）…… 308
学務委員室（昭和 12 年）（『改築落成記念』昭和 12 年）…… 308
外観（現況）（筆者撮影）…… 308
下京第 27 番組　清水（安井）小学校
工事中（昭和 7 年）（筆者撮影）…… 309
遠景（昭和 8 年）（『改築落成記念帖』昭和 9 年）…… 309
配置図兼 1 階平面図（昭和 8 年）（京都市役所蔵）…… 310
塔屋（昭和 8 年）（『改築落成記念帖』昭和 9 年）…… 310
本館（現況）（筆者撮影）…… 310
本館玄関周り（現況）（筆者撮影）…… 311
校庭側外観（現況）（筆者撮影）…… 311
下京第 28 番組　六原小学校
北校舎と講堂（昭和 5 年）（『落成記念』昭和 12 年）…… 312
北校舎（現況）（筆者撮影）…… 312
本館（現況）（筆者撮影）…… 312
北校舎立面図（昭和 4 年）（京都市役所蔵）…… 313
配置図兼 1 階平面図（昭和 12 年）（『落成記念』昭和 12 年）…… 313
下京第 29 番組　貞教小学校
校門と望火楼（『竣工記念帖』昭和 3 年）…… 314
明治前期（『写真で見る京都むかしの小学校』平成 24 年）…… 314
校庭側（昭和 3 年）（『竣工記念帖』昭和 3 年）…… 314
配置図兼 1 階平面図（昭和 3 年）（『竣工記念帖』昭和 3 年）…… 315
表門と玄関（昭和 3 年）（『竣工記念帖』昭和 3 年）…… 315
木造本館（応接室，御真影奉安庫）（『竣工記念帖』昭和 3 年）…… 315
講堂内観（昭和 3 年）（『竣工記念帖』昭和 3 年）…… 315
下京第 30 番組　修道小学校
校舎（大正 2 年）（『増築記念写真帖』大正 2 年）…… 316
体操場外観（大正 2 年）（『増築記念写真帖』大正 2 年）…… 316
体操場内観（大正 2 年）（『増築記念写真帖』大正 2 年）…… 316
校舎外観（現況）（筆者撮影）…… 317
西階段（現況）（筆者撮影）…… 317
軒下の持ち送り（現況）（筆者撮影）…… 317
下京第 31 番組　一橋小学校
月輪小学校の曲面の階段内部（筆者撮影）…… 318
一橋小学校講堂外観（大正 13 年）（『京都市学区大観』昭和 12 年）…… 318

月輪小学校の講堂と校舎（昭和30年代）（月輪小学校蔵）……318
月輪小学校（現況）（筆者撮影）……319
　下京第33番組　弥栄小学校
雨天体操場北側（現況）（筆者撮影）……320
階段塔屋の装飾（現況）（筆者撮影）……320
講堂・階段塔屋・北側立面図（昭和11年）（京都市役所蔵）……321
未完の本館玄関廻り立面図（昭和12年）（京都市役所蔵）……321
講堂内観（昭和12年）（筆者撮影）……321
階段室と講堂（現況）（筆者撮影）……321
本館1階平面図（未完）（京都市役所蔵）……322
階段塔屋内観（現況）（筆者撮影）……322

《著者紹介》

川島智生（かわしま・ともお）

1957年　広島県生まれ。

1998年　京都工芸繊維大学大学院工芸科学研究科博士後期課程修了。

神戸女学院大学講師，京都大学研修員を経て，
現　在　京都華頂大学現代家政学部教授。専門は日本近代建築史。博士（学術）。

著　作　『「観光のまなざし」の転回――越境する観光学』共著，春風社，2004年。

『陸軍墓地がかたる日本の戦争』共著，ミネルヴァ書房，2006年。

『ヴォーリズ建築の100年』共著，創元社，2008年。

『生活と芸術――アーツ＆クラフツ展』共著，朝日新聞社，2009年。

『村野藤吾建築案内』共著，TOTO出版，2009年。

『民藝運動と建築』共著，淡交社，2010年。

『近代奈良の建築家・岩崎平太郎の仕事――武田五一・亀岡末吉とともに』淡交社，2011年。

『近代日本のビール醸造史と産業遺産』淡交社，2013年。

『関西のモダニズム建築』共著，淡交社，2014年，ほか。

近代京都における小学校建築
――1869～1941――

2015年3月20日　初版第1刷発行　〈検印省略〉

定価はカバーに
表示しています

著　者　川　島　智　生
発行者　杉　田　啓　三
印刷者　藤　森　英　夫

発行所　株式会社　ミネルヴァ書房
607-8494 京都市山科区日ノ岡堤谷町1
電話代表　(075)581-5191
振替口座　01020-0-8076

亜細亜印刷

ISBN978-4-623-07029-9

Printed in Japan